谨以此书作为高校师生与幼儿园教师在教育行动研究过程中

共同成长的见证！

姚伟　主编

幼儿园教育评价行动研究

南京师范大学出版社
NANJING NORMAL UNIVERSITY PRESS

图书在版编目(CIP)数据

幼儿园教育评价行动研究 / 姚伟主编. —南京:南京师范大学出版社，2012. 2（2021.8重印）
ISBN 978-7-5651-0510-4

Ⅰ.①幼… Ⅱ.①姚… Ⅲ.①幼儿园—教育质量—教育评估—研究—中国 Ⅳ.G612

中国版本图书馆CIP数据核字(2011)第180202号

书 名 幼儿园教育评价行动研究
主 编 姚 伟
责任编辑 张 春
出版发行 南京师范大学出版社
地 址 江苏省南京市宁海路122号（邮编：210097）
电 话 (025)83598078 83598412 83598887 83598059（传真）
网 址 http://www.njnup.com
电子信箱 nspzbb@163.com
照 排 南京凯建图文制作有限公司
印 刷 南通印刷总厂有限公司
开 本 787毫米×960毫米 1/16
印 张 22.75
字 数 340千
版 次 2012年2月第1版 2021年8月第7次印刷
印 数 11501- 12500册
书 号 ISBN 978-7-5651-0510-4
定 价 46.00元

出 版 人 张志刚

序

姚伟教授的新作《幼儿园教育评价行动研究》是一部理论与实践相结合的幼儿教育研究专著，是其主持的教育部人文社会科学研究课题和吉林省社会科学研究课题的系列成果之一。众所周知，教育评价的变革对我国教育领域的诸多改革都有牵一发而动全局之意义，所以它不单在幼儿教育领域，在各级各类教育改革中都被认为是改革的“突破口”。作者在其专业领域选此作为研究课题，反映了她敢于担当的学术勇气。为完成这一课题，作者及其研究团队在吉林省多所幼儿园躬身开展了两年多的行动研究，获得了大量一手资料，并在此基础上结合前人的理论与实践成果，将幼儿园教育评价的理论与实践整合、提升到了一个新的高度。我以为，作者这种既凸显学术勇气，又饱含实践旨趣的研究路径和学术态度是值得提倡的。

从书稿的基本框架来看，作者对幼儿园教育评价进行了较全面的行动研究，主要包括幼儿发展评价、教师发展评价和教育质量评价等内容。作为行动研究，研究者的目标必然着力于寻求改进实践，为教育评价实践“应当做什么”和“怎么做”作出合理性的解答。综览书稿全文，我以为，本研究成果已圆满实现了这一目标，同时也醒目地向人们展现了它应有的价值和特色。作者及其团队基于多所幼儿园的教育行动研究，以其研究问题为中心，本着务实的态度和科学的精神，系统而又合理地建构了一整套极具实效性和可操作性的评价过程与策略，为幼儿园教育评价的实践提供了理性的指导和具体化的操作策略。

幼儿发展评价是促进幼儿全面发展的重要手段，幼儿发展评价的目的在于创设适合幼儿发展的教育。作者深切地关注到，教育活动的成功与否，很大程度上取决于教师素质、教师与幼儿的合作关系以及一种相对科学、合理的评价过程。教师的素质不能有效地提高到符合时代和当代教育要求的水平,教育教学活动就很可能沦为封闭式的"圆圈运动"。为此,作者对幼儿教师发展评价进行了多方面具体的研究,真实而准确地把捉到了当前教育改革深化过程中的关键性问题。同理,教育评价方式若不实现根本性的变革,而仍以旧有的标准来考量已具新质形态的教育教学活动,也很难使教育改革逾越传统的藩篱。基于这样的思考,作者借鉴国外教育质量评价的理论与实践,探讨了幼儿园教育质量评价的相关内容。这种从幼儿发展评价,到幼儿教师发展评价,再到幼儿园教育质量评价的逻辑架构,无论是在教育理论逻辑上,还是在教育实践逻辑上都是合理的,作者对此三方面的事理分析,充分体现出作者理解和把握教育改革深层问题的能力和水平。

书稿中呈现了许多个案,尤其是作者将一些生动鲜活的教育评价案例、教育随笔、幼儿成长档案袋和教师成长档案袋内容作为论著的有机组成部分,这是教育行动研究的特点所在,也是本书稿又一富有价值和特色之处。从这些个案中,我发现了基层教育实践者所独具的教育智慧,也见证了幼儿教师在研究中实现专业发展的真实轨迹。这种美国教育家布鲁纳所言称的"民间教育学"的洞识和力量,恰是我们许多强调思辨理性的"理论教育学"成果所稀缺的。

作为姚伟教授多年的同事和朋友,看到她有这样务实的研究成果,由衷地为她感到高兴。当然,本书中尚有需探讨和深究的问题,这需要她在今后的研究中加以进一步完善和深化。我以为,对于一名学者学术生涯中的阶段性作品求全责备是有失宽容的。姚伟教授嘱我为其书稿撰序,说实话,本人对幼儿教育研究不多,不敢妄言,也只好勉以罗列上述皮相之见。不管怎样,对中国教育事业的执著追求,对教育智慧的无尽探索是我们的共同理想。或许很多时候,我们就像加缪笔下的西西弗斯一样,一次又一次地推石上山,不知疲倦。

正所谓"虽不能至,心向往之"。愿以此与姚伟教授共勉,是为序。

柳海民

(东北师范大学教育科学学院教授、博士生导师)

2011年4月于长春

目 录

第一章　幼儿发展评价概述

在幼儿园教育改革过程中,幼儿发展评价起着监控、检测、导向与促进的重要作用。幼儿发展评价的目的不是为评价而评价,而是为了诊断和改进教育教学工作,促进每个幼儿的全面发展。一定意义上说,它是关系到幼儿园教育改革成败的关键因素。教育行政部门希望运用多种科学的手段对教育的效果加以评鉴;教师也希望通过评价来分析自身的教学得失及诊断幼儿的学习困难,以此作为实施补救教学和个别辅导的依据。

第一节　幼儿发展评价的内涵与分类

一、幼儿发展评价的内涵

幼儿发展评价主要是指评价者(主要是教师)以促进每一个幼儿的发展为目的,依据一定的发展指标,对每个幼儿的发展状况进行价值判断的活动。

在幼儿发展评价过程中,教师是居主导地位的评价者。幼儿发展评价主体呈多元化发展态势,但教师仍是主导的评价者,这是由教育教学的性质决定的。幼儿园是专业教育机构,这一性质决定了教师是幼儿发展的主导者,也是家长参与教育过程的引导者。教师对幼儿发展作出评价有着重大的意义。这是因为教师对幼儿评价的质量,实际上是师幼互动关系的重要表征。教师对幼儿的适宜性评价,对幼儿发展具有积极的作用。

幼儿发展评价的对象强调"个体"。即幼儿发展评价的对象是单个的、具体的某个幼儿,是教师对班级中的每个"个体"进行"价值判断"的评价活动。幼儿发展评价承认并重视幼儿之间的差异。因为幼儿的先天禀赋不同,生活环境和教育环境的影响也不同,故而其发展特点、发展水平和潜在可能性存在着不同程度的差异。因此,幼儿发展评价始终关注幼儿个体的发展。

幼儿发展评价的核心是"发展"。幼儿发展评价的价值标准是幼儿诸方面的发展指标,作为幼儿发展评价的直接依据,适宜的幼儿发展评价指标体系能够衡量和评判幼儿的发展状况,对幼儿发展状况作出不同维度的判断,也能够对幼儿各个方面的发展状况及发展进程加以描述。

幼儿发展评价的归宿是促进每一个幼儿的发展。了解、掌握每个幼儿的发展状况,是幼儿发展评价活动的重大成果。幼儿发展评价的终极目标,是在了解幼儿发展状况的基础上,教师积极采取措施,有针对性地、高效能地促进每个幼儿的全面发展。

二、幼儿发展评价的类型

(一) 按评价的参照体系分类

幼儿个体的发展状况是评价的指向目标,是价值判断的结果。评价时,由于所运用的标准不同,往往可以得到不同的价值判断。因此,根据评价时所运用的不同标准,可以将幼儿发展评价分为相对评价、绝对评价和个体内差异评价。

1. 相对评价

相对评价是指在被评价对象的集合里选取一个或几个对象作为基准,然后把各个评价对象与基准相比较并进行价值判断。或者以某一集合的平均状况为基准,评价每个对象在这个集合中所处的相对位置。如以某班幼儿身高、体重的平均水平作为基准,可以对每个幼儿的身高、体重在班级上所处的位置进行评价。相对评价的标准来源于某群体,也只适用于该群体,常常以群体的平均水平为基点,群体的整体状况决定每个成员的水平。儿童的智力测验、标准化测验等都属于相对评价。

对幼儿发展进行相对评价在幼儿园实际工作中具有积极的意义。这种评价有助于教师认识某个幼儿在某方面与班级中其他幼儿相比的实际状况;有助于教师把握班级幼儿诸多方面发展的离差程度;有助于教师在区分幼儿相对发展层次的基础上采取分组活动的办法,使得不同层次的幼儿都能获得很好的发展。在幼儿园实际工作中,教师常常对幼儿的发展进行相对评价。比如教师常以班上某个幼儿的身高为基准,然后要求其他幼儿和这个幼儿站在一起比个子,从而评定幼儿的高矮状况,这其实就是相对评价。

对幼儿发展进行相对评价也有一定的局限性。这种局限性源于标准的相对性。教育者应当明确,对幼儿发展进行相对评价的实质是将幼儿放在某个群体,如某个班级、某个小组、某一家庭背景的若干个体中进行横向比较。评价结果往往并不表示评价对象的真实水平,只表示其某方面的发展在特定群体里的相对状态。因此,在采用相对评价时,评价者对所得的结果应该做具体全面的分析。另外,如果教师经常对幼儿个体的发展进行横向比较,将会导致只重视个体间的差异而忽视个体发展特点、发展倾向和发展速度的缺失,这将不利于幼儿的终身发展。

2. 绝对评价

绝对评价是指在被评价对象的集合之外,确定一个标准即客观标准,然后把各个评价对象与客观标准相比较并进行价值判断。卫生保健部门对幼儿生长发育的评价属于绝对评价,它要求将每一位被评价幼儿的生长发育情况与客观指标相比较。

绝对评价是幼儿发展评价中一种可取的评价方式,具有重要的现实意义。因为绝对评价的标准比较客观,在操作较准确的情况下,个体某方面的发展状况可以比较客观地显现出来。教育者可以在明确该幼儿此方面与客观标准接近程度的基础上,有针对性地采取相应的强化教育措施或补偿教育措施。

但是,对幼儿发展进行绝对评价也有着较大的局限性。一是受限于客观标准的来源。评价时,诸如生理评价中的生理指标我们可以直接找到,但是大部分评价内容的"客观标准"需要评价者领会、转化相关理论而加以制定。这自然带来一定的难度,同时也影响到评价的准确性。二是受限于运用频率较高的"测验"、"测量"手段。绝对评价经常采用标准化的测验、测量方式,而当前国内外学前教育评价越来越倡导在真实的、有意义的情境中进行评价。因此,绝对评价在幼儿发展评价中往往不能单独使用。

3. 个体内差异评价

个体内差异评价是对被评价个体的过去和现在进行比较,或将个体的各个有关侧面进行相互比较。个体内差异评价与相对评价、绝对评价最大的不同之处在于:个体内差异评价的标准不是来自于外部,不是来自于“常模”,也不是来自于某个群体,而是来自于评价对象自身的原有发展状态,来自于评价对象自身诸多方面的发展状态。它是一种通过“自己与自己比”来进行价值判断的评价活动。如幼儿园评价一个幼儿过去的发展水平与现阶段的发展水平,将该幼儿在语言、动作、社会性等方面的表现做前后比较,以确定该幼儿进步与否。这种评价充分照顾到了个体间的差异,在评价中不会对被评价者造成压力。但是,由于它既不与客观标准比较,又不与其他被评价者比较,很容易使被评价者自我满足。可见,对幼儿的评价,既应避免单独的横向比较,又要多看到幼儿的点滴进步,这样才能保护他们的自尊,增强他们的信心,促进他们的健康发展。

(二) 按评价实施的时间分类

在每一个学期即将开始或者将要开展某一主题活动之前,教师有必要根据学期目标或者特定教育活动目标,对幼儿个体的相关方面进行评价,掌握幼儿的特点及其发展水平、能力,这样才可能使制订出来的教育计划或者设计的教育方案符合不同幼儿的发展水平和发展需要。在学期结束或某一主题活动结束之际,教师也有必要对幼儿个体的发展进行评价,掌握幼儿所获得的经验及其达到的水平,这样才能使教师获得教育成效,并不断反思和总结经验,为继续进行教育奠定基础。因此,按评价实施时间的不同,可以将评价分为诊断性评价、形成性评价和终结性评价。

1. 诊断性评价

诊断性评价是指在某项教育计划或方案制订之前进行的测定性或预测性评价。其目的是了解幼儿发展的原有知识水平基础,从而为制订有效促进幼儿发展的教学计划或活动方案提供有用信息,做到有的放矢,因材施教。

2. 形成性评价

形成性评价是指在某项教育计划或方案实施的过程中进行的评价,又称为“过程中的评价”。开展形成性评价有两个目的：一是在学习情境中及时鼓励幼儿，提高其学习动机水平，也借此促进其他幼儿的学习；二是在计划或方案的实施过程中不断获取改进计划或方案的信息依据，从而不断调整、修改教育计划或方案，以期提高教育活动的质量。在主题探究活动及活动区中，教师比较多地运用这种评价方法。它能促使教师不断反思问题，不断调整教育策略，不断改善实践行动，使教育实践在原有基础上不断得以完善，从而达到促进幼儿发展的目的。

3．终结性评价

终结性评价是指在完成某个阶段的教育活动之后，对其成果作出价值判断，也就是以预先设定的教育目标为标准，对评价对象达到目标的程度进行评价，又称为“事后评价”。其主要目的是以预先设定的教育目标为标准，对学前教育计划或方案达到目标的程度，即幼儿最终发展水平和教育目标之间的差距进行评价。它往往通过前测和后测的对比评价，了解幼儿的发展水平。

终结性评价关心的是教育活动的结果，常常要对幼儿发展状况作出鉴定，或对幼儿的发展水平划分等级，预测其未来发展的可能性等。将不同幼儿的终结性评价进行横向比较，可以让教师看到个体发展的差异，从而为个别化教育提供导向。将针对同一个体的终结性评价的结果与诊断性评价的结果进行纵向比较，可以看到教育在不同的个体身上获得了什么发展成果，有助于教师了解个体的发展速度，进而促使教师自我反思、总结经验，不断提升自己的教育水平。

(三) 按评价的主体分类

按评价的主体不同，可以将幼儿发展评价分为自我评价和他人评价。

1．自我评价

幼儿既是被评价的对象，又是评价活动的参与者。幼儿已具备一定的自我意识，在教师引导下，他们能够进行自我评价，如“今天我值日，我把桌子擦得很干净”，“我这次讲故事比上次讲得好”等。教师在评价时要注意给予幼儿机会参与评价，使其看到自己的进步，增强自信心。让幼儿参与评价，自己来评价自己或他人的活动，既可以促进幼儿语言的发展，促进幼儿同伴间的相互了解，又可以增强其自信心，提高其积极性，从而发展幼儿的个性，促进幼儿自主性的发展。

2. 他人评价

他人评价是指其他人或组织对幼儿进行的评价。《幼儿园教育指导纲要(试行)》明确指出："管理人员、教师、幼儿及其家长均是幼儿园教育评价工作的参与者。评价过程是各方共同参与、相互支持与合作的过程。"对幼儿进行评价的人员，可以是教师、保育员、园长、家长以及社区工作者等。他人评价必须善于体察幼儿的实际情况，客观地对待幼儿的行为，从而对幼儿作出恰如其分的、合乎实际的评价。这样，既有利于幼儿正确认识自己、看待别人，也有利于促进幼儿个性的正常发展。

(四) 按实施评价的正式程度分类

根据实施评价的正式程度，可以将评价分为正式评价和非正式评价。

1. 正式评价

正式评价具有一定的评价目的，是一种运用标准测验量表、教师自编的测验量表、观察记录(即成长记录)以及针对幼儿家长的有关幼儿各方面发展的问卷调查等等的评价。这种评价方式比较客观、严格。幼儿园经常以观察记录的方法来反映幼儿发展情况，这主要是因为观察记录法在幼儿园的评价工作中是最简便可行、真实性最高的评价方法，它较少受到时间、地点等因素的限制，有利于教师在长期的教学工作中深入了解幼儿，掌握真实可靠的信息，进而形成与教育科研的有机互动。

2. 非正式评价

非正式评价没有一定的评价目的，是一种对幼儿日常表现、幼儿与教师或其同伴交往等现象的随机评价。非正式评价也包括另外一些信息，如从幼儿那里收集的日常行为记录、教师对幼儿的口头评价等。这种评价具有即时性、随意性和主观性等特点。非正式评价所收集的信息能够帮助教师设计未来的教学，并测量当前教学取得的成效；也可用它评价个别幼儿，形成提供反馈的基础。总的来说，它能够帮助幼儿最大限度地发挥他们的潜能。

第二节 幼儿发展评价的理念

幼儿发展评价主要依据幼儿教育目标以及与此相适应的幼儿发展目标，运用教育评价的理论和方法，对幼儿身心发展的各个方面进行全方位的判断。幼儿发展评价是促进幼儿全面发展的重要手段，其目的在于及时分析幼儿的发展状况，针对每个幼儿的发展需要进行相应的教育，最终促进幼儿全面发展。当代幼儿发展评价的基本理念体现了"以人为本"的现代教育思想。

一、幼儿发展评价旨在促进每个幼儿全面发展

幼儿发展评价的目的是促进每个幼儿的全面发展。教育部颁布的《幼儿园教育指导纲要（试行）》中明确提出："教育评价是幼儿园教育工作的重要组成部分，是了解教育的适宜性、有效性，调整和改进工作，促进每一个幼儿发展，提高教育质量的必要手段。"幼儿发展评价的终极目标并不是让我们仅仅了解某个幼儿发展得怎么样，或发展的进程如何，而是让我们在了解幼儿发展状况的基础上考虑应该怎样采取措施，富有针对性地促进幼儿个体更好地发展。"评价的根本目的在于为发展服务，支持发展，促进发展。"促进每个幼儿发展的评价，其实质是为幼儿改进学习提供信息，而非证明幼儿发展层次或履行筛选评定等功能。教师搜集幼儿发展的大量信息，对所获取的信息进行整理分析，然后采取相应的措施进行调整。如此循环往复，教师不断改善实践行动，提高教育活动的质量，从而达到了通过评价促进幼儿发展的目的。

幼儿发展评价的重点不是"选拔适合教育的幼儿"，而是通过评价活动创设适合幼儿发展的教育。幼儿的发展存在着一个生长和变化的普遍的、可预知的顺序，也就是具有一定的阶段性。幼儿发展评价一方面要依据幼儿年龄阶段的特点，另一方面又必须考虑幼儿之间的个体差异，正确认识幼儿发展间的个别差异。只有认识到幼儿是共性和个性的结合体，才能促进幼儿的可持续发展，体现评价的本真价值。《幼儿园教育指导纲要（试行）》指出："关注幼儿在活动中的表现和反应，敏感地察觉他们的需要，及时以适当的方式应答。"强

调评价者要关注幼儿学习中所进行的观察、思考、假设、选择、推理等动态过程，借此了解幼儿的内心世界，研究幼儿的心理发展特质，为寻求适宜的教育策略提供依据。

幼儿发展评价尊重幼儿的多种表达方式。《幼儿园教育指导纲要（试行）》明确提出，要“全面了解幼儿的发展状况，防止片面性，尤其要避免只重知识和技能，忽略情感、社会性和实际能力的倾向”，要“以发展的眼光看待幼儿，既要了解现有水平，更要关注其发展的速度、特点和倾向等”。因此，应允许或提倡幼儿在把所学的内容纳入自己的认知结构后，自主选择一种适宜的方式进行展现或表达。比如，秋游活动后，由幼儿自己决定用一段话、一幅画、一首歌甚至一种表情来表达自己的情绪情感。评价者通过分析和思考幼儿的所思所想以及幼儿的各种作品，对幼儿不同表达方式给予富有个性倾向特征的评价，从中挖掘幼儿在活动中的生活经验、情绪情感、思维方式等，综合评价幼儿的创造力、观察力、逻辑思维能力、整合能力等各方面的表现。

二、幼儿发展评价方法多样

评价方法的选择是评价实施的一个重要方面，而不同类型的评价会有不同的技术和方法。多种评价方法的运用比较切合多元智能的评价观，特别是与《幼儿园教育指导纲要（试行）》中提出的“应以发展的眼光看待幼儿，既要了解现有水平，更要关注其发展的速度、特点和倾向等”的要求相吻合。马什和威利斯（Marsh and Willis，1995）曾整理出多种适于儿童发展评价的技术和方法，可以归纳为非正式地观察幼儿行为，用录像或观察等记录幼儿的信息、分析幼儿作品（书画作品、手工作品、个案追踪记录），以及对幼儿发展进行测试等方法。

幼儿发展评价的方法目前日趋多元化。常用的有观察、谈话、成长档案袋等方法。观察法是了解幼儿自然行为反应的一种方法。《幼儿园教育指导纲要（试行）》中指出，评估幼儿发展状况时，应在日常活动与教育教学过程中，“综合采用观察、谈话、作品分析等多种方法”。教师可以观察幼儿的各种行为反应与表现，详细考察幼儿的身体发育和动作发展、语言发展、认知发展和社会发展等各个方面，并对幼儿的行为和心理特点作出正确的解释与评价，从而检验教育效果，并有的放矢地提出教育方案。值得注意的是，教师应当在观察的基础上进行“敏感的分析和解释”，否则“通过观察儿童而获得的信息将只是对观察者所见所闻的一种描述”。[①]

谈话法可以深入地了解幼儿个体的发展信息。它是教师和幼儿、幼儿身边的人和幼儿进行的语言交流，是一种从双方的交流中获取幼儿发展信息的方法。谈话法通过外部言语使被评价者——幼儿将自己的认识、态度、思想等宣之于外，使评价者——教师通过感知和理解达到对幼儿的了解。它可以弥补观察法和作品分析法的不足，丰富已有的材料。在我们和教师的研讨过程中，大多数教师认为谈话法是使用最广的方法，它可以融入其他方法中，从而有利于深入收集信息，是其他方法的一种重要补充。使用观察法时，如果教师发现幼儿有异常的表现，就要及时和幼儿交谈，询问幼儿情况。教师采取谈话方式介入其中，能更深入地了解幼儿的心理表现，获得观察法难以收集到的信息，以多渠道地获取幼儿行为背后的心理特点。在运用作品分析法时，教师也可以在幼儿完成作品的过程中，仔细观察幼儿的创作过程，并且询问幼儿有关创作的意图等，这些信息有助于更全面地评价幼儿。

成长档案袋是幼儿发展评价的典型方式，能比较客观地描绘幼儿的成长经历。档案袋评价(portfolio assessment)，又叫成长记录袋评价，具有很强的发展性功能。这种方法主要是系统地收集幼儿在真实情境中表现出的信息(幼儿的作品、照片、录像、成人对幼儿所做的观察记录等)，还包括幼儿自评、同伴互评或教师、家长的评语等，以此来反映幼儿在一定时期内取得的进步与存在的不足，描绘幼儿的成长历程。在评价过程中，教师不仅要对幼儿的作品进行横向的比较，更主要的是把幼儿的新作品与其以往的作品进行纵向对比，使幼儿看到自己的进步和发展。此外，档案袋评价发动家长参与档案的收集和评价，可以让家长更了解自己的孩子，增进亲子交流，从而更有效地帮助和支持孩子。

现代幼儿发展评价强调在日常活动与教育教学过程中，通过对幼儿的观

---

① Sheila Riddall-Leech. 观察:走进儿童的世界[M]. 潘月娟，王艳云译. 北京:北京师范大学出版社，2008:2

察、谈话、作品分析等方式了解幼儿的发展和需要，由于教育教学活动与幼儿发展本身的复杂性，且每一种方法都有自己的优势与不足，都有特定的使用范围和局限，因此，教师要在日常实践中综合运用多种方法，从而更全面地评价幼儿发展情况。

三、幼儿发展评价着眼于真实自然的情境

幼儿发展评价的改革方向是强调评价的真实性。评价的真实性指的是评价背景与生活背景的接近程度，即对幼儿的评价或者在实际生活中进行，或者在模拟真实生活的情境中进行。当前，人们越来越倾向于认为，传统评价中那种孤立的问题或测验题目，缺乏与真实生活的联系，幼儿在这种测验中所得的分数，对他们未来在真实生活中的表现很少有预见价值。而真实性的评价从与幼儿息息相关的生活中取材，有利于自然引发幼儿的兴趣，促使幼儿尽其所能地表现，从而达到了解幼儿真实发展水平的目的。

幼儿发展评价强调真实地记录幼儿的发展，以幼儿生活中发生的真实事件和真实行为作为评价的内容，评价的情境和任务都贴近幼儿的现实生活。幼儿是充满生机与活力的有机体，幼儿的生活充满着无数的变化，幼儿在生活中的事件和行为最能代表幼儿真实的表现。根据具体的行为或作品进行评价，就能从广泛的行为例证中得出关于每个幼儿的有意义的结论。在此基础上，收集关于幼儿及相关背景的信息，就可以作为评价者进行下一步干预和指导的根据。幼儿发展评价的情境性强调评价过程是持续的，评价被用来及时监控幼儿的进步，而不仅仅是在每年或每学期结束时进行总结性评价。

幼儿发展评价强调在幼儿现实生活的真实情境中对幼儿发展进行评价，这样的评价减少了幼儿之间不恰当的比较。对幼儿真实任务中具体的、可观察行为的评价，对“幼儿知道什么”的评价，是从“幼儿的‘做’”中来寻找答案的。每个幼儿的反应都是唯一的，幼儿独特的反应是教师进行进一步教育与指导的重要依据。在每天的活动中，处处充满着生活教育的契机。对幼儿发展而言，一日生活的各环节都是其成长的途径。如来园时和老师、同伴问好，运动中穿脱衣服、饮水、擦汗等自理能力的培养，游戏中的合作、分享和谦让，

自由活动中爱护、整理玩具以及交往和自我控制等许多习惯和能力的养成，都渗透在一日活动中的各个环节。评价者对幼儿生活情境的描述和把握，对基于日常观察所获得的具有典型意义的幼儿行为表现和所积累的各种作品等的记录，是评价的重要依据，也是对幼儿成长历程的真实写照。

四、幼儿发展评价参与主体多元化

教育家帕雷斯和艾娅斯认为："应该将评价活动的参与者吸收到评价系统及其标准的制定过程中来，让学生、家长、教师和教育行政官员一起参与评价政策的制定过程。只有这样才能保证评价活动的参与者对评价的认同和积极的参与。"[①]《幼儿园教育指导纲要(试行)》中也明确提出："管理人员、教师、幼儿及其家长均是幼儿园教育评价工作的参与者。评价过程是各方共同参与、相互支持与合作的过程。"

幼儿发展评价过程是多元主体共同参与的过程，幼教专家、教研员与幼儿园管理者成为研究共同体。幼教专家具有较全面而丰富的幼儿教学科研方面的理论知识与实践经验，可以从宏观的角度把握和设计幼儿发展评价的总体框架，整合幼儿发展的各种潜力与实际发展水平的研究资料，成为幼儿发展评价指标体系创建的主体。幼教专家在和教研员、幼儿园管理者构成研究共同体的过程中，改变了以往唯一评判者的身份，通过和教研员、幼儿园管理者的讨论和合作研究，相互间建立了平等、尊重、互助的"同伴式"协作关系。

幼儿教师积极主动地成为幼儿发展评价的主体。在幼儿发展评价过程中，幼儿教师不再仅仅是"服从指挥"、"听从安排"，被动实施评价，而是拥有话语权的评价者。幼儿教师对幼儿的发展信息了解得最全面，可以依据幼儿的发展水平对幼儿发展的各项指标作出相应的价值判断。幼儿教师在与幼教专家的共同商讨中，从幼儿发展评价"为什么评"、"评什么"、"怎么评"等观念性问题开始，逐步确认幼儿发展评价的价值，并在这一过程中确立了自己的主体地位。

---

① E.韦伯．有效的学生评价[M]．国家基础教育课程改革"促进教师发展与学生成长的评价研究"项目组译．北京：中国轻工业出版社，2003：36

家长和幼儿从评价边缘走向中心。幼儿发展评价过程中,家长和幼儿也以主体的身份参与其中。家长的信息成为当代幼儿发展评价过程中的重要资源。这是因为家长对幼儿各方面情况的了解更真实、更全面,通过列举一些生动的生活案例,家长可以为幼儿教师、幼教专家等提供多方面的信息。与此同时,幼儿对自身的评价也成为当代幼儿发展评价理念中必不可少的组成部分。幼儿与同伴间的互动交往行为、幼儿的谈话、幼儿在各种活动中的行为表现以及幼儿的作品等,都是幼儿发展评价的主要素材。

五、幼儿发展评价是教师专业发展的有效途径

幼儿发展评价的过程是教师专业成长的重要途径。作为幼儿发展评价的重要主体,教师对幼儿发展进行评价,有利于促进自身专业素养的提高。因为在幼儿发展评价过程中,教师不但要敏锐地观察幼儿,分析幼儿的行为,还要根据实际情况及时、灵活地调整教育方法和策略,这一切都提升了教师的观察能力、组织教学能力和分析能力等。通过对幼儿发展的评价,教师可以从中审视、发现自己的教学是否有效,是否适合幼儿,这也有利于教师在反思中促进自身的专业成长。

幼儿发展评价有助于教师改进教育教学过程。教师在进行幼儿发展评价时,既可以掌握和评价全班幼儿在发展过程中的闪光点或点滴进步,又可以在课程实施中总揽全局,注意发现教学过程中的不当之处,以便及时作出调整,促使幼儿更好地成长。任何课程与教学,无论是预设的还是生成的,在实施过程中都要根据幼儿的现实发展水平不断调整,即时性的幼儿发展评价过程是调整课程的依据。教师应根据幼儿的发展情况分析班级教育目标是否恰当,即是否符合本班幼儿的发展水平;注意了解课程内容、方法及手段的选择是否适宜;还应了解为个别幼儿所确定的目标是否恰当,个别教育的方法、途径是否有效……这种分析过程,实际上就是教师反思教学、改进教学的过程。因此,幼儿发展评价是教师把握幼儿的发展状况、反思自己的教育行为、进行新的教育教学的开端。

与此同时,幼儿发展评价过程还能促进教师更好地进行家园合作。通过

评价，教师可以清晰地发现每个幼儿在哪些方面达到了预期目标要求，哪些方面的发展还存在明显的问题，需要进一步指导和帮助。教师将这些信息反馈给家长，让家长全面了解幼儿的发展情况，可以为家长了解自己的孩子提供重要的参考，使家长迅速掌握孩子发展的大量信息。这样家长在了解孩子的进步和不足的同时，也能了解到幼儿园教育的目标、内容，从而在教育孩子的过程中会更有针对性，配合教师教育孩子时也必然更为主动。

第二章　幼儿发展评价——观察法

幼儿教师对幼儿的发展进行评价，观察幼儿是第一个环节。对幼儿的评价科学与否，在很大程度上依赖于教育工作者的观察技巧。在行动研究的过程中，我们研究了教师如何有效地运用观察法了解幼儿发展状况，对幼儿发展进行评价，进而采取相应的教育措施，在这一过程中实现教师与幼儿的共同成长。

运用观察法评价幼儿发展的行动研究过程

以观察法评价幼儿发展的行动研究大致分为四个研究阶段。

第一阶段：明确观察法的步骤与要求。

研究之初，参与教师围绕已有观察经验进行总结和交流。观察法是教师日常工作中经常运用的方法，一般是对幼儿的一些特殊行为进行观察和记录，也包括把幼儿日常生活中最有意义和最有趣的事件记录下来。但是，大家普遍反映，因为对如何观察记录没有接受过专门的学习和培训，所以实践中主要靠自己的摸索。根据教师的已有经验，我们共同探讨了观察法的内涵、观察法的主要类型等内容，并明确从最常用的轶事记录法开始，对幼儿的发展进行评价。在明确轶事记录法在幼儿发展评价中的内涵、作用以及主要记录内容、特点与格式的基础上，我们商定每位教师在下一阶段的研究中尝试每周写两篇轶事记录，并进行初步的自我反思。

第二阶段：在实例分析中研讨观察法的基本结构。

教师在日常工作中尝试运用轶事记录法对幼儿的行为进行记录。我们在分析教师已有观察记录的基础上，针对观察什么、记录什么、什么时候观察等问题进行了深入讨论。经过反复研讨与分析，总结出轶事记录法的三个实施要点。

(1) 轶事记录法的格式。轶事记录法着重记录观察者感兴趣且认为有价值的幼儿的典型行为，并以单一事件的简短描述为主。

(2) 观察对象的选取。应有目的地选取那些有特殊需要的幼儿，以获取有价值的信息。每个教师可以在班级选一个幼儿开始观察。

(3) 观察实录与观察分析的撰写。观察实录中，强调较长时间地充分观察幼儿，并尽可能地完整记录事件发生的情境。还要分析"为什么幼儿会发生这种行为"，找出事件背后的原因并进行解释。

第三阶段：解决具体问题，变单一观察为追踪观察。

在记录过程中，教师主要遇到了如下问题。

(1) 观察目的是预先设定，还是记录幼儿行为之后再定？

(2) 记录时，教师如果要对幼儿的行为进行干预，这些干预措施如何写？如何处理记录和干预措施之间的关系？

(3) 随机观察时，幼儿知道了教师在观察他(她)，怎么处理？

(4) 如何理解幼儿的典型性行为？

针对教师提出的问题，我们进行了研讨。通过研究教师的轶事记录，我们发现通过单一的事件很难准确地了解幼儿，因为这件事情可能是偶发的，缺乏说服力和代表性。只有在不同背景下，多次观察某个幼儿，多方面地收集各种资料，才能有效地了解幼儿及其行为的意义。为了全面地了解幼儿，探索幼儿发展的深层次状况，我们决定对幼儿进行追踪观察，并共同研讨了追踪观察记录的基本要求、教师在教学过程中对幼儿进行追踪观察要注意的问题等。

第四阶段：提高观察技巧，注重观察结果的运用。

在这一阶段，我们首先共同研讨、反思追踪观察的观察记录内容，并总结了观察技巧。教师在追踪记录时面临的困惑主要包括以下几个方面。

(1) 采取措施后，幼儿的行为得到改善，是否还需要继续保持记录，还是转而对另外一个幼儿进行观察？

(2) 是否需要限定观察的时间和次数？

(3) 如何选择观察对象？

(4) 如何对一个幼儿进行长期的追踪观察？

(5) 追踪观察时，如何进行观察分析？如何撰写观察措施？

通过共同商讨，我们确定本阶段的研究主要是在主题活动中进行追踪观察记录，在各种具体活动中记录幼儿语言、认知、社会性等各方面的新进步。这种把幼儿的发展置于真实的活动情境中进行长期详细的记录，有助于比较全面地了解幼儿的发展状况，确保获得的资料真实可靠，还可与常模相对照。

我们在研究中发现，将观察记录与作品分析相结合，有益于对幼儿的发展作出全面、科学的评价。因此，教师可以将对幼儿作品的分析和观察记录结合起来，并统一放在幼儿成长档案袋中，长此以往，不仅可以了解幼儿的发展情况，也能客观地展示幼儿的发展和进步。

第一节 运用观察法评价幼儿发展的价值

观察法是指教师凭借自身的感觉器官和其他辅助工具，在教育活动的自然状态下，对幼儿进行的有目的的、有计划的考察和研究的方法。运用观察法，可以比较客观、有效地观测幼儿的行为。

观察法在儿童研究中具有悠久的历史，许多著名的教育学家、心理学家都曾运用观察法研究儿童。瑞士学者裴斯泰洛齐早在18世纪下半叶就开始用观察法研究其三岁半儿子的发展情况；皮亚杰通过对自己子女和其他儿童的临床观察和记录，揭示了儿童认知和情感社会化发展的规律。有关研究表明，观察法能真实地反映幼儿的发展状况，帮助我们客观地了解幼儿。例如，通过观察某个幼儿在自选活动中常常玩什么，不玩什么，有利于我们了解幼儿的兴趣；通过观察某个幼儿对周围客观现实的态度和行为方式，可以帮助我们了解该幼儿的社会性发展状况等。幼儿在不同场合、活动中的种种行为表现往往是稍纵即逝的，然而又是非常真实、宝贵的发展信息。善于细心观察，是教师获取幼儿个体发展信息、了解幼儿发展真实状况的主要途径。

通过研究发现，观察法的优点是简便易行，资料较为客观、可靠。其中，最吸引人之处就是教师可以了解自然情境中幼儿行为的发生发展过程，及时地发现幼儿行为发生的背景，关注到平时容易忽略的现象等。

一、观察促使教师真实、客观地了解幼儿

幼儿因其年龄特征和身心发展的特点，往往通过自身的语言和行为表达自己的想法和观点。观察是在幼儿行为发生的真实、自然的状态下进行的，不需要对幼儿提出特别的要求。教师观察到的结果、所获得的信息资料，是第一手资料，具有可靠性。

【观察实录一】

轩轩和丽丽在玩娃娃家游戏，两人一个当爸爸，一个当妈妈，但游戏时都各自玩手里的玩具，谁也不和谁说话。持续了大约两分钟时间后，丽丽露出笑脸说："我今天来看宝宝，你去做饭。你想给宝宝吃什么呢？""吃米饭、牛奶。"轩轩边看娃娃边说。丽丽又说："那我先拿点糖给宝宝吃吧！"于是他们一起给娃娃喂起了东西，有说有笑。然后他们又把娃娃放到小床上，让娃娃睡觉，两人才离开娃娃家游戏区。

【观察实录二】

午餐时，婷婷走到自己的餐桌前，并没有拿起勺子开始进餐，而是和旁边的小朋友说话。过了一会儿，她看到同桌的小朋友都在津津有味地进餐，就开始吃盘中的食物。可是，她刚吃完两口肉后，就又和旁边的小朋友窃窃私语起来。接着，她嚼完一口饭，趁着再吃一口饭时又和同伴说话。忽然，她抬起头，看见一名吃完午餐的同伴离开了座位，于是马上低头看看盘中的饭菜，开始大口大口地吃起饭来。

【观察实录三】

要上美术课了，每个幼儿自己去取一盒蜡笔，然后到老师那里去排队。轮到A幼儿的时候，剩下的蜡笔不多了，她左挑挑右看看，好像拿在手里的每盒都不是自己想要的那一盒，于是露出一脸不悦的表情。她无奈地拿着一盒蜡笔走过来站队。就在这时，她看见站在队伍中的B幼儿手里拿的正是自己想要的

那盒。她没和B幼儿商量，一下子就从他的手里把那盒蜡笔抢了过来，还没等B幼儿回过神来，她已把自己原先的那盒蜡笔塞到了B幼儿的手里，自己则高兴地站到了队伍当中。

这些生动、具体、直观的第一手资料，便于教师对幼儿的行为进行分析和研究。教师可以通过诸如此类的观察，详细分析幼儿身体发育和动作发展、语言发展、认知发展和社会性发展的各个方面；通过幼儿日常生活、游戏、与成人和同伴交往等各种活动，深入地理解他们的语言交流及其在群体中不同的社会身份等，从而对幼儿的行为和心理特点作出正确的评价、判断，考察、检验教育效果，并有的放矢地提出教育方案。

研究中我们也发现，教师在观察记录的过程中往往易受个人的感情色彩影响，具体表现为在记录的过程中会掺入大量情感推测或者主观性判断的语言。这说明教师运用观察法时还存在着非客观的记录。比如记录中经常会出现这样的语言描述："自我控制力较差，特别好动，又很情绪化。""凡事以自我为中心，不会关心别人，也可能是模仿别人造成的。"……这主要是因为在实际操作中，幼儿的性别、外貌、社会背景以及幼儿已留给教师的整体印象，都会影响教师观察、记录的真实性和客观性。

二、观察有利于教师动态地了解幼儿的行为过程并作出正确的分析

幼儿的身心处于不断发展变化之中，教师可以通过观察把握幼儿的发展状况，考察幼儿与周围环境、事物相互作用的过程，从而对幼儿的行为作出正确的分析和评价。

观察法是教师在教学活动或者日常生活中了解幼儿的一种有效方法，在与幼儿的直接接触中发现和观察幼儿的行为，可以帮助教师全面考虑幼儿行为发生的原因，并从幼儿日常表现中寻找有价值的信息。如下面是一位教师对观察对象进行的分析。

平平并不是一名新来的宝宝，他刚入园的时候虽然不是很开朗，但仍会时常表达他的情绪情感，老师逗他时会含蓄地作出反应。由于平平身体素质较弱，每月都有六七天生病在家调养。每次病假归来，他都对幼儿园环境感觉很

陌生。其他孩子碰到他,哪怕是摸摸他被子,他都会哭哭啼啼的,很不乐意。我以为,因为平平与群体相处的机会太少,再加上他胆子小,性格比较内向,所以他不敢也不知道如何同大家一起玩。这是一种缺乏安全感的表现,更是一种在园不适应的表现。

从教师的分析中,我们可以看出,在平时的教学和日常生活中,教师能够对平平进行细致的观察记录;教师在思考幼儿行为发生的原因和对策时,也能从直接观察到的信息资料入手进行分析,从而比较深入地了解幼儿行为的发生和发展状况。

观察是一个既看又想的过程,也是教师实施有效教育的过程。观察法有助于教师了解幼儿的兴趣和需要,从而更好地指导日常的教育教学。实践中,教师可以做较长时间的反复观察与跟踪观察,获取幼儿行为现象发展变化的有关资料,并对幼儿行为的动态演变过程进行分析。例如,下面是一位教师的观察记录。

【观察实录一】

晨间活动开始了,孩子们都满怀兴趣地搭起了积木。"你看我搭得这么高,我跟你比比看!""我的积木太少了,你给我一点,好不好?""好的,我先给你玩。"大家你一句我一句地说着。忽然有个声音传来:"老师,冉冉她不玩。"我寻声看去,哦!原来是坐在冉冉边上的展展说的。冉冉面前一个玩具也没有……这时,展展说:"冉冉,你看我俩是好朋友,我给你玩具,你快跟我一起玩吧!"冉冉想了想,开始动手玩了!

【观察实录二】

餐后的区域活动时间到了,幼儿纷纷走进了自己选择的区域。今天冉冉吃饭慢了一些,当她走进娃娃家时,自己爱玩的娃娃已经让其他几个孩子抱走了,她们一会儿给娃娃喂水,一会儿给娃娃喂东西吃,玩得不亦乐乎。冉冉用羡慕的眼神望着,悄悄地站在离她们不远的地方……冉冉一直在看大家玩,非常专注,脸上还露出了笑容,说:"我今天来看宝宝,你们在给宝宝吃什么呢?""吃米饭、牛奶。"蕊蕊边抱着娃娃边说。"我送糖给你们的宝宝吃吧!"于是她们一起给娃娃喂起了东西,有说有笑,开心极了。

以上两个"观察实录",教师比较系统地记录了不同情境下幼儿的行为状况,详细描述了幼儿行为发生的时间、地点、经过和具体表现等,具有一定的逻辑性和教育性。

一般来说,教师要制订长期的观察计划,尽量获取幼儿行为发展的多方面信息。教师只有在不同情境下多次观察幼儿的发展状况,多方面收集相关资料,才能有效地了解幼儿行为的具体意义。

当然,运用观察法,也要认识到其局限性。由于在自然状态下进行观察,不允许改变观察对象的各种条件,不仅会难以控制可能影响观察的外部因素,而且难以完全重复观察和检验观察结果;同时,观察的主观性较强,既受到观察者生理感知能力方面的限制,也受到认知能力方面的限制。

第二节　轶事记录法及其运用

观察法是了解幼儿自然行为反应的一种方法。根据不同的标准,观察法有多种类型。如根据是否借助仪器,可分成直接观察与间接观察;根据观察地点,可分为实地观察和实验室观察;根据观察过程的结构、性质以及对观察过程的控制程度的不同,可分为正式观察与非正式观察;根据观察内容是否连续完整以及观察记录方式的不同,可分为叙述观察、取样观察和评价观察等。

在研究过程中,我们主要采用质的研究方法对幼儿行为进行观察记录及评价,因此运用叙述观察比较多。叙述观察是指观察和记录幼儿连续、完整的各种活动和行为表现,并收集相应的研究资料。叙述观察的具体方法有轶事记录法、日记描述法、追踪记录法和样本记录法。我们的研究主要运用了轶事记录法和追踪记录法。

一、轶事记录的基本结构

轶事记录法着重记录教师认为有价值、有意义的资料和信息,以便了解幼儿的发展需要,为幼儿提供适宜的指导与帮助。这种方法在幼儿发展评价中主要有两个特点。一是观察的行为是典型的、有代表性的行为。所谓典型的行为即该行为既是幼儿阶段最容易出现的行为，又是与此阶段教育教学相联系的行为。二是轶事记录以单一事件的简单描述为主，不仅考察幼儿的行为结果，更重要的是了解幼儿行为的过程。

轶事记录的基本结构通常包括：幼儿姓名（年龄）、观察时间、观察对象、观察目的、观察实录、观察分析和教育措施。

【轶事记录实例】

观察时间：2007年12月24日，午餐。

观察对象：苗苗，3岁2个月。

观察目的：了解幼儿表达自己的想法和愿望的情况。

观察实录：中午吃饭时，吃完的幼儿都陆陆续续地回到了自己的教室，可是，苗苗还坐在那里拿着勺子一动不动，我走过去问她："苗苗，你怎么还没吃完呀？"苗苗回头看着我，一副愁眉苦脸的样子，一声也不响。我又问她："是不是像小毛头一样要老师喂呀？"她只是摇摇头。见她没有要吃的意思，我把椅子转过来，准备喂她，可是一看她的裤子是湿的，这才恍然大悟："苗苗，你是不是尿裤子了？"她点点头，一副很伤心的样子说："刘老师，我刚才去小便了，可是我裤子上的扣子解不开，我和你说帮帮我，但你没听见！"哦，原来是这样，我赶紧对苗苗说："是刘老师不好，老师没听见，可是你可以用手拉拉老师呀，这样我一定可以帮助你的。"苗苗听了点点头。

观察分析：当时的环境比较吵，我刚好又忙着监督幼儿洗手小便，又到饭厅整饬纪律，苗苗叫我时我刚好离开了。苗苗意识到自己尿到裤子上很难为情。

教育措施：与苗苗交谈时，鼓励她大胆地向老师说出自己的意愿。并告诉苗苗，老师没有听到，可以尝试用另一种方式来解决问题，让她解除顾虑，大胆表现，这样才能避免类似事情的发生。

运用轶事记录法简单方便。它不受任何条件的限制，不需专门的编码，或进行分类、制表等，只需在发现值得记录的行为、轶事时随时记录下来。记录时要求教师尽量做到及时、准确、具体，尽量在幼儿行为刚刚发生时就及时加以记录，把幼儿的行动、言谈以及在场的其他孩子的活动等信息记录下来。记录时还要注意幼儿行为发生的顺序，力求客观、正确、完整。

用轶事记录法进行观察，可以帮助教师分析幼儿的成长和发展情况，了解幼儿的个性特征，探讨对不同幼儿的发展起作用的因素，以便有针对性地进行教育干预。这种观察记录资料可以长期保存下来，传至以后的接任教师继续记录，或为后来的教师提供幼儿先前发展情况的信息资料。

小宇今天入园穿了一件红蓝相间的新毛衣，毛衣袖子很长，盖在了手背上。晨间区域活动时，他先走到建构区，看到建构区人已经满了，就很不情愿地离开，来到了美工区。美工区里，遥遥在剪纸，看见他就说："你来剪纸啊！"小宇也拿了剪刀开始剪纸，剪了几下后，他放下剪刀开始咬毛衣袖子，边咬边和遥遥说话。

吃早餐时，老师帮助他把袖子卷好，小宇没有咬袖子。接下来的英语活动，幼儿围成半圆坐两排，小宇坐在第二排。开始唱歌时，他很高兴地和老师一起大声唱歌，学习单词时他开始咬袖子并向后看。老师提醒他，他就把袖子放下；老师不看他时，他又把袖子放在嘴里。活动结束时，小宇毛衣袖子大约两寸的地方都湿了。

上面的案例是对幼儿行为习惯的记录，可以为教师提供有用的信息，即需要改变幼儿"咬袖子"的习惯。通过观察记录，教师常常可以在日常的生活中发现幼儿的行为问题，并设法帮助幼儿改掉不良习惯。

二、教师运用轶事记录法存在的问题

我们通过行动研究，证明轶事记录法有助于提高教师观察幼儿、反思教育行为的能力。但是在实践过程中，由于对轶事记录法认识上的偏差和教师自身能力的限制，运用这一方法时出现了下述一些问题，影响了观察记录的实效。

（一）轶事记录具有盲目性

运用轶事记录法，旨在促进教师对幼儿的了解，并通过发现存在的问题，不断改进教育方法，最终促进幼儿健康发展。然而在实践过程中，教师往往不能确定观察哪个幼儿、观察幼儿日常发生的什么行为，以致产生了记录影响教学、记录行为不明确等问题。

1. 记录影响教学

记录是为教育教学服务的，是促进教师发展的有效工具。然而有的教师忙于记录而影响了正常的教育教学活动，有的教师为了记录而放弃了对幼儿的指导，这本身就违背了观察记录的目的。此外，如果教师在记录过程中操作不当，也会干扰幼儿的正常活动，使幼儿不能表现出真实的行为，最终记录会流于形式，使轶事记录法失去应有的价值。

2. 记录的行为不明确

有的教师在进行观察记录时，往往很盲目。每天班级中可能发生很多事，但并不是每一件事都有记录的价值，如果随意抽取其中的一个行为当做观察记录，导致所记录的行为不具有典型性，就不能有效地反映幼儿的真实发展水平，也不利于教师分析幼儿的成长过程，了解幼儿的个性特征。同时，有的教师不知道何谓有价值的行为，在记录时无从下手。研究过程中，有的教师很困惑地说："幼儿在日常生活中，室内、室外活动中，甚至进园、离园时，场景太多，会发生很多行为，都不知道应当记录哪些行为。"

3. 观察目的与教学目标相混淆

记录时，教师一般会写上观察目的是什么，这时往往就出现观察目的和教学目标相混淆的现象，最常见的是将教育活动目标等同于观察目标。例如，有的教师这样写观察目的："帮助幼儿提高自信心，加强自理能力。"这就把教学目标直接等同于观察目的。教师对幼儿的典型行为观察只是了解幼儿的自信状况及自理能力，然后在了解幼儿行为的基础上，进一步实施教育措施以改变幼儿的行为，而不可能通过一次轶事记录就帮助幼儿提高自信心。

(二) 轶事记录不客观

"在书面描述中，尽可能保持客观、准确和完整。"① 只有这样才能确保观察的行为能够真实地再现幼儿行为发生的具体情境，为教师评价提供准确的材料。但是在观察中，教师往往会加入自己的主观判断，或者不能完整地记录幼儿行为发生的过程和背景，从而导致在评价的时候缺乏深层次的根据。

---

① 萨特勒等. 儿童评价[M]. 陈会昌等译校. 北京：中国轻工业出版社，2008:241

1. 记录中带有主观性偏见

教师在轶事记录中有时不能区分描述性信息和解释性信息，因此在给出观察结论时描述不具体，常常既评价又解释。在实际观察记录中，幼儿的性别、外貌、社会背景及其留给教师的整体印象或某一方面的发展特点，往往会影响教师观察、记录的真实性和客观性，致使有的教师会不自觉地将自己的主观性看法渗透到观察记录中。比如一位教师在一次观察记录中写道："在这一天的活动中，他一直都是'独来独往'，很少听到他讲话。"这里的"独来独往"应通过很多行为表现出来，不能仅仅概括地去描述。

在观察记录中，对事件的描述要尽可能客观、准确，这就意味着要用具体的、非批评性的语言来叙述，不能使用带有强烈感情色彩和主观臆测的语言，如"伤心、悲哀、愤怒、害羞、自私、固执、懒惰"等。应重视记录特定观察内容所体现的具体行为，否则就是专横地对幼儿提前作出判断，从而影响教师在教学活动中对幼儿采取正确的教育行为。

2. 记录重结果

在观察、记录幼儿的活动时，有的教师会不自觉地记录幼儿活动的结果，而忽略了幼儿行为发生的完整过程，遗漏了很多有价值的行为。例如下面的一则观察实录。

今天第一节教育活动是英语课，明明做好上课准备后坐到椅子上。英语老师新授的内容是几个国家的国旗。其他幼儿在活动中都积极地投入到学习中，课堂上很活跃。在30分钟内，明明先后与旁边的小朋友说话，自己玩，站起来去玩前边小朋友的小椅子，用脚去踢地面，眼睛看地面……老师看他，他还和老师玩捉迷藏，在小朋友的后面躲来躲去。

从上面的记录中发现，明明在30分钟内会发生很多行为，这样写有可能不自觉地就忽视了幼儿的一些重要行为，如忽略了行为发生的背景、幼儿的情绪表现等，这样最终会影响到评价的公正性和有效性。

（三）评价幼儿较片面

轶事记录要求“对事件或者行为作出简短的描述性解释”①。即教师要在观察、记录的基础上，对幼儿的所作所为进行解释，阐述幼儿行为背后的主客观因素。这种“描述性解释”若把握不当，会导致评价缺少真实性和针对性。

1. 评价缺少真实性

教师在分析时常常不能紧密联系幼儿行为，将分析泛化、扩大化，草率地对幼儿的行为下正式的结论。在对有关教师的记录进行研究后我们发现，观察记录中时常出现一些观察内容与教育分析不吻合的现象，如观察的是某个幼儿的行为，分析的却是某一类幼儿的行为。这样就无法做到教育因人而异，尊重幼儿的个性差异。

同时，幼儿留给教师的印象往往会影响教师观察、记录的真实性和客观性。有的教师会不自觉地加入主观解释，或者把主观判断和解释与客观事实相混淆。“离开了敏感的分析和解释，通过观察儿童而获得的信息将只是对观察者所见所闻的一种描述。”② 教师在观察分析时，如果仅凭一次观察就对幼儿下结论，或者所做的分析与原始记录脱节——分析不是针对前面的原始记录，而是将对幼儿固有的看法强加于原始记录之上，就会使观察记录缺少真实性。

例如下述观察分析：“从中可以看出××不善交际、语言发展不完善。”“××不喜欢集体生活，也不懂得和他人分享快乐，眼里只有自己的世界。”“××是个性格倔强，占有欲强，凡事好用武力解决的孩子。”……

以上的分析表明对幼儿的评价缺少客观性。因为仅仅通过一个事件不能帮助我们准确认识幼儿的真实发展水平，这件事情可能是偶发的，缺乏鲜明的说服力和代表性，所以对幼儿的观察分析一定要针对幼儿行为的原始记录进行。

2. 评价缺少针对性

很多教师在观察记录中提出的措施大多空泛且没有针对性。例如，教师

---

① 莫里森．当今美国儿童早期教育[M]．王全志，孟祥芝译．北京：北京大学出版社，2004:312

② Sheila Riddall-Leech．观察：走进儿童的世界[M]．潘月娟，王艳云译．北京：北京师范大学出版社，2008:2

的措施中经常会出现这样的字眼——“增强幼儿的自信心，培养幼儿对美术课的兴趣”，“以后要加强观察和教育”等。这些用抽象的教育观念代替具体教育行为的措施仅仅是说教，根本指导不了下一步的行动，因此没有多少实际意义。

与此同时，在当今重视家园合作教育的大环境下，教师很容易走进误区，即在观察分析后，过分依赖家长的配合。例如，在观察到幼儿上美术课表现不积极后，将“与家长沟通，鼓励幼儿乐于参与美术活动”作为解决问题的主要措施。

三、轶事记录法的实施策略

针对轶事记录法运用过程中出现的问题，可以采取以下具体策略。

(一) 依据幼儿身心发展水平和评价指标体系确定观察目的

观察目的是观察的出发点。观察前，观察者应尽量明确：想了解哪些问题？希望达到什么目的？实施观察时，观察者要根据观察目的设计观察计划。有鉴于此，教师应根据观察目的，选取合适的观察角度进行观察，了解幼儿的真实水平，获取有价值的信息去分析问题、解决问题。

教师要明确观察目的和教学目标的区别。教学目标是通过教育活动所要达到的目标，重在让幼儿能够学会什么、了解什么等；而观察目的主要是为了评价幼儿的行为发展，是更具体的行为目标。教师可以针对幼儿的身心发展水平，制订幼儿发展指标体系，从而确定观察目的的理论依据。比如下面的一则轶事记录，教师观察到幼儿的行为表现后，可以查阅幼儿情感态度的评价标准来拟订观察目的。

【轶事记录实例】

上午的体育活动，开始时，我和幼儿一起做热身运动。在“伸伸臂”这一动作时，羽羽不小心碰到了悦悦的脸，悦悦马上边哭边说：“老师！羽羽打我。”在自由拍球时间，大家正拍得火热，有个孩子的球弹起时，正好落在悦悦的头上，悦悦又哭了起来，说：“老师！喜喜打我。”活动结束，幼儿送球后去洗手，博博急着洗手，挤到悦悦，她又一次哭了，伤心极了，接着又说：“老师！博博打我。”

可怜的小宝贝40分钟里哭了三次。

通过这个观察实录，教师意欲通过幼儿的相关行为培养其明辨是非的能力，于是就查找了幼儿发展评价指标体系。

表2-1 幼儿发展评价指标体系之一

一级指标	二级指标	三级指标				
		指标	评价标准			
			A	B	C	D
情感态度	情感	基本情感	情绪、情感积极愉快，会适当表达自己的基本情感(喜、怒、哀、乐、恶、欲)，爱护小动物，爱周围的人，关心病人、老人，热爱劳动者	情绪、情感积极愉快，会适当表达自己的基本情感，爱护小动物，爱周围的人，关心病人、老人，热爱劳动者	情绪、情感积极愉快，在情绪的表达方式上欠妥(如撒娇等)，爱护小动物，爱周围的人	情绪、情感低落，不能恰当地表达自己的感受

依据幼儿发展评价指标体系中幼儿“情感态度”发展评价标准，该教师分析了“观察实录”的内容，很容易地拟订了自己的观察目的。于是，她将观察目的描述为：“了解幼儿情绪情感的变化，以及能否正确表达自己的感受。”

（二）选取合适的观察角度，以获取有价值的信息

选取合适的角度观察幼儿行为或事件，可以让教师获取大量有价值的信息。“记录儿童的行为，最为重要的是要抓住反映儿童所思所想所感的东西，记录和整理有益于认识、理解儿童的材料和有益于儿童认识自己的材料。”① 因此，教师应该根据观察目的，选取合适的观察角度去观察自然情境下幼儿有价值的行为、事件，以了解幼儿的真实发展状况。研究中，我们对幼儿典型的行为、事件做了如下解释：典型或异常行为是幼儿年龄阶段最容易出现的行为或问题，它与该时期的教育教学相联系，需要长期地观察。教师要善于发现值得记录的行为、轶事并随时记录下来。

---

① 张婕，朱家雄. “纪录” 记什么[J]. 幼儿教育，2005(7)

实践中，教师可以观察幼儿日常生活中相对频繁的行为和幼儿普遍存在的行为。比如在室外活动中，可以重点观察幼儿运动能力的发展水平、与同伴的协调合作能力，还可以观察幼儿解决问题的能力；在室内活动区，可以观察幼儿专注的时间、幼儿是否懂得分享以及幼儿的探究创造能力；在进餐、睡觉时间，可以观察幼儿的生活习惯，是否挑食，能否自理；在教学活动中，可以观察幼儿能否主动回答问题，提出自己的意见，能否自觉完成教师布置的任务等。教师在一段时间内集中对某种行为进行观察，就容易获得有价值的教育信息。

教师也可以将观察对象限定在少数几个幼儿或者某些行为事件中。在幼儿阶段，年龄相差几个月，家庭背景不同，都易导致幼儿之间的差异，班级内总会有发展较快或发展较慢的幼儿。根据幼儿发展的状况，教师对某些不常见的事件也应关注，诸如日常非常听话的幼儿突然在某个活动中作出攻击性行为等，都需要教师去发现，从而理解幼儿行为的发展变化，以便对幼儿行为作出全面的评价，进而有针对性地采取措施，促进幼儿的发展。因此，在某段时间内，教师可以集中观察幼儿的某种行为，挖掘更加全面的材料，这样既可以减少教师的压力，又可以帮助教师理解幼儿的问题并制订有效的教育策略。

（三）改善记录方式，提高记录的准确性

轶事记录“要求尽快记录下发生的行为事件”①，这样才能尽可能准确地记录幼儿行为事件发生中重要的语言、非语言行为，使轶事记录保持客观、准确、全面。因此，如何进行记录显得尤为重要，在不影响教学的前提下，改进记录的方式，根据实际状况将现场记录与事后回忆结合起来，是一个有效的手段。

很多教师往往都是根据事后回忆并记录所观察到的内容，这样很容易遗漏一些重要的信息，影响观察记录的准确性，最终导致评价偏离实际。在一些特别的观察中，我们尝试将现场记录和事后回忆两种方式结合起来，比如在艺术活动或者区角活动中，教师做完示范后有一些闲暇时间，利用这个时间将幼

---

① 萨特勒等．儿童评价[M]．陈会昌等译校．北京：中国轻工业出版社，2008:240

儿行为发生的过程用自己能够理解的一些关键词、符号或者零星话语进行简单记录，这样就便于教师在活动结束后快速、清晰地回忆当时行为发生的情境。然后教师再根据现场的简单记录丰富记录内容的背景和细节，从而及时有效地记录所观察到的幼儿行为事件，减小记录的误差。

（四）明确观察记录的基本要求，确保记录与评价的客观性

首先要明确轶事记录的格式要求。轶事记录分为以下几部分：幼儿姓名（年龄）、观察时间、观察对象、观察目的、观察实录、观察分析和教育措施。其中，“观察是有目的而明确的”[①]，观察的是幼儿的言语、动作、表情等行为表现；记录的过程是客观的，没有任何偏见，真实、完整地记录幼儿行为发生的过程；分析是对观察实录中幼儿行为的解释，不是固有偏见的强加；教育措施是切实可行的。

【轶事记录实例】

观察对象：阳阳，4岁。

观察时间：12月4日。

观察目的：了解幼儿正确表达自己意愿的能力。

观察实录：一天，在活动室里，孩子们正在听着音乐的节拍打节奏、拍手、做律动。这时阳阳突然从后面冲了过来，一把抱住了琪琪，琪琪顿时慌张地不知道发生了什么事，于是害怕地叫了起来：“老师，你看阳阳！”她一边喊一边使劲地挣脱，可是阳阳听见琪琪向老师告状后手抓得更紧了，而且还用力地亲了琪琪一下脸蛋后，才推开琪琪快速跑回了自己的座位。于是我走过去拉着阳阳的小手问：“请问刚才你在做什么呢？”她说：“我让琪琪和我一起做动作，她不和我做。”

观察分析：这个年龄段的幼儿模仿能力较强，他们会在生活、游戏、学习中模仿教师、家长、同伴所说的话或动作。阳阳是想模仿教师的模样去教琪琪动作，这也说明她是个在生活中善于观察和模仿的孩子，可是由于她在与琪琪交流时没有表达出她的用意，导致琪琪产生误会，以致阳阳不能够和她所喜欢的

---

① 安·波姆，理查·温柏格．儿童行为观察——课室经营之钥[M]．廖凤瑞，李易霖译．台北：光佑文化事业股份有限公司，1998：85

同伴很好地建立友谊关系。

教育措施：我决定去帮帮她。于是我告诉阳阳正确的方法应该是问问琪琪愿不愿意和她一起做律动，要先征求别人的意见再采取行动。“现在赶快去告诉琪琪你的想法，并真诚地向她道歉说声对不起，我相信她会愿意和你交朋友的。”我用的方法是移情法，使幼儿认识到自己的错误，然后让她通过道歉来弥补过错，取得对方的谅解。如果我们在调解过程中注意教给幼儿运用合适的方式与他人交流，指导幼儿针对特定的事情采取合理的方法加以解决，幼儿一旦面临类似情况就会自然地运用已有经验进行处理。

在这篇轶事记录中，教师能够将阳阳的行为及其发生背景完整地记录下来，同时对这种行为发生的原因进行了详细的分析，并提出了自己的解决方法。

1. 完整记录行为过程，保证记录的客观性

观察记录关注的信息，更多的是某个具体活动或者情境下的全过程，因此教师要全面观察行为的背景，事件的过程，幼儿的行为和语言、情绪的变化（音调、面部表情等），以及与之相联系的其他在场幼儿的活动等。同时，客观、准确、具体地记录所观察到的信息也非常重要。教师不能喧宾夺主，写“我”怎么教，而不写幼儿的表现。

记录中，教师不要用抽象的、概括性的或者总结性的词语，避免使用过于文学化（如隐喻、双关）的语言，具有特定含义的用语（如成语、歇后语、俗语），以及过于程序化的语言（如政治套话、新闻口号、学术评语）等。在轶事记录中，应该使用具体、朴实的语言，明确区分对事件的实际描述和对事件的解释。

2. 观察分析紧紧围绕实录，确保评价的准确性

观察分析就是对观察过程中幼儿出现的行为进行解释，阐述幼儿行为背后的因素。因此，分析必须紧紧联系幼儿行为，避免将分析泛化，不能草率地对幼儿的行为下结论。一件事并不能帮助我们准确地认识幼儿，只有在不同情境下多次观察某个幼儿，多方面地收集资料，才能准确了解其行为的意义。

因此，根据幼儿的行为找出其后的主客观原因，或者对该行为进行有效的解释，一切均应围绕“观察实录中的幼儿行为”进行，通过分析找到相应的“行为”事实支撑。

(五) 开展集体研讨,随时解决教师疑问

教师之间经常进行研究和讨论,说出观察记录过程中的体会和困惑,互相借鉴经验教训,解决记录中的问题,有利于促进教师对轶事记录法的深层次认识。最重要的是,教师在观察记录中的不断反思,可以帮助其积累、总结经验,从而不断提高观察记录的技巧。

例如,有一个教师对幼儿不能控制自己食量的行为提出了问题:"齐齐吃饭时总是吃不饱,只要给他他就要,而且吃完之后还经常捡地上的米粒吃,我怎么说都没有改掉。因为我是新老师,分析的时候总是不能那么全面,和家长联系的时候,家长说在家里也是这样,而且我采取的措施也没有达到目标。"这时教学经验比较丰富的董老师就说:"你可以问问家长,小孩在家里能吃多少饭,如果家长也没有试过,你就可以在进餐时,尝试着一边问他一边加餐,直到他吃饱为止,这样就可以知道孩子能够吃多少,同时一直强调不能吃掉到地上的米粒,并给予相应的鼓励。"

这样的经验交流和研讨,使每个教师都能提出自己的疑问,并通过经验丰富的老师带动新老师,共同提高分析幼儿行为的水平,明确怎样从生活中去寻找信息,让教育措施更加有效。

总之,轶事记录法的意义在于,不但教给教师具体观察、记录幼儿行为的技巧,更给了教师处理问题的智慧。这就需要教师不断积累和反思,以对幼儿全面、合理、有效的评价来促进他们的健康成长。

第三节　追踪记录法及其运用

一、追踪记录法的内涵

追踪记录法是指在一定的时间范围或阶段内,持续不断地进行观察记录。教师要按事情自然发生的顺序,详尽地描述幼儿行为的发生及其发展变化。

一件事不能帮助我们准确地认识幼儿,任何一个幼儿都有优点和缺点,都有非常自信和自我怀疑的时候，只有在不同情境下多次观察特定的幼儿，甚至重复观察，并且多方面收集其他资料，才能有效地了解和掌握幼儿的发展状况。因此，教师不要急于作出有关幼儿学习和发展的任何判断，对幼儿行为的解释和评价应推迟到收集了相当充足的行为样本后再进行。因此，为了获得对幼儿的全面评价，探索幼儿发展的深层次状况，教师可以运用追踪记录法大量收集评价幼儿发展的质性资料。

二、追踪记录法运用中存在的问题

在研究中，参与教师对追踪记录法产生了很多疑问。诸如如何对一个幼儿进行长期的跟踪观察，怎样选择观察对象，对幼儿进行追踪观察是否限定时间和次数，追踪观察的目的怎样确定，追踪观察时如何进行观察分析，以及观察措施如何撰写，等等。其中，特别是存在以下两个问题。

1. 观察实录不能完整地记录幼儿行为发生的过程

教师对幼儿的观察实录流于形式，不能长期、完整地记录幼儿的行为。如下面一篇追踪记录中的一则事件记录。

【观察记录实例】

观察时间：1月21日。

观察目的：了解幼儿在活动中的自信心表现。

观察实录：今天同样是周一，涵涵自己走进了班级，但小嘴撅得高高的。我问他原因，他突然对我说："老师，我很笨吗？"说着就哭了起来。

观察分析：涵涵经常不来幼儿园，学习的内容经常跟不上，能力发展也较其他幼儿滞后。但涵涵又是个很细心的孩子，时间长了，他的心里就产生了负担，才会问出这么一句话。

教育措施：我要细心观察孩子的内心反应，发现孩子的优点，慢慢引导他认识自己的优点，让他明白每个人都有自己的强项和弱项，逐渐提高孩子在弱项上的表现和能力。这样，孩子的自信心就能得到强化，相信涵涵一定会自信起来。

虽然追踪记录的要求并没有那么严格，格式也比较灵活，但是每个单独事件和行为的记录仍然要求有完整的发生背景、发展过程等，只有这样才能对幼儿的行为作出准确的判断和评价。然而很多教师的观察实录只是对事件和行为的一笔而过，没有详细叙述行为发生的过程，依据这种实录作出的评价往往是片面的，或者是不准确的。

2. 追踪记录是独立事件的叠加

教师的追踪观察记录是对幼儿某类行为或事件的持续观察，应尽可能地捕捉幼儿最主要的行为或事件的要素，而不是每次都是单独的一个行为的观察。

下面的追踪记录中，教师记录的两次事件是完全不同的行为类型。

【追踪记录一】

观察对象：明明，3岁1个月。

观察时间：1月7日。

观察目的：了解幼儿如何正确控制自己，减少攻击性行为的发生。

观察实录：明明是全班闻名的"新闻人物"，经常无缘无故地打人。今天吃完早饭，孩子们都在玩自己从家里带来的玩具，他走过去不由分说就抢玩具，还动手欺负同伴。饭菜太烫时，他会莫名其妙地抠别人；散步时，他会突然去撞前面的同伴；画画时，他会冷不丁地到别人脸上画一条线；高兴时，他会突然打别人一拳……问他为什么这样做，他说不知道。问他对不对，他会承认不对。

【追踪记录二】

观察时间：1月9日。

观察目的：了解幼儿解决学习困难问题的情况。

观察实录：今天早饭后，孩子们在老师的指导下进行"走迷宫"游戏，明明没走多远就开始东张西望，他仅仅看了一下，就嘴里嘟囔着，没有继续去探索。他跑到美术区去画画了，刚画几笔就失去了耐心，又开始自己玩了起来……

很显然这不是追踪记录，而是简单地把单个轶事记录放到一起。这主要是由于教师仍然存在"没有特定的目标，每次都是随机看见有价值的行为就记录下来"的想法。

追踪记录关注的是连续观察和记录幼儿的某种行为，每次观察的都是幼儿的同一种行为，可能只是发生背景和周围环境的不同，但是观察的行为必须属于同一类型。这样才能全面、详细、准确地了解该幼儿行为发生的各方面原因,对幼儿作出正确、客观的评价,以便进行更适宜的教育干预,促进幼儿的健康成长。

三、追踪记录法的实施策略

经过实践,我们总结了追踪记录法的具体实施要领。

(一)追踪记录的格式具有灵活性

追踪记录格式灵活。它主要是针对幼儿某个特定行为进行系列观察,从而真正了解幼儿的发展状况。很多观察事件或行为只是了解幼儿的一个起点,教师需要经过长期深入的观察,才能对幼儿有一个正确的评价,因此教师可以根据每个事件的情况,灵活地进行记录和分析,并反思教育干预的措施。

下面的追踪记录,即是教师为了观察幼儿的自信心状况以及是否敢于表达自己内心的想法,而从不同方面对幼儿进行了观察记录。

【追踪记录一】

观察对象:明明,3岁。

观察目的:帮助幼儿提高自信心,敢于向他人表达自己内心的想法。

观察时间:12月20日,下午2:00—2:30。

观察实录:"孩子们,起床了!"随着老师的一声叫醒服务,孩子们都睁开了蒙眬的睡眼。"孩子们,快下床去小便。"老师提醒孩子们去盥洗间。这时老师发现明明坐在床上一动不动,问她有没有小便,她只是看着老师不出声,老师又提醒了她一次,告诉她不要尿裤子赶快去厕所,就去帮助其他孩子了。当老师再回头看明明时,她还是站在地上一动不动,就问她怎么了,她还是不出声。老师走过去后发现,明明的裤子湿湿的,地上有一摊水。老师明白了,问她:"为什么睡醒后不立刻去小便呢?为什么尿裤子了也不说?"可这个孩子就是不出声,而且用怯懦的眼神看着老师。

观察分析:①这个幼儿在平时的活动中就表现出说话声音小,在自己有需要时不能主动大声地说出自己的要求。②通过与家长沟通了解到,平时在家中家长在幼儿有需要时,通过幼儿的眼神或其他动作就知道她要什么,没有让幼儿养成主动提出或说出自己要求的习惯。③家长对幼儿所做的事情鼓励、赞赏得少，使幼儿对自己的能力产生了怀疑，对自己的办事能力失去了信心。

教育措施：①在发现幼儿要求时，引导并鼓励她自己说出来，不管声音大小都给予鼓励，使她重新树立信心。②与家长达成一致，在家让幼儿多参与家务事，不论结果如何，都要及时予以鼓励。

【追踪记录二】

观察时间：12月24日，下午2:00—2:30。

观察实录：下午孩子们起床了，所有的孩子照例去盥洗间小便，明明坐在床上，眼巴巴地看着老师。老师发现后问她："怎么了，去小便啊！"听见老师这么说，她穿上鞋子去了盥洗间。小便后，老师表扬了她："看，今天表现真好！没有尿裤子，以后都要这样做，睡醒后不用老师提醒，自己穿上鞋子去小便，或大声地告诉老师，那样就更棒了。"明明点点头。

观察分析：①虽然幼儿今天没有尿裤子，这是进步的一个表现，但是她还是不能主动、大声地说出自己的想法或需要。这说明幼儿的自信还没有完全得到提升，还要更多地关注她的内心需要。②通过与家长的谈话，了解到幼儿在家里表现已经有了很大的进步，自己的事情会做得很好，妈妈也给予了鼓励和表扬，但有时她还是会表现出自信心不足的一面。③"接受一个行为习惯要28天，养成一个习惯要3个月。"对于一名3岁的幼儿来说，她的心理习惯并不是一两天就能养成的，所以要更多地关注幼儿。

教育措施：①更多地关心、关注幼儿，在幼儿学习、做事时，老师在旁边及时鼓励。②当发现幼儿有需要时，老师主动询问幼儿，并引导幼儿大声地说出自己的要求。③不管什么时候，当幼儿说出要求时，马上给予肯定，以增强幼儿的自信心。

【追踪记录三】

观察时间：12月27日，下午2:00—2:30。

观察实录："孩子们，起床了！"老师把孩子们都叫醒并叮嘱他们去小便。"老师，我尿裤子了。"老师闻声一看，是明明站在地上，怯生生地看着自己。"宝贝，没事，尿就尿了吧，老师给你拿裤子换上就没事了。以后不管做了什么事情，都要像今天这样，大声地说出来！”

观察分析：①通过近一段时间的鼓励和引导，幼儿的自信心有了很大的提高，不管是对的或者错的，都能勇敢地和老师说出来。②幼儿现在的自信正处在不安定的时期，她虽然敢说了，但还是存在着胆怯心理。

教育措施：①教师一如既往地给予幼儿关注，并且在幼儿有需要时，在第一时间内加以肯定和鼓励。②多给幼儿展示的空间，不管是对还是错，都不要正面批评，以免幼儿的自信心受到影响。

上面的记录中，教师严格按照观察记录的格式进行记录和分析。经过这样的过程，教师对追踪记录有了初步的把握，并能进行较深入的分析和思考。经过一段时间的研究发现，要求每个观察记录都写出明确措施，有些僵化刻板。因此，可改变这种“一事一措施”的固定化格式，不做硬性要求，让教师根据观察的具体情况来灵活掌握。

以下是对幼儿攻击性行为进行追踪记录时采用的不同形式。

【追踪记录一】

观察对象：浩浩。

观察目的：引导幼儿改正攻击性行为，能够与他人友好相处。

观察时间：3月5日。

观察实录：吃午点的时候，浩浩又心不在焉了，后来，他干脆把碗推到一边，和贝贝、扬扬聊起天来，接着他们陆续走进了建构区。玩着玩着，三个人开始抢玩具了。扬扬不小心碰了浩浩一下。突然，浩浩举起小椅子欲向扬扬砸去，我连忙冲过去夺下椅子，好险呀！一时间，空气仿佛凝固了，我明显感觉到自己的愤怒，我看见扬扬的双手挡在了头顶，眼睛紧紧地闭着，嘴巴张得大大的，成了“O”型。

【追踪记录二】

观察时间：3月7日。

观察实录：早晨，我刚到班上，孩子、老师们都纷纷投诉浩浩昨天晚上离园前的劣迹。当时，孩子们在区域中玩着玩具，突然，明明“哇”地大哭起来——

鼻子流血了,因为什么呢?明明不小心碰了浩浩一下胳膊,浩浩二话不说,一拳过去,打在明明的鼻子上。

【追踪记录三】

观察时间:3月11日。

观察实录:"玩体育玩具啰!"孩子们一哄而散,争先恐后地去拿小型体育器械,但仍然保持队伍的井然有序。只有浩浩和贝贝两人同时扯住一条拉力器不放,拉过来,扯过去,谁也不肯放手。最后,倒是浩浩先放开手,我正想上前表扬他,他却大哭起来,瞬间"泪流成河"。直到我表扬了他,又拿了新玩具给他玩,他才停住哭声。

观察分析:在班上,浩浩是个特殊的孩子,他任性、倔强,调皮、好动。同时自制力差,争强好胜,与人交往时骄横霸道,攻击性强,而内心又非常脆弱,动不动就大哭。其实,很多独生子女或多或少都有这些表现,只不过在浩浩身上表现得比较明显、激烈。

浩浩的性格形成是有一定的家庭背景的:作为长孙,除了深受父母的疼爱之外,还有来自爷爷、奶奶的特别关爱。每当浩浩犯错,妈妈想教育他时,爷爷总会出面干涉,充当浩浩的保护伞;而爸爸的教育方法又过于简单、粗暴,浩浩常常挨打,挨打之后就变得更加倔强;在妈妈面前,浩浩会显得特别脆弱,动不动就大哭,不让妈妈走,有时妈妈上厕所,他都要跟着。来到幼儿园,从一家关注的焦点到集体中普通的一分子,浩浩不能适应这种转变,因此常常表现出与幼儿园集体规范极不相符的行为。如集体活动时,他在后面瞎跑;碰到他感兴趣的活动,如科学活动,就拼命地举手抢答,老师没有点到他回答,他便大叫,甚至冲到老师面前;尤其他与同伴相处,矛盾冲突时时发生……这些行为直接影响到他与同伴的关系。

教育措施:

1. 做好家长工作,让家长重视幼儿的问题,从根本上解决幼儿的攻击性行为。

(1) 和浩浩的爷爷奶奶沟通,强调既要创设和睦的家庭气氛,同时对于浩浩的不合理要求又不能一味地满足和投降,而是要有原则地拒绝。

(2)与浩浩的爸爸沟通,讲一讲教育孩子的有效方法和暴力家教给孩子带来的影响和弊端。

(3)与浩浩的妈妈沟通,引导妈妈用正确的方式说服、教育幼儿,并建议带孩子参加一些竞赛形式的课外活动,如亲子游戏活动竞赛、幼儿娱乐场、"淘趣堡"等。

(4)给孩子提供发泄情绪的工具,如沙袋、摔泡泡等。

2. 在幼儿园里,给浩浩提供温馨和谐的班集体气氛,让其他幼儿主动与浩浩交往,做好朋友,并提示浩浩要与同伴友好相处,学会用友好的方式与人交往、玩耍,从而帮助浩浩建立良好的交往意识,逐步改变他的攻击性行为。

(二)预先确定观察目的和观察主题

教师应根据平时的观察和对幼儿的多方面了解,立足于自身的教育教学需要,预先确定所要观察的对象和观察主题,做好观察前的准备工作,并制订合理的观察计划。这样就可以避免在观察过程中,观察对象的行为只在今天发生但以后就消失了等现象,也避免了按照预先确定的目的观察,但在观察中却没有看到相应的行为,转而观察另外一个行为的弊端。

有的教师说:"目标的设置主要源于我的观察,通过观察我了解到一个幼儿的行为发展,这样我就可以根据这个行为进行系列的观察。比如我想了解我们班孩子的进餐情况,我就选择了××进行长期的追踪观察,发现他很多时候挑食或者进餐习惯不好,总是拖到最后才吃饭……"再如有的教师根据某幼儿的行为决定观察该幼儿攻击性行为的发生发展情况。

早上9:00左右,老师组织幼儿饭后散步,硕硕很喜欢站在排头,于是她用力推开站在她前面的两个小朋友。可是那两个小朋友不愿意,好像和硕硕说了什么,只见硕硕伸手在其中一个小朋友的脸上用力抓了一下,那个小朋友哭了,脸上出现了两条伤痕。

于是,教师在接下来的时间里制订了详细的观察计划,并对该幼儿实施追踪观察,详细地了解该幼儿的发展情况,并指导以后的教学。在这一过程中,关键是教师要善于观察,善于发现,善于分析和思考。

(三) 弹性的观察时间和次数

追踪观察的目的主要是通过系列观察探究幼儿行为发生背后的各种影响因素,最终根据观察结果采取相应的措施,而后继续观察直到问题解决,观察记录随之结束。这样的观察可以是两次,可以是更多,主要以幼儿行为问题的解决为标准。

追踪记录的最终目的是教师深入地了解了幼儿的现状,并全面、准确地评价幼儿的发展水平。只要所关注的幼儿得到了发展,追踪观察就达到了目的。

第三章　幼儿发展评价——幼儿成长档案袋

幼儿发展评价是了解幼儿园的适宜性、有效性,促进每个幼儿全面发展,调整和改进教学,提高教育质量的重要手段。幼儿成长档案袋评价体现发展性评价理念,强调在具体、真实的情境中,观察、记录和分析幼儿的行为表现并积累各种作品,作为评价的依据。幼儿成长档案袋评价在当前的幼儿园教育实践中得到了越来越广泛的应用。

幼儿成长档案袋评价的行动研究过程

第一阶段:理论培训与研讨,明确幼儿成长档案袋评价的特点。

首先进行教师制作幼儿成长档案袋的培训,包括了解幼儿成长档案袋的来源、特点、研究过程与目标等。然后对教师制作幼儿成长档案袋的情况进行调查,并和教师一起对原有的幼儿成长档案袋进行反思和细致的分析。针对这些初步的研究结果,我们对如何制作幼儿成长档案袋进行了深入的研讨。通过培训和研讨,参与教师明确了幼儿成长档案袋关注的重点不仅是展示幼儿的阶段性结果,而且是包含幼儿成长的进步与不足,含有幼儿教师和家长为幼儿成长、幼儿发展所做的努力,是体现幼儿发展轨迹的幼儿成长记录。通过研讨,大家在观念上明确了研究的目的:幼儿成长档案袋是记录幼儿成长,评价幼儿发展,促进幼儿成长的途径、方式,也是家园联系、家园共育的重要桥梁。

在培训和探讨的基础上,参与教师开始制作幼儿成长档案袋。各班先确定一名幼儿为研究对象,为其制作一个档案袋,并对这名幼儿进行全面的观察、记录。一周后,每位参与教师提交了一个幼儿成长档案袋。针对这些档案袋,大家结合幼儿成长档案袋的特点、内容等展开讨论,从而对幼儿成长档案袋的特点、价值和内容有了清晰和一致的认识。

第二阶段:交流制作幼儿成长档案袋的体会,探索幼儿成长档案袋中资料的内容和收集方法。

通过交流研讨,我们确定了幼儿成长档案袋的模式:以时间(一个月)为维度,以活页夹为主、纸盒为辅,幼儿成长档案袋基本由封面、目录(一个阶段做成后建立)、幼儿基本情况介绍以及按照时间顺序收集的幼儿在园表现情况的资料构成。收集资料主要以幼儿一个月内需要达到的目标或者幼儿横向比较最需要发展的领域或方面等为依据。呈现资料的形式以观察轶事的纸笔记录、照片、表格等为主,还可以呈现幼儿立体手工作品的实物等。对于作品的记录以及教师的评语,主要以具体、生动为原则。

第三阶段:深入研究基于幼儿评价的成长档案袋的有效利用。

在制作了一学期的幼儿成长档案袋后,很多教师积累了丰富的素材和经验,同时也发现了新的问题,尤其在有关幼儿评价方面,幼儿成长档案袋的内容筛选和运用上有不足。于是,我们对幼儿成长档案袋的利用进行了深入探讨,主要包括:档案袋里应该放什么资料才能体现对幼儿哪些方面的评价,为什么?幼儿成长档案袋和幼儿画册有没有区别?根据什么线索,收集、积累幼儿成长档案袋的内容?怎样利用档案袋,用档案袋做什么?怎样运用幼儿成长档案袋促进幼儿发展?参与教师各抒己见,表达了自己的观点和看法。通过研究者和参与教师之间的探讨和进一步操作,大家深刻地领悟了基于幼儿评价的成长档案袋的理论基础,增进了对幼儿成长档案袋价值的理解,教研和实践能力都得到了进一步提高。

第一节　幼儿成长档案袋评价的含义与价值

一、幼儿成长档案袋评价的含义

档案袋是在20世纪80年代西方中小学评价改革运动中形成和发展起来的一种新的质性评价方式。它是指教师和学生有意地将各种有关学生表现的材料收集起来,并进行合理的分析与解释,以反映学生在学习与发展过程中的努力、进步状况或成就。档案袋的英文单词为"portfolio",有"代表作选辑"的意思。最初使用这种形式的是画家及后来的摄影家。它是一种表现艺术家个人设计风格及领域的作品集。摄影家、画家、音乐家、作家或建筑设计师均会保留个人的成果,我们可以经由档案资料来了解其成长历程,或评价其在个人领域的技能或成就。

教育领域中,档案袋是指针对学生从事的学习活动,旨在评价与回顾学生的学习过程而收集的资料。档案袋有多种定义,美国国家教育协会(National Education Association)认为,档案袋是集中反映学生工作和各种思考的学习记录,通过学生和教职员工之间的协作努力来收集材料,表明学生取得基本结果的过程。美国评价培训学会的专家阿特(Judy Arter)博士认为,档案袋是一种有意义的学生工作作品集,可以向他人告知学生的努力、进步或成就情况,包括学生在档案袋内容选择、标准确立、价值标准判断上的参与程度以及学生自我反思的证据等。格雷迪(Emily Grady)在其所著的《评价的档案袋取向》一书中指出,档案袋代表了学生的努力程度与有形的成就。

作为一个从实践中产生的评价方法,尽管档案袋评价已经有十年左右的历史,但是从教师对档案袋评价的日常使用情况来看,很难给它下一个确定的定义。从语义分析来看,档案袋(portfolio)原意为"代表作选辑",因此,应用到教育上的档案袋评定,主要是汇集学生作品的样本,目的是为了展示学生的学习和进步情况。有鉴于此,幼儿成长档案袋应该是有目的地收集幼儿的各种作品,这些作品展现出幼儿在一个或几个领域的努力、进步和成就。整个成长档案袋的建立过程都需要幼儿的参与，同时还包含了幼儿自我反思的资料。

因此，幼儿成长档案袋是用档案袋的形式，有目的、有系统、有组织地收集幼儿在真实情境中表现出的各种信息，如幼儿的作品、照片、录像、成人对幼儿所做的观察记录等，并附有幼儿自评、同伴互评或教师、家长的评语，以反映或说明幼儿在一定时期内取得的进步和存在的不足，展现幼儿的成长历程及意义。幼儿成长档案袋评价是教师根据教育教学目标，有意识地将各种体现幼儿成长和发展过程的作品及相关资料收集起来，通过合理的分析和解释，反映幼儿在学习与发展过程中的优势和不足，以及在达到目标过程中所付出的努力和进步，展示幼儿在一段时期内发展进步的历程，是教师、幼儿以及家长共同收集资料、分析资料以及进行评价，从而有效地促进幼儿在情感、态度、知识、技能与价值观等诸方面协调发展的评价方式。

二、幼儿成长档案袋评价的价值

（一）真实、全面、动态地评价幼儿，反映幼儿多样的个性

《幼儿园教育指导纲要（试行）》指出，教育评价应“承认和关注幼儿的个体差异，避免用划一的标准评价不同的幼儿，在幼儿面前慎用横向的比较”。幼儿成长档案袋评价即充分承认个体差异的存在，充分展示每个幼儿的个性。

幼儿成长档案袋评价是以教育者对幼儿在各种活动中的表现的直接观察，以及对幼儿在活动中所创造的各种成果为主要依据进行的。这种评价方式与幼儿的实际表现相符合，真实可信。同时，档案袋能够提供丰富多样的评价材料，反映幼儿在各个领域的知识、技能、情感倾向的发展水平，可供教育者全面地评估幼儿的成长状况。教师在收集和整理幼儿成长档案袋资料的过程中，可以真实地体验到幼儿个性的差异，发现不同的幼儿有不同的兴趣和优势，每个幼儿都有自身特定的发展历程。

图3-1是幼儿成长档案袋中的幼儿作品及记录。这是一个大班幼儿在圣诞节做的创意泥——小雪人“白白”的照片和记录。在幼儿成长档案袋中，教师不仅用照片展示航航的手工作品，而且还用文字记录了航航对自己作品的小评：“我觉得挺好的，我希望妈妈看了能表扬我，我的白白头特别圆，很好看，还有鼻子就是所有

雪人的鼻子都扎在这儿的。”档案袋中还有教师的评语：“这一次作品，老师们认为你做得很成功！你的雪人一定不怕冷，因为它的帽子牢固地戴在头上，而且很厚，还有它的围巾看起来也很暖和，都是一个宽度的。”

图3-1　幼儿成长档案袋中的幼儿作品及记录

（二）有利于幼儿体验成功，培养幼儿的责任感

对幼儿的成长来说，一方面，幼儿成长档案袋不仅反映幼儿运用已有技能、经验所获得的成就，而且关注幼儿已有的成功和进步，所以它有利于让幼儿体验成功，获得满足感。如当幼儿园举行家长开放日时，幼儿会展示出自己最优秀的作品，他们会在家长鼓励的话语与眼神中体验到成功的快乐，树立起自信心。与此同时，档案袋评定还为幼儿进行自我反思提供了机会和条件。例如在建立成长档案袋的过程中，幼儿独立决定哪些内容进入档案袋时，以及他们查阅档案对自己以前和现在的材料进行比较时，都为他们反思自己的成长变化提供了条件。在这样的反思过程中，幼儿对自己的学习易于产生责任感，并能进一步激发他们对学习成效的自豪感与学习的积极性。

图3-2的照片是翰翰在主题活动“钟表”中制作的手工作品，旁边是对这一作品的背景介绍：“‘钟表店’的主题活动已经开展一段时间了，幼儿对钟表有

了一定的了解，所以在'创意泥'课上，让幼儿进行创作。"对于翰翰的这个钟表作品，教师评价道："制作得比较好，精细的小地方制作得比较认真，颜色搭配比较多样，但指针与表盘比例不是很好。在制作的过程中，认真的态度值得表扬！"翰翰自己对作品是这样评价的："今天的制作，我有一点不满意，我觉得(我表盘上的)窗户不是很好，因为位置找得不太对，其他的我都很满意。"

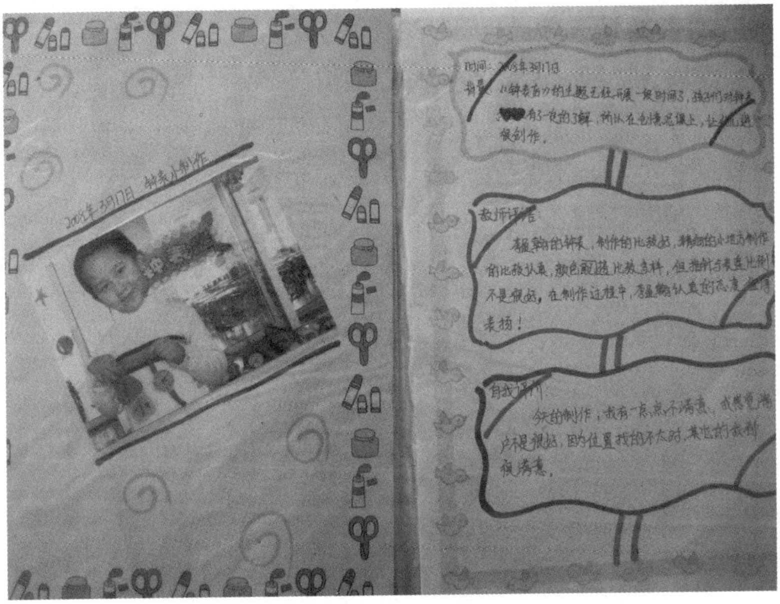

图3-2　幼儿的自我反思和评价

在幼儿成长档案袋评价中，幼儿成为积极的参与者。在幼儿成长档案袋评价的组织与实施中，教师可以告诉幼儿谁帮他们建立了档案袋，档案袋由谁保管，它能存放哪些东西，它的作用是什么等。这样能够帮助幼儿全面了解评价的过程，并学会对自己的档案袋负责任。此外，幼儿还可以自己选择放进档案袋里的作品，从而有机会发挥他们的主动性，让幼儿体验到责任感。

图3-3是大班教师发现区角中几名幼儿对幼儿成长档案袋感兴趣，于是有针对性地指导三名幼儿学会翻阅幼儿成长档案袋，帮助他们进一步认识和了解幼儿成长档案袋。

在教师的引导下，幼儿之间可以相互翻阅成长档案袋，也可以自主协助教师收集、整理自己或他人的成长档案袋资料。

图3-3 教师引导幼儿认识、了解成长档案袋

图3-4 幼儿以小组形式相互翻阅成长档案袋

图3-5 大班幼儿轮流负责整理成长档案袋

图3-6 幼儿协助教师把光盘放进成长档案袋

图3-7 幼儿选择自己喜欢的作品放进成长档案袋

(三)帮助教师优化教育决策

教师制订和实施活动计划的重要依据之一,是幼儿现有的发展水平和潜力。幼儿成长档案袋评价为教师了解幼儿的发展水平,反思自己的教育教学提供了机会。它帮助教师不断反思:对于具体的幼儿园教学,幼儿学到了什么?从幼儿的作品中,教师了解了什么?在收集资料时,教师必须要记录"谁(who)"、"什么(what)"、"哪里(where)"、"什么时候(when)"、"为什么(why)"和"怎样(how)"。幼儿成长档案袋评价不但可以了解幼儿的个别差异,观察每个幼儿的进步情况,更重要的是在收集幼儿日常作品的同时,教师可以随时根据幼儿的发展方向定出教学计划,修正自己的教学活动,作出与幼儿发展水平相适宜的教育决策,从而更加有效地促进幼儿的成长。

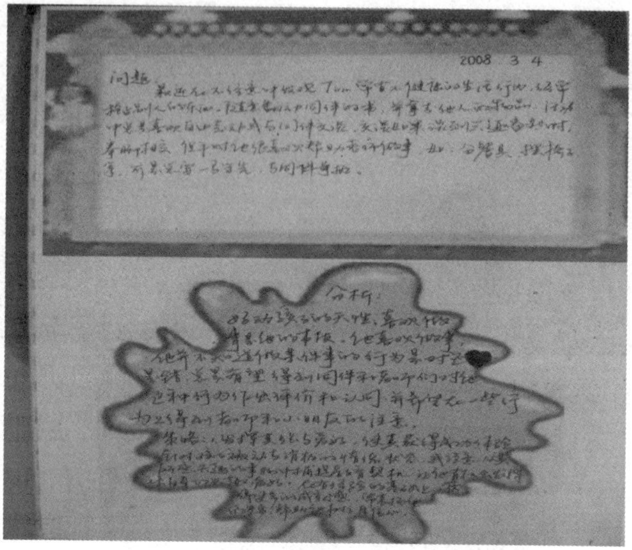

图3-8　教师的幼儿观察记录以及问题分析

图3-8是幼儿成长档案袋中教师的观察记录。教师在观察中发现了问题，对问题进行了分析，并从中探寻解决的办法。

问题：最近在不经意中发现乐乐常有不健康的生活行为。如经常抢占别人的东西；随意翻动同伴的书，并拿其他人的物品；活动中总是喜欢自由运动或与同伴交谈，交流中如果话不投机便拳脚相交。但平时他很喜欢帮老师做事，如分餐具、摆椅子，愿意与同伴争着做。

分析：好动是孩子的天性，喜欢做事是他的本质。他喜欢做事，并不知道做某件事的行为是对还是错，总是希望得到同伴和老师对他这种行为的评价和认同，并希望在一些行为上得到老师和同伴的注意。

策略：发挥其爱好，使其获得成功的体验。针对幼儿被动与消极的情绪状态，教师应注意从其感兴趣的事物中捕捉教育契机，让他有机会发挥自己的兴趣和爱好，并获得成就感，并注意经常表扬幼儿的进步，帮助幼儿树立自信心。

（四）促进家园之间的沟通与合作

当前的教育评价更为注重家长的参与，认为家长是幼儿学习的重要伙伴。幼儿园、家庭应作为一个系统共同对幼儿发挥教育作用。幼儿成长档案袋生动直观地记录了每个幼儿在身心各方面的发展过程，为幼儿园和家庭的沟通与交流提供了通道，有助于家园配合，为幼儿提供一个积极的生活、学习环境。组织与实施幼儿成长档案袋评价时，应要求家长参与档案袋制作，共同制定对幼儿的评价标准，商定档案袋评价的运作方式，家长与教师一起对幼儿的发展状况进行评定等。幼儿成长档案袋收集了幼儿在一定时期内的作品，反映了幼儿在特定时期的发展状况。家长通过翻阅幼儿成长档案袋，既可以了解教师在幼儿园里带着孩子做了些什么，看到幼儿的进步，又有利于家长仔细思考对幼儿的教育，知道自己在家里应该做什么来支持教师的教育，还能够使家长改变观念，以更积极的态度参与到幼儿园教育中。

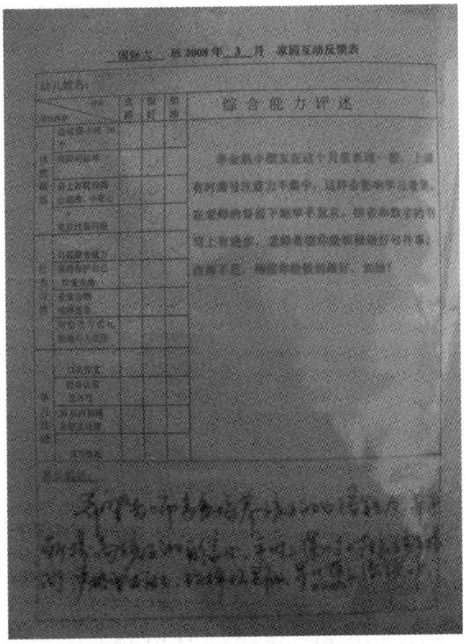

图3-9 幼儿成长档案袋中的家园每月互动反馈表

图3-9是幼儿成长档案袋中的家园互动反馈表，教师通过此表向家长反馈幼儿3月份的各项发展情况，并对幼儿的综合能力进行评述。家长看到此表时，结合幼儿在家的表现情况，及时与教师进行沟通，就能有效地达到家园共育的良好效果。此表反映了大班幼儿航航2008年3月的家园互动情况。它对航航3月份的体能锻炼、行为习惯、学习技能等进行“真棒，很好，加油”等等级评价，并对航航的综合能力进行评价：“航航小朋友在这个月里，注意力有时不集中，这样会影响学习效果。在老师的鼓励下能举手发言，拼音和数字的书写有进步。老师希望你能积极做好每件事，相信你能做到最好！加油！”家长对此回馈道：“希望老师多多培养孩子的口语能力，并逐渐提高孩子的自信心，平时上课对孩子多提问，督促孩子严格要求自己，改掉坏毛病，不断进步！”

第二节　幼儿成长档案袋的制作步骤和原则

制作幼儿成长档案袋，不仅需要教师具有明确的评价理念，掌握记录技术，并有效选择记录工具，更需要教师掌握档案袋制作的策略与原则。

一、幼儿成长档案袋的制作步骤

（一）明确幼儿成长档案袋评价的理念

1. 真实记录幼儿发展的理念

档案袋作为一种从教育实践中涌现出来的评价方式，脱胎于西方“评定改革运动”。有研究者指出其广泛应用的两方面缘由：一是对于20世纪70年代美国“回归基础”运动中过分强调“标准测验”的一种反思，是替代性评价的一种探索；二是寻求幼儿的“真实学习”，作为替代扭曲了的应试教育的一种尝试。实际上，后者是更深层的缘由，它牵涉到学习观的转变以及相应的教育评价观的转换。

何谓“真实学习”？“真实学习”应该是生活中的学习，是以认识和适应生活环境、解决生活中的问题为目的的学习。它与离开生活学习的书本知识和答题技巧的应试学习有着本质的不同。幼儿的学习更应该是“真实学习”。

作为倡导“真实学习”的一种评价方式，幼儿成长档案袋强调客观记录幼儿在生活中的真实发展。对幼儿发展的真实记录包括三方面的要求：一是以幼儿在生活中发生的，能反映其发展的真实事件和真实作品作为记录内容。幼儿是生动的，幼儿的发展是生动的，而在生活中的幼儿的发展更是生动的——某一天，幼儿学会使用推理了；某一天，幼儿学会幽默了；某一天，幼儿把对同伴的关心画进了作品里……真实记录不排除教师对幼儿作品和事件的评论，这种评论包含对当时情境和来龙去脉的说明，既是对幼儿发展的描述和把握，也是对真实性的进一步丰富。二是持续记录。幼儿的发展是连续的，若要把握幼儿的发展水平，就得坚持深入观察和了解幼儿，记录幼儿的点滴进步。幼儿成长档案袋记录作为一种持续的发展性评价，不仅要关注幼儿一段时间后的发展结果，更要体现幼儿发展的具体过程。那种在幼儿成长档案袋记录中的“虎头蛇尾”，既不是好的工作作风，也不符合真实记录的要求。三是全面记录。幼儿的发展是整体而全面的，没有全面便没有真实。只要是能体现幼儿各方面发展变化的材料，都应收入档案袋中。

2. 嵌入课程全过程

作为在教学实践中建立的一种幼儿发展评价方式，幼儿成长档案袋记录并不游离于教学，而是整个教学的一部分。收集与记录幼儿的发展材料，是教师把握幼儿的发展状况、反思自己的教育行为、进行新的课程决策的开端。可以说，对幼儿的发展评价并不是为评价而评价，而是为课程与教学服务；对幼儿的档案记录不仅要强调建立，更要强调利用。

任何课程，无论是借鉴的、预设的还是生成的，在实施过程中都有一个根据幼儿的学习情况不断调整的过程，有一个螺旋式发展的过程。在这个过程中，即时的幼儿发展评价便是调整课程的依据。以对幼儿的发展资料进行不断收集和不断分析为特征的幼儿成长档案袋记录，是一种即时的发展评价方式。它嵌入课程全过程。因此，幼儿成长档案袋记录是课程发展的生长点，是基于幼儿个体发展的课程资源，它酝酿着新的课程设计。正如瑞吉欧教育工作者所强调的，所有的幼儿成长档案“是必不可少的资料源泉，每天利用它，能够独自或集体批判地‘阅读’和反思教师与幼儿的生活经历和正在探索的方案”。

在课程实施中，充分发挥作为即时性评价的档案记录的建设作用，也体现了课程取向由传统的教师中心、内容驱动向幼儿本位、探究驱动的转变。

3. 深入研究幼儿

研究幼儿是幼儿教师的日常工作内容，而幼儿成长档案袋记录是深入研究幼儿的有效方式。当前，促进幼儿教师的专业发展是重要课题。但要促进幼儿教师的专业发展，应首先形成对幼儿教育究竟是什么专业的深刻认识。职业的专业化主要是指一门职业需要特殊的知识、技能和情意，需要经过系统学习和锻炼才能胜任。幼儿教师需要特殊的知识、技能和情意，主要包括：观察和把握幼儿发展的知识与能力，制订和实施针对性教育方案的知识与能力，为幼儿奉献爱心的情感与意志等。实际上这些内容都和研究幼儿联系在一起，是在研究幼儿的过程中获得的。这一切虽说可以在职前培养中奠定一些基础，也可以在脱岗培训中得到一定补充，但这些知识、技能和情意都具有境域性，需要通过岗中实践才能真正积累和提高。建立幼儿成长档案袋的过程，是蕴涵着深入观察和把握幼儿发展、制订和实施针对性教育方案、对幼儿倾注爱心等各方面的实质性过程，因此，它体现了教师对幼儿的深入研究，是实现幼儿教师专业发展的重要途径。

（二）选择记录工具

在研讨过程中，为了便于记录和收集资料，我们制订了各种类型的成长记录表。在综合分析传统的纸笔记录和音像记录（照片、录音、录像）的基础上，结合幼儿园实际，我们坚持以纸笔记录和照片记录为主，以录音、录像等技术记录为辅。

建立幼儿成长档案袋是一项专业要求比较高的行动研究过程，需要教师具备关于幼儿发展的理论知识、观察和把握幼儿发展的能力、制订针对性教育方案的能力……此外，还需要掌握记录技术，即如何分类建档，如何编辑，具体记什么等。这是制作幼儿成长档案袋必须解决的三大技术问题。

第一，幼儿成长档案袋中的记录可分为两类。一是学期发展档案，二是主题学习档案。学期发展档案以学期为单元建立，收集反映幼儿逐步发展的典型作品和事件；主题学习档案则为每个主题活动单独建立，按该主题活动中幼儿学习的基本历程收集幼儿的作品和事件。

第二，幼儿成长档案袋以作品和事件发生的时间顺序为编辑逻辑。它强调真实地记录幼儿在生活中形成的作品和发生的事件，虽然也要求教师作出评论，但不能以教师评论统整幼儿的作品和事件，更不能以教师评论代替幼儿的作品和事件。幼儿成长档案袋最好以作品和事件发生的时间先后为编辑逻辑，每个作品和事件都应标明具体时间，按时间顺序排序；如果按教师所理解的幼儿发展的几方面进行编辑，有时很容易削弱其整体性和真实性。

第三，幼儿成长档案袋中的具体内容是有目的地选择的、能反映幼儿发展的作品和事件，以及幼儿自己和教师、家长所作的评论。这里涉及两个问题。一是作品和事件如何选择。这实际上依赖于教师对幼儿发展的评判能力。原则上，只要是教师认为体现了幼儿点滴进步的作品和事件都应纳入档案，其内容范围应尽量广泛，可以包括幼儿的绘画、手工、故事等作品，幼儿在生活中运用的关键词汇和句子，幼儿的动作和身体技能发展，幼儿的健康状况，以及幼儿的交往行为和探究事件等。当然，教师在实践中必须考虑自己的工作负荷承载力。国外有学者调查研究后发现，“应用档案袋的最大障碍就是时间问题”，费时耗力的“记”势必给幼儿教师带来挑战。为此，幼儿成长档案袋中的记录应该有的放矢，抓大放小，尽量使记录本身与课程的阶段进度相结合。即把评价与课程设计有机地结合起来，以提高工作的效率。二是教师评论如何撰写。这里我们不讨论如何指导幼儿撰写自己的评论，因为幼儿自己的评论本身就是附着在作品或事件之上的，无论幼儿对自己作品如何评论都可视为作品和事件本身。教师评论实际上是教师对幼儿发展的把握，没有教师评论，便不能体现幼儿成长记录的完整性，也无法实现幼儿成长记录作为调整和发展课程的依据的功能。一般而言，教师评论应包括如下内容：作品或事件形成的过程和背景，与上一个相关作品或事件相比显现的幼儿的进步和变化，以及造成这种进步、变化的可能原因与分析等。

（三）收集资料的策略

幼儿成长档案袋评价是幼儿园教育教学中一种非常有效的质性评价方法。它是教师根据教学目标与计划，通过在档案袋中有目的、有系统、有组织地收集幼儿在真实情境中表现出的信息，并附有幼儿自评、同伴互评或教师、家长的评语，来反映或说明幼儿在一定时期内取得的进步与不足，展现幼儿成长历程及意义的一种评价方法。它是教师、家长与幼儿共同记录与收集的关于幼儿成长过程的记录，是幼儿自我认识和自我评价发展的重要途径，是帮助家长了解幼儿发展、认识幼儿教育、建立经常性的家园联系的有效载体，为幼儿评价提供了大量有益的资料。

在建立幼儿成长档案袋的过程中，收集资料是重要环节，具有“承上启下”的重要作用。它既是幼儿成长档案袋建立目的的实现途径，又是对幼儿情感、意志、态度、知识、技能、价值观等方面的发展进行的评价，还可以为教师教育教学的改进提供材料依据。通过“幼儿园教育质量评价——幼儿成长档案袋”

的课题研究发现，在幼儿成长档案袋建立的过程中存在一些问题，针对这些问题采用以下操作性较强的策略，则取得了良好的效果，有助于教师收集反映幼儿成长轨迹的各种资料。

1．反映教育目标及幼儿成长的过程

幼儿成长档案袋评价的根本目的在于通过质性评价的方式，促进幼儿、教师和课程的发展。在创建幼儿成长档案袋的过程中，收集资料是教师所要面对的第一个行动决策问题。通过问卷调查发现，参与幼儿成长档案袋资料收集的97%的教师，在“第一周面对幼儿成长档案袋资料收集时的感受”问题上选择了“迷惑”和“茫然”。据访谈个别教师发现，虽然接受过培训的教师在观念上都认同了“发展”是幼儿成长档案袋资料收集的核心，明确了档案袋资料收集是基于幼儿发展、为了幼儿发展、促进幼儿发展的过程。但哪些资料能体现幼儿发展？哪些资料对幼儿成长有价值？哪些资料适合收入幼儿成长档案袋？具体到资料收集的行动过程中，幼儿的某种行为表现该不该记录，具体的一件作品该不该收集到档案袋中，幼儿的这件作品反映了幼儿哪些方面的变化，那份记录体现了什么理念……一系列问题，在幼儿成长档案袋资料的收集过程中一直困扰着教师。有些教师很“迷茫”，不知道收集哪些代表幼儿发展的资料，在行动过程中很主观地选择了自认为幼儿“发展了”的资料，偏离了幼儿成长档案袋创设的“真实性”原则，结果与幼儿成长档案袋的宗旨——“体现幼儿发展水平，促进幼儿的成长发展”相悖。

幼儿成长档案袋评价是承载着一定目的和计划性的，有组织的幼儿园教学活动。收集资料的过程应遵循幼儿成长档案袋评价的目的、标准而开展。幼儿成长档案袋是幼儿成长发展轨迹的再现，幼儿成长档案袋评价的最终目的是“促进一切天赋能力和力量的全面、和谐的发展”[①]。根据评价目标，评价标准的建立或是以学年、学期、月、周、日以及每次活动的教育教学目标为依据，或是从幼儿身体、情感、审美以及社会性等方面的成长发展的过程出发，收集能够体现幼儿“开始发展”、“发展着”以及“发展了”[②] 的资料。因此，档

① 张焕庭．西方资产阶级教育论著选[M]．北京：人民教育出版社，1979:174
② 霍力岩，赵清梅．幼儿园档案袋评价的几个误区[J]．早期教育，2005(6)

案袋资料收集的维度需要从教育教学目标以及幼儿身体、心理等成长过程出发，将幼儿成长档案袋评价的目标具体化。例如，某个幼儿的成长档案袋是以学期为时间段建立的，档案袋评价的目的是为了了解幼儿在一学期中语言领域的发展情况，那么档案袋资料的收集就需要从一学期语言领域的活动目标出发，以每次语言活动中幼儿的行为表现以及活动的成果（“口头作文”、拼音书写以及语言领域发展的测查表等）作为幼儿成长档案袋资料的来源；依据每次语言活动的目标以及幼儿自身语言发展的情况，针对平行标准，从中选择体现幼儿语言领域活动完成情况与发展情况的过程性资料。此外，要选择能突出体现幼儿自身成长过程的资料，即从幼儿的初级作品到逐步体现幼儿进步的作品。收集的范围没有严格的界定，应注意体现幼儿方方面面的发展。可以是幼儿的书法作品、数学练习、拼音内容，也可以是口头作文等。它需要教师依据一定时期内有反差、有进步的内容来进行记录与评价，在评价的时候要针对突出的方面有针对性地进行。如通过幼儿的书写、绘画可以充分体现幼儿对文字的间架结构，对画面的构思、对色彩、线条等的认知，还可以体现幼儿做事的情感、态度等，即书写是否认真、页面是否整洁、有没有完成任务等。

2. 展现教育的关键事件

幼儿成长档案袋是幼儿发展过程的再现，是幼儿有代表性的发展事件的集合。通过对教师收集幼儿成长档案袋资料的观察，我们发现有近一半的教师在收集资料的过程中，面对繁多的幼儿资料没有比较和选择，常常将与幼儿相关的所有可视性资料，如幼儿每次活动的美术绘画、剪纸作品、书写练习等一起放入该名幼儿的档案袋中。这样一来，幼儿成长档案袋中的资料杂乱无序，幼儿发展的脉络多种多样，并且存在时断时续的现象，缺乏对幼儿发展脉络的连贯性梳理。

幼儿成长档案袋不是幼儿发展的“资料库”，幼儿成长档案袋也不是百宝囊，想装什么就装什么，而是体现幼儿发展的有代表性的记录夹。成长档案袋评价的代表人物比尔·约翰逊认为：“简单地‘收集’学生的作品并把它们放入文件夹中，并非档案袋评定，胡乱地哪怕有计划地收集彼此无关的阶段作品，放入马尼拉纸文件夹中，也不是在制作一个系统的档案袋。”[①]幼儿的发展虽然是随时随处的，但也不是持续地螺旋上升、一直进步的，而是一个有“发展起点—发展中的中点—发展后的终点（新的发展起点）”的过程，是渐进式的成长历程，不是永恒的直线发展进程，也不是短时间内速成的过程。

因此，要真实再现幼儿的成长过程和发展轨迹，需要在幼儿园一日生活过程中，从幼儿的言行中捕捉信息，要认真观察幼儿的一言一行，为深入了解幼儿打下基础；在教育活动中，教师要有目的地观察幼儿，敏锐地发现幼儿的变化和成长、优点和不足；关注幼儿的“关键时刻”，从教育的关键事件中收集幼儿成长档案袋的资料，要选择能突出体现“特殊问题”的事件、作品、想法、做法等，如反映幼儿突然发生转变、变化的事件，以及幼儿相比同龄人的优点与不足。

3. 体现幼儿的参与性

在建立幼儿成长档案袋的过程中，教师所起的作用最大。从幼儿成长档案袋的创建，幼儿成长档案袋资料的采集、筛选、整理、评价等，各个环节都是教师处于积极主动的“发起者”角色。教师自幼儿成长档案袋建立之初，每日从幼儿一入园一直到离园都在时刻观察、收集幼儿成长的资料。面对全班所有幼儿在园的一系列活动和行为表现，教师要全面关注每个幼儿成长发展中的语言、行为表现，选择能够代表每个幼儿成长发展的典型资料，并需要对收集的资料进行文字、图片等的编排整理以及版式的美化装饰等。

教师虽然知道幼儿成长档案袋是为幼儿而创建，幼儿应是其成长档案袋的主体，应给予幼儿自己选择资料放入档案袋的机会，对于幼儿自己选择资料也适当赋予了一些权利，但往往只限于让幼儿选择自己喜欢的封面、图案、活动中的照片等。实际上，资料收集的过程应当成为教师围绕焦点——幼儿的资料选择过程，幼儿不仅是成长档案袋内容的主角，而且在资料收集过程中更要发挥主体作用。幼儿不仅可以自主选择自己发展资料的呈现方式，更重要的是有选择自己发展资料的权利以及评价自己发展的权利。成人很可能质疑

① 比尔·约翰逊. 学生表现评定手册：场地设计和前景指南[M]. 李雁冰译. 上海：华东师范大学出版社，2001:31

幼儿的自我选择能力、自我评价能力。其实,幼儿有自我选择、自我评价的需要,但往往“成人为了生活的造诣,而不管儿童的能力和需要”①。儿童教育家陈鹤琴曾经说过:“凡是儿童自己能够做的,应当让他自己做。凡是儿童自己想的,应当让他自己想。”② 关键还是教师以及家长的儿童观是否科学,即是否将儿童当做儿童来看;教育观是否是前沿的、领先的,即是否倡导和践行幼儿主体性教学。

从尊重幼儿出发,教师应注意选择幼儿自己选择的作品放入成长档案袋。当然,收录幼儿自己选择的作品,要问清幼儿选择的原因,并进行幼儿的自评记录。如请某位幼儿自己选择创意作品收到成长档案袋中的时候,他选择了雪娃娃的作品,并说这是因为他特别喜欢故事《雪孩子》,雪孩子为救小兔子牺牲了自己,让他非常感动,他希望自己也有这样一个可爱的雪娃娃做自己的好朋友……为此,尽管他的这件作品不是很突出,教师也尊重了幼儿的意愿,把它收录在他的成长档案袋中。

让幼儿参与档案袋资料的收集,教师首先应该让幼儿知道什么是档案袋,为什么要有档案袋,以及怎么来制作自己的档案袋,并和幼儿一起设计成长档案袋的封面,鼓励幼儿用自己的方式设计自己喜欢的封面,激发他们创作的热情和兴趣。其次,在平时的活动中,教师可以鼓励幼儿经常回顾和检视自己的作品。对幼儿来说,回顾作品可以提供机会让他们反省在生活中发生的事件以及他们的所做所学;检视作品可以让他们回想产生这项作品所经历的体验,帮助他们看见自己的成长与变化等。

4. 与日常教育教学相结合

在收集资料的过程中,教师有时会出现“为了收集而收集”、“为了评价而评价”③,为了收集幼儿发展资料而催促幼儿发展的“揠苗助长”现象。这都是将幼儿成长档案袋资料的收集与教师日常的教育教学工作分为两项不相关联的工作,即档案袋是档案袋,教学是教学。主要表现为教师对资料收集主要不是在

---

① 赵祥麟等. 杜威教育论著选[M]. 上海:华东师范大学出版社, 1981:134

② 陈鹤琴. 家庭教育[M]. 上海:华东师范大学出版社, 2006:242-243

③ 姚伟, 张婷, 谭梅. 幼儿探究性学习活动的发展性评价[J]. 学前教育研究, 2006(3)

教育教学开展的活动中进行，而是在一个月末甚至一个学期末集中一段时间收集全班幼儿发展的资料，致使幼儿成长档案袋平日成为班级的装饰和摆设；教师对资料的筛选、整理以及分析、评价等与日常的教育教学相脱离，档案袋资料应用不到教育教学的内容中，对教师教育教学的策略、措施没有改进，无法为教师完善课程、适应幼儿发展需要提供有益的信息与线索等。其中的客观原因主要在于幼儿教师职业的性质以及幼儿园各项工作的琐碎而繁杂，现在幼儿园每班的班容量一般都比较大，所以在时间和精力方面限制了教师对幼儿成长档案袋资料的收集。大规模使用幼儿成长档案袋，不仅教师压力大，而且可能因教师平时难以投入同等的关注而造成资料收集的失真。Wlofe和Niller的调查研究发现，应用档案袋的最大障碍是时间问题。因为幼儿的自理能力有限，所以档案袋内容的收集、编排、保存等工作一般都是由教师来完成，即使在班级较小的美国，也需要花费教师大量的时间。[①] 而主观原因主要是幼儿教师自身素质的局限，包括传统的评价观、消极的工作态度以及不善于积累、反思等。

幼儿成长档案袋不仅是一种评价方式，也是一种教学工具，是改进教育教学的方式和途径。教师应当更新传统的教学评价观，把幼儿成长档案袋创建的过程和日常教学活动结合起来。幼儿成长档案袋资料的收集过程是对幼儿的发展进行分析的过程，教师要及时、准确地获取有关幼儿学习与发展的信息，把握幼儿的“最近发展区”，对幼儿形成合理的教育预期，为幼儿富有个性的发展选定适宜的教育策略和措施，从而制订适合幼儿个体发展的教育规划。在这一过程中，教师自身的教育策略也会系统化、体系化，教育智慧外显为外在的行为，自身的教育教学经验得以提升，专业素质得以不断提高。

幼儿成长档案袋资料是幼儿在日常教育教学活动中的具体表现，应与幼儿园日常的教育教学活动“相伴而行”。如果仅仅为了制作漂亮的档案袋而开展档案袋评价，将档案袋评价作为一种外在的“形象工程”，档案袋评价就会成为“应付”领导检查、流于外在标榜的工具。这是实践中应予警惕的问题。

---

① Frank, Motireich, Nurit, Humphreys, Keith. Respecting the Human Needs of Students in the Development of E-learning. Computers and Education, 2003(1):57-70

二、幼儿成长档案袋的制作原则

幼儿成长档案袋作为一种评价工具,是对幼儿发展、进步过程以及成熟阶段结果的展示,也是幼儿在不同领域学习、发展过程的反映。它不只是装材料的容器,更重要的是幼儿发展过程相关资料的分析依据。为了科学、有效地发挥幼儿成长档案袋评价的功能和作用,了解幼儿发展中的需求,帮助幼儿认识自我,建立自信,促进幼儿在原有水平上发展,发挥评价的教育激励作用和功能,我们认为幼儿成长档案袋的制作应遵循以下原则。

(一) 目的性和计划性原则

任何行为都是在目的和计划引导下的有意识的行为举止。在幼儿成长档案袋制作过程中,为保证其有效、有针对性地顺利进行,我们必须明确幼儿成长档案袋制作的目的和意义。在明确的目的引导下,教师应制订出详细的幼儿成长档案袋制作计划,比如什么时期进行资料收集,以何种方式收集,怎样收集,收集哪些资料,什么时期进行资料的整理、分析,以什么方式、怎样整理分析等。就幼儿成长档案袋而言,制作的根本目的在于促进幼儿的成长和发展。一切工作都要以此为基点、为依据展开。在研究过程中,我们在了解国内外幼儿成长档案袋制作的基础上,重点研究了幼儿成长档案袋以什么形式呈现资料、幼儿成长档案袋需要收集哪些资料、怎样收集幼儿成长档案袋所需资料以及怎样记录、整理和分析幼儿成长档案袋资料等内容。明确的目的和计划,增强了教师和家长参与幼儿成长档案袋制作研究的积极性、主动性。

(二) 长期性原则

幼儿成长档案袋的制作不同于传统的评价方式,它打破了“智力就是一切”的评价模式。它以记录幼儿成长过程中的发展、变化为主要内容,是一种定量与定性相结合的评价模式。实施过程中,特别是幼儿成长档案袋制作过程中,需要教师实时、长期、持续地投入一定的时间和精力。

(三) 发展性原则

幼儿成长档案袋制作的根本目的在于促进幼儿的发展。这是资料收集以及分析评价等一切工作的依据和出发点。因此,收集资料的过程就是展示幼儿发展的过程,要体现幼儿在特定领域如何发展、怎样发展、以何种方式发展、发展程度怎样等内容。因此一切体现幼儿在特定领域开始发展、发展过程中的以及发展了的资料,都是幼儿成长档案袋资料收集的对象。幼儿成长档案袋的制作过程,也是教师走近幼儿、了解幼儿发展的过程。

第三节　幼儿成长档案袋的内容与结构

幼儿成长档案袋展示的是幼儿成长的历程,内容丰富,结构多样。为了有效地制作和利用档案袋,适当地确定幼儿成长档案袋的基本内容和结构是非常必要的。

一、幼儿成长档案袋的基本内容

(一) 封面

封面上主要包括题目《成长档案》、幼儿姓名、起始时间以及制作班级、教师等。

图3-10　幼儿成长档案袋封面

（二）目录

目录具体展示了《成长档案》的不同内容板块。

图3-11是行行的幼儿成长档案袋目录，其中包括“我的小档案”，“温馨时刻”、“爱语悄悄说”、“童话王国”、“多彩生活”、“宝宝长大了”、“我的骄傲”、“我的艺术作品”、“我的好朋友”等九个板块。

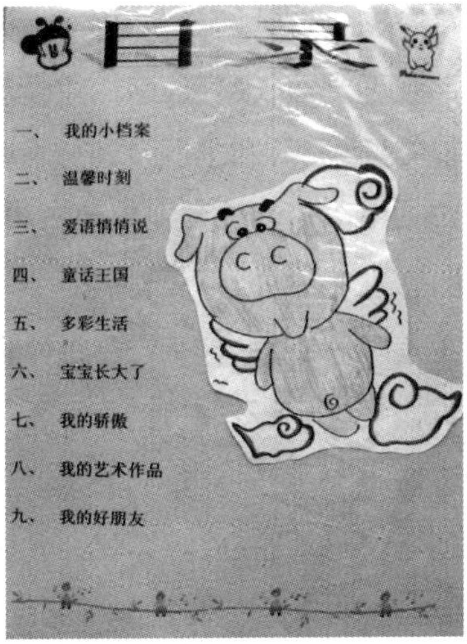

图3-11　幼儿成长档案袋的目录

（三）幼儿成长档案袋的板块内容

幼儿成长档案袋因收集资料的持续时间不同，可以有不同的内容与结构。一般来说，可以以一个月和一学期为时间单位，建立幼儿成长档案袋。

1．以一个月为时间单位，制作幼儿成长档案袋

（1）有趣的轶事、对话以及发生在幼儿身上的小笑话等。

这部分需要教师和家长随机记录，共同完成。内容与形式要丰富多彩。

这一板块可以命名为“童言智语”、“逸事趣闻”、“童言趣事”、“童话王国”等。

图3-12　“童话王国”板块

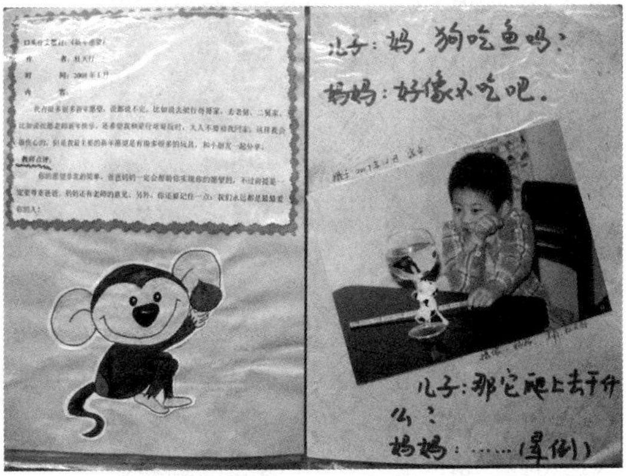

图3-13　“童言趣事”板块

图3-13中的左图是行行在2008年1月写作的《新年愿望》口头作文及教师相应的评语。行行说:“我有很多很多新年愿望,说都说不完,比如说去梁哥哥家,去老舅、二舅家,比如说祝愿老师新年快乐,还希望我和梁哥哥玩时,大人不要劝我回家,这样我会很伤心的。但是我最主要的新年愿望是有很多很多的玩具,和小朋友一起分享。”教师的点评是:“你的愿望很简单,爸爸妈妈一定会帮助你实现你的愿望的,不过前提是一定要尊重爸爸妈妈还有老师的意见。另外,还要记住一点:我们永远都是最爱最爱你的人!”右图是行行在家中的一件小趣事,行行看到玩具狗“爬”到浴缸上,便问妈妈:“妈妈,狗吃鱼么?”妈妈说:“好像不吃吧!”儿子说:“那它爬上去干什么?”妈妈当时哭笑不得。

(2) 幼儿在旅游、活动、节日等活动中有纪念意义的照片。

幼儿成长档案袋中,要标明照片的背景,即是在什么时间、什么活动或什么情境下拍摄的照片。同时,根据照片内容还可以加上教师的评价、幼儿的自评、幼儿间的互评、家长的评价等。(如图3-14所示)

图3-14 幼儿成长档案袋中关于社会实践活动的照片

这一板块可以单独成立,也可以与其他板块合为一体,成为丰富与进一步说明事件的资料。

这一板块可以命名为“精彩时刻”、“精彩瞬间”等。

(3) 幼儿在幼儿园与在家中的生活点滴。

其中包括幼儿的生日、各种庆祝活动、家里的特殊日子与相应的活动记录等。如果能配合相应的照片,会使记录更具真实性。

这一板块可以命名为“多彩的生活”、“点滴生活”、“我的生活”等。

在对幼儿的在园生活或者集体活动进行记录的时候，由于活动的时间、内容、地点、背景等都是完全一样的，可以采取“批量复制”的方法，以减少教师的工作强度。比如说在社会实践活动“祭扫烈士墓”活动中，就采用了这样的方式，为每名参加该活动的幼儿进行了统一记录。

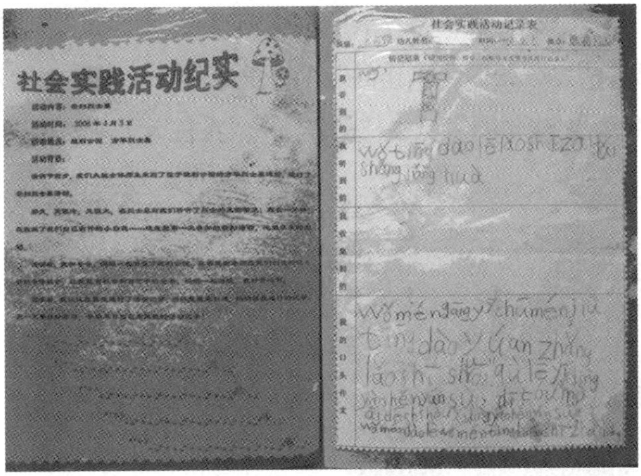

图3-15　幼儿成长档案袋中“批量复制”的模板及表格

图3-15是大班幼儿2008年4月3日参加胜利公园扫墓活动时的社会实践活动说明，并提供了社会实践活动记录表。因为班级幼儿都参与了此项活动，所以活动说明和表格都采用“批量复制”的方法，以提高幼儿成长档案袋的制作效率。

活动背景：清明节前夕，我们大班全体师生来到了位于胜利公园的方华烈士墓前，进行祭扫烈士墓活动。那天，天很冷，风很大，在烈士墓前我们聆听了烈士生前事迹，默哀一分钟，还敬献了我们自己制作的小白花……这是我第一次参加的祭扫活动，心里非常激动。活动后，我和爸爸、妈妈一起游览了胜利公园。非常感谢老师给我们创造了这么好的亲子机会，让我有机会和百忙中的爸爸、妈妈一起游玩，我好开心啊！回家后，我认认真真地进行了活动记录。当然是我口述，妈妈替我进行的记录。我一定要好好学习，争取早日自己来做我的活动记录！

我看到的：纪念碑。

我听到的：老师在台上讲话。

我的口头作文：我们刚一出门就听到园长老师说，“去了一定要很严肃，低头默哀的时候一定要很严肃”。我们到了之后很听老师的话。

(4) 体现幼儿成长与进步情况的资料。

可以包括：“我的心路”（幼儿思想上的变化、成熟与发展的纪实记录），“我的实践”（体现幼儿成长、进步与发展的一切资料），“我的骄傲”（发生在幼儿身上的荣誉纪实），以及“我的艺术作品”（幼儿美工等方面的艺术展示）等。这一板块可以命名为“成长快乐”、“成长的轨迹”、“我长大了”、“成长足迹”、“宝宝长大了”等。

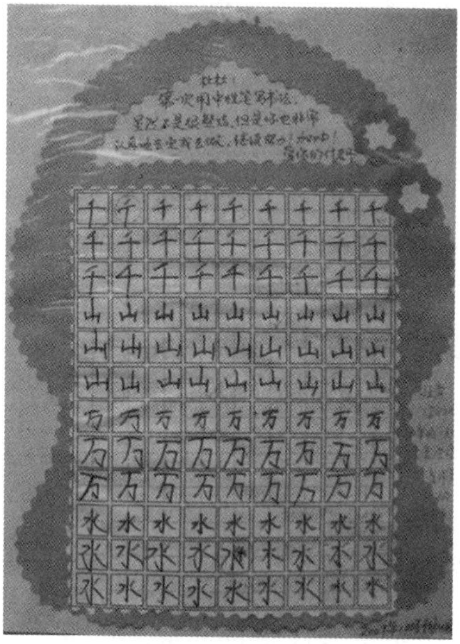

图3-16 幼儿成长档案袋中体现幼儿进步的书法作品

如图3-16中的书法作品是行行2007年12月份第一次用中性笔写字，虽然不是很整洁，但行行完成得很认真。对幼儿而言，每一个“第一次”都是进步。

在这一板块中，关于幼儿的作品或实践的记录内容很多，不可能泛泛地全部予以收纳，为此要遵循一定的原则，进行有重点的选择。

首先，选择能突出反映幼儿发展与成长过程的作品。收集的范围没有严格的界定，但是要能体现幼儿方方面面的发展。如幼儿的书法作品、数学练习、拼音内容以及口头作文等。在评价的时候，要针对幼儿表现进步的内容，有针对性地进行。如通过幼儿的书写、绘画，可以看出幼儿对间架结构、色彩、构图、线条等的认知，还可以体现幼儿的情感、态度等。

其次，从教育目标出发，针对幼儿发展的指标，选择能说明幼儿达成目标的情况与发展情况的内容。

图3-17　从教育目标出发选择幼儿作品

图3-17中的作品是教师从大班幼儿剪纸技能发展的目标出发，精心选择的记录行行剪纸过程的照片和文字。

2008年1月3日（元旦刚过），当孩子们来到幼儿园的时候，行行拿来了一张新买来的窗花，要贴在班级的窗户上，孩子们对窗花赞不绝口。借此机会，我问孩子们是否知道窗花的制作方法，想不想自己也剪一个窗花，孩子们都非常高兴，于是便开始了剪窗花的活动。

行行的动手能力不是很强，他一边学一边还看看别人，从表情上看，好像不是很专业，也存在一些畏难情绪，还好没有打退堂鼓。只见他草草地剪了四下，就把自己的作品交上来说："我剪完了。"我看看说："很好，就是有点简单，再剪剪，就会更漂亮。"他皱皱眉头，回去继续剪，但只是把边剪了几个三角。

别看行行剪得很笨拙，他的卫生习惯还是很不错的，只见他非常及时地把自己剪下来的垃圾放到垃圾筐内。

当他再次把自己的作品交上来的时候，我请他评价一下自己的作品，他笑笑说："不错！""形状不错，有的是这个形状，有的是那个形状。"他继续说，"我剪的是雪花，我的作品名字叫'雪花'。"仔细看看他的作品，剪刀的剪痕不是很工整，还有毛边，设计单一，只有直线没有弧线。看来，他剪方块最拿手，还需要继续努力啊！

再次，选择能突出体现"特殊问题"的事件、作品、想法、做法等。如幼儿经历的突发事件，幼儿突然发生转变、变化的方面，以及幼儿和同龄人相比的优点与不足，等等。

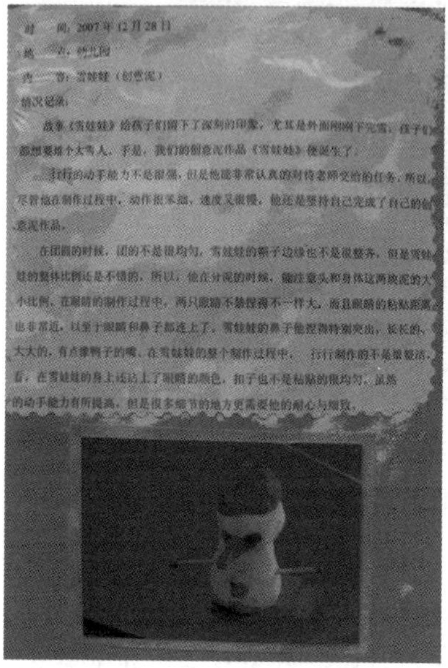

图3-18　幼儿成长档案袋中“特殊事件”的选择

图3-18中，教师根据行行在小雪人创意泥活动中的表现，以观察记录的方式对幼儿在制作小雪人中存在的问题进行了文字记录和呈现。

这是12月28日行行在幼儿园做雪娃娃的创意泥。故事《雪娃娃》给孩子们留下了深刻的印象，尤其是外面刚下完雪，孩子们都想堆个大雪人，于是开始了我们的创意泥创作《雪娃娃》。

行行的动手能力不是很强，但是他能非常认真地对待老师交给的任务，所以尽管他在制作过程中，动作很笨拙，速度很慢，他还是坚持自己完成了创意泥作品。

他在团圆的时候，团得不是很均匀，雪娃娃的帽子边上也不是很整齐，但是雪娃娃的整体比例还是不错的。他在分泥的时候，能注意头和身体这两块泥的比例。在眼睛的制作过程中，两只眼睛不仅捏得不一样大，而且眼睛粘贴得也非常近，以至于眼睛和鼻子都连上了。在雪娃娃的整体制作中，行行做得不是很整洁，如雪娃娃的身上沾了眼睛的颜色。扣子粘贴得也不均匀。虽然行行的动手能力有所提高，但是很多细节方面更需要他的耐心和细致。

最后，尊重幼儿，选择幼儿自定、自选的作品进行收录。在这一过程中，教师要询问幼儿选择的原因，并及时帮助幼儿完成自评记录。

图3-19　幼儿成长档案袋中幼儿的自评和他评

图3-19是大班幼儿洋洋在2008年1月画的画，洋洋和老师分别对画作进行了说明和评价。如洋洋说："在这座城堡里，住着爸爸、妈妈和我，爸爸是国王，妈妈是王后，我是小公主，我们要开个舞会，请大家来跳舞吧！"老师说："这幅作品中能看出你用心搭配颜色，巧妙地运用了三原色，使作品在砂纸上更加鲜活生动。希望你能在涂色上更加仔细，作品就会显得更加饱满！"

(5) 体现师幼之间关系的情况记录。

其中包括：老师眼中的宝宝、宝宝眼中的老师、宝宝的好友介绍、好友对宝宝的评价以及共同度过的快乐逸事记录等。这一板块可以命名为"我们都是好朋友"、"我的好朋友"、"大家都爱我"等。

图3-20　幼儿成长档案袋中的"我的好朋友"板块

图3-20是幼儿成长档案袋中“我的好朋友”板块内容，其中以服装秀和轮滑活动的照片和文字等记录了大班幼儿行行和轩轩的友谊：轩轩是行行的好朋友，行行很喜欢自己的皇帝服，也很喜欢轩轩的上衣，因为上衣很漂亮。

2. 以一年或者一学期为时间单位，制作幼儿成长档案袋

(1) 关于幼儿个人情况的介绍。

体现幼儿自我介绍、自画像等个人情况与自我认知内容的个人资料小档案，可以起名叫“我的小档案”、“小小的我”、“真实的我”、“我的小秘密”等。

其中可以包括“我最亲密的人”、“我最喜欢的老师”、“我的好朋友”等，通过文字和照片相结合的形式进行展示。还可以包括“我”最喜欢的水果、蔬菜、食品、颜色、味道、动画片、玩具、游戏、理想，以及与之相对应的“我”最不喜欢的水果、蔬菜、味道以及宝宝的烦恼、宝宝的伤心事、宝宝的尴尬时刻等，也就是宝宝不喜欢的事情的记录。

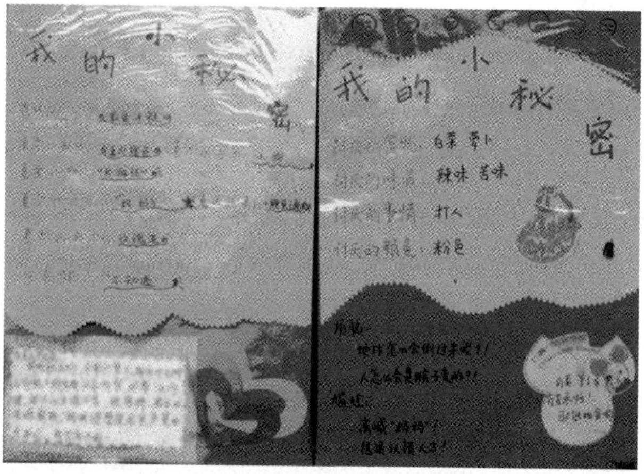

图3-21　幼儿个人基本情况介绍——“我的小秘密”

图3-21中介绍了幼儿的个人情况。如幼儿喜欢的食物：“冰糕”；喜欢的颜色：“橙色”；喜欢的动物：“小狗”；喜欢的书刊：“《西游记》”；喜欢的明星：“妈妈”；喜欢的音乐：“《小鲤鱼》主题曲”；喜欢的鲜花：“玫瑰花”；口头禅：“不知道。”……还有家长的文字记录：“我叫行行，今年6岁了，我为什么叫行行呢？因为有天马行空，还有‘天行健，君子以自强不息；地势坤，君子以厚德载物’。我的理想是当总书记，我会努力的！”右页有幼儿讨厌的食物：“白菜、萝卜”；讨

厌的味道："辣味、苦味"；讨厌的事情："打人"；讨厌的颜色："粉色"。烦恼是："地球怎么会倒过来呢？人怎么会是猴子变的呢？"尴尬是："高喊妈妈，结果认错了！"

(2) 体现幼儿家庭的照片、简介等资料。

可以命名为"温馨时刻"、"吉祥三宝"、"家的温馨"、"家事悄悄说"等。

图3-22中的"温馨时刻"记录了大班幼儿行行在2007年12月和妈妈看一家四口堆的雪人的照片，旁边文字记录道："这是我们一家四口人齐心协力堆的雪人。虽然风吹日晒，已经不成样子，可是我们还经常看望它。我最喜欢和它说悄悄话了。我爱雪娃娃，我爱爸爸妈妈，我爱我家。"

图3-22　家庭板块"温馨时刻"

(3) 来自父母、亲人以及教师等所有爱幼儿的人的寄语、期待、留言等。

可以命名为"爱的传递"、"最真的爱"、"爱语"等。

图3-23　"寄语"板块

图3-23是家人和教师对大班幼儿行行的寄语。

爷爷的寄语:"大孙子,快快长! 爱你的爷爷"

教师的寄语:"行行,你聪明、仁义,老师爱你! ——爱你的付老师!"

父母的寄语:"亲爱的儿子:你是我俩的骄傲,当你给爷爷夹菜的时候,我为你骄傲;当你自己穿衣服时,我为你骄傲;当你用几分钟就算出一道题时,我为你骄傲;当你把'马,心,飞'写得那么漂亮的时候,我为你骄傲;当你在饭店与弹琴的叔叔同台表演时,我为你骄傲……儿子,世界上最厉害的人不是会大喊大叫的人,不是有厉害武器的人,不是只学会很多知识的人,而是遇到问题能想出解决办法的人,加油!"

除了上面三部分内容,还应包括幼儿在生日、节日、特殊活动中的照片,幼儿在幼儿园和家庭中的点滴生活,幼儿成长与进步的资料,以及师幼关系的资料等。这些内容与以月为时间单位制作的档案袋内容类似,不再赘述。

二、幼儿成长档案袋所收集资料的类型

(一)反映幼儿身心发展状况的材料和幼儿的系列作品

这里包括幼儿的绘画、手工作品,数学作业,书写作业,讲故事记录,照片,录音录像,体检材料、测查资料等,更为重要的是应配有作品和材料收集的说明。幼儿作品是多方面的,应选取其中较有代表性的作品作为幼儿发展档案的原始记录。但并不是好的作品才能留在档案里,有些失败的作品也可以放进档案里。例如有个别幼儿画的大小标记让别人看不出大小的区别,教师或家长可以引导幼儿再画一次或几次,然后进行比较评价,并根据幼儿的实际情况调整方法。

(二)教师、家长对幼儿的观察记录、轶事记录和个案研究

教师和家长是幼儿成长发展的重要见证人,也是对幼儿成长发展比较了解的人。通过教师和家长对幼儿一定时期内持续的或是间断的详细观察记录,或者是对幼儿日常在园或者在家中突出的异常行为表现的轶事记录,以及针对幼儿某方面行为发展存在的问题进行的个案研究等,都可以为揭示幼儿成长发展的轨迹提供客观的依据。

(三)幼儿的自评,教师、家长对幼儿的评价以及幼儿同伴的评价

幼儿评价是立足于一定教育价值观基础上的价值判断。幼儿的自评,教

师和家长对幼儿的评价以及同伴的互评等多主体的评价应有机结合，力求客观公正地反映幼儿某方面的成长进步，展示幼儿的亮点，从而唤醒和鼓励幼儿潜能、特质的发展，不断促进幼儿的全面发展。

第四节　幼儿成长档案袋制作应注意的问题

在制作幼儿成长档案袋的过程中，教师常常面临许多困惑与问题。因此，及时发现问题，澄清认识，有利于少走弯路，提高科学性和有效性。

一、“幼儿成长档案袋”不是“作品集”

教师在收集幼儿成长档案袋资料的过程中，往往会选取幼儿作品作为资料的来源，致使有的幼儿成长档案袋仅是幼儿某段时间内、某一领域中的作品展示，缺少必要的作品分析和说明等。比如那些精美装饰的一页页的幼儿数学学习活动的练习，一幅幅美术活动中的绘画，一张张“六一”、元旦或者家长开放日等活动中的照片……缺乏体现幼儿成长的过程性资料所必需的时间、当时的情境、幼儿的状态，以及教师对于作品和幼儿发展水平的评价等方面的说明，仅是孤立的一件件幼儿作品的资料夹。这种收集资料的呈现方式，重形式而忽视必要资料的内容介绍，偏离了幼儿成长档案袋的真实目的，是舍本逐末的表现。其原因主要在于幼儿教师自身由于专业理论、专业素质的局限，未能真正理解幼儿成长档案袋的实质内涵，并且从思想认识的提高到行为的转化也需要一定的时间。此外，幼儿教师由于其专业特性，时时处处从幼儿可接受性出发，考虑幼儿认知等心理发展的特点，注重体现幼儿天真、可爱的特色，这在一定程度上也容易使他们在档案袋资料收集过程中重形式而忽视内容。

因此，在资料收集过程中，应逐步提高幼儿教师自身的专业理论素养。“专家引领，教研人员协助，幼儿教师积极实践感悟”这种“三位一体”的“研究共同体”形式，有利于从思想上帮助教师形成对幼儿成长档案袋实质和内涵的正确认识，即幼儿成长档案袋的目的主要是通过资料的呈现，展示幼儿的成长轨迹，并通过幼儿成长轨迹的动态发展，对幼儿的发展水平及发展进程进行动态评价。更重要的是，由此激发教师在行动中积极实践，不断调整资料收集的行为，反思教育教学措施的效用，从而相应采取正确的教育教学方案。

二、幼儿成长档案袋不应是成果汇报

通过观察教师收集幼儿成长档案袋的资料，我们发现他们筛选繁多的幼儿资料时，对幼儿一定时期内某方面的显著变化或者明显进步的作品，往往会作出迅速而明确的选择。就幼儿成长档案袋资料收集的结果而言，主要是幼儿一个阶段内某一方面的终结型、成果型作品，即幼儿在一定时期内完成的基本达到教育教学目标的练习或者作品。如幼儿在数学活动中完成得较好的练习，在美术活动中创作的比较符合教学目标的绘画作品，在语言活动中达成语言目标的口头作文等；幼儿的各种测查表，包括幼儿以学期或者月、周为单位的语言、社会交往等方面的测查记录；幼儿获得的各种奖励，包括幼儿在幼儿园运动会，各级书法、绘画、舞蹈等比赛中获得的奖状、证书以及各种荣誉称号等。

有的教师认为上述这些体现幼儿明显发展或显著进步的作品，是幼儿成长过程中最具有代表性的作品资料，符合幼儿成长档案袋资料选择的典型性原则，体现了幼儿的全面发展。但是，他们忽视了幼儿成长档案袋的核心是质性评价，即过程性评价。幼儿成长档案袋资料作为过程性评价的依据，需要体现幼儿成长的过程，因此不仅应有幼儿某段时间内某方面已经“发展了”的成果型、终结型资料，还需要体现代表幼儿在该领域“开始发展”的情况、水平，以及“发展着”的过程资料。幼儿的发展是一个渐进式的成长历程，不是永恒直线上升的发展进程，也不是短时间内速成的过程。只有具有“开始发展”、“发展着”以及“发展了”[①] 的资料，才是幼儿发展过程的真实体现。幼儿成长档案袋资料收集的典型性不只是纸制的成果型、终结型资料，还应当包括最能体现幼儿特定时间内某方面“开始发展”以及发展过程中的声音、录像等多种形式的典型资料。否则就是幼儿成长成果的展示册，使档案袋的展示功能大于评价功能。这是对幼儿成长档案袋内涵的误读，对幼儿“成长”以及“发展”特性

① 霍力岩，赵清梅．幼儿园档案袋评价的几个误区[J]．早期教育，2005(6)

的误解。由此可见,成果型的作品只是幼儿成长过程中某阶段或某方面的一个表现。更多的资料应是幼儿成长过程中所经历的“成果”,可以是“第一次”的行动尝试,可以是睿智的语言片段记录,也可以是奇思妙想的想法……反映幼儿成长的资料很多,所以在幼儿成长档案袋资料收集的过程中,教师需要对“发展”进行全面解读,不仅关注幼儿某方面已经发展了的成果、结果,更需要体现“开始发展”的情况资料以及发展过程中典型的隐性资料等。

制作幼儿成长档案袋的过程就是教师和家长走进幼儿世界的过程。“我们只有通过活生生的个体的灵性去感受,去理解,走入儿童的生命世界,把自己的生命与儿童的生命融为一体,而不是通过理性的逻辑分析解剖儿童,阉割儿童的世界。只有以‘体验’和‘生命’为依据,才能了解真实的儿童,才能真实地了解儿童。”[①]

三、幼儿成长档案袋制作要与教育教学相联系

在幼儿成长档案袋制作过程中,有的教师会将档案袋制作与日常教师的教育教学工作视为两项不相关联的工作。即档案袋是档案袋,教学是教学,致使档案袋制作与教育教学过程脱节[②]。其实,幼儿成长档案袋既是一种评价方式,又是一种教学工具。它能够改进教学的方式和途径,因此,制作过程也是教学过程。具体在资料收集、制作的过程中,教师首先应在观念上更新传统的教学评价观,明确幼儿成长档案袋是与日常教育教学相结合的整体。档案袋的创建是服务于教学以及教师工作的,不是额外负担。其次,在日常教学中,幼儿成长档案袋制作应与教育教学的目标相结合。一方面,教师应依据教育教学目标收集幼儿的成长资料。幼儿成长、发展的依据或是表现为与自身纵向比较各方面的变化,或是基于日常教育教学目标,或是反映幼儿在特定时期的发展变化等。另一方面,教育教学活动目标的制定,应基于幼儿现实的发展水平,把握幼儿的发展规律,即需要以幼儿成长档案袋的资料为依据。再次,幼儿成长档案袋制作应与教育教学活动设计、教育教学策略

① 姚伟. 儿童观及其时代性转换[M]. 长春:东北师范大学出版社, 2007:42
② 姚伟, 李永霞. 幼儿园档案袋评价的有效性反思[J]. 基础教育学报, 2008(1)

的实施相结合。因此,幼儿成长档案袋制作应当融入日常教育教学活动,在设计活动、实施活动或者运用教育策略的过程中进行。这样,幼儿成长档案袋资料的收集、制作过程实质上是对幼儿发展进行分析的过程,教师需要及时、准确地获取有关幼儿学习与发展的信息,把握幼儿的"最近发展区",促进幼儿富有个性的发展。最后,幼儿成长档案袋制作需要与家长工作相结合。幼儿成长档案袋应是帮助家长了解幼儿发展、认识幼儿教育、建立经常性家园联系的有效载体。

总体而言,幼儿成长档案袋制作应避免孤立地"展示"幼儿作品,忽略幼儿完成作品的过程、他们在原有水平上的进步以及教师选择具体作品放入档案袋的理由等,使得档案袋成了一般意义上的幼儿作品收集袋。事实上,幼儿成长档案袋中放入的应该是有目的地组织起来的幼儿作品、相关评价记录以及幼儿后续活动计划等,系统地展示幼儿在某一方面或某些领域中所付出的努力、取得的进步和进一步发展的规划,以促进幼儿的可持续发展。因此,教师在制作并使用幼儿成长档案袋对幼儿进行评价时,应当努力做到:第一,放入档案袋内的除了幼儿的不同作品之外,还应该有一系列与幼儿作品相关的说明性、评价性内容,特别是教师评语和后续活动计划。第二,放入档案袋内的幼儿作品,要能代表幼儿在某一方面或某些领域的发展,并能体现幼儿在特定领域或活动中的发展历程,特别是"开始发展"、"发展着"和"发展了"这三个主要阶段的基本情况。第三,教师要能了解并评价幼儿获得发展的情况,并进一步规划幼儿的后续发展。

第五节　幼儿成长档案袋评价的特点及要求

幼儿成长档案袋不仅是幼儿成长故事的“讲述”与展现，也是幼儿发展评价的重要手段之一。教师通过幼儿成长档案袋评价幼儿发展，最终达到促进幼儿发展的目的。

一、幼儿成长档案袋评价的特点

(一) 评价主体的多元性

幼儿成长档案袋评价是教师、家长、幼儿及其同伴共同参与的结果。只有教师、家长、幼儿等共同参与评价，幼儿成长档案袋内容才全面，评价结果才能客观地反映幼儿的发展现状。

(二) 评价的目标性、计划性和组织性

幼儿成长档案袋评价是教师依据教育目标与教育计划，有目的、有组织地收集幼儿各方面的资料，包括幼儿在幼儿园参加各种活动的作品，如绘画、手工和区角活动的作品等，活动的照片，语言或音乐录音，教师、同伴及幼儿自己、家长的评价记录，以及保教人员对幼儿活动的观察记录……这一切有助于幼儿看到自己的进步轨迹，有助于教师反思自己的教育教学，也便于教师、家长和管理者了解幼儿发展变化的多种信息。因此，无论是幼儿成长档案袋制作，还是基于幼儿成长档案袋的评价都是有目标性和计划性的，绝不是盲目地、零碎杂乱地呈现结果，而要把评价、教学和课程整合起来，使评价贯穿于教育教学始终，通过评价改进教学，通过教学促进评价。

(三) 评价的动态性和开放性

幼儿成长档案袋评价强调形成性评价，关注幼儿的自我成长、发展进步及典型行为或个人的独特性，评价具有动态性和开放性。评价可以采用日常观察、情境观察、交流、档案记录、幼儿作品分析等多种方法，既注重幼儿的学习过程，又重视幼儿的学习结果。比如对幼儿美术作品的评价，就包括幼儿有关想法的语言、情感表达，以及幼儿自我评价、教师评语和同伴评价等，这些都可

以作为幼儿成长档案袋的内容材料，而不仅仅是放入单一的美术作品。

（四）评价的主题性与反思性

幼儿成长档案袋一般都有明确的主题，教师收集材料必须围绕特定的主题。美国研究者记录的瑞吉欧教师建立幼儿成长档案袋的过程，包括拟定问题，观察、记录、收集作品，整理观察资料和作品，分析观察记录和作品，建立理论，再拟问题，以及计划、设计和呼应等。即在建立档案的过程中，教师倾听幼儿，观察幼儿和同伴共同构建的意义世界，确定主题，然后记录、整理、分析资料和作品，继而反思教育教学，确立主题，这是一个循环往复的过程。

二、幼儿成长档案袋评价应遵循的原则

（一）幼儿成长档案袋评价要与教育教学相结合

好的评价是好的教育教学不可分割的一部分，并且两者的重点都是以幼儿为中心的教育。因此，幼儿成长档案袋评价必须与教育教学相结合，及时反映教学效果、调整教学计划，才能更好地促进幼儿的学习和成长。

图3-24中，大班教师正在放置幼儿成长档案袋的区角给幼儿介绍档案袋的内容和功能。

图3-24 教师利用幼儿成长档案袋进行教学

图3-25　幼儿翻阅幼儿成长档案袋

图3-26　幼儿装饰自己的幼儿成长档案袋

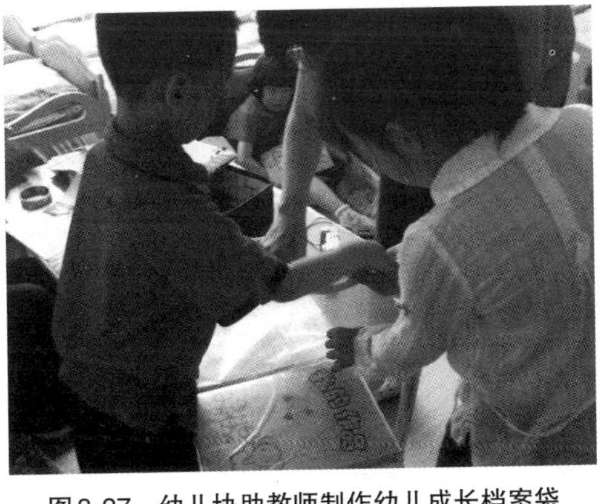

图3-27　幼儿协助教师制作幼儿成长档案袋

此外，还可以通过幼儿成长档案袋评价促进幼儿身心的发展和能力的提高。

下面是一个教师用幼儿成长档案袋评价幼儿发展的实例。

【个案研究】

在制作幼儿成长档案袋的初期，我选择了班级里比较特殊的一名幼儿进行观察，并有针对性地制作幼儿成长档案袋。在这一过程中，我对幼儿的发展有着深刻的印象和真实的记录。

(一) 跟踪对象的特点

我班选择的跟踪对象是翰翰小朋友。这名幼儿存在“感统失调”方面的不足，尤其在动手操作活动上表现得比较明显。例如美术活动时对线条的绘画总是差强人意，涂色时经常把颜色涂到轮廓线的外面，在大班使用剪刀剪直线时依然剪不齐，制作创意泥时总要反复制作两次以上……鉴于翰翰家长对孩子的教育比较重视，能够很好地配合班级工作，在家里也常采用比较正确的教育方式来解决问题，我确定他为本班的跟踪对象。

(二) 跟踪对象的发展

针对翰翰的不足之处，我采取了相应的方法来改善其不足，主要是帮助他在动手操作方面逐步达到同龄幼儿的水平。

1. 锻炼手部小肌肉群

我在投入区域材料时提供了大量的描画、连线、涂画等材料，目的是引导幼儿进行手部小肌肉群的锻炼。在指导翰翰操作的时候，我会提醒他先用眼睛观察线条的走向，注意手眼协调，以及在涂画的时候先描边等。经过反复练习后，翰翰渐渐地提高了手眼协调能力，同时对操作活动的态度也变得很认真。

2. 家长配合，练习使用剪刀

在使用剪刀的方法上，我对翰翰进行了细致的指导，例如用剪刀的根部剪线条，尽量不使用剪刀的尖，剪曲线时左手及时转动等；同时要求家长在家里配合翰翰进行练习，多画、多剪，这样翰翰在进行手工制作的时候就比较娴熟了。

3. 提高动手操作的信心

在进行创意泥制作时，通过与翰翰对话，我发现他总是认为自己的作品不如其他人制作得好看。因此在每一次创意泥制作时，我会首先告诉他今天每个人的泥是限量的，不能够做两次；其次，在他制作的时候，我在旁边进行具体的指导和鼓励；最后把他的作品展示给大家看，并邀请他讲述这样做的想法，提高他动手操作的自信心。渐渐地，翰翰对制作提高了兴趣，同时也提升了相关技能。

（三）建立成长档案袋对跟踪对象的影响

我把翰翰在每次活动中具有代表性的作品都收集在他的成长档案袋里，使他在翻阅时，能够从中感受到自己的进步。于是，翰翰变得对什么事情都认真起来。虽然有时他认为自己做得不够好，但是他会在作品中找到自己其中一方面的进步，他也非常有信心完成以后的每一件作品。这是教师最想看到的，也是家长最满意的地方。

通过对翰翰的跟踪，我发现幼儿成长档案袋不仅是对幼儿作品的简单收集工作，同时也是对跟踪对象进步与发展的全面展示。

（大班国际班　冯云琦等）

（二）提倡多种评价方法综合使用

幼儿成长档案袋评价作为一种质性评价方法，本身也有一定的局限性，如由于档案袋评价的标准化和客观化程度较低，它所带来的信度和效度有时难以得到保证。因此，在对幼儿进行评价时，应综合采用多种评价方法，才能全面了解幼儿详细的发展情况。

图3-28是大班幼儿竹竹的英语家园反馈表，其中包括本周英语学习的内容、需家长配合的幼儿英语指导内容以及教师对竹竹本周活动表现的评价、家长的反馈等。

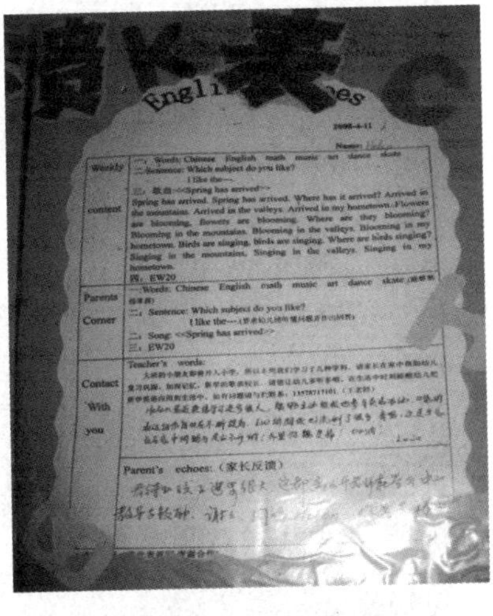
Weekly content
Sentence: Which subject do you like?
Spring has arrived. Spring has arrived. Where has it arrived? Arrived in the mountains. Arrived in the valleys. Arrived in my hometown. Flowers are blooming, flowers are blooming. Where are they blooming? Blooming in the mountains. Blooming in the valleys. Blooming in my hometown. Birds are singing, birds are singing. Where are birds singing? Singing in the mountains. Singing in the valleys. Singing in my hometown.
四、EW20
Parents Corner
Sentence: Which subject do you like?
Song: <<Spring has arrived>>
三、EW20
Contact With you
Teacher's words:
Parent's echoes:（家长反馈）

图3-28　家长和教师共同参与的幼儿英语“周反馈评价表”

【周英语学习内容】

（一）单词：Chinese，English，math，music，art，dance，skate

（二）句子：Which subject do you like? I like...

（三）歌曲：Spring has arrived

【家长参与内容】

（一）单词：Chinese，English，math，music，art，dance，skate

（二）句子：Which subject do you like? I like...

（三）歌曲：Spring has arrived

【老师的话】

大班小朋友即将升入小学，所以本周我们学习了几个学科的单词，请家长在家中帮助幼儿复习巩固，加深记忆。新学的歌曲较长，请您让幼儿多听多唱，在生活中时时提醒幼儿把学过的英语用到生活中，如有问题随时联系！竹竹最近英语学习进步很大，能够主动积极地参与英语活动，口语表达在不断提高，朗读也流利了很多，希望宝宝更棒！加油！

【家长反馈】

看得出孩子进步很大，这离不开老师在学习中的指导，谢谢！

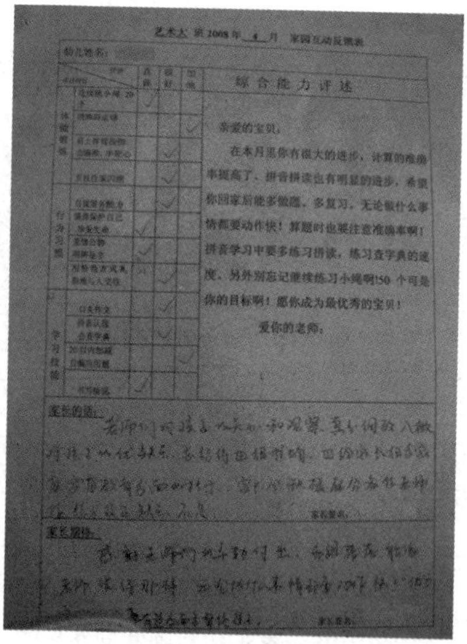
艺术大 班2008年 4 月 家园互动反馈表

综合能力评述

亲爱的宝贝：

在本月里你有很大的进步，计算的准确率提高了，拼音拼读也有明显的进步，希望你回家后能多做题，多复习，无论做什么事情都要动作快！算题时也要注意准确率啊！拼音学习中要多练习拼读，练习查字典的速度，另外别忘记继续练习小绳啊!50 个可是你的目标啊！愿你成为最优秀的宝贝！

爱你的老师：

图3-29 幼儿成长档案袋中的家长反馈表

图3-29是艺术大班的幼儿笛笛在2008年4月评定的“家园互动反馈表”。

教师对笛笛的体能锻炼、行为习惯、学习技能等进行等级评定，并且在综合评语中写道：

亲爱的宝贝：本月里你有很大的进步，计算的准确率提高了，拼音拼读也有明显的进步，希望你回家后能多做练习，多复习。无论做什么事情都要动作快！算题时也要注意准确率！拼音学习中要多练习拼读，练习查字典的速度，另外别忘记继续练习小绳啊！50个可是你的目标！愿你成为最优秀的宝贝！

爱你的老师：金老师、王老师、付老师、王老师

家长在“家长的话”中写道：“老师们对孩子的关心和观察，真的细致入微，对孩子的优缺点，总结得也很准确，给了我们很多家庭教育方面的提示。家长会积极配合各位老师，让孩子改正缺点和不足。”在“家长期待”中表示：“感谢老师们的辛勤付出，希望笛笛能像老师说的那样，无论做什么事情都要动作快！我们会在这方面多督促孩子的。”

（三）幼儿成长档案袋评价应充分利用各方资源

建立幼儿成长档案袋，不是教师一个人的事情，而是多主体参与的活动，尤其是幼儿和家长的参与可以让档案袋的内容更丰富和更具个性化。年龄小的幼儿在参与时，可自主选择自己的作品放进档案袋，教师和家长可协助幼儿记录收集这些作品的理由。

图3-30　家长参与制作幼儿成长档案袋

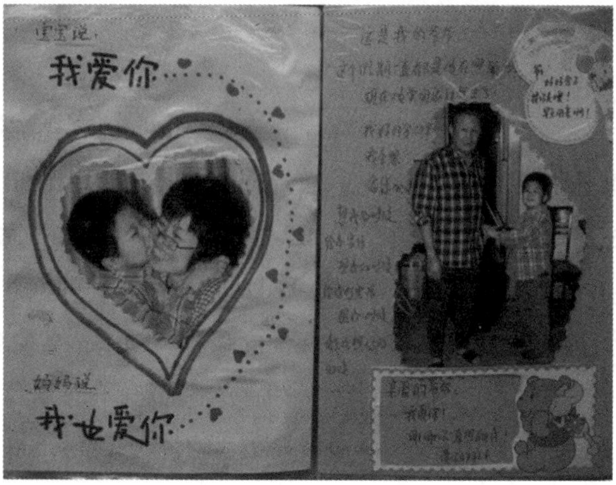

图 3-31　家长为幼儿成长档案袋提供的照片

图 3-31 中，左边是宝宝抱着妈妈的照片，宝宝说："我爱妈妈。"妈妈说："我爱宝宝。"右边是宝宝的爷爷。宝宝说：

这个假期一直都是他在照顾我，现在他要回家过年了！我好舍不得，我会想您的！想我的时候给我写信，想我的时候给我打电话，想我的时候也是我想您的时候……

亲爱的爷爷，我爱您！谢谢您一直照顾我！

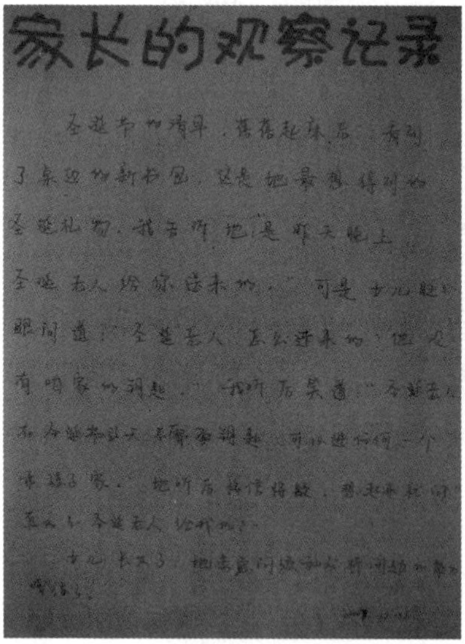

图 3-32　家长提供的幼儿发展的轶事记录

图 3-32 是大班幼儿蓓蓓的家长为幼儿成长档案袋提供的观察记录。

圣诞节的清早，蓓蓓起床后，看到桌边的新书包，这是她最想得到的圣诞节礼物。我告诉她："昨天晚上，圣诞老人送给你的。"可是女儿眨眨眼睛问道："圣诞老人怎么进来的？他没有咱家的钥匙！"我听后笑道："圣诞老人在圣诞节这天不需要钥匙，可以进入任何一个乖孩子的家。"她听后将信将疑："真的是圣诞老人给我的？"女儿长大了，她考虑问题和分析问题的能力增强了。

三、幼儿成长档案袋评价的利用

(一) 幼儿成长档案袋应放在幼儿举手可及的地方

将幼儿成长档案袋放在幼儿触手可及的地方，便于引导、督促幼儿定期翻阅。鼓励幼儿不仅翻阅自己的档案，还要翻阅其他幼儿的档案，使他们在互相学习与自我反思中进一步激励自己、增强自信。作为教师，也要定期翻阅幼儿成长档案袋，以便更好地了解幼儿情况，确定幼儿的发展方向，制订有针对性的教育教学方案。

图3-33 幼儿成长档案袋的摆放——墙角窗台

图3-34 幼儿成长档案袋的摆放——区角方桌

(二) 幼儿成长档案袋需要定期返给家长翻阅

定期给家长返还幼儿成长档案袋,一方面可以帮助幼儿家长及时了解幼儿园的教育教学,了解教师的工作,明确教育目标,与幼儿园教育达成一致,做到大力支持幼儿园与教师的工作;另一方面,家长可以客观地了解幼儿的发展情况,从而对幼儿的发展给予良性的支持。

图3-35 家长与孩子一起翻阅幼儿成长档案袋

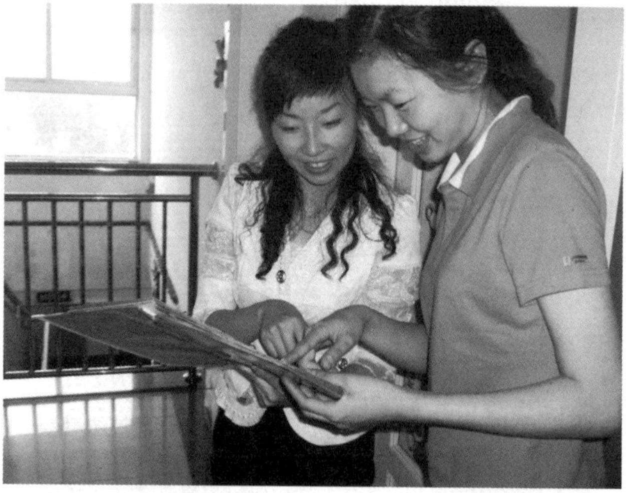

图3-36 家长和教师交流幼儿成长档案袋的内容

图3-37　幼儿成长档案袋促进家长与教师的联系、沟通

在研究和实践中，我们明确了幼儿成长档案袋的价值与评价的目的，强调教师应通过对幼儿有目的地、细致地观察与评价，有效地促进幼儿的发展；通过关注幼儿需要，设计适宜的教育方式与策略，积极促进自身的专业成长；通过调动、利用家长资源，有效地促进家园互勉、家园共育。

幼儿成长档案袋看似简单，其实不简单，其中所蕴含的发展观与教育观需要我们在探究过程中不断深入体悟。

四、幼儿成长档案袋评价应注意的问题

(一) 评价观念要转变

传统的教育评价根植于知识的结构主义观点，认为所有的幼儿都必须经过一个共同的智力发展阶段，由此传统的教育评价内容极为重视评定幼儿普适性知识的掌握程度，常常是统一制定一套“四育”测查的标准，对幼儿进行评价。评价就是分出是非，比出高低。传统评价中这种孤立的问题或测试条目与幼儿的现实生活缺乏相似性，在这种测试中所得的分数与幼儿在未来真实生活中的表现缺乏足够的关联性。每个幼儿都拥有相对于自己或是相对于他人的智力强项，教育的目的在于帮助幼儿发现、培育自己的智力优势，并以强项带动弱项的学习，建构自己的优势智力组合，以实现自身全面和谐的发展。

如果评价仅仅是以筛选、排序为目的，总是看到幼儿的不足和缺点，就会忽视幼儿所表现出的自尊、热情、投入和毅力，就会导致幼儿沮丧，甚至丧失自信，这样必然不利于幼儿的发展和健全人格的培养。随着新教育观、新课程观、新人才观的建立，我们对评价的发展历程进行了深刻的反思，我们的评价观有了根本的变化，逐步形成了新的评价思想：评价的本质是一种通过协商而形成的心理建构，评价应坚持“价值多元”的信念。教育评价应重视个人学习的意义，评价的功能由侧重甄别、选拔转向侧重促进每个幼儿的充分发展。

（二）欲速则不达

幼儿成长档案袋制作是积累的过程，不是短期内的速成过程。教师要明确，就幼儿成长档案袋资料的量而言，资料的收集不是短期突击能完成的；从质出发，幼儿成长档案袋评价的根本目的，其出发点和落脚点都是为了促进幼儿的健康发展，而不是“为了作而作”，“为了完成而作”，“为了应付而作”。贪图时间和速度，只能导致在幼儿成长档案袋制作过程中对珍贵而有价值的幼儿发展资料“视而不见”，对可供深入挖掘、分析的幼儿发展资料“囫囵吞枣”。这都与幼儿成长档案袋评价的理念相悖，又回到了重结果的评价。因此，在幼儿成长档案袋评价的过程中，无论是管理者还是教师都需要明确，幼儿成长档案袋评价是基于幼儿发展资料收集过程而开展的，是积累的过程，也是幼儿“开始发展”、“发展着”以及“发展了”的有效展现。

（三）兼顾时间与精力

幼儿成长档案袋制作是为幼儿园教育教学服务的，不是与教育教学相脱节的单一活动。相关调查研究发现，应用档案的最大障碍是时间问题。因为幼儿能力有限，所以档案内容的收集、编排、保存等工作一般都由教师来完成。教师日常的教育教学工作本身就十分繁杂、琐碎，其精力大量投入到了幼儿的保育以及教育之中。对于制作幼儿成长档案袋，开始时参与教师将其当做日常教育教学额外的任务、要求，感觉无形之中为自己增加了很多负担。然而，随着课题研讨的深入开展，大家逐渐对幼儿成长档案袋的功能和价值有了深刻的认识，意识到幼儿成长档案袋评价本身就是教育教学的过程，是与自己日常教学密不可分的分内工作，也是提高自己专业素质的有效途径。开展幼儿成长档案袋评价的时间和精力的冲突问题，根源在于教师自身统筹时间和处理、解决事情的规划能力。与其抱怨任务多，没时间，不如思考怎样充分利用时间，从而不断提高日常教育教学的效率。

(四) 注意准确性

教师在制作以及对幼儿成长档案袋进行评价的过程中，每一环节都需要耐心和细致。每一样作品资料的收集、整理以及每一句评语，甚至幼儿成长档案袋上教师书写的每一个字，都是教师自身素质的体现，都是对幼儿发展的理性认知，以及家长了解教师的途径。因此，教师在栏目板块书写、幼儿作品评价、家园互动反馈以及幼儿综合能力评述等方面都要力求准确。

附录：幼儿成长档案袋实例

一、大A班幼儿成长档案袋

制作说明

制作老师：付老师、徐老师、王老师、蔺老师、张老师

板块内容：封面、目录、“我的小档案”、“温馨时刻”、“爱语悄悄说”、“童话王国”、“多彩生活”、“宝宝长大了”、“我的骄傲”、“我的艺术作品”、“我的好朋友”等。

图3-38　大A班幼儿成长档案袋封面

制作思路

1. 想和幼儿、家长一起真实地再现宝宝的成长过程，所以创设了“爱语悄悄说”、“多彩生活”、“我的艺术作品”等板块，便于幼儿和家长参与幼儿成长档案袋的制作。

2. 除了封面和目录外，从“我的小档案”、“温馨时刻”、“爱语悄悄说”、“童

话王国”、“多彩生活”、“宝宝长大了”、“我的骄傲”、“我的艺术作品”、“我的好朋友”等内容出发，设计九大板块。

3. 着重以“成长”为主题，分别以幼儿在家和在园的童言智语，幼儿的观察记录以及作品背景和评语等文字，以及幼儿活动和作品的照片等，展示幼儿的成长，更以此为依据促进幼儿的成长。

图3-39 大A班幼儿成长档案袋目录及“我的小档案”(1)

目 录

一、我的小档案

二、温馨时刻

三、爱语悄悄说

四、童话王国

五、多彩生活

六、宝宝长大了

七、我的骄傲

八、我的艺术作品

九、我的好朋友

我的小档案(1)

幼儿的姓名、性别及所属民族

幼儿的生日、血型

幼儿的出生地

幼儿的身高、体重

父母的姓名

幼儿所在幼儿园及班级的名称

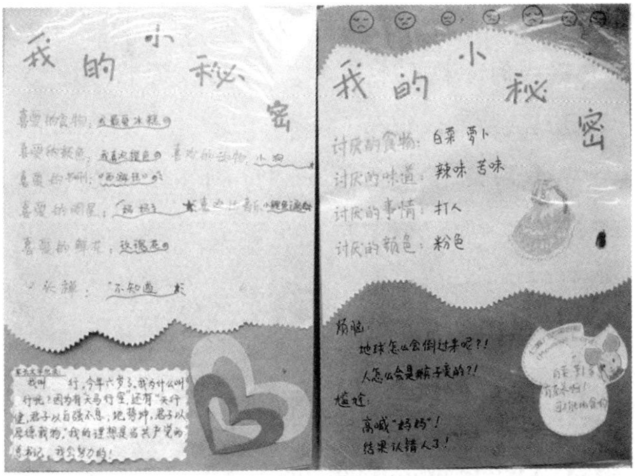

图3-40　大A班幼儿成长档案袋——“我的小档案”(2)

我的小档案(2)

我的小秘密——

喜爱的食物：我最爱冰糕

喜欢的动物：小狗

喜爱的颜色：我喜爱橙色

喜欢的书刊：《西游记》

喜欢的音乐：小鲤鱼主题曲

喜爱的明星：妈妈

喜爱的鲜花：玫瑰花

口头禅：“不知道”

家长文字记录：我叫行行，今年六岁了，我为什么叫行行呢？因为有“天马行空”，还有“天行健，君子以自强不息；地势坤，君子以厚德载物”。我的理想是当共产党的总书记，我会努力的！

我的小秘密——

讨厌的食物：白菜、萝卜

讨厌的味道：辣味、苦味

讨厌的事情：打人

讨厌的颜色：粉色

烦恼：地球怎么会倒过来呢?！人怎么是猴子变的呢?！

尴尬：高喊“妈妈”，结果认错人了！

七嘴八舌留言板：白菜、萝卜多有营养啊！可不能挑食哟。

图3-41　大A班幼儿成长档案袋——温馨时刻(1)

口头作文题目：《我爱我家》

作者：行行

时间：2008年1月

内容：我们家有三口人，爸爸、妈妈还有我。爸爸总是上班，不在家吃饭，妈妈天天陪我玩，还给我做饭吃。爸爸最大的优点是他攒钱攒得多，他最大的缺点是总把小事看成大事。妈妈最大的缺点是钱攒得少，她最大的优点是总陪着我。爸爸、妈妈总是照顾着我，我每天都能感受到他们的爱。

教师点评：宝贝，你的观察力与综合总结能力蛮强的嘛！那么有没有总结一下自己呢?！你面对最最爱你的亲人，你应该怎样回报他们的爱呢?！

温馨时刻(1)

这是我们一家四口人齐心协力堆的小雪人。

虽然风吹日晒,已经不成样子了,可是我们还经常去看望他。

我最喜欢和他说悄悄话了……

我爱雪娃娃,我爱爸爸和妈妈,我爱我家。

2007年12月

我家门前

图3-42 大A班幼儿成长档案袋——温馨时刻(2)

温馨时刻(2)

宝宝说:我爱你!

妈妈说:我也爱你!

给爷爷的信:

这是我的爷爷,这个假期一直都是他在照顾我,现在他要回家过年去了,我好舍不得,我会想念您的。想我的时候给我写信,想我的时候给我打电话,想我的时候就是我想您的时候……

爷爷,好好舍不得您噢!早点回来啊!亲爱的爷爷,我爱您!谢谢您一直照顾我!

爱你的孙子

图3-43　大A班幼儿成长档案袋——温馨时刻(3)

温馨时刻(3)

儿子:哈哈！我是奥特曼！我是小飞侠！我是超人！

妈妈:我爱你！谢谢你陪我玩好玩的游戏！

悄悄话:宝宝你知道吗?！陪你玩可真是个体力加技术活噢！

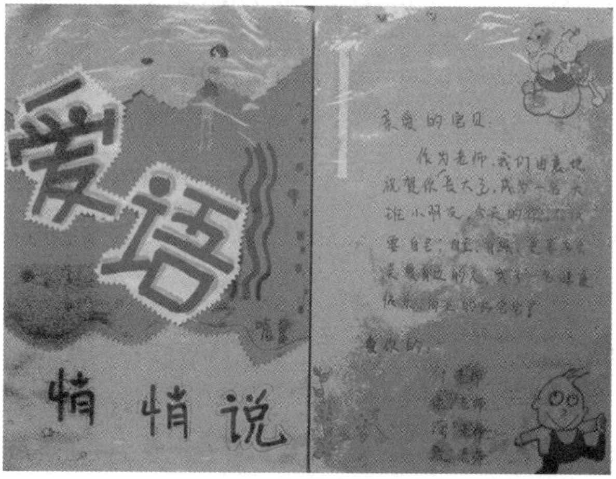

图3-44　大A班幼儿成长档案袋——爱语悄悄说(1)

爱语悄悄说(1)

亲爱的宝贝:

作为老师,我们由衷地祝贺你长大了,成为一名大班小朋友。今天的你,不仅要自信、自立、自强,更要学会关爱自己身边的人,成为一名健康、快乐、向上的好宝宝！

爱你的：付老师、徐老师、张老师

图3-45 大A班幼儿成长档案袋——爱语悄悄说(2)

爱语悄悄说(2)

大孙子快快长！(爱你的爷爷)

行行：你聪明、仁义、老师爱你！(付老师)

亲爱的儿子：

你是我的骄傲。当你给爷爷夹菜时，我为你骄傲；当你自己穿衣服时，我为你骄傲；当你几分钟就算出一题时，我为你骄傲；当你把"马、心、飞"写得那么漂亮时，我为你骄傲；当你在饭店与弹琴的叔叔同台表演时，我为你骄傲……

儿子，世界上最厉害的人不是会大喊大叫的人，不是有厉害武器的人，也不是只学会很多知识的人，而是遇到问题能想出解决办法的人。妈妈希望你能学会面对任何情况，想出好的办法，长大后实现自己的理想，做一个能保护人民，让老百姓过幸福生活的厉害的人。

对于妈妈来说，我最大的愿望就是你能健康、快乐。I wish you a marry Christmas and a happy new year!

妈妈

12月18日

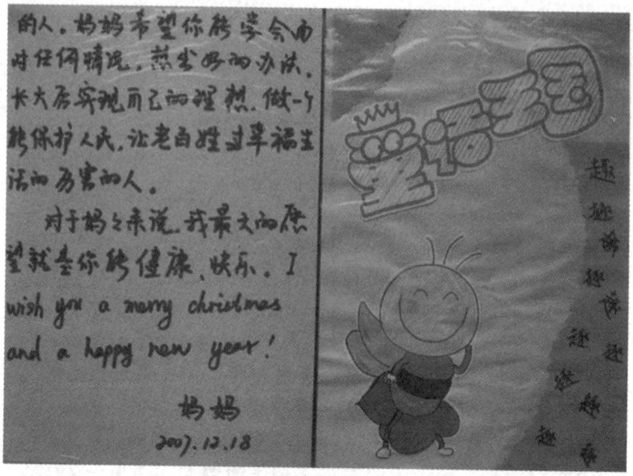

图3-46　大A班幼儿成长档案袋——爱语悄悄说(3)、童话王国(1)

图3-47　大A班幼儿成长档案袋——童话王国(2)

童话王国(2)

口头作文题目:《新年愿望》

内容:我有很多很多新年愿望,说都说不完。比如说去哥哥家,去老舅家、二舅家,比如说祝愿老师新年快乐,还希望我和梁行哥哥玩时,大人不要劝我回家,这样我会很伤心的。但是我最主要的愿望是有很多很多玩具,和小朋友一起分享。

教师点评:你的愿望非常简单,爸爸妈妈一定会帮你实现你的愿望的,不过前提是一定要尊重爸爸、妈妈还有老师的意见。另外,你还要记住一点:我们永远都是最最爱你的人!

儿子：妈，狗吃鱼吗？

妈妈：好像不吃吧。

儿子：那它爬上去干什么？

妈妈：……（晕倒）

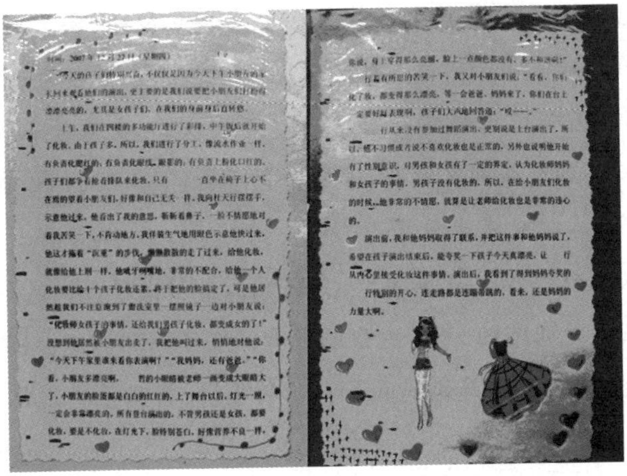

图3-48　大A班幼儿成长档案袋——童话王国（3）

童话王国（3）

时间：12月27日

今天的孩子们特别兴奋，不仅仅是因为今天下午家长会来观看他们的演出，更主要的是我们说要把他们打扮得漂漂亮亮。于是孩子们尤其是女孩子们，在我们的身前身后直转悠。

上午，我们在四楼的多功能厅进行了彩排，中午饭后就开始了化妆。由于孩子多，所以进行了分工，像流水作业一样，有负责画腮红的，有负责画眼线、眼影的，有负责上粉画口红的。孩子们都争抢着排队来化妆，只有行行一直坐在椅子上心不在焉地望着小朋友们，好像与自己无关一样。我向行行摆摆手，示意他过来，他看出了我的意思，摸摸鼻子，一脸不情愿地对着我苦笑一下，不肯动地方。我佯装生气地用眼色示意他快过来，他这才拖着“沉重”的步伐，懒懒散散地走过来。给他化妆，就像给他上刑一样，他龇牙咧嘴的，非常不配合，给他一个人化妆要比给十个孩子化妆还累。终于把他的脸搞定了，可是他居然趁我们不注意，跑到盥洗室里一边照镜子一边对小朋友说：“化妆是女孩子的事情，还给我们男孩子化妆，都变成女的了！”没想到他居然被小朋友出卖了，我把他叫过来，悄悄地对他说：“今天下午家里谁来看你表演啊？”“我妈妈，还有爸爸。”“你看小朋友多漂亮啊，明哲的小眼睛被老师一画变成大眼睛了，小朋友的脸蛋都是白白的红红的，上了舞台以后，灯光一照，一定会非常漂亮。所有登台演出的不管是男孩还是女孩，都要化妆的，要是不化妆，在灯光下，脸特别苍白，好像营养不良一样。你说，身上穿得那么亮丽，脸上一点颜色都没有，多不和谐啊！”行行若有所思地苦笑了一下，我又对小朋友们说：“看看，你们化了妆，都变得那么漂亮，等一会爸爸、妈妈来了，你们在台上一定要好好表现啊！”孩子们大声地回答：“哎——”

行行从来没有参加过舞蹈演出，更别说上台演出了，所以，他不习惯或者说不喜欢化妆也是正常的，另外也说明他开始有了性别意识，对男孩和女孩有了一定的界定，认为化妆是妈妈和女孩子的事情，男孩子不用化妆。所以，在给小朋友们化妆的时候他非常不情愿，就算是让老师给化妆也是非常违心。

演出前，我和他妈妈取得了联系，并把这件事和他妈妈说了，希望在孩子演出结束后，能夸奖一下孩子今天真漂亮，让行行从内心里接受化妆这件事情。演出后，我看见得到妈妈夸奖的行行特别开心，连走路都是连蹦带跳的，看来还是妈妈的力量大啊。

图3-49　大A班幼儿成长档案袋——多彩生活之家庭篇(1)

多彩生活之家庭篇(1)

妈妈用相机于2007年12月在家中记录下了宝宝主动做家务——擦灰的镜头:“我在帮妈妈搞卫生,瞧,桌子能照人啦!”

教师评语:宝贝,你都能帮妈妈做事了哦,真棒!希望你能坚持下去,而且在幼儿园里主动为班级小朋友们做力所能及的事情。——爱你的付清华老师

图3-50　大A班幼儿成长档案袋——多彩生活之家庭篇(2)

多彩生活之家庭篇(2)

亲爱的妈妈:

谢谢您给了我生命,谢谢您给我一个温暖的家,谢谢您为我做出的一切的一切,我永远都不会忘记!

我永远都会做你的乖宝宝!也永远都会爱着您!

乖宝宝:行行

2007年12月

图3-51　大A班幼儿成长档案袋——多彩生活之幼儿园篇(1)

多彩生活之幼儿园篇(1)

亲爱的爸爸妈妈：

想知道我在幼儿园是怎样生活的吗？

想知道我的幼儿园生活有多么快乐吗？

那就仔细看吧！看看我快乐的幼儿园生活——

——摄于2007年12月

宝宝生日派对：好朋友生日怎么能少了我的祝福呢？

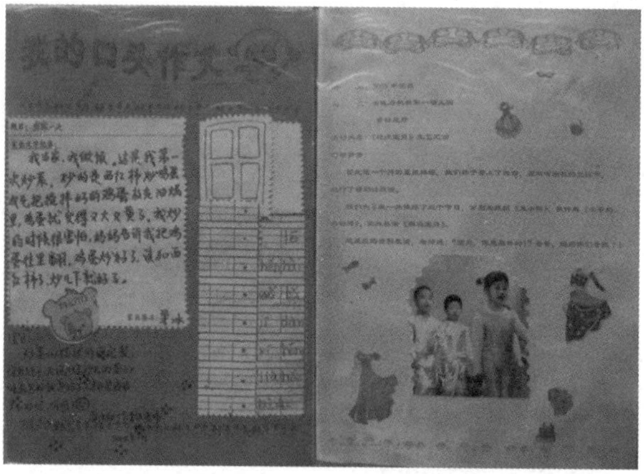

图3-52　大A班幼儿成长档案袋——多彩生活之幼儿园篇(2)

图3-53 大A班幼儿成长档案袋——多彩生活之幼儿园篇(3)

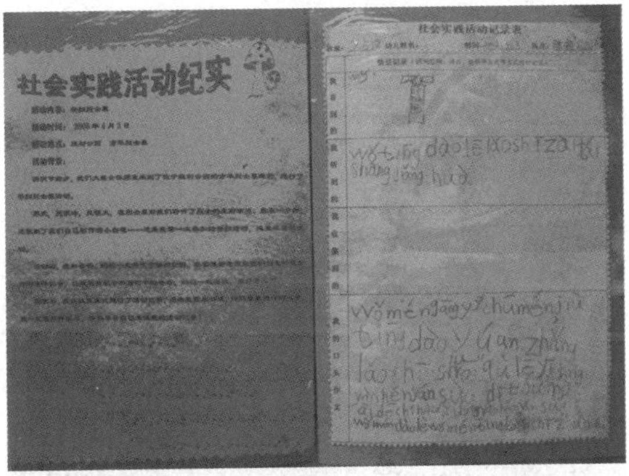

图3-54 大A班幼儿成长档案袋——多彩生活之幼儿园篇(4)

图3-55 大A班幼儿成长档案袋——多彩生活之幼儿园篇(5)

图3-56　大A班幼儿成长档案袋——多彩生活之幼儿园篇(6)

图3-57　大A班幼儿成长档案袋——多彩生活之幼儿园篇(7)和宝宝长大了(1)

图3-58　大A班幼儿成长档案袋——宝宝长大了(2)

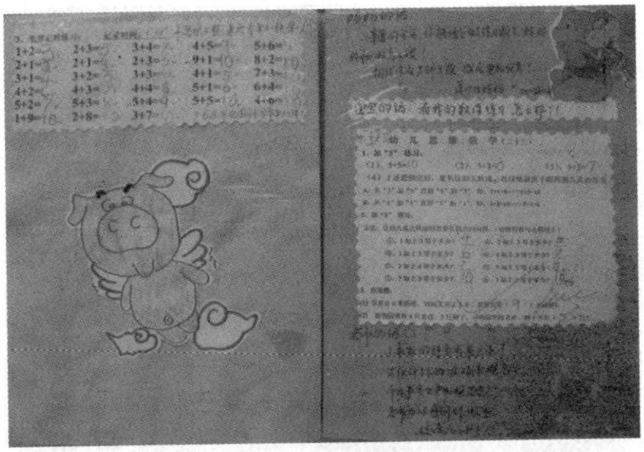

图3-59 大A班幼儿成长档案袋——宝宝长大了(3)

图3-60 大A班幼儿成长档案袋——宝宝长大了(4)

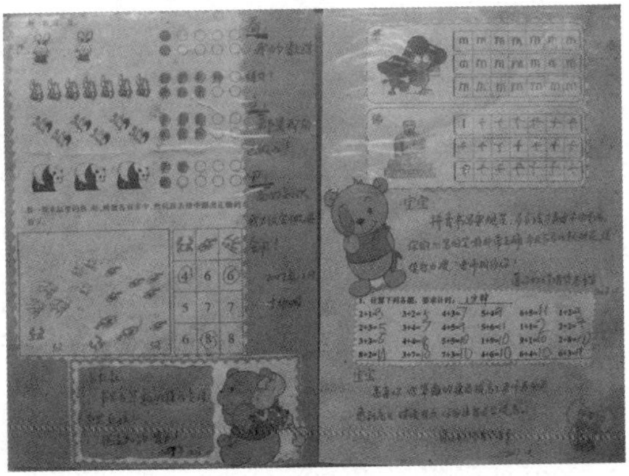

图3-61 大A班幼儿成长档案袋——宝宝长大了(5)

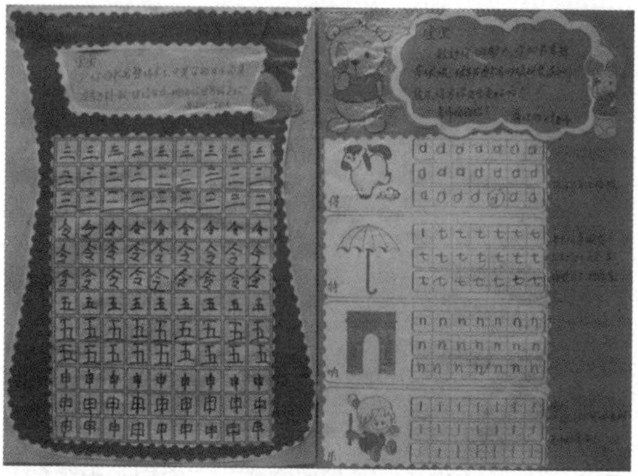

图3-62　大A班幼儿成长档案袋——宝宝长大了(6)

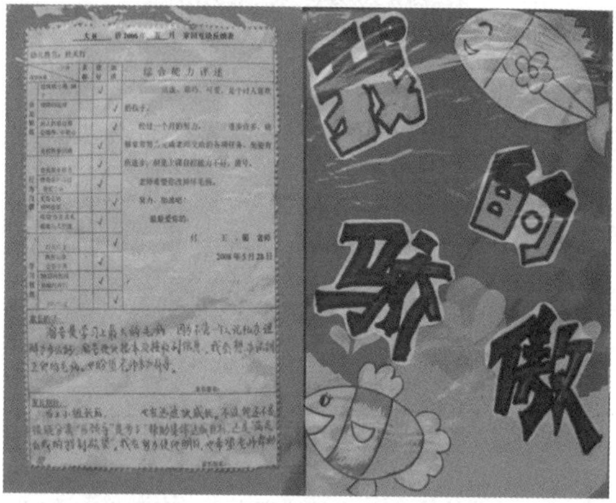

图3-63　大A班幼儿成长档案袋——我的骄傲(1)

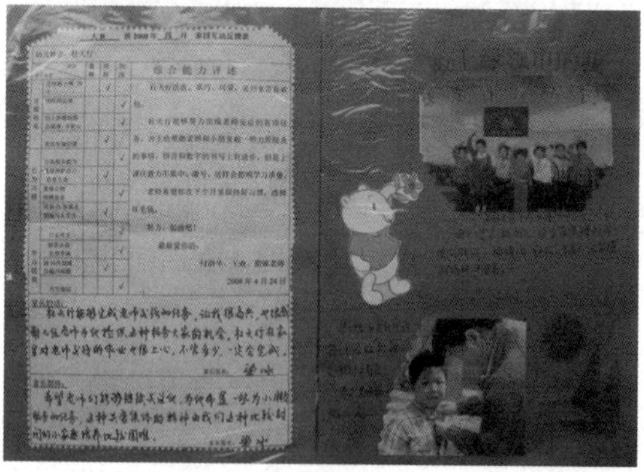

图3-64　大A班幼儿成长档案袋——我的骄傲(2)

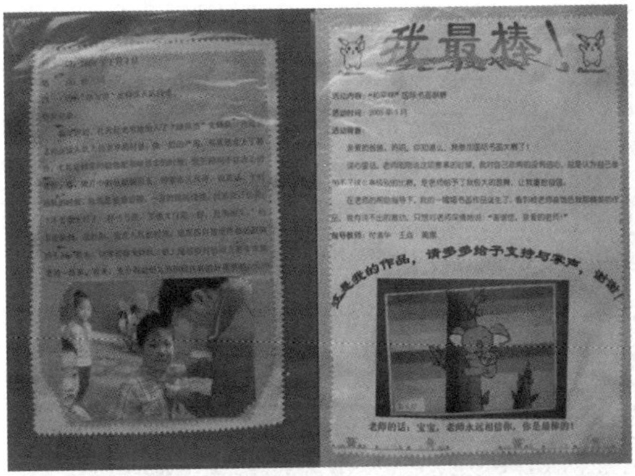

图3-65　大A班幼儿成长档案袋——我的骄傲(3)

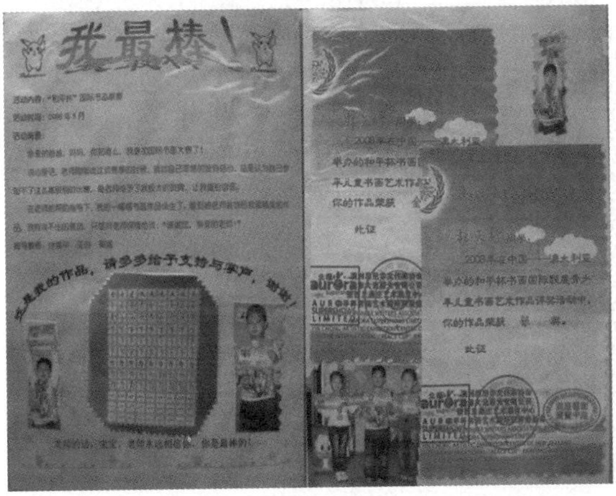

图3-66　大A班幼儿成长档案袋——我的骄傲(4)

图3-67　大A班幼儿成长档案袋——我的骄傲(5)

图3-68　大A班幼儿成长档案袋——我的骄傲(6)

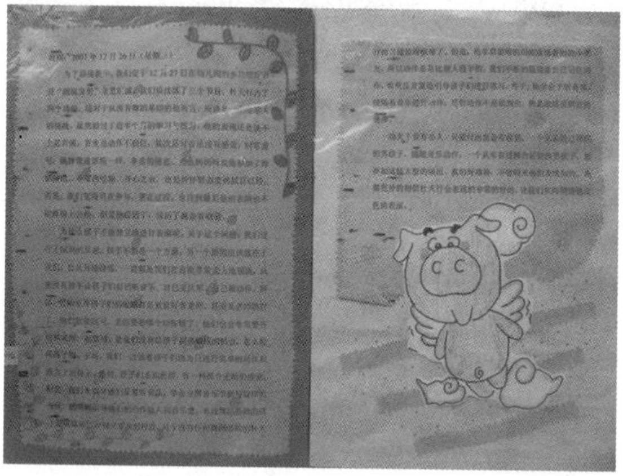

图3-69　大A班幼儿成长档案袋——我的骄傲(7)

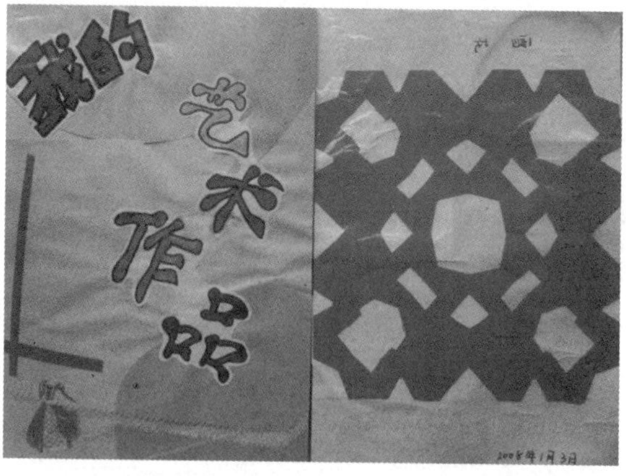

图3-70　大A班幼儿成长档案袋——我的艺术作品(1)

图3-71 大A班幼儿成长档案袋——我的艺术作品(2)

图3-72 大A班幼儿成长档案袋——我的艺术作品(3)

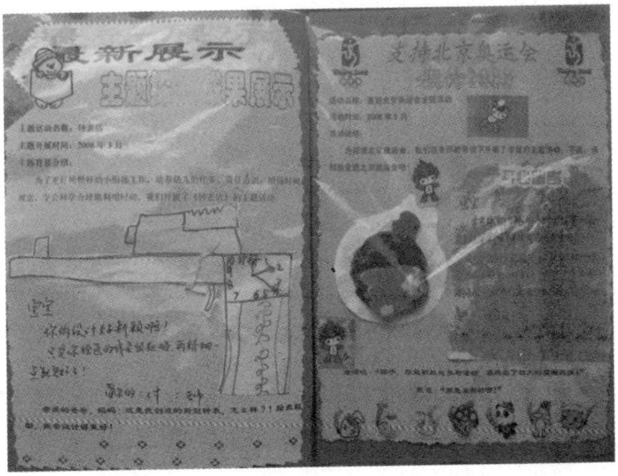

图3-73 大A班幼儿成长档案袋——我的艺术作品(4)

图3-74 大A班幼儿成长档案袋——我的好朋友(1)

图3-75 大A班幼儿成长档案袋——我的好朋友(2)

二、艺术大班幼儿成长档案袋

制作说明

制作老师:金老师、付老师、王老师。

板块内容:“我的小档案”、“从前的我”、“大家的期望”、“我的成长”、“成长的轨迹”、“评价记录”、“我长大了”等。

制作思路

1. 因为本班年龄段为大班幼儿,为了体现幼儿成长档案袋以记录和评价促进幼儿“成长”的核心理念,专门设计了“成长的轨迹”、“评价记录”等。

2. 因为本班是艺术班,为了凸现艺术班幼儿的特色和特长,特意从幼儿作品出发,以绘画、创意泥、粘贴画等活动形式来体现。

3. 主要从幼儿、家庭、幼儿园等方面出发，按照时间顺序设计了“我的小档案”、“从前的我”、“我的成长”、“成长的轨迹”、“评价记录”、“我长大了”等板块。

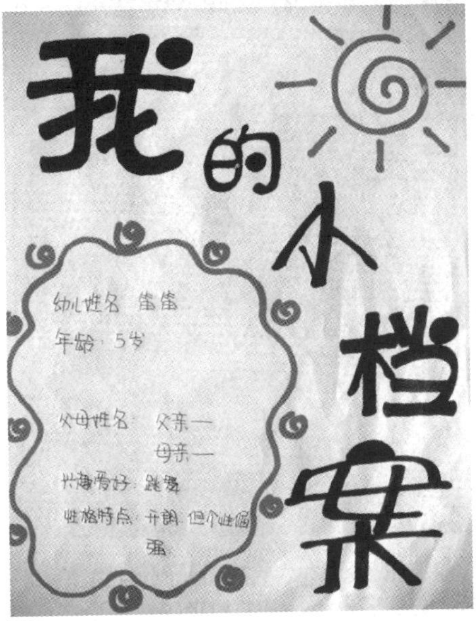

图3-76　艺术大班幼儿成长档案袋
——我的小档案(1)

图3-77　艺术大班幼儿成长档案袋
——我的小档案(2)

我的小档案(1)

幼儿姓名：笛笛

年龄：5岁

兴趣爱好：跳舞

性格特点：开朗，但个性倔强

我的小档案(2)

这是我的自画像，长长的头发，漂亮的发卡，好看的裙子和高跟鞋，这就是我……

图3-78　艺术大班幼儿成长档案袋
——我的小档案(3)

图3-79　艺术大班幼儿成长档案袋
——从前的我(1)

图3-80　艺术大班幼儿成长档案袋
——从前的我(2)

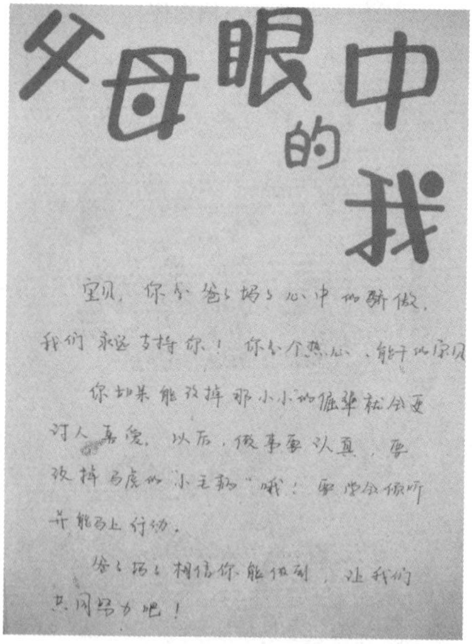

图3-81　艺术大班幼儿成长档案袋
——从前的我(3)

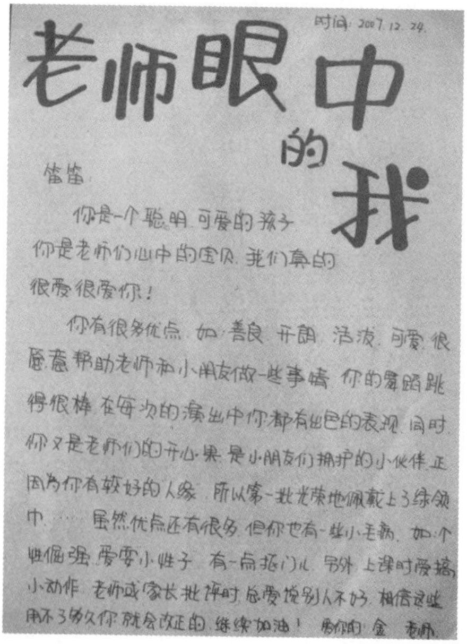

图3-82　艺术大班幼儿成长档案袋
——从前的我(4)

图3-83 艺术大班幼儿成长档案袋
——大家的期望(1)

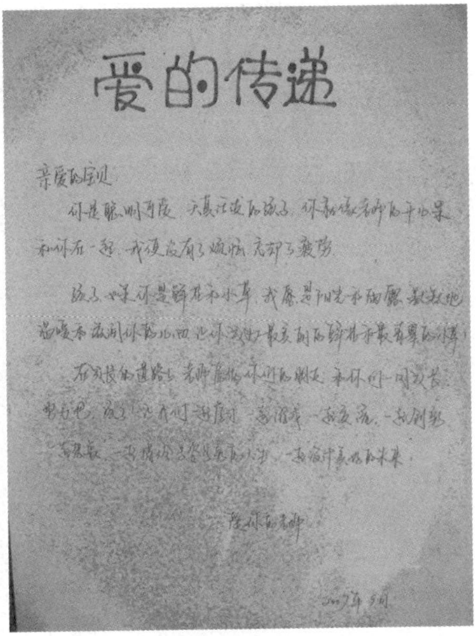

图3-84 艺术大班幼儿成长档案袋
——大家的期望(2)

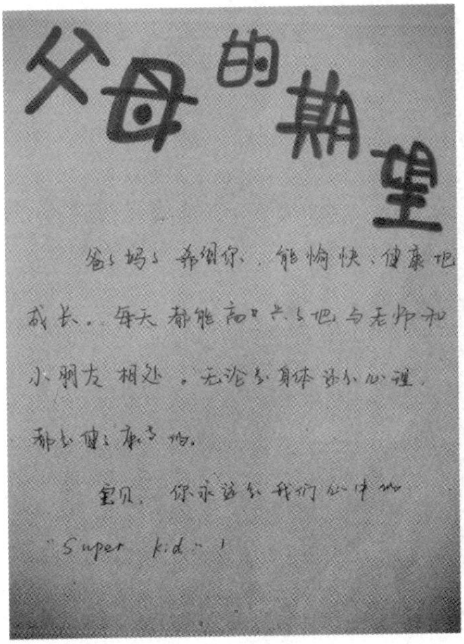

图3-85 艺术大班幼儿成长档案袋
——大家的期望(3)

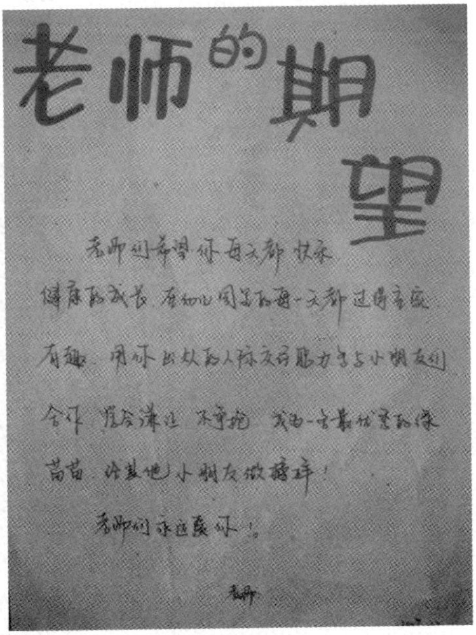

图3-86 艺术大班幼儿成长档案袋
——大家的期望(4)

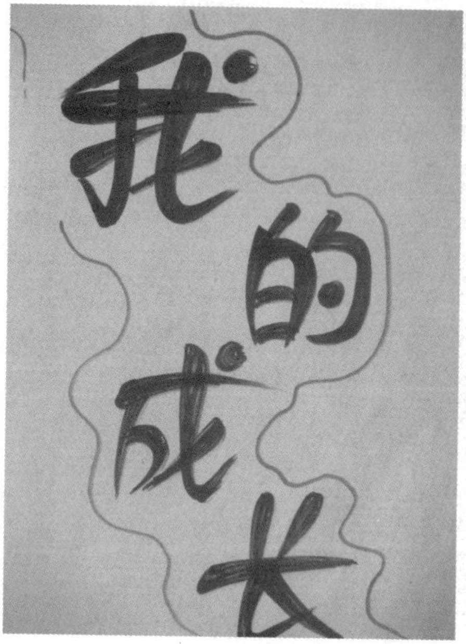

图3-87　艺术大班幼儿成长档案袋
——我的成长(1)

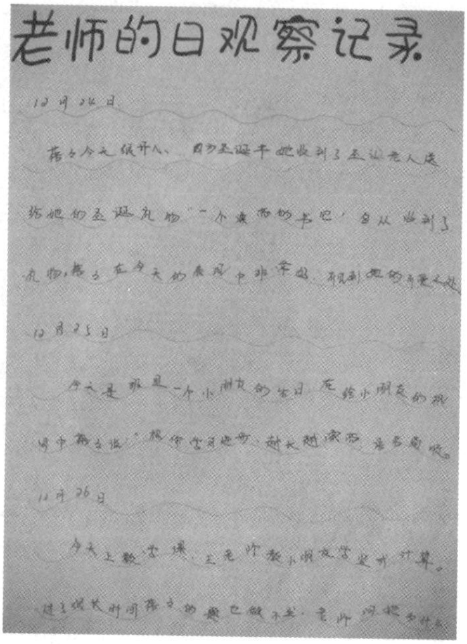

图3-88　艺术大班幼儿成长档案袋
——我的成长(2)

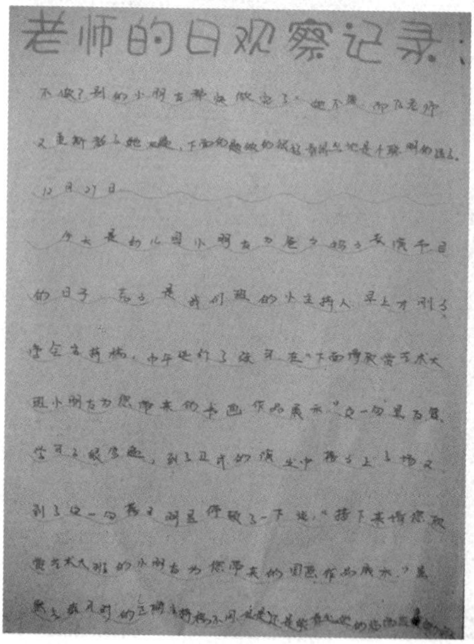

图3-89　艺术大班幼儿成长档案袋
——我的成长(3)

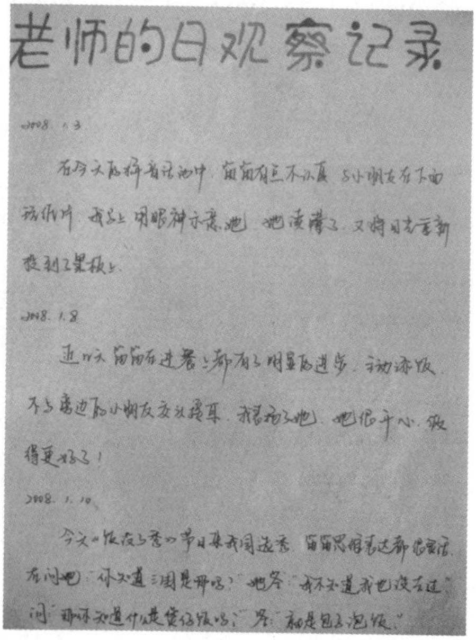

图3-90　艺术大班幼儿成长档案袋
——我的成长(4)

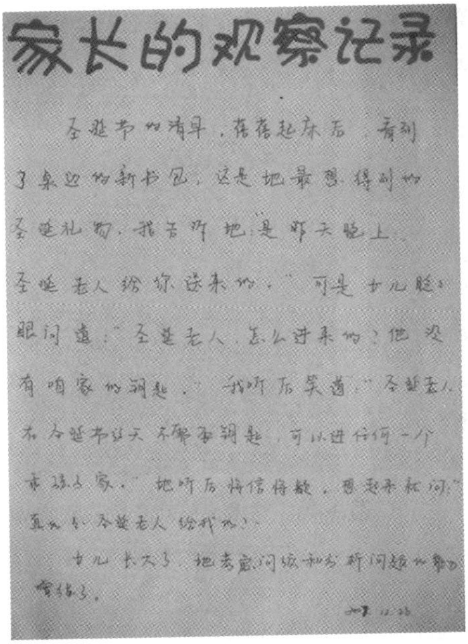

图3-91 艺术大班幼儿成长档案袋
——我的成长(5)

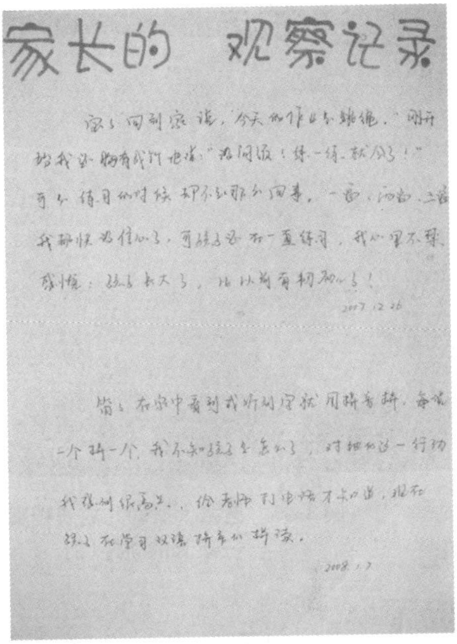

图3-92 艺术大班幼儿成长档案袋
——我的成长(6)

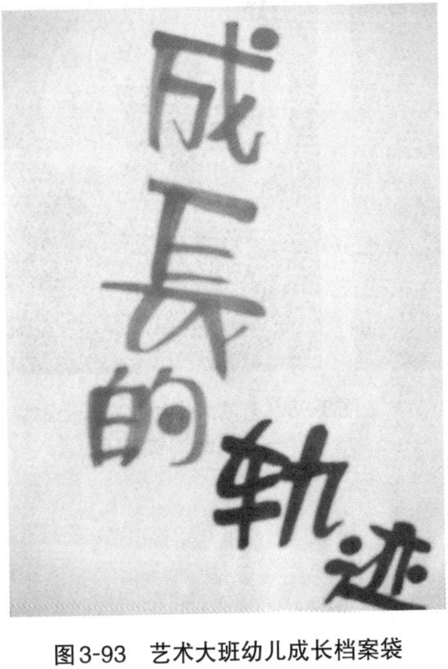

图3-93 艺术大班幼儿成长档案袋
——成长的轨迹(1)

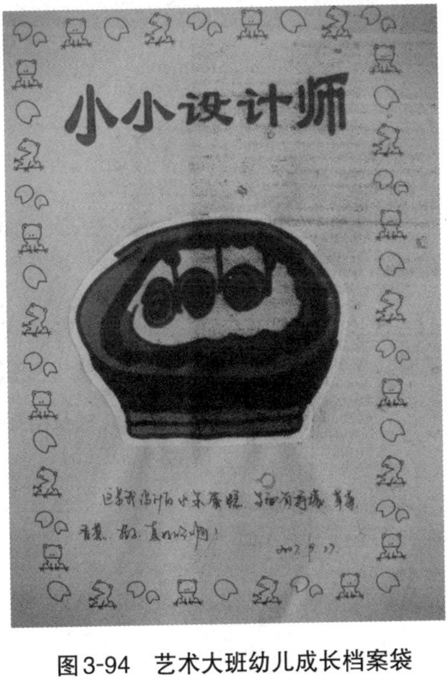

图3-94 艺术大班幼儿成长档案袋
——成长的轨迹(2)

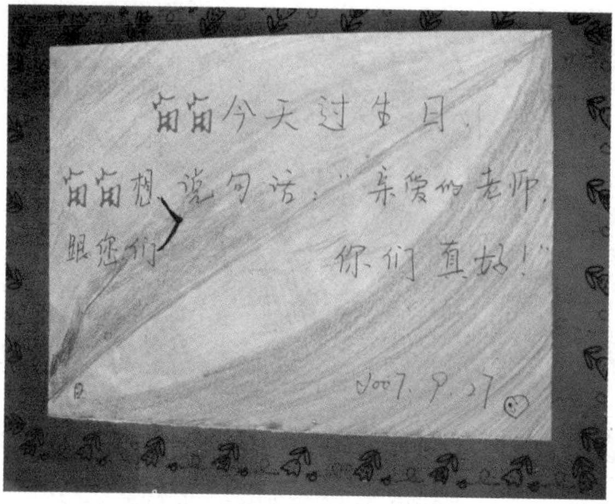

图3-95　艺术大班幼儿成长档案袋
——成长的轨迹(3)

图3-96　艺术大班幼儿成长档案袋
——成长的轨迹(4)

图3-97　艺术大班幼儿成长档案袋
——成长的轨迹(5)

图3-98　艺术大班幼儿成长档案袋
——成长的轨迹(6)

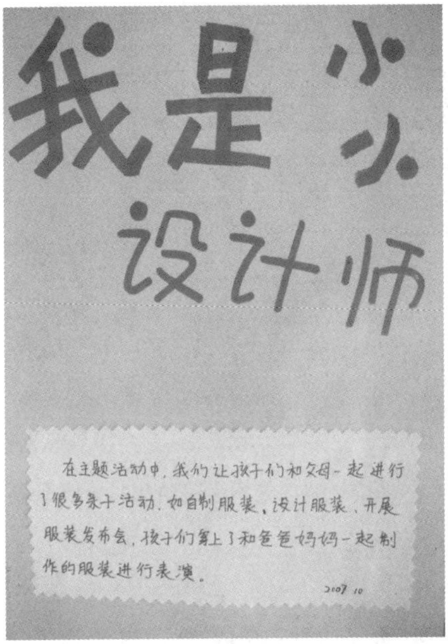

图3-99 艺术大班幼儿成长档案袋
——成长的轨迹(7)

图3-100 艺术大班幼儿成长档案袋
——成长的轨迹(8)

图3-101 艺术大班幼儿成长档案袋
——成长的轨迹(9)

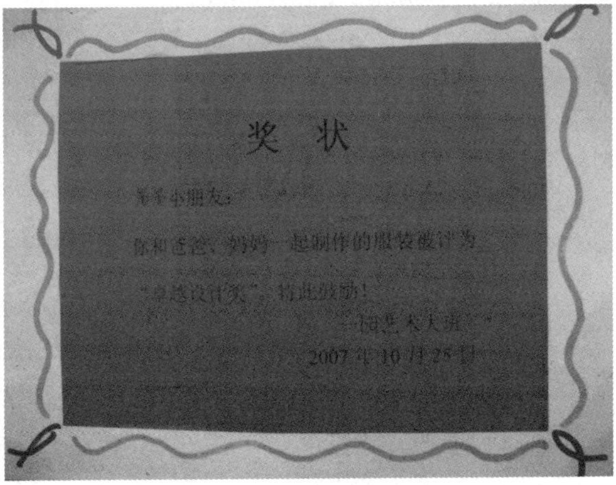

图3-102 艺术大班幼儿成长档案袋
——成长的轨迹(10)

图3-103　艺术大班幼儿成长档案袋
——成长的轨迹(11)

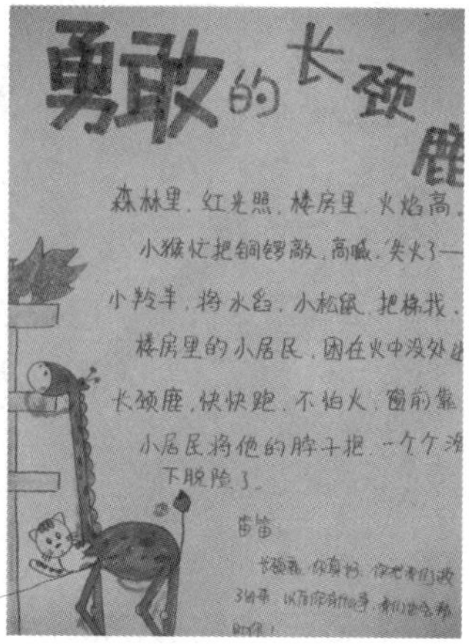

图3-104　艺术大班幼儿成长档案袋
——成长的轨迹(12)

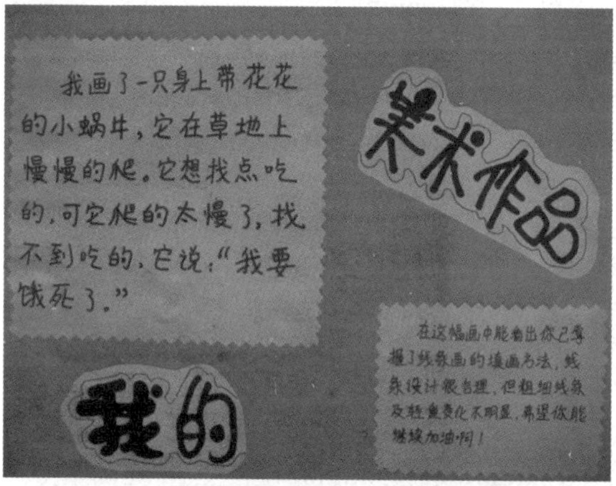

图3-105　艺术大班幼儿成长档案袋
——成长的轨迹(13)

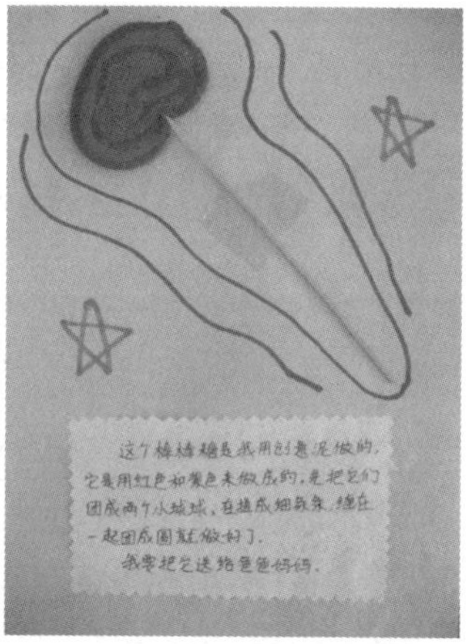

图3-106　艺术大班幼儿成长档案袋
——成长的轨迹(14)

图3-107 艺术大班幼儿成长档案袋——成长的轨迹(15)

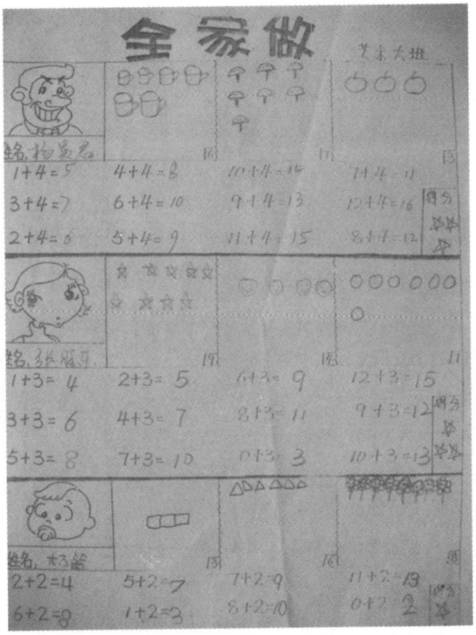

图3-108 艺术大班幼儿成长档案袋——成长的轨迹(16)

图3-109 艺术大班幼儿成长档案袋——成长的轨迹(17)

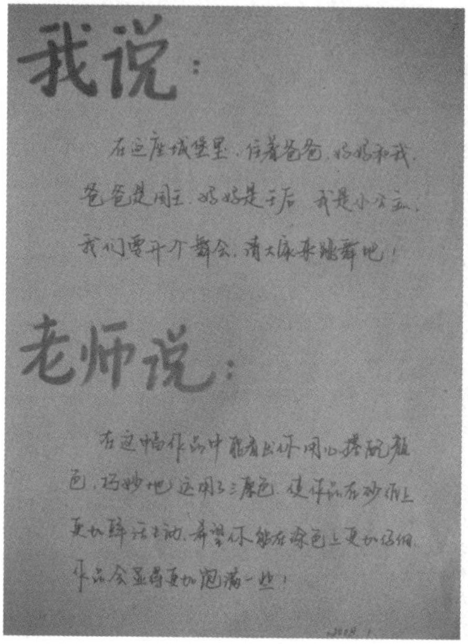

图3-110　艺术大班幼儿成长档案袋
——成长的轨迹(18)

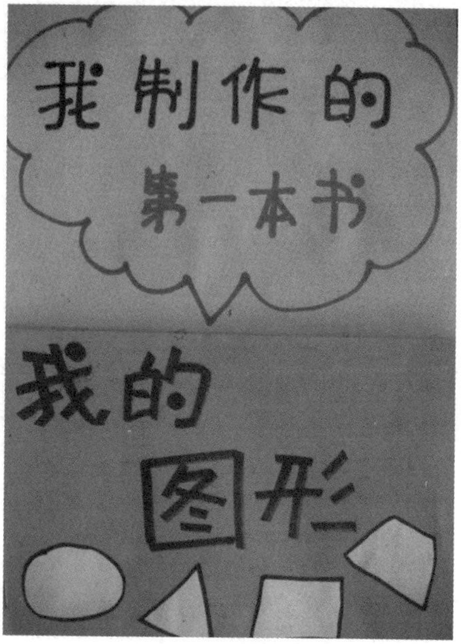

图3-111　艺术大班幼儿成长档案袋
——成长的轨迹(19)

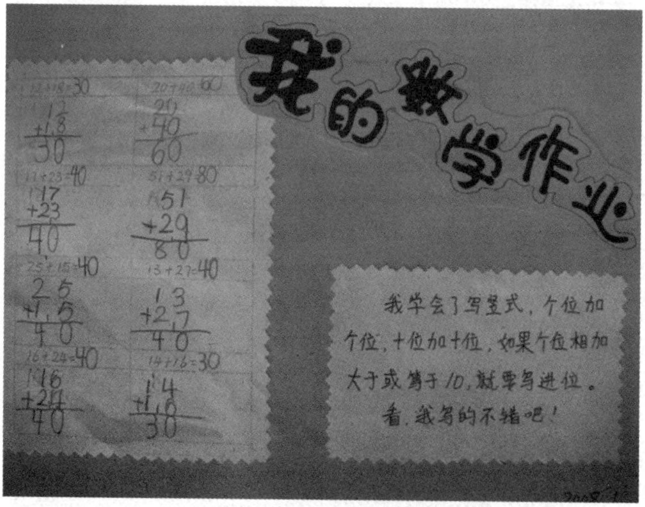

图3-112　艺术大班幼儿成长档案袋——成长的轨迹(20)

图3-113 艺术大班幼儿成长档案袋
——成长的轨迹(21)

图3-114 艺术大班幼儿成长档案袋
——成长的轨迹(22)

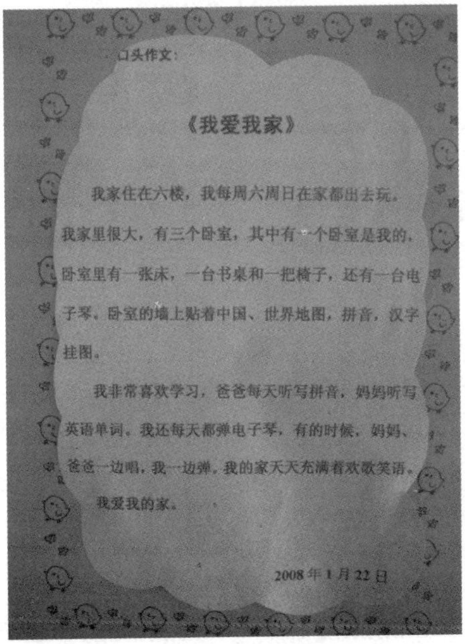

图3-115 艺术大班幼儿成长档案袋
——成长的轨迹(23)

图3-116 艺术大班幼儿成长档案袋
——成长的轨迹(24)

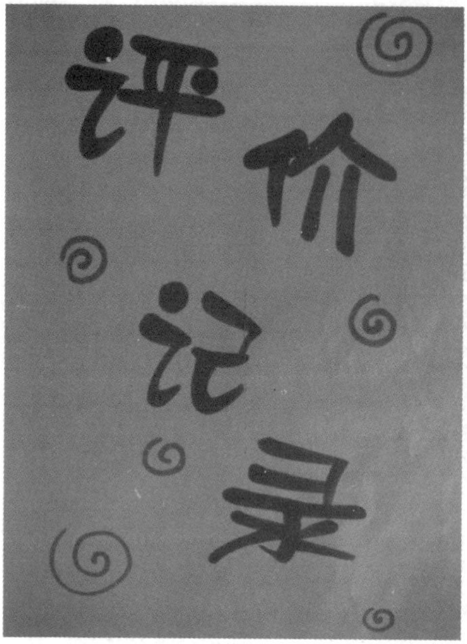

图3-117　艺术大班幼儿成长档案袋
——评价记录(1)

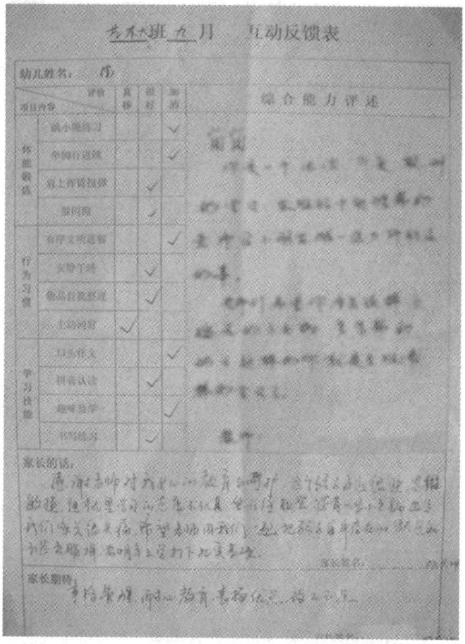

图3-118　艺术大班幼儿成长档案袋
——评价记录(2)

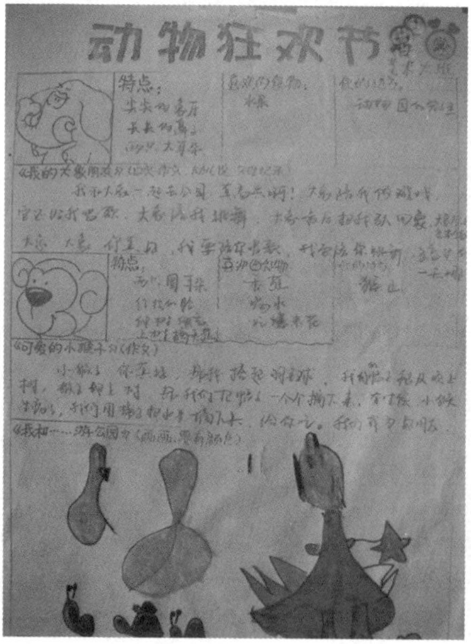

图3-119　艺术大班幼儿成长档案袋
——评价记录(3)

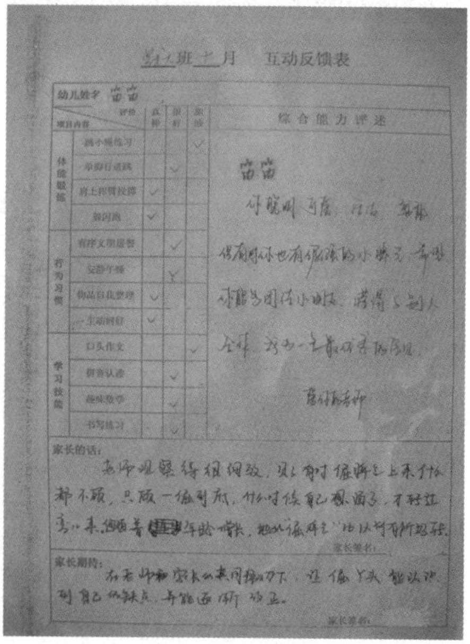

图3-120　艺术大班幼儿成长档案袋
——评价记录(4)

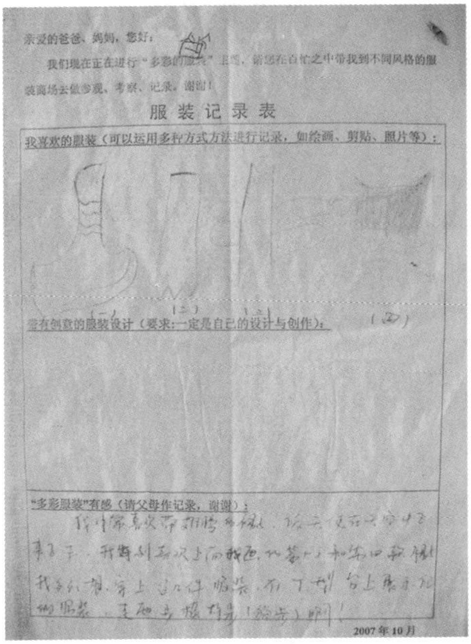
亲爱的爸爸、妈妈，您好：

我们现在正在进行"多彩的服装"主题，请您在百忙之中带我到不同风格的服装商场去做参观、考察、记录，谢谢！

服装记录表

我喜欢的服装（可以运用多种方式方法进行记录，如绘画、剪贴、照片等）：

富有创意的服装设计（要求：一定是自己的设计与创作）：

"多彩服装"有感（请父母作记录，谢谢）：

2007年10月

图3-121　艺术大班幼儿成长档案袋
——评价记录(5)

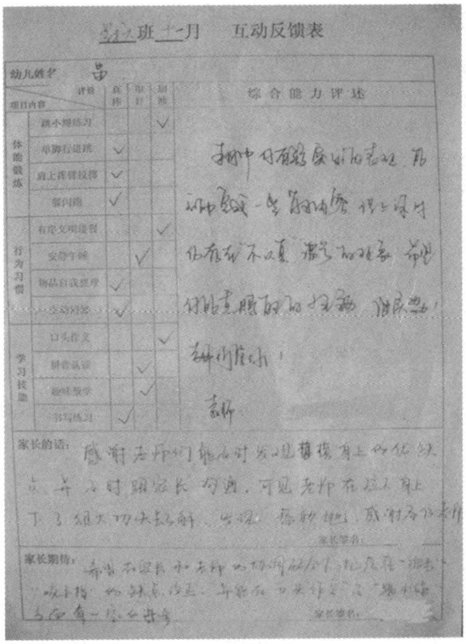
班十一月　互动反馈表

幼儿姓名

项目内容		真棒	很好	加油	综合能力评述
体能锻炼	跳小绳练习			√	
	单脚行进跳	√			
	肩上挥臂投掷	√			
	靠闪跑	√			
行为习惯	有序文明进餐			√	
	安静午睡		√		
	物品自我整理	√			
	主动问好	√			
学习技能	口头作文			√	
	拼音认读		√		
	趣味数学		√		
	书写练习	√			

家长的话：

家长签名：

家长期待：

家长签名：

图3-122　艺术大班幼儿成长档案袋
——评价记录(6)

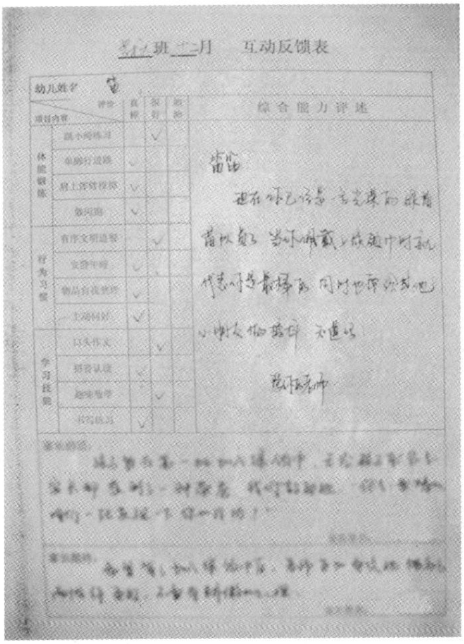
班十一月　互动反馈表

幼儿姓名

项目内容		真棒	很好	加油	综合能力评述
体能锻炼	跳小绳练习		√		
	单脚行进跳	√			
	肩上挥臂投掷	√			
	靠闪跑	√			
行为习惯	有序文明进餐		√		
	安静午睡	√			
	物品自我整理	√			
	主动问好	√			
学习技能	口头作文		√		
	拼音认读	√			
	趣味数学		√		
	书写练习	√			

家长的话：

家长签名：

家长期待：

家长签名：

图3-123　艺术大班幼儿成长档案袋
——评价记录(7)

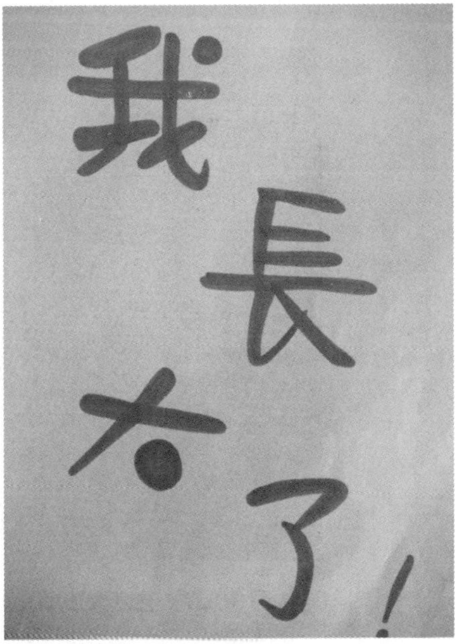

图3-124　艺术大班幼儿成长档案袋
——我长大了(1)

图3-125　艺术大班幼儿成长档案袋
——我长大了(2)

图3-126　艺术大班幼儿成长档案袋
——我长大了(3)

图3-127　艺术大班幼儿成长档案袋——我长大了(4)

图3-128　艺术大班幼儿成长档案袋
——我长大了(5)

图3-129　艺术大班幼儿成长档案袋
——我长大了(6)

三、国际大班幼儿成长档案袋

“我在成长”制作说明

制作老师:冯老师等。

板块内容:封面、“航航小档案”、“成长快线”、“成长故事”、“成长艺苑”、“成长艺韵”等。

制作思路

1. 为了体现幼儿成长档案袋以记录和评价促进幼儿“成长”的核心理念,专门以“成长快线”、“成长故事”、“成长艺苑”、“成长艺韵”等命名板块名称。

2. 为了减轻教师制作幼儿成长档案袋的负担,学期初在和家长沟通的前提下,以设计电脑模板彩印呈现为主、手绘为辅的方式进行。

3. 在板块中突出了本班幼儿地域特色——口头作文。除了以时间顺序展示幼儿成长情况外,还结合主题活动进行资料的收集和整理。

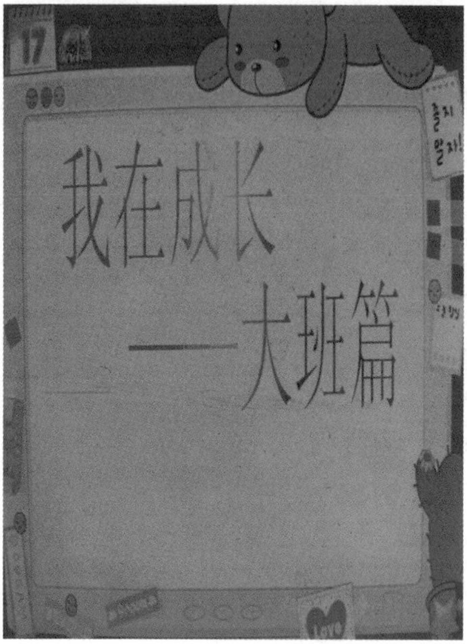

图3-130　国际大班幼儿成长档案袋
——我在成长

图3-131　国际大班幼儿成长档案袋
——航航小档案

图3-132　国际大班幼儿成长档案袋
——成长快线(1)

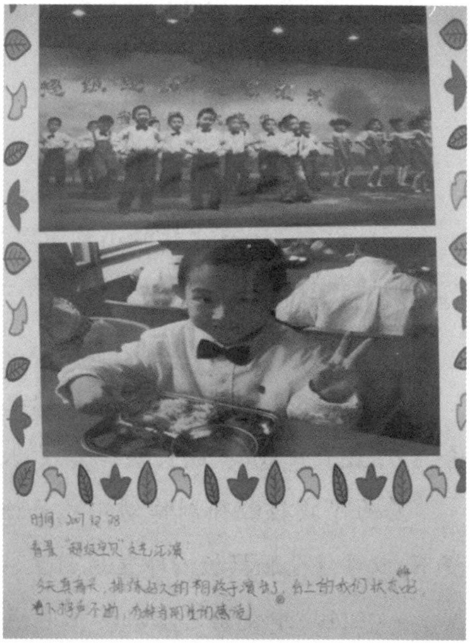

图3-133　国际大班幼儿成长档案袋
——成长快线(2)

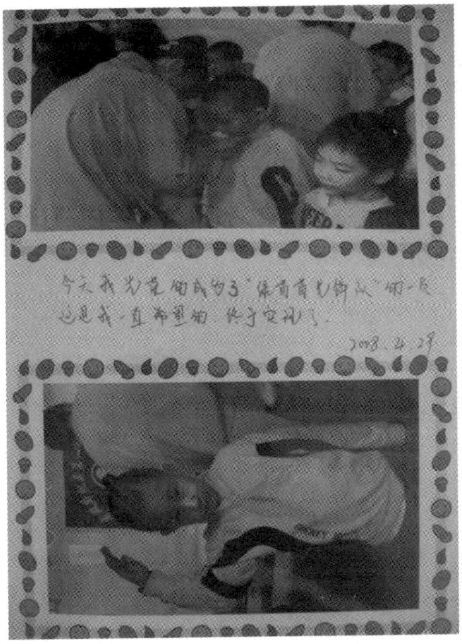

图3-134　国际大班幼儿成长档案袋
——成长快线(3)

图3-135　国际大班幼儿成长档案袋
——成长快线(4)

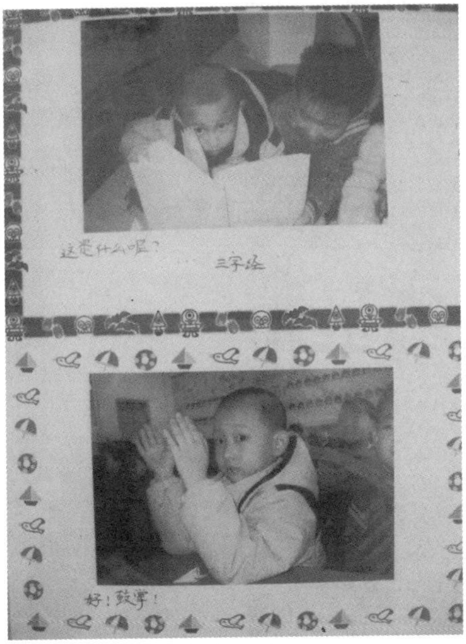

图3-136　国际大班幼儿成长档案袋
——成长快线(5)

图3-137　国际大班幼儿成长档案袋
——成长故事(1)

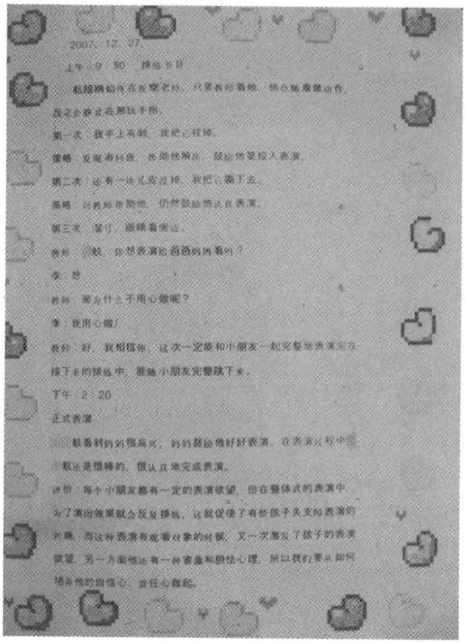

2007. 12. 27.

上午：9：30 排练节目

航眼睛始终在观察老师，只要教师看他，他会跟着做动作，反之会静止在那玩手指。

第一次：我手上有刺，我把它拔掉。

策略：发现有问题，帮助他解决，鼓励他要投入表演。

第二次：还有一块儿皮没掉，我把它撕下去。

策略：对教师帮助他，仍然鼓励他认真表演。

第三次：漏引，跟着看旁边。

教师：航，你想表演给爸爸妈妈看吗？

李：想

教师：那为什么不用心做呢？

李：我用心做/

教师：好，我相信你，这次一定能和小朋友一起完整地表演完在接下来的排练中，能跟小朋友完整跳下来。

下午：2：20

正式表演

航看到妈妈很高兴，妈妈鼓励他好好表演，在表演过程中航还是很棒的，很认真地完成表演。

评价：每个小朋友都有一定的表演欲望，但在整体式的表演中，为了演出效果就会反复排练，这就促使了有些孩子失去对表演的兴趣，而这种表演有观看对象的时候，又一次激发了孩子的表演欲望，另一方面他还有一种害羞和胆怯心理，所以我们要从如何培养他的自信心、责任心做起。

图3-138　国际大班幼儿成长档案袋
——成长故事(2)

图3-139　国际大班幼儿成长档案袋
——成长故事(3)

图3-140　国际大班幼儿成长档案袋
——成长故事(4)

成长故事(4)

问题:饭后班上的几个幼儿在椅子上看书,宝宝把格尺从柜子里拿了出来,并把它当成武器与别人玩耍。为了避免危险出现,老师马上制止了这种行为。可不到一分钟,他又站起来继续攻击别人,老师说要没收发给他的格尺,他马上放下了。元元趁其不备,一把抓过尺子送给老师。他马上狠狠地敲了元元,老师刚要进行教育,宝宝的妈妈来了。了解情况后,她一直向元元道歉,而宝宝却像没事,只有妈妈在道歉。

分析:宝宝妈妈主动为儿子承担所有的责任,从不用开导的方法让孩子自己解决问题,久而久之就让宝宝养成了做错事情也没关系,有妈妈帮忙解决的心理习惯,因此他对任何事情都无所谓。

策略:马上告诉宝宝妈妈,让她知道即使一点小事情也不要把责任揽在自己身上,应该通过教育让宝宝知道自己的事情应当自己负责。

第四章　幼儿发展评价——评价指标体系的建构

评价指标体系的设计有较强的政策性和技术性，需要按照一定的程序，采用科学的方法进行技术处理，才能使指标设计工作有条不紊，指标内容、体系达到较为理想的要求。在建构评价指标体系前，首要任务是明确评价对象和评价目的。本研究的评价对象是学前儿童，评价目的是通过对幼儿发展各方面的评价，了解幼儿发展水平，使幼儿的教育更具有针对性，从而有效促进幼儿发展，同时也为教师在教育中选择幼儿的“最近发展区”进行适宜的教育提供科学依据。

幼儿发展评价指标体系建构的行动研究过程

为科学、有效地建构幼儿发展评价指标体系，我们组成了由理论和实践研究者多方构成的研究团队，在幼儿园开展了建构评价指标体系的行动研究过程，主要分为四个阶段来开展研究。具体见图4-1。

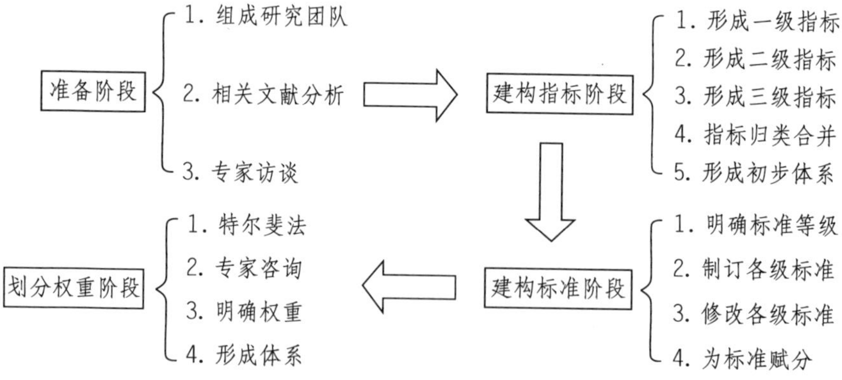

图4-1　幼儿发展评价指标体系建构阶段

(一) 准备阶段

评价指标体系的建构是一个比较复杂的过程,对科学性和客观性的要求比较高,因此建构过程必须由包括理论和实践研究者的多方力量来共同完成。本研究的研究共同体由以下人员组成:教育理论研究专家,学前教育专业的博士、硕士研究生,以及幼儿园的园长、保教主任与相关教师。大学教师和研究生是理论研究者,幼儿园园长、保教主任与相关教师是实践研究者。在整个研究过程中,理论研究者和实践研究者建立了合作伙伴关系。理论研究者的任务主要是明确评价指标体系的内涵、意义、建构理论基础以及建构的原则、方法、步骤等,并将理论与实践研究有机结合;实践研究者的任务主要是结合实践经验,为指标和各级标准的建立提出具体的建议,并结合教育活动运用指标体系对幼儿发展进行评价。

为了有效地开展研究,课题组分成幼儿园一线教师和理论研究者两个研究小组,共同围绕研究目的开展研究,并及时交流与讨论。紧接着,大家明确了研究的方式,确定采取大组讨论、小组讨论和实践应用相结合的方式。大组讨论主要实现建构指标、确定标准、划分权重的重要研究目标,形成一定的结论,推动研究向前开展;小组讨论则是解决各自研究中的细小问题或突发性问题;最后,教师在教育活动中运用评价指标体系对幼儿的发展进行评价。

明确研究任务和研究过程后,我们查找了与教育评价相关的多种中文和外文文献,明确研究涉及的理论问题,并与幼儿教育专家、教育评价专家和幼儿心理学专家等进行了访谈,咨询了幼儿评价的重要指标以及如何建构指标体系等方面的问题。通过总结文献查阅和专家访谈的研究结果,我们进一步明确了研究的基本理论、步骤和注意事项。

(二) 建构指标阶段

1. 一级、二级评价指标的确定与指标的归类合并

确定各级指标需要正确的评价价值取向。《幼儿园教育指导纲要(试行)》中指出,幼儿园教育要使幼儿在快乐的童年生活中获得有益于身心发展的经验。幼儿园的基本任务是实行保育与教育相结合的原则,对幼儿实施德、智、体、美诸方面全面发展的教育,促进其身心和谐发展。幼儿园教育的基本目标

是促进幼儿在身体、情感、态度、能力、知识、技能等方面全面、和谐的发展。我们依据《幼儿园教育指导纲要(试行)》的精神,对传统的幼儿发展评价作了深刻的反思,并在此基础上确定了幼儿发展评价指标体系的一级、二级指标。

我们通过文献资料法、理论分析法,对我国当前教育的价值取向、教育目标分类、幼儿教育的目标、幼儿教育的特点等进行了综合分析,明确了将情感态度、能力和知识经验作为指标体系的一级指标。进而,我们通过专家问卷、教师问卷和教师座谈来确定二级指标。问卷和座谈的主要维度包括:①您认为幼儿发展评价应主要评价幼儿哪些方面的发展?②对于小、中、大班不同年龄阶段的幼儿来说,幼儿发展的各方面之间有难度和层次上的差异吗?如果有,请您具体阐明。③您是否曾运用过幼儿发展评价指标体系,如果运用过,您觉得有哪些值得借鉴之处,是否存在一些问题?④您对于幼儿发展评价指标体系的建构有什么建议?

根据问卷的结果,结合相关理论,我们对专家和参与教师认为重要的指标进行了归类合并,最后确定了一级和二级指标。具体见图4-2。

- 情感态度
  - 情感
  - 兴趣与好奇心
  - 主动性
  - 坚持性
  - 独立性
  - 合作性
  - 创造性
  - 自我认识
- 能力
  - 问题解决能力
  - 观察能力
  - 想象力
  - 记忆力
  - 思维能力
  - 动手操作能力
  - 社会交往能力
- 知识经验
  - 健康领域知识
  - 语言领域知识
  - 社会领域知识
  - 科学领域知识
  - 艺术领域知识

图4-2　幼儿发展评价指标

2．三级评价指标的确定与指标的归类合并

三级评价指标的建构是在确定评价标准的过程中进行的。结合其他研究者提出的指标体系,幼儿发展指标一般有二级指标,但是我们在就评价标准对教师进行问卷调查的过程中,发现教师提出的评价标准维度杂乱无章,并不一致,例如对于“坚持性”这个二级指标的评价标准,有的教师从幼儿坚持的时间角度提出,有的教师从幼儿坚持的连续性提出,也有的教师从幼儿坚持的稳定性提出,致使维度纷繁多样,各维度之间没有可比性,不能形成等级。我们认为幼儿的发展是多方面的,每一方面都具有深刻的内涵,因此应进一步建立三级指标。

制订三级指标，主要依据幼儿心理学方面的理论知识。我们在分析幼儿心理各方面发展特点的基础上，对二级指标进行分解，力求提出能够反映二级指标的关键性指标。在拟订三级指标后，我们进行了专家问卷调查(见表4-1)，并根据专家问卷调查的结果，对多个三级指标进行了删除、增加、修改和归类合并，最后确定了三级指标。

表4-1　关于幼儿发展评价指标的专家问卷调查表

<table>
<tr><th rowspan="2">一级指标</th><th rowspan="2">二级指标</th><th rowspan="2">三级指标</th><th colspan="2">三级指标是否必要</th><th rowspan="2">三级指标修改或增加</th></tr>
<tr><th>是(√)</th><th>否(×)</th></tr>
<tr><td rowspan="11">情感态度</td><td rowspan="4">情感</td><td>情感的丰富性</td><td></td><td></td><td></td></tr>
<tr><td>情感的稳定性</td><td></td><td></td><td></td></tr>
<tr><td>情感的社会性</td><td></td><td></td><td></td></tr>
<tr><td>情感的性质
(积极/消极)</td><td></td><td></td><td></td></tr>
<tr><td rowspan="2">兴趣与好奇心</td><td>兴趣的广泛性</td><td></td><td></td><td></td></tr>
<tr><td>好奇心的程度</td><td></td><td></td><td></td></tr>
<tr><td rowspan="4">坚持性</td><td>坚持的时间</td><td></td><td></td><td></td></tr>
<tr><td>坚持的连续性</td><td></td><td></td><td></td></tr>
<tr><td>坚持的稳定性</td><td></td><td></td><td></td></tr>
<tr><td>坚持的程度</td><td></td><td></td><td></td></tr>
<tr><td>……</td><td>……</td><td></td><td></td><td></td></tr>
</table>

（三）建构标准阶段

1．明确标准的等级

确定评价标准主要是将幼儿发展评价指标体系的三级指标进行具体化、行为化和可操作化处理，以便实施评价工作。对于评价标准的等级，教育学领域一般采取四个等级的划分，心理学领域一般采取五个等级的划分。借鉴已有的幼儿发展评价标准，我们最初确定的是四级评价标准，但是在标准的具体制订过程中，发现四个等级由易到难、由浅到深的层次性不够清晰，无法准确地概括幼儿各个发展阶段的主要特征，因此改为五级评价标准，即Ⅰ、Ⅱ、Ⅲ、Ⅳ和Ⅴ级。

2．制订与修改各级标准，并为标准赋分

这一阶段主要依据幼儿心理学方面的理论，分析幼儿发展的年龄特征，力求在评价标准上体现幼儿发展的阶段性与连续性。这一阶段我们结合一线教师丰富的教育实践经验，请他们真实地描述各年龄段幼儿发展的具体特点，多次进行大组讨论，共同制订、修改和细化评价标准。所有研讨都结合制订评价标准的关键问题，主要内容依次是：①初定五级评价标准。②检核评价标准之间的层次性与连续性。③把握最低等级和最高等级的准确性。④细化评价标准。

对于小班幼儿来说，达到Ⅱ级标准为正常发展水平，Ⅱ级以上为较高发展水平，Ⅰ级为较低发展水平。对于中班幼儿来说，达到Ⅲ级标准为正常发展水平，Ⅲ级以上为较高发展水平，Ⅲ级以下为较低发展水平。对于大班幼儿来说，达到Ⅳ级标准为正常发展水平，Ⅳ级以上为较高发展水平，Ⅳ级以下为较低发展水平。确定评价标准之后，课题组对五级评价标准进行了赋分，由低到高依次赋分为1、2、3、4、5分。如若综合得分为3.7，相对应的等级是Ⅲ级。

（四）划分权重阶段

在幼儿发展评价指标体系中，并不是所有指标选项对幼儿发展的判断都是同等重要的。因此，还需要为指标体系分配权重。给各级评价指标赋予权重的方法有很多，例如层次分析法、特尔斐法、经验归一法等。在本研究中，我们主要采用的是特尔斐法。

特尔斐法最早是古希腊特尔斐地区的预言家预测未来时经常使用的方法。特尔斐法在现代的运用是从20世纪50年代开始的，主要被作为预测未来的工具用于研究未来学。现代教育评价中的特尔斐法是确定加权的一种常见方法。它是一种在编制教育评价体系时，为了取得对某些指标重要性程度的一致认识而进行的专家意见征询法。我们以分发问题表的形式，征求、汇集并统计专家对指标重要性程度的意见，以此明确各指标的重要性程度。

首先我们设计了意见征询表，根据所要咨询的问题设计好问卷表格，选择专家并邀请他们填写问卷表格。然后整理各个专家的意见，算出权重值的平均数，同时计算每一专家给出的权重值与权重值平均数的偏差，并将求出的权重值平均数反馈给各位专家。接着开始第二轮意见征询，以确定专家们对这个权重值平均数同意和不同意的程度，并进一步进行上述整理和反馈专家意见，直到各个专家对指标权重值的看法相对趋向一致，从而确定了各级指标的权重。

经过上述四个阶段，我们最终确定了幼儿发展评价指标体系。此后，我们选取具有代表性的幼儿园，请参与教师结合教育活动，尝试运用评价指标体系来评价幼儿的发展。

第一节 幼儿发展评价指标体系的内涵与意义

幼儿发展评价是根据幼儿发展目标，通过系统收集幼儿发展的有关信息，对幼儿发展状况作出价值判断的过程。为了科学、客观、全面地对幼儿的发展状况作出判断，反映幼儿真实的发展水平，需要针对幼儿的发展确立一定的评价指标和标准，也就是建构幼儿发展评价的指标体系。幼儿发展评价指标体系是幼儿发展评价的基础和关键，是衡量和评定幼儿发展状况的具体依据和准绳，对评价幼儿发展具有十分重要的意义。

一、幼儿发展评价指标体系的内涵

(一) 指标

根据《现代汉语词典》对指标的解释,指标是指"计划中规定达到的目标"[①],它是衡量事物的角度或纬度。指标具有三个特性:一是在某一方面反映目标的本质属性;二是行为化了的目标;三是通过实际观察和测定,可得出明确的结论。指标与目标具有密切的关系,指标是目标的具体化,是构成目标的具体因素。离开目标的指标是无意义的指标,没有指标的目标是无法认识和难以达到的目标。也就是说,目标是指标的基础,是概括了的指标;指标是具体的、可测的、行为化的和可操作的目标,可以通过实际观察指标所反映的客体状况来获知目标的达成情况。指标与目标也有着一定的区别。目标总带有某种程度的原则性、抽象性,指标则具有较高的具体性、实在性。与目标相比,指标往往具有更强的定向作用。指标并不是消极地受目标的规定,并不仅仅决定该评什么,不评什么,而是积极地影响目标的实际意义,规定目标能否成为实际意义上的目标。有研究者指出,目标反映全貌,比较稳定,不轻易变动;而指标反映局部,可以在反映目标的前提下,根据各个时期工作侧重点的不同作适当的变动。[②]

(二) 指标体系

指标体系是根据一定的评价目标确定的、能反映评价对象某方面本质特征的具体评价条目,是由不同级别的评价指标按照评价对象本身逻辑结构形成的有机整体,是衡量评价对象发展水平或状态的量标系统。它是评价对象各方面、各层次的指标组成的一个有机整体,是一系列具体指标组成的指标集合以及相应的数量关系的集合。它是系统化的、具有紧密联系的、反映评价对象整体的指标集合。它根据评价目标和评价主体的需要而设计,以指标形式体现能反映评价对象特征的因素,即根据可测或可观察的要求确定评价内容,用具体的项目反映抽象的内容。目标带有某种程度的原则性和抽象性,为了提高评价的科学性,需要将抽象的目标具体化,即根据目标的内涵对其进行分

---

① 中国社会科学院语言研究所词典编辑室.现代汉语词典[Z].北京:商务印书馆,2005:1753

② 王汉澜.教育评价学[M].开封:河南大学出版社,1995:81

解,从而形成目标体系。而指标体系就是分解后的目标体系,因而具有可操作性。指标体系中的任何一个指标都只能反映目标的某一方面或某一部分,只有整个指标体系才能反映整体目标。

(三)幼儿发展评价指标体系

幼儿发展评价指标体系是指根据幼儿教育的目标,对幼儿发展的方向作出分析,从幼儿发展的重要维度建构的各项幼儿具体发展指标的总和。它由幼儿发展评价的指标、指标的权重和评价标准三个部分构成。幼儿发展评价指标体系既是幼儿发展评价的基础,也是幼儿发展评价的核心,它对幼儿发展评价起着统揽全局的作用。

由于评价者的视角不同,体现幼儿发展评价体系重要维度的视角也有所不同。我国教育部颁布的课程标准和美国国家科学教育标准体现的儿童发展指标都包括情感态度、能力和知识经验三部分;《幼儿园教育指导纲要(试行)》体现的幼儿发展领域指标包括健康、语言、社会、科学和艺术五个领域;幼儿心理学中体现的幼儿发展指标包括认知、情感、社会性和身体等方面。立足于幼儿自身发展的视角,既要反映当前幼儿教育的价值取向,又要兼顾指标的具体、可操作性。因此,我们从情感态度、能力以及知识经验等维度出发,建构了幼儿发展评价指标体系。

二、建构幼儿发展评价指标体系的意义

(一)整体化、系统化地反映幼儿的发展目标

幼儿发展评价是一种以幼儿发展目标为基础开展的活动。首先,幼儿发展评价指标体系是指标的集合,它整体化地反映了幼儿的发展目标。例如,本研究根据幼儿教育目标的要求,在对幼儿发展的方向作出理性分析的基础上,从情感态度、能力和知识经验维度等,多层次地建构了幼儿发展指标体系。如其中的情感态度维度包括情感、兴趣与好奇心、主动性、坚持性、独立性、合作性、创造性等多个方面。这一评价指标体系整体反映了幼儿德、智、体、美全面发展的目标。

其次,幼儿发展评价指标体系中的各项指标并非随意排列,而是系统化地

反映幼儿的发展目标。这种系统化既表现在各层次指标之间的逻辑关系，又体现在同一层次指标的不同权重。指标体系建立的过程，实质上就是人们的价值认识取得一致的过程。在此过程中，我们提出一项指标，并明确其在整个指标体系中的重要性程度，即确定了这项指标在整个指标体系中的权重。从本质上说，这就是把人们的价值认识凝聚在指标和相应的权重之中，从而使教育者在教育教学中知道应该重视什么以及如何朝着目标努力。例如，在研究中，为了发展幼儿的社会性，我们建议把发展幼儿的交往能力作为评价幼儿发展的一项指标，并给予一定的权重，如果这一建议被人们接受，它表明人们对交往能力的价值认识取得了一致。再如，我们建构的一级指标为情感态度、能力和知识经验，经过反复研讨和分析，为这三个指标分别赋予了0.50、0.35和0.15的权重值，从中可以看出，在幼儿发展中，情感态度具有更为主要的地位，由此可以使人们的幼儿发展目标观发生转变，由侧重知识经验的发展转向侧重情感态度和能力的发展，使人们更为关注幼儿的情感、兴趣、爱好、问题解决能力、社会交往能力等方面的发展。

幼儿发展评价指标体系反映了幼儿发展的目标，提高了幼儿发展评价的准确性和全面性，同时也能够引导和规范幼儿发展的方向，有效地促进幼儿发展目标的实现。在利用评价指标体系进行教育评价的过程中，评价者应及时体察幼儿发展目标的实现状况，不断加深对幼儿发展目标的认识，并利用评价的调控机制促进目标的达成。美国教育评价的先驱泰勒将其教育评价的基本思想概括为“目标”、“教育过程”和“评价”三者之间的“闭环结构”。他指出：“评价过程实际上是一个确定课程与教学计划实际达到教育目标的程度的过程。”[①]他认为预定的目标决定了教育活动，而评价就是找出实际活动偏离目标的程度，以便通过一定的措施尽可能地逼近目标。

（二）有利于客观、全面地评价幼儿的发展

幼儿发展评价是对幼儿的发展状况作出价值判断的过程，在这一过程中，如果只根据幼儿教育总目标进行笼统的综合评价，就可能由于评价者的认识

---

① 泰勒．课程与教学的基本原理[M]．施良方译．北京：人民教育出版社，1994:85

水平不同、角度不同、生活的社会文化背景不同而得出不同的评价结论。因此对幼儿发展的价值判断必须依据一定的客观标准。幼儿发展评价指标体系根据幼儿发展的总体方向制订。它由幼儿发展目标分解而来，是具体的、可测的目标，可以帮助评价者对幼儿的发展进行具体的评价，并在此基础上得出综合评价结果。这种依据幼儿发展评价指标体系进行的评价活动，可以减少评价的主观随意性，提高评价的客观性。例如，评价幼儿的认知发展水平或社会交往能力，就必须要有明确的评价指标体系。这种指标体系中所规定的各项内容，既反映了不同年龄段幼儿发展应达到的水平，也是评价幼儿的发展水平是否达到相应标准的客观依据。

幼儿的发展是多方面的整体发展，评价时只强调幼儿发展的某一方面就会导致评价的片面性。幼儿发展评价指标体系的建构过程，就是将整体的幼儿发展目标转化为各个发展方面及其相互关系的过程，因此幼儿发展评价指标体系反映了幼儿发展的各个方面，体现了幼儿发展的整体目标。例如，本研究从情感态度、能力和知识经验三个方面建构了幼儿发展评价的指标体系，在建构过程中力图反映这三方面所包含的核心内容，如幼儿情感发展指标包括了情感的丰富性、情感的稳定性、情感的深刻性和社会性、情感的性质、道德感和美感这些情感发展的核心指标。因此这一评价指标体系全面反映了幼儿发展目标，有利于综合评价幼儿的发展。

(三) 对幼儿发展测试和评估具有导向作用

幼儿发展评价主要包括测试(tests)和评估(assessments)两种形式。测试主要服务于以筛选诊断为目的的评价和以制定教育政策为目的的评价。以美国幼儿发展评价为例，幼儿入学准备测试属于筛选诊断为目的的评价，主要采用测试的方法，运用的评价工具包括巴特尔(Battelle)的发展水平鉴定表、伯姆(Boehm)的基本概念测试、布里根斯(Brigance)的基本技能诊断测验、皮博迪(Peabody)的个人成绩测试等。“开端计划”及其他教育方案的评价属于以教育政策为目的的评价，教育机构为了证明政策的有效性对教育成效进行评估，这类评价相比入学准备测试等评价更为标准化和系统化。评估主要服务于以教学为目的的评价，主要采用观察法、谈话法和作品分析法等方法对幼儿的发展进行评价。目前运用较多的是行为评估法，包括作品取样系统（Work Sampling System）、对幼儿的观察记录（Child Observation Record）和项目建构（Project Construct）[①]。

在标准化测验的评价阶段，幼儿发展评价指标体系主要运用于幼儿发展测试，指导幼儿发展测试的具体维度。随着评价理念的发展，为真实地评价幼儿的发展，服务于教学的评估逐渐成为评价最重要的目的，尤其是在幼儿阶段，由于幼儿语言能力的限制等原因，非标准化评价成为幼儿阶段的主要形式，因此幼儿发展评价指标体系不再局限于测试之中，还可以用来指导非标准化评价，如观察、访谈、作品分析等。例如深受美国早期教育认可的作品取样系统由发展指引与检核表、幼儿的作品集和综合报告组成。其中发展指引与检核表是针对幼儿七个方面的发展设定的观察框架，是运用评价指标体系制订的综合观察评定表。由此可见，非标准化评价并不是无序、混乱的，而是有目的的，也要追求评价的效度，因此需以评价指标体系为导向。

以本研究中的“主动性”这项指标为例，关于主动性的程度有五级评价标准：Ⅰ级是没有主动性，不主动参加活动；Ⅱ级是主动性较差，在教师的帮助、指导下参加活动；Ⅲ级是主动性一般，在教师引导或情境吸引下参加活动；Ⅳ级是主动性较强，主动参加自己喜爱的活动；Ⅴ级是主动性非常强，主动参加活动，在活动中积极参与。对于小班幼儿来说，达到Ⅱ级评价标准说明主动性发展属于正常发展水平，处于Ⅰ级则表明该幼儿在主动性上发展水平较差，而达到Ⅲ、Ⅳ和Ⅴ级评价标准的幼儿在主动性方面的发展水平则为较好和非常好。对于中班幼儿来说，Ⅲ级为正常发展水平，对于大班幼儿来说，Ⅳ级为正常发展水平。因此，根据评价指标体系中各项指标项目及评价标准的设定，可以把握幼儿发展评价的正确方向，了解幼儿的真实水平，从而有助于教师提出符合幼儿发展水平的教育要求，提高幼儿教育的有效性。

---

① 鲍曼，多诺万，勃恩兹．渴望学习[M]．吴亦东等译．南京：南京师范大学出版社，2004：184

第二节 幼儿发展评价指标体系建构的理论基础

幼儿发展评价是对幼儿发展进行价值判断的过程。价值判断需要一定的理论为导向，从而使幼儿发展评价能够反映当前幼儿教育和幼儿发展的科学、先进的理念。幼儿发展评价指标体系建构的理论基础主要包括建构主义理论、发展性评价理论、多元智能理论和幼儿发展适宜性教育(DAP)理论等。

一、建构主义理论

(一) 建构主义理论的主要观点

建构主义(Constructivism)包括以皮亚杰心理认识理论为代表的个体或认知建构主义，以科学知识社会学为代表的群体或社会建构主义理论。认知建构主义认为，学习是学习者在原有认知结构和经验基础上主动建构的过程，学习者总是以其自身经验与原有认知结构来理解和建构新的知识或信息，学习者不是被动地接收信息，而是主动地进行建构。并且，建构是学习者自身与外界环境相互作用的过程，是通过主客体相互作用而实现的。社会建构主义则强调社会因素在人类知识建构过程中的重要作用，认为学习是个体在具体社会情境中进行的，是在与他人的交往中进行的，是在一定情境下通过人际间的协作活动而实现的意义建构过程，强调“情境”、“协作”、“对话”和“意义建构”是学习的四大要素。建构主义发展至今，出现了新的理论支派——激进建构主义或后现代建构主义。其中，激进建构主义强调学习的情境性、过程性、相对性和不确定性，倡导学习者自身对知识的理解和学习者与他人的互动。

(二) 建构主义理论对建构幼儿发展评价指标体系的启示

1. 评价指标体系应以幼儿已有知识经验和水平为基础

首先，评价指标体系应建立在幼儿已有的知识经验基础上。在建构评价指标体系时，应考虑幼儿的知识构成，并进一步了解幼儿的学习背景、学习情况以及成长的过程，尤其是建构针对全班或个别幼儿的评价指标体系时，更应考虑每个幼儿的个体差异和“个人履历”，这样的评价指标体系才具有针对性，评价才能更科学、更深入。其次,评价指标体系应建立在幼儿现有水平的基础上。建构评价指标体系时,应分析幼儿各指标发展的普遍水平、最高水平和最低水平,据此进行评价标准的等级划分以及对各等级的特征描述。例如幼儿阶段,主动性要比创造性发展得好,因此对这两个指标最低、最高水平的特征描述自然就不相同。

2. 评价指标体系应具有建构性

首先,评价指标体系应能反映幼儿的"最近发展区"。"最近发展区"是由苏联著名心理学家维果斯基提出的,是指学习者现有发展水平与在教学中可能达到的水平之间的差距或过渡状态。教育应当以幼儿发展的"明天"为方向。建构评价指标体系时,评价标准应能反映幼儿的"最近发展区",尤其是在最高等级的划分和特征描述上,应略高于该年龄阶段幼儿的现有水平,提出幼儿努力后可能达到的水平。其次,评价指标体系应具有渐进性。建构评价指标体系时,评价标准应按照由低到高不同层次水平的等级、分数或质性描述来建构,各水平之间应均匀分布,逐层递进。第三,评价指标体系应是动态变化的。幼儿发展目标一般只有随着影响较广的社会和教育变革才发生变化,而评价指标体系应根据当代幼儿的新发展,根据教育理论、儿童心理发展理论的变化,根据具体的评价任务,根据评价者不同的价值取向等发生动态变化。

3. 评价指标体系应具有情境性

首先,评价指标体系应真实地反映幼儿的具体行为特征。建构幼儿发展评价的总体指标时应反映幼儿不同水平的行为表现,使指标具体、可操作;建构幼儿发展的微观指标时,应更加具体化,以直接指导评价工具的编制。其次,评价指标体系的运用过程应与教育情境相互作用。运用指标体系需要通过教育情境来实现。因此,对幼儿发展进行评价时,应结合真实的教育情境,以获得幼儿真实的发展信息;也可以创设专门的情境,有针对性地进行评价。第三,评价指标体系的运用过程应强调幼儿与他人的交往与互动,尤其是与教师的互动。对幼儿发展进行评价时,教师应以合作、协作、对话的方式,了解幼儿的观点与想法,也可以采用个别谈话的评价方法了解幼儿的发展状况,从而了解幼儿的真实表现和真实水平,避免评价的主观化和片面化。

二、发展性评价理论

(一) 发展性评价理论的主要观点

20世纪80年代末以来,以英国为代表的一些发达国家在高等教育教学中开始摒弃传统的奖惩性评价,在教师领域推行发展性评价,收到了很好的效果。在英国、日本等国家的推动下,发展性评价从教师评价领域扩展到学生评价领域。该理论认为,评价的主要功能不是甄别和选拔功能,而是发展功能,强调评价的根本目的在于为发展服务,支持发展,促进发展,强调通过评价促进幼儿的发展、教师的成长和课程的完善。发展性评价理论指出,评价应与教学相结合,教学是评价的载体,尤其对于以促进发展为根本目的的评价,教学是不可或缺的重要载体;评价贯穿在教学的每一个环节,为教学的改进提供真实、丰富的信息;评价过程应动态化,评价不仅关注结果,更注重过程,应将终结性评价与形成性评价结合起来。另外,发展性评价理论还强调评价的情境性,强调发挥评价主体与客体的主观能动性,重视自我评价的作用,并关注评价对象的个体差异等。

我国《基础教育课程改革纲要(试行)》中明确指出:改变课程评价过分强调甄别与选拔的功能,发挥评价促进学生发展、教师提高和改进教学实践的功能。因此,新课程改革的核心理念是"一切为了学生的发展",新课程课堂教学评价的目的在于教学与发展,而不在于选择和判断对错。一方面,通过评价使教师不断调控并优化教学过程,寻找最有效的教学模式,为学生的全面发展服务。这种评价为教师的教学提供咨询服务,使教师不断地对自己的教学进行反思、总结与改进,以促进教师的专业化发展。另一方面,通过评价使学生找到最佳、最有效的学习方式,优化学生的学习过程,激励每个学生的学习热情,最终促进全体学生的进步与发展。

(二) 发展性评价理论对建构幼儿发展评价指标体系的启示

1. 评价指标体系应坚持"以人为本"的建构理念

评价指标体系的建构应体现促进发展、"以人为本"的价值取向。"以人为本"是以人的需要为本,以人的发展为本,以人的价值实现为本。"以人为本"的教育理念是对人性的弘扬，是对人的尊严和价值实现的关注，是对人自身需要的关注，是对以选拔为本、以应试为本、以分数为本思想的批判。建构评价指标体系时，指标和评价标准的构成应体现幼儿的全面、和谐发展。开展评价时，应关注幼儿的需要，以平等、尊重、欣赏和鼓励的态度对待幼儿，营造一个民主、和谐、增进理解的评价氛围；评价中，应激发幼儿参与评价的主动性，促使每个幼儿最大可能地实现自身的潜能和价值；反馈评价结果时，应考虑幼儿的原有水平，关注幼儿自身的纵向发展，对幼儿的发展给予认可和积极评价，并尊重幼儿个体的独特性。

2. 评价指标体系应体现发展性

首先，评价指标体系应反映幼儿发展的目标。建构评价指标体系时，应根据全面、和谐发展的幼儿发展目标，结合幼儿教育指导文件中对幼儿发展目标的具体规定以及幼儿心理发展特征等，多方面、多层次地建构幼儿发展的指标体系。其次，评价指标体系应涵盖幼儿发展的主要方面。建构评价指标体系时，应在分析文献资料的基础上，通过专家咨询、专家问卷、教师座谈等多种方式，多轮筛选和反复修改，最后形成幼儿发展的各级指标，力求使这些指标能涵盖幼儿发展的主要方面。第三，评价指标体系的运用过程应能促进幼儿的发展、教师的成长和课程的完善。评价的过程应与教育活动紧密联系，在教学中及时反馈信息，以改进教学，促进幼儿的发展；与此同时，教师应通过评价、反思与改进的过程，不断提高教学能力和评价能力，提高幼儿课程的适宜性和有效性。

3. 评价指标体系应具有情境性和动态性

首先，评价指标体系应具有情境性。评价指标体系应能细致地反映幼儿不同水平的行为表现与行为特点，使指标具体、可操作。评价也应在真实、有意义的活动情境中进行，这不仅有利于收集幼儿发展的真实信息，也有利于调动幼儿活动的积极性，使幼儿的潜能得到最大限度的发挥。另外，熟悉的生活和活动情境使幼儿感到轻松、愉悦，有利于消除幼儿的紧张心理，表现出真实的水平。其次，评价指标体系应具有动态性。评价指标体系应根据当代幼儿的新发展，根据教育理论、儿童心理发展理论的变化，根据具体的评价任务、评价者不同的价值取向等发生动态变化；在评价过程中，应将终结性评价与形成性评价有机地结合起来，并将评价贯穿于日常的各种活动中，使评价实施日常化和经常化。

三、多元智能理论

（一）多元智能理论的主要观点

多元智能理论是20世纪80年代美国著名的发展心理学家加德纳(Gradner，1983)提出的理论。加德纳教授在研究中发现，人具有多种智能，个体的智能不是以整合的方式而是以相对独立的方式存在的。他认为传统的智能理论过于强调个体的语言能力和逻辑思维能力，忽视了个体运用知识解决实际问题的能力，用传统的智能理论无法说明现实生活中智能的多元性和创造性，因此他在批判性地继承传统智能理论的基础上，提出了一个新的智能概念，认为一个人的智能必定会带来一套解决难题的技巧，它使个体能解决自己所遇到的真正难题或困难，如果必要的话，还使个体能创造出一种有效应的产品。即智能是在特定的文化环境下或社会中，解决问题或制造产品的能力。他认为人类的智力不是语言和数理逻辑能力能涵盖的，仅仅用这两个方面的智力来衡量一个人存在很大的片面性。他提出了九种智能，包括语言智能、数理逻辑智能、音乐智能、空间智能、身体运动智能、人际关系智能、自我认识智能、自然观察智能和存在智能。这九种智能是相对独立的，各自有着不同的发展规律，并使用不同的符号系统。各种相对独立的智能以不同的方式和程度有机地结合在一起，使得每个人的智能结构各具特点，每个人都有自己的智能强项与智能弱项，并且各种智力之间只有领域的不同，没有优劣之分、轻重之别，也无好坏之差。多元智能理论还认为，人的发展具有多样性和非等级性，大多数人的智力可以得到充分的发展。如果给予适当的环境和教育，每个人都有能力使所有智力发展到一个适当的水平，并且可以充分胜任日常生活需求。多元智能理论对教育学有许多有益的启示：每个人、每个阶段智能的发展轨迹是不同的，教育与指导要随着智能发展的轨迹有所不同；每一种智能的评估，应该侧重特定智能所要解决的问题，正确处理智能的多元性。

（二）多元智能理论对建构幼儿发展评价指标体系的启示

1. 评价指标体系应具有全面性，兼顾幼儿发展的强项和弱项

评价指标体系应涵盖幼儿发展的重要方面，包括幼儿的情感态度、能力和知识经验发展的多个方面，这样就能兼顾不同幼儿发展的不同强项和弱项，并以此识别幼儿的强项和弱项。在充分肯定幼儿强项的基础上，针对其弱项采取有效的补救措施，扬长补短，以幼儿的智能强项带动智能弱项，促进幼儿的全面发展。评价标准也应兼顾幼儿发展的强项和弱项，分析幼儿原有的发展水平和可能的发展水平，使指标体系更具有科学性和发展性。

2. 评价指标体系的运用应多元化

在评价指标体系的运用过程中，应坚持评价内容的多元化、评价方法的多元化和评价主体的多元化。评价内容的多元化可以使评价者多角度、多侧面地去发现幼儿发展的特点和优势，发现幼儿各方面的真实情况，发现每个幼儿的强项，从而增强幼儿的自信心。评价方法的多元化可以使评价收集到多种幼儿发展的信息，各种信息之间相互补充，增强评价的科学性和客观性。评价主体的多元化使评价成为教师、管理者、幼儿和家长的交互活动，评价主体通过沟通和协商，可以多角度地分析幼儿的发展情况。评价主体的多元化也增加了幼儿自评的机会，使幼儿对评价结果获得有效的认同。

3. 评价指标体系的运用应个性化

评价指标体系应根据评价对象的范围、年龄、性别的不同而有所变化，因此，根据评价指标体系设计的评价方案也应有所不同。针对个别幼儿进行评价时，应根据该幼儿的智力特点、个性特点、成长过程以及家庭背景等，确定个性化的评价方案。评价结果的反馈也应体现个性化，从而发现和识别每个幼儿的发展特点，用适合幼儿风格和特点的方式促进其学习与发展，因材施教，以长补短，帮助幼儿实现富有个性特色的全面发展。

第三节 幼儿发展评价指标体系建构的原则

建构幼儿发展评价指标体系，在以先进教育理念和理论为基础和方向的同时，还需要遵循一定的原则，使具体的建构过程体现先进教育理念和理论，保障建构过程的科学性与有效性。

一、方向性原则

方向性原则是指幼儿发展评价指标体系应能反映幼儿教育的总目标。幼儿教育的总目标体现在幼儿教育指导文件中。如《幼儿园工作规程》规定幼儿教育要促进幼儿德、智、体、美几个方面的发展；《幼儿园教育指导纲要（试行）》规定幼儿教育要促进幼儿的全面、和谐发展……因此，当前我国幼儿教育的总目标是促进每个幼儿的全面、和谐发展。它是幼儿教育评价的总方向，更是幼儿发展评价指标体系建构的总方向。

根据方向性原则，幼儿发展的总体指标体系必须包含幼儿发展的各个方面，如幼儿情感态度的发展、能力的发展和知识经验的发展，任何一个方面都不能缺少。如果建构各级评价指标，只重视某个方面如认知方面，那么就违背了幼儿发展的总目标，没有正确体现幼儿发展评价的方向，这样的评价指标体系势必会造成社会、家庭和幼儿园对幼儿发展目标的错误理解。例如，如果在评价指标中过分强调知识经验指标，就会引导众多家长片面地去追求幼儿的知识积累和智力发展，最终导致幼儿的片面发展。

二、可行性原则

幼儿发展评价是对幼儿发展进行实际的测量和评定，并根据测量和评定的结果作出价值判断，具有非常强的实践性和操作性。因此，必须保证所制订的幼儿发展评价指标体系切实可行。如果没有可行性，幼儿发展评价就会成为无源之水。为此，我们应注意评价指标体系一定要简便、易测。

全面、先进是我们建立幼儿发展评价指标体系的基础，但是，过分要求全面和先进，可能会使评价项目过多，实施评价时工作量过大，人力、物力都达不到要求，也可能会使评价项目不符合大多数幼儿园的实际工作和目前我国幼儿教育的现状。因此，建构幼儿发展评价指标体系时，必须解决好全面、先进和适度之间的矛盾，在保证评价指标体系科学合理的同时，确保其切实可行。

三、全面性原则

全面性原则是指建构幼儿发展评价指标体系时，评价指标要全面，评价标准要全面，收集的信息要全面。评价指标的全面性是由幼儿发展的总目标决定的，根据促进幼儿全面发展的要求，评价指标要能涵盖幼儿发展的各个方面，包括幼儿情感态度、能力和知识经验发展的各个方面，而不是只涉及幼儿发展的某一个或某几个方面。例如，幼儿发展评价指标只包括知识经验、能力发展方面，缺少情感态度方面，评价指标体系就不全面，也不符合当前幼儿教育发展的价值取向。因此，幼儿发展评价指标体系应全面、充分地反映幼儿发展的目标，如若过分强调某些因素而忽视其他因素，则可能会导致幼儿发展评价的失衡。

贯彻全面性原则还要求在幼儿发展评价中应全面、充分地收集有关信息，不要偏听偏信。例如，对一个幼儿主动性发展的评价，不能只以某一天幼儿是否主动参与活动为依据，而要在一段时间内连续观察幼儿的主动性表现；不能只听取教师的意见，还应听取家长的意见，以收集各方面的信息，然后再进行分析、归纳，作出恰当的评价。

四、一致性原则

一致性原则有两个方面的含义，一方面是指幼儿发展的目标和评价的目标是一致的，即要和幼儿教育法律法规文件中关于幼儿教育目标规定的统一要求与标准相一致。我国幼儿教育发展的总目标是建构幼儿发展评价指标体系的依据和出发点，任何偏离《幼儿园工作规程》及《幼儿园教育指导纲要（试行）》要求的幼儿发展评价指标都是没有意义的。另一方面，一致性原则是指同一范围内对相同的评价对象必须用统一的标准。这就意味着建构幼儿发展评价指标体系时，对幼儿发展水平的评价要遵循统一的标准，不能对甲采用一个标准，对乙却采用另外一个标准。只有遵循一致性原则进行幼儿发展评价，才能区分评价对象发展水平的状态，确定幼儿在被评价群体中的真实水平。

第四节 幼儿发展评价指标体系及其运用

在遵循幼儿发展评价指标体系建构理论的基础上，我们坚持建构原则，开展了评价指标体系建构的行动研究，结合相关文献分析，形成了幼儿发展评价指标体系，并在幼教实践中进行了进一步运用。

一、幼儿发展评价指标体系

在参考大量已有研究成果的基础上，经过多次反复的研讨、修改和实践运用，我们确定了以下幼儿发展评价指标体系（见表4-2）。

（一）幼儿情感态度方面

表4-2 幼儿发展评价指标体系（一）

一级指标	二级指标	三级指标	评价标准				
			Ⅴ级（5分）	Ⅳ级（4分）	Ⅲ级（3分）	Ⅱ级（2分）	Ⅰ级（1分）
情感态度（0.50）	情感（0.30）	情感的丰富性（0.20）	情感丰富，表现出初步的道德感、美感	情感丰富，主要表现出尊敬、怜惜、感激等情绪	情感比较丰富，主要表现出妒忌、厌恶等情绪	情感比较单一，主要表现出生气、惧怕、愤怒等情绪	情感单一，主要表现出快乐和不快乐的情绪

续表

<table>
<tr><th rowspan="2">一级指标</th><th rowspan="2">二级指标</th><th rowspan="2">三级指标</th><th colspan="5">评价标准</th></tr>
<tr><th>Ⅴ级（5分）</th><th>Ⅳ级（4分）</th><th>Ⅲ级（3分）</th><th>Ⅱ级（2分）</th><th>Ⅰ级（1分）</th></tr>
<tr><td rowspan="4">情感态度（0.50）</td><td rowspan="3">情感（0.30）</td><td>情感的稳定性（0.20）</td><td>情绪稳定，情绪不易受外界情境的影响，并且能够自我调节情绪</td><td>情绪比较稳定，情绪不易受外界因素的影响</td><td>情绪比较不稳定，情绪有时受外界因素的影响</td><td>情绪不稳定，情绪容易受外界因素的影响</td><td>情绪非常不稳定，容易冲动，常常在没有任何原因的情况下发生情绪变化</td></tr>
<tr><td>情感的社会性（0.30）</td><td>形成一些符合社会要求的道德标准，初步形成爱祖国、爱家乡的情感。关心、尊重和爱戴他人</td><td>形成一些道德标准，有一定的集体荣誉感。关心他人</td><td>形成一些道德标准，关心自己和他人的行为是否符合道德标准。喜欢和爱护他人与事物</td><td>没有形成道德标准，但在成人的引导下能对个别行为进行初步的是非判断。喜欢身边的人与事物</td><td>没有形成道德标准，不知道对错、好坏和是非。没有表现出对人和事物的喜爱倾向</td></tr>
<tr><td>情感的性质（积极/消极）（0.30）</td><td>情绪积极、愉快，具有稳定的积极情感，不易受外界情境的影响</td><td>情绪比较积极、愉快，积极情感常常出现</td><td>消极情感和积极情感并存，情感有时会受外界情境的影响</td><td>情绪容易低落，在外界情境刺激下容易出现消极情感</td><td>情绪持续低落，常常在没有任何原因的情况下出现消极情感</td></tr>
<tr><td>兴趣与好奇心（0.15）</td><td>兴趣的广泛性（0.40）</td><td>兴趣非常广泛</td><td>兴趣比较广泛，对很多事物感兴趣</td><td>对一些新奇事物感兴趣</td><td>对个别新奇事物感兴趣</td><td>几乎对任何事物都不感兴趣</td></tr>
</table>

续表

一级指标	二级指标	三级指标	评价标准 Ⅴ级(5分)	Ⅳ级(4分)	Ⅲ级(3分)	Ⅱ级(2分)	Ⅰ级(1分)
情感态度(0.50)	兴趣与好奇心(0.15)	好奇心程度(0.60)	有强烈的好奇心和求知欲，有探究的欲望，并能付诸行动	有较强的好奇心和求知欲，有提出问题并寻找答案的愿望	有一些好奇心和求知欲，仅新奇事物能引起好奇心，能提出简单的问题	缺乏好奇心，外界事物很难引起好奇心，求知欲较弱	缺乏好奇心，外界事物无法引起好奇心，求知欲望弱
	主动性(0.15)	主动性的程度(1.00)	主动性非常强，主动参加活动，在活动中积极参与	主动性较强，主动参加自己喜爱的活动	主动性一般，在教师引导或情境吸引下参加活动	主动性较差，在教师的帮助下参加活动	缺乏主动性，不主动参加活动
	坚持性(0.10)	坚持的时间(0.20)	25分钟以上	21~25分钟	11~20分钟	6~10分钟	0~5分钟
		坚持的连续性(0.30)	能有始有终地完成困难的活动	能有始有终地完成活动	能间断地完成活动	不能坚持完成活动	不能坚持进行活动5分钟以上
		坚持的稳定性(0.25)	遇到有趣的干扰事件能自始至终坚持活动	遇到有趣的干扰事件能坚持一段时间，但无法坚持到底	遇到一般干扰事件能坚持，但遇到有趣的干扰事件不能坚持活动	遇到干扰事件不能坚持活动	不能坚持进行活动5分钟以上
		坚持的程度(0.25)	能坚持进行困难活动15分钟以上	能坚持进行困难活动10分钟以上	能坚持进行困难活动5分钟以上	能坚持进行简单活动5分钟以上，但不能坚持进行困难活动	不能坚持进行活动5分钟以上

续表

一级指标	二级指标	三级指标	评价标准				
			Ⅴ级（5分）	Ⅳ级（4分）	Ⅲ级（3分）	Ⅱ级（2分）	Ⅰ级（1分）
情感态度（0.50）	独立性（0.10）	独立性的程度（1.00）	独立性强，能独立自主地完成任务	独立性较强，能独立完成任务，但偶尔需要教师或同伴的帮助	独立性较差，在教师的引导下能独立完成任务	独立性差，在教师的帮助下能独立进行活动，但无法独立完成任务	独立性差，不能独立进行活动，完全依赖他人
	合作性（0.05）	合作性的程度（0.70）	合作意识强，能够进行4人以上的合作	合作意识较强，能够进行3~4人的合作	有初步的合作意识，能够进行2~3人的合作	能与一个同伴进行简单的合作	不能与同伴进行合作
		合作对象的选择（0.30）	能根据任务的性质选择适合的合作伙伴	能根据任务的性质选择合作伙伴	能自己选择喜欢的伙伴进行合作	在教师的引导下能选择伙伴进行合作	自己不会选择合作伙伴
	创造性（0.05）	创造性的程度（1.00）	有较强的创造性，有自己的独特想法和做法	有一些创造性，能够进行有创造性的模仿	缺乏创造性，能进行有变化的模仿	缺乏创造性，能模仿较复杂的事物和动作	缺乏创造性，只能进行简单模仿
	自我认识（0.10）	自我认识的程度（1.00）	能够意识到自己的行动及心理活动	能够意识到自己的行动，但不能意识到自己的心理活动	能够认识到自己是一个独立的个体	区分自己和他人，能够认识自己身体的各个部分	不能区分自己和他人

(二) 幼儿能力方面

表4-3　幼儿发展评价指标体系(二)

一级指标	二级指标	三级指标	评价标准 V级(5分)	Ⅳ级(4分)	Ⅲ级(3分)	Ⅱ级(2分)	Ⅰ级(1分)
能力(0.35)	问题解决能力(0.20)	观察与发现问题(0.15)	能细致地、有目的地观察，能发现问题，并进行探究	能细致地观察，能发现问题	能进行观察，但不能发现问题	在教师的引导下能进行观察，但不能发现问题	不能进行观察，不能发现问题
		猜想与预测(0.15)	能进行合理的猜想，猜想比较客观、有逻辑性，能进行初步预测	能进行比较合理的猜想，猜想符合一定的逻辑性	能进行猜想，有一定的根据，但缺乏逻辑性	能进行猜想，但没有任何根据	不能进行猜想
		实验与记录(0.40)	能自己进行实验，并能用多种方法进行实验	能自己进行实验，遇到困难时能尝试改变方法	能自己进行实验，仅能用固定方法进行实验	在教师帮助下能进行实验	不能进行实验操作
			能严格遵守实验常规和实验顺序	能遵守实验常规，并按照一定顺序进行实验	能遵守一些实验常规	能遵守个别实验常规	不能遵守实验常规
			能用抽象符号进行记录	能用绘画、粘贴等多种方式进行记录	能用粘贴的方式进行记录	能进行记录，但记录缺乏合理性	不能进行记录
		得出结论与解释(0.30)	能自己得出正确结论，并进行合理的解释	能自己得出正确结论，并能作出一定的解释	能自己得出正确结论，但无法作出解释	在教师的引导下能够得出正确结论	无法得出结论

续表

一级指标	二级指标	三级指标	评价标准 Ⅴ级（5分）	Ⅳ级（4分）	Ⅲ级（3分）	Ⅱ级（2分）	Ⅰ级（1分）
能力（0.35）	观察能力（0.05）	观察的品质（1.00）	能有顺序地对比观察，能根据要求观察，能发现事物的差异和相似之处	能有顺序地对比观察，能根据简单的要求观察，能发现事物的明显差异	能按一定的顺序进行观察，能发现事物的明显差异	能进行观察，观察没有目的，往往根据自己的喜好进行观察	不能进行观察
	记忆力（0.05）	记忆的品质（1.00）	记忆力强，以有意记忆和语词记忆为主	记忆力较强，能进行有意记忆和语词记忆	记忆力一般，无意与有意记忆并存	记忆力较差，常常只能进行短时记忆	记忆力差，不能对事物进行记忆
	想象力（0.15）	想象的丰富性（0.70）	想象内容丰富，符合客观逻辑，有情节	想象的内容较丰富，有一定的联系	想象的内容比较简单，想象的内容之间没有联系	想象的内容非常简单，没有确定的想象内容	不能进行想象
		想象的有意性（0.30）	想象具有明显的有意性	想象具有目的性和计划性，但目的和计划比较简单	想象具有目的性，但目的非常简单	以无意想象为主	不能进行想象
	思维能力（0.25）	分类能力（0.20）	能根据物体的概念、功能进行分类	能根据物体的多种特征进行分类	能根据物体的颜色、形状或大小等单一特征进行分类	能根据物体外部明显特征，找出完全相同的物体	不能将物体分类
		比较能力（0.20）	能比较出同类物体材料或功用的差异，并找出共同点和不同点	能根据物体的特征比较同类物体的差别，找出共同点	能一一对应地比较出同类物体的主要差别	能比较出同一类物体的明显差别	不能比较出同类物体的差异

续表

一级指标	二级指标	三级指标	评价标准 Ⅴ级（5分）	Ⅳ级（4分）	Ⅲ级（3分）	Ⅱ级（2分）	Ⅰ级（1分）
能力（0.35）	思维能力（0.25）	推理能力（0.20）	能结合事件的发展变化进程进行比较抽象、合理的推理	能联系生活经验进行比较合理的推理	能根据事件的显著表现进行简单推理，推理有一定的合理性	能进行简单的推理，但推理并不合理	不能进行推理
		概括能力（0.20）	能从具体事物中抽象概括出同类事物的共同属性	能理解同类事物具有一定的共同属性，但不能明确区分	能根据两个事物外在形象的不同，区别、概括其特征	能指出一件事物显著的外部特征	不能指出事物所具有的特征
		应用能力（0.20）	能独立自主地、有针对性地应用的已有的经验和技能	能在日常生活中自己应用已有的经验和技能	能自己简单地应用已有的经验和技能	在教师的引导下，能应用已有的经验和技能	不能应用已有的经验和技能
	动手操作能力（0.10）	操作的技能性（0.50）	能进行准确、细致的操作	能进行比较正确的操作	能进行操作，操作具有一定的正确性	能进行操作，操作并不准确	不能进行操作
		操作的目的性（0.40）	能进行操作，且有明确目的	能进行操作，操作有比较明确的目的	能进行操作，操作具有一定的目的性，但常会受到外界环境影响	能进行操作，操作没有目的性	不能进行操作
		操作的时间（0.10）	20分钟以上	16~20分钟	11~15分钟	6~10分钟	0~5分钟

续表

一级指标	二级指标	三级指标	评价标准 Ⅴ级（5分）	Ⅳ级（4分）	Ⅲ级（3分）	Ⅱ级（2分）	Ⅰ级（1分）
能力（0.35）	社会交往能力（0.20）	交往技能（0.20）	能灵活地运用复杂的交往技能，以恰当的方式与人交往	能运用比较复杂的交往技能与人交往	能运用简单的交往技能与不熟悉的人进行一些交往	能运用简单的交往技能与熟悉的人交往	不能运用交往技能与他人交往
		分享能力（0.15）	能与不熟悉的人分享	能与自己周围的人分享	能与同伴分享	能与自己的亲人分享	不能与他人分享
		遵守规则能力（0.15）	能理解和自觉遵守规则	能理解和遵守公共规则和秩序	能理解和遵守生活常规及游戏规则	能理解一些规则，但常不按规则去做	不理解规则，也不能按规则去做
		解决冲突能力（0.10）	能用适当的方式解决同伴之间的冲突，能帮助其他同伴解决冲突	能用比较适当的方式解决同伴之间的冲突	能自己主动解决同伴之间的冲突	在教师的帮助下能解决同伴之间的冲突	不能解决与同伴之间的冲突
		语言表达能力（0.30）	能有主题、有层次地讲述，语言简练，词汇丰富	能有主题、有层次地讲述	能比较连贯和清楚地进行讲述	能比较连贯地讲述，但表达不清楚	不能连贯地进行讲述
		情感表达能力（0.10）	能用多种恰当的方式表达自己的感受	能用恰当的方式表达自己的感受	能用比较恰当的方式表达自己的感受	能表达自己的感受，但表达方式不恰当	不会表达自己的感受

（三）幼儿的知识经验方面

表4-4　幼儿发展评价指标体系（三）

一级指标	二级指标	三级指标	评价标准				
			Ⅴ级（5分）	Ⅳ级（4分）	Ⅲ级（3分）	Ⅱ级（2分）	Ⅰ级（1分）
知识经验（0.15）	健康领域知识/语言领域知识/社会领域知识/科学领域知识/艺术领域知识（各占0.20）	知识的正确性（0.40）	非常正确	比较正确	一般正确	比较不正确	非常不正确
		知识的丰富性（0.20）	非常丰富	比较丰富	一般丰富	比较不丰富	非常不丰富
		知识的概括性（0.20）	非常概括	比较概括	一般概括	比较不概括	非常不概括
		知识的稳定性（0.20）	非常稳定	比较稳定	一般稳定	比较不稳定	非常不稳定

二、幼儿发展评价指标体系运用的过程

幼儿发展评价指标体系编制完成后，将其运用到幼儿发展评价过程中需要遵循一个规范化的过程。因为幼儿发展评价是一项计划性和科学性较强的工作，评价指标体系建构的科学性是保障评价科学性的基础，评价指标的运用和实施过程是否科学、有序也影响着评价的科学性和最终的效果。本研究中，运用幼儿发展评价指标体系可以按照如下步骤来进行。

1. 明确评价目标和评价对象

运用幼儿发展评价指标体系对进行评价时，首先需要明确幼儿发展评价的具体目标。幼儿发展评价的目标是多层次、多方面的，是了解幼儿发展的总体情况，还是了解幼儿某一方面发展的情况，如能力发展的情况；是了解小班幼儿发展的情况，还是更微观的幼儿发展情况，都要有清晰的定位。因此，评价时应明确本次评价的具体目标。

明确评价目标之后，应进一步明确评价对象和评价时间。幼儿发展评价

对象涵盖的范围是不同的，是全国幼儿还是各地区幼儿，是各阶段幼儿还是某一阶段幼儿，是某个幼儿园幼儿还是某班幼儿，抑或是某个幼儿的发展情况……因此，评价时应明确本次评价的具体对象。根据评价目标和评价对象的特点，结合幼儿园实际情况，明确评价时间。评价时间的选取应兼顾评价的质量和评价的效率。

除此之外，在这一过程中，还应选取相应的评价指标和标准，即在总体评价指标体系中选取与评价目标直接相关的评价指标与标准。

2. 选取适宜的评价方法

幼儿发展评价的方法主要包括：自然观察法、情境观察法、测查法、实验法、作品分析法、问卷法和访谈法等。选择评价方法要坚持科学性和可行性的原则，评价方法应以科学为第一要义，但同时也要兼顾实际操作的可行性。总体来说，观察法和作品分析法由于能够收集到更多幼儿真实、具体、细致的发展信息，尤其是质性信息，故而比较普遍地运用在幼儿发展评价之中；测查法和实验法能够大量、快速地收集幼儿的发展信息，也是评价中的重要方法；由于幼儿发展水平的局限，问卷法和访谈法主要是针对幼儿教师和家长而展开的，是幼儿发展的第二手信息，但它可以提供辅助性的信息，使评价更为全面和准确。另外，评价方法的选取也依据评价目标的不同而变化，例如有关幼儿情感态度发展的评价主要运用自然观察法和情境观察法，有关幼儿认知发展的评价主要运用情境观察法、测查法、实验法和作品分析法，有关幼儿知识经验发展的评价主要运用测查法和实验法等。

3. 编制具体、可操作的评价工具

幼儿发展评价的工具是制订评价指标体系和开展评价之间的桥梁，是幼儿发展评价指标体系运用的载体，是开展幼儿发展评价的手段。评价工具的编制原则是具体、可操作。具体是指评价工具要与评价目标高度一致，将评价目标具体落实到各个工具上，评价工具应能完成各项评价任务；可操作是指评价工具在实践中应能便利运用，例如编制观察表，如果观察对象是全班幼儿，一个教师无法在一个活动中及时观察并全面记录幼儿的发展信息，这时就应细化观察表，让教师的工作更多是客观真实地记录情况，而不是在活动现场对发展信息进行归类或进行删减；同时，也可以增加一些观察者或进行分批观察，并准备一些录音、录像设备等。

4. 开展评价并收集评价资料

开展评价并收集评价资料的具体过程是否科学合理，直接影响着评价结果的科学性和有效性。这一过程主要涉及评价的技能。它是教师的必备技能，与评价者的经验有密切联系。在我们的研究中，一些幼儿教师缺乏实际评价的经验，无法独立完成评价，因此，我们在研究开展的第一学期就有计划地对教师的评价技能进行了理论培训，并让教师在教育实践中不断运用自然观察法、事件取样观察法、追踪记录法和轶事记录法等多种评价方法和记录方法。同时，评价在难度和数量上应循序渐进地展开，给予教师不断反思和提高的机会，并提醒教师准备好必要的评价工具和录音、录像设备。

5. 整理评价资料

幼儿发展评价资料的整理工作是评价过程中一项繁琐而又十分重要的工作，整理工作的效果直接影响到评价资料的科学性和全面性。整理工作不科学，可能会导致对评价资料的错误解读和宝贵资料的流失。对于质性资料的整理，主要是访谈、观察等录音、录像资料的转录，幼儿行为描述的文字梳理，尤其重要的是对幼儿作品的系统分析。对于量化资料的整理，主要是将单项指标所涉及的多个活动资料进行综合，然后再对诸多单项指标反映的资料进行综合，获得各级指标的总体发展情况，并需要运用SPSS统计软件和Excel表格软件。

6. 反馈评价结果

幼儿发展评价的结果反馈是评价的最后工作，也是教育者和家长最关注的内容。反馈评价结果是对评价资料的综合分析和概括阐述。评价结果应客观、真实，应是评价资料体现出来的结果，而不是评价者主观臆断的结果；评价结果应深入，应是评价资料深入分析的结果，而不是数据简单呈现的结果。评价者在反馈评价结果时，应秉持平和的态度，避免过于贬低幼儿；应以激励幼儿的发展为主，避免过多批评幼儿和打击幼儿的积极性。幼儿发展评价的结果反馈形式应是量化描述和质性描述的结合。量化的结果比较简洁、明晰，能够看到幼儿发展的整体趋势，但不能全面深刻、个性化地揭示复杂的幼儿发展情况，因此应与质性描述相结合，例如采用个案观察记录、事件观察记录、期末评定记录等多种形式。

附录：幼儿发展评价指标体系运用实例

对于中×班幼儿"坚持性"发展的评价

1. 明确评价目标和评价对象

(1) 评价目标：了解本班幼儿有关"坚持性"的个体发展现状，分析幼儿"坚持性"发展的水平，并说明教师开展促进幼儿"坚持性"教育的活动效果，以制订进一步促进幼儿"坚持性"发展的适宜教育方案。

(2) 评价对象：中×班全体幼儿。

(3) 评价时间：一个月。

(4) 幼儿坚持性发展评价指标体系(见表4-5)。

表4-5 幼儿坚持性发展评价指标体系

评价标准 指标		Ⅴ级(5分)	Ⅳ级(4分)	Ⅲ级(3分)	Ⅱ级(2分)	Ⅰ级(1分)
坚持性	坚持的时间(0.20)	25分钟以上	21~25分钟	11~20分钟	6~10分钟	0~5分钟
	坚持的连续性(0.30)	能有始有终地完成困难的活动	能有始有终地完成活动	能间断地完成活动	不能坚持完成活动	不能坚持进行活动5分钟以上
	坚持的稳定性(0.25)	遇到有趣的干扰事件能自始至终坚持活动	遇到有趣的干扰事件能坚持一段时间，但无法坚持到底	遇到一般干扰事件能坚持，但遇到有趣的干扰事件不能坚持活动	遇到干扰事件不能坚持活动	不能坚持进行活动5分钟以上

续表

评价标准 指标		Ⅴ级(5分)	Ⅳ级(4分)	Ⅲ级(3分)	Ⅱ级(2分)	Ⅰ级(1分)
坚持性	坚持的程度(0.25)	能坚持进行困难活动15分钟以上	能坚持进行困难活动10分钟以上	能坚持进行困难活动5分钟以上	能坚持进行简单活动5分钟以上,但不能坚持进行困难活动	不能坚持进行活动5分钟以上

2. 选取适宜的评价方法

(1) 自然观察。

观察的对象和时间:观察对象为全班幼儿,观察时间为一个月。

观察的典型活动:在对幼儿坚持性发展状况进行自然观察时,研究者重点观察了幼儿一日生活中的典型活动。主要包括三种活动情境,即入园后的自由游戏活动、正规的教育活动和典型生活活动(排队喝水、排队等候分发餐点和等候离园)。

观察的重点:日常活动中突出反映幼儿"坚持性"发展状况的行为表现,尤其是观察幼儿典型的行为表现。

观察的记录方式:采取追踪记录和轶事记录两种方式收集评价资料。

【轶事记录举例】

英语活动时,幼儿唱完一首英文儿歌后,老师请幼儿找到自己的椅子坐好。突然一个幼儿没坐稳,一屁股就坐在了地上。欢欢就捧腹大笑,一笑就笑个没完。老师点到了他的名字,他很不高兴地瞪了老师一眼,然后低下头,开始摆弄自己的衣服,一会儿把衣服拉链拉下,一会儿又拉上,一直没有认真参与活动。

(2) 情境观察。

情境观察的"情境"是依照幼儿发展评价指标体系来创设的,二者之间的关系密不可分。依照评价指标体系,幼儿"坚持性"指标分为坚持的时间、坚持的连续性、坚持的稳定性和坚持的程度四个下级指标。因此所创设的情境必须能够实现对四个指标的观察，不能遗漏任何一个指标。如果所创设的每个情境都能观察到几个指标的状况，那么多个情境就能多次观察到几个指标的状况。然而经过分析，我们发现单独一个情境无法完成这样的任务，因此我们更倾向于让每个情境集中地展现某一个或两个指标的状况。

情境观察的时间安排：第一周进行情境一的活动，第二周进行情境二、情境三的活动，第三周进行情境四的活动，第四周进行情境五的活动。

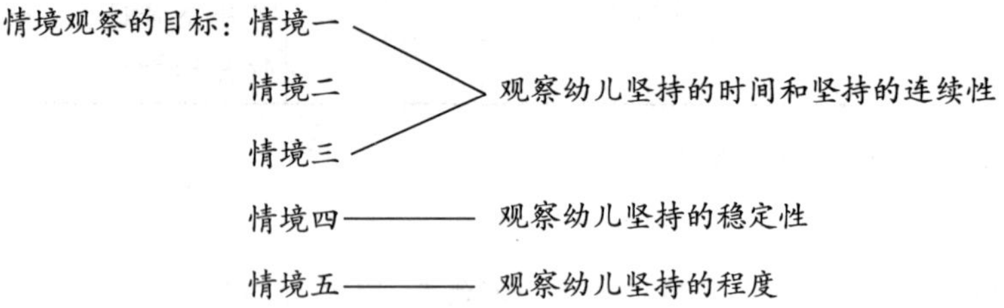

图4-3 活动情境与观察目的

情境一：结构游戏活动“搭建房子”。

教师设计了结构游戏活动“搭建房子”，给幼儿提供各种大小不一的积木，让幼儿按照图片来独自搭建房子。

情境二：绘画活动“漂亮的小兔子”。

教师设计了绘画活动“漂亮的小兔子”，给幼儿提供小兔子的图片，让幼儿先在纸上画出小兔子，然后把小兔子剪下来。

情境三：健康活动“捡豆子”。

教师设计了健康活动“捡豆子”，给每个幼儿提供四个纸盒，纸盒上有一个小洞，纸盒分别是红、绿、黄、黑四种颜色，再提供四种颜色混在一起的豆子，让幼儿将豆子一个一个地放入颜色相同的盒子里，一次只能放一粒。

前三个情境可以用来观察幼儿坚持的时间和坚持的连续性状况。这三个情境的难度符合中班幼儿的一般水平，因而能够客观地观察到幼儿“坚持性”的发展状况。

情境四：手工活动“折小船”。

教师设计了手工活动“折小船”，给幼儿提供纸，让幼儿独自折出小船。此次观察的对象为全班1/2的幼儿。活动一开始，教师让全班幼儿折纸，5分钟后先让1/4的幼儿在同一房间内阅读图书，10分钟后再让1/4的幼儿在同一房间内玩传球接力游戏。

这个活动重复进行两次，以便观察全班所有幼儿的“坚持性”发展状况。在这个活动中，教师设计了两个干扰事件，前者是普通的事件，后者是能够引起幼儿兴趣的事件。据此教师能够观察到幼儿的坚持性是否会受到干扰事件尤其是有趣的干扰事件的影响，即观察到幼儿坚持的稳定性。

情境五：绘画活动“可爱的小熊”和智力活动“走迷宫”。

教师设计了连续的两个活动。第一个活动是绘画活动“可爱的小熊”，给幼儿提供小熊图片，让幼儿用橡皮泥捏出一只小熊。第二个活动是智力活动“走迷宫”，给每个幼儿一张迷宫图片，让幼儿想办法走出迷宫。

在这个活动中，教师设计了不同难度的活动，对于中班幼儿来说，这两个活动有明显的难度差异，第一个活动难度小，第二个活动难度大。在此过程中，教师能够观察到幼儿遇到困难时是否会坚持，即观察到幼儿坚持的程度。

(3) 家长问卷。

幼儿的很多活动都是在家庭中展开的，应关注幼儿在家庭活动中有关“坚持性”的表现。并且家长对幼儿“坚持性”发展的情况了解得更深入，更具有针对性。因此，我们依据幼儿发展评价指标体系设计了家长问卷。

3. 编制具体、可操作的评价工具

评价工具包括“幼儿坚持性发展情况记录表”、“幼儿坚持性发展情况统计表”和“家长问卷”。“幼儿坚持性发展情况记录表”分别用于五个情境的活动观察，以详实地记录观察到的原始情况；“幼儿坚持性发展情况统计表”用于初步统计观察的结果；“家长问卷”用于了解幼儿在家庭活动中表现出来的“坚持性”发展情况。

表4-6 幼儿坚持性发展情况记录表

尊敬的老师,您好!

请您认真观察教育活动中每个幼儿在坚持性方面的表现,如有幼儿在某一时间段内没有进行该活动,请您在相应的时间段内打“×”。

活动名称________ 活动时间________ 活动地点________

时间 姓名	9:00	9:02	9:05	9:07	9:10	9:12	9:15	9:20	9:22	9:25	9:30
×××											
×××											
×××											
×××											
×××											
……											

表4-7 幼儿坚持性发展情况统计表一(幼儿“坚持的时间”指标)

尊敬的老师,您好!

请您认真观察教育活动中每个幼儿在坚持性方面的表现,将每个幼儿在此次活动中坚持的时间进行统计,并在符合情况的表格内打“√”。

活动名称________ 活动时间________ 活动地点________

标准 姓名	Ⅴ级(5分)	Ⅳ级(4分)	Ⅲ级(3分)	Ⅱ级(2分)	Ⅰ级(1分)
	20~30分钟	15~20分钟	10~15分钟	5~10分钟	0~5分钟
×××					
×××					
×××					
×××					
×××					
……					

表4-8　幼儿坚持性发展情况统计表二(幼儿“坚持的连续性”指标)

尊敬的老师,您好!

请您认真观察教育活动中每个幼儿在坚持性方面的表现,根据幼儿是否一直连续地坚持进行活动的实际情况,在相应的表格内打“√”。

活动名称＿＿＿＿＿　活动时间＿＿＿＿＿　活动地点＿＿＿＿＿

标准 姓名	Ⅴ级(5分)	Ⅳ级(4分)	Ⅲ级(3分)	Ⅱ级(2分)	Ⅰ级(1分)
	能有始有终地完成困难的活动	能有始有终地完成活动	能间断地完成活动	不能坚持完成活动	不能坚持进行活动5分钟以上
×××					
×××					
×××					
×××					
×××					
……					

表4-9　幼儿坚持性发展情况统计表三(幼儿“坚持的稳定性”指标)

尊敬的老师,您好!

请您认真观察教育活动中每个幼儿在坚持性方面的表现,根据幼儿是否一直连续地坚持进行活动的实际情况,在相应的表格内打“√”。

活动名称＿＿＿＿＿　活动时间＿＿＿＿＿　活动地点＿＿＿＿＿

标准 姓名	Ⅴ级(5分)	Ⅳ级(4分)	Ⅲ级(3分)	Ⅱ级(2分)	Ⅰ级(1分)
	遇到有趣的干扰事件能自始至终坚持活动	遇到有趣的干扰事件能坚持一段时间,但无法坚持到底	遇到一般干扰事件能坚持,但遇到有趣的干扰事件不能坚持活动	遇到干扰事件不能坚持活动	不能坚持进行活动5分钟以上
×××					
×××					
×××					
×××					
×××					
……					

表4-10　幼儿坚持性发展情况统计表四(幼儿"坚持的程度"指标)

尊敬的老师,您好!

请您认真观察教育活动中每个幼儿在坚持性方面的表现,根据幼儿是否在遇到困难时仍能够坚持进行活动的实际情况,在相应的表格内打"√"。

活动名称__________　活动时间__________　活动地点__________

标准 姓名	Ⅴ级(5分)	Ⅳ级(4分)	Ⅲ级(3分)	Ⅱ级(2分)	Ⅰ级(1分)
	能坚持进行困难活动15分钟以上	能坚持进行困难活动10分钟以上	能坚持进行困难活动5分钟以上	能坚持进行简单活动,但不能坚持进行困难活动	不能坚持进行活动5分钟以上
×××					
×××					
×××					
×××					
×××					
……					

幼儿坚持性发展情况家长问卷

尊敬的家长,您好!

请您根据您的孩子在坚持性方面的实际表现,在相应的选项上打"√"。

(1) 您的孩子看图画书时一般能坚持多长时间?

① 0~5分钟　② 6~10分钟　③ 11~20分钟　④ 21~25分钟　⑤ 25分钟以上

(2) 您的孩子听故事时一般能坚持多长时间?

① 0~5分钟　② 6~10分钟　③ 11~20分钟　④ 21~25分钟　⑤ 25分钟以上

(3) 您的孩子画画时一般能坚持多长时间?

① 0~5分钟　② 6~10分钟　③ 11~20分钟　④ 21~25分钟　⑤ 25分钟以上

(4) 您的孩子游戏时一般能坚持多长时间?

① 0~5分钟　② 6~10分钟　③ 11~20分钟　④ 21~25分钟　⑤ 25分钟以上

(5) 您的孩子在游戏、画画或看图书时,能自始至终地坚持完成活动吗?

① 不能坚持进行活动5分钟以上　② 不能坚持完成活动

③ 能间断地完成活动　④ 能有始有终地完成活动

⑤ 能有始有终地完成困难的活动

(6) 您的孩子在游戏、画画或看图书时，遇到外来事件的干扰后能坚持完成活动吗？

① 遇到干扰事件不能坚持活动

② 遇到一般干扰事件能坚持，但遇到有趣的干扰事件不能坚持活动

③ 遇到有趣的干扰事件能坚持一段时间，但无法坚持到底

④ 遇到有趣的干扰事件能自始至终坚持活动

(7) 您的孩子在游戏、画画或看图书时，遇到困难后能坚持完成活动吗？

① 不能坚持进行活动5分钟以上

② 能坚持进行简单活动5分钟以上，但不能坚持进行困难活动

③ 能坚持进行困难活动5分钟以上

④ 能坚持进行困难活动10分钟以上

⑤ 能坚持进行困难活动15分钟以上

(8) 请您总体评价一下您的孩子的坚持性发展情况。

① 非常高　② 比较高　③ 一般　④ 比较低　⑤ 非常低

(9) 请您描述一下您的孩子在坚持性方面的典型行为表现。

4. 开展评价并收集评价资料

在开展评价的过程中，我们首先共同探讨了五种情境的具体活动设计及活动中的注意事项，明确了五种情境相应的评价任务，此后明确了评价中教师评价者的人数及其承担的评价任务，并根据各自的评价任务进行有针对性的评价技能培养，当教师达到熟练水平后才正式展开评价。评价中主要收集两方面的评价资料，一是教师运用观察记录表有目的、有针对性地收集幼儿“坚持性”发展的资料；二是采取全程录像的方式，记录幼儿真实的活动，以具体、深入地分析幼儿“坚持性”发展的资料。另外，活动后教师要写反思日记，及时对特定活动中幼儿“坚持性”发展的总体情况和典型情况进行梳理和反思。

5. 整理评价资料

我们在展开评价的同时及时进行评价资料的整理工作，这是由于将记录表的信息汇总到评价表上时，一些统计需要评价者结合现场观察到的结果进

行分析。例如对于幼儿“坚持的连续性”的结果统计，记录表中的信息更多是提供了幼儿坚持时间的全貌，能够从中分析出幼儿是否自始至终在坚持活动，但无法确切分析出幼儿是否完成活动，因此需要结合记录表、教师对现场的观察和活动录像来共同得出结果。“坚持的稳定性”和“坚持的程度”两个指标则不涉及这个问题，这是由于提供不同干扰事件和不同难度的任务时，都规定了明确的时间即活动进行了5分钟和10分钟时，因此，可以从记录表中分析出幼儿遇到干扰和不同难度事件时是否能够坚持。

评价资料的整理包括质性资料和量化资料的整理。质性资料的整理主要包括整理教师日常观察记录、教师的活动反思日记以及转录幼儿的情境活动录像等。量化资料的整理主要包括统计家长问卷，更重要的是统计情境观察过程中所评价的各项指标得分，其具体过程是将观察幼儿情境活动过程中填写的“幼儿坚持性发展情况记录表”进行整理和汇总，据此结合坚持的时间、坚持的连续性、坚持的稳定性与坚持的程度四项评价标准，为每个幼儿的四项发展赋予相应的分数，形成“幼儿坚持性发展情况统计表”，再结合这四项的不同权重，计算出每个幼儿在坚持性总体发展上的得分。此时幼儿的最终得分不再只是1分、2分、3分、4分或5分这样的整数，而可能是1–5区间内的任何一个分值，因此需要对最终得分重新界定等级。在本次统计中，我们将得分1.0–1.5分界定为Ⅰ级水平，1.6–2.4分界定为Ⅱ级水平，2.5–3.5分界定为Ⅲ级水平，3.6–4.4分界定为Ⅳ级水平，4.5–5.0分界定为Ⅴ级水平。以本次评价的中班四名幼儿的坚持性发展得分为例，其坚持性发展得分如表4-11所示。

表4-11　幼儿坚持性发展得分表

指标 得分 姓名	性别	年龄	坚持的时间	坚持的连续性	坚持的稳定性	坚持的程度	坚持性
			(0.20)	(0.30)	(0.25)	(0.25)	
×××	男	4岁7个月	2	3	2	2	2.3
×××	女	5岁2个月	5	4	3	4	4.0
×××	男	4岁12个月	4	3	3	4	3.5
×××	女	4岁10个月	4	4	3	3	3.5
总　体			3.8	3.5	2.8	3.3	3.3
			Ⅳ	Ⅲ	Ⅲ	Ⅲ	Ⅲ

6. 反馈评价结果

反馈评价结果的形式是撰写“幼儿坚持性发展情况分析报告”。分析报告主要包括“幼儿坚持性发展总体水平”、“幼儿坚持性发展日常观察记录”、“幼儿坚持性发展的行为表现分析”、“幼儿情境活动录像”、“幼儿坚持性发展水平的家长问卷结果分析”、“教师建议”及“家长建议”。反馈评价结果后，教师应善于运用这些评价结果，深入分析幼儿的发展情况，反思教学活动的利弊得失，及时改进教学和完善课程，从而进一步促进幼儿的发展。

第五章　幼儿教师发展评价——反思日记

教师评价是教育评价的重要组成部分，教师评价制度及评价取向既影响教师专业发展的水平和速度，也影响教师的实际教育教学效能。教师评价是根据教育方针、政策、法规和学校的目标、要求，运用教育评价的理论、技术和方法，对教师的素质、工作过程及效果作出价值判断，并对教师素质的提高、教师工作的改进给予指导的过程。[①]幼儿教师评价的性质是一种价值判断的活动，其主要功能体现在两个方面：一是为幼儿教师的专业发展提供有效的指导，促进幼儿教师的专业发展；二是通过评价提高幼儿教师的教育教学效能，进而提高幼儿教育质量。

幼儿教师评价是近年来我国教育理论与实践研究非常关注的领域，对幼儿教师教育的评价可以使幼儿园及管理部门和教师本人了解教学情况、发现问题、总结经验并改进工作，以达到最终提高教育教学质量的目的。另外，幼儿教师评价也被视为幼儿教师职前培养和职后培训之外的促进幼儿教师专业发展的重要机制，更被视为促进教师专业发展的长效机制。《幼儿园教育指导纲要（试行）》中明确提出："教育评价是幼儿园教育工作的重要组成部分，是了解教育的适宜性、有效性，调整和改进工作，促进每一个幼儿发展，提高教育质量的必要手段。"幼儿园各项工作质量的高低以及完成任务的优劣最终取决于教师的素质。对幼儿园教师素质的判断就涉及幼儿教师评价问题。而通过何种方式、路径以及怎样进行教师评价，以促进幼儿教师有效地提升自身素质、实现专业发展，则是当前幼儿教师评价研究以及幼儿教师专业发展研究的热点。

---

① 王孝玲．教育评价的理论与技术[M]．上海：上海教育出版社，2002：231

从教师评价的发展看，发展性教师评价成为教师评价的主要理念。发展性教师评价是20世纪80年代末英国针对教师评价过分注重奖惩功能而提出的，强调评价与奖惩脱离，在没有奖惩的条件下，促进教师的专业发展，以实现学校发展的目标。作为一种评价理念，发展性教师评价是对传统教师评价的扬弃，其核心思想是以评价促发展，评价标准、评价过程、评价方法以及评价结果的处理都要有利于教师的发展与提高。它能够体现一定的社会公正原则，在规范人的同时解放人，最大限度地开发人的潜能，尊重人，信任人，调动人的积极性。

发展性教师评价首先是一种以发展为目的的评价，其核心就是促进可持续的教师专业发展，并通过促进教师的专业发展，最终促进学校的发展。其次，发展性教师评价是一种以教师为本的评价，就是在尊重教师主体地位的基础上，帮助教师实现自身的价值，鼓励教师张扬个性，在促进每个教师发展的基础上实现教师群体的共同发展。第三，发展性教师评价是一种关注过程的评价，把评价过程作为促进教师发展的过程，通过建立教师成长档案袋或确立教师专业发展规划等过程性资料来引导教师反思教学，提升教学水平。第四，发展性教师评价是一种民主互动的评价，强调评价主体和评价对象之间是一种平等、合作的关系，评价活动在相互信任的基础上开展。发展性教师评价的这些特征充分体现出教师评价对教师的人文关怀，它强调对教师的尊重和信任，要求评价服务于教师的个人发展，因此发展性教师评价更符合时代的要求，对教师专业发展具有更大的促进作用。

我们主要从教师反思日记、教师成长档案袋和教师博客三个方面，开展教师评价的行动研究。

幼儿教师反思日记的行动研究过程

第一阶段:进行理论培训和集体研讨,增进教师对反思日记的理解。

在行动研究的初期,研究者针对什么是反思日记、反思日记的作用、记反思日记时遇到的问题等进行了交流。有的教师将反思日记等同于教学笔记、教育随笔,认为反思日记就是一种教育实录然后再加些自己的感想;有的教师觉得工作已经习以为常了,不知该选择哪些问题来反思,也不知该如何反思才有价值;还有的教师把写反思日记当成了为研究而外加的一项任务,甚至认为记反思日记就是搞形式主义。基于教师对反思日记的认识以及对如何记反思日记存在的困惑,我们首先进行了反思日记的理论培训,培训的内容主要包括:教师为什么要反思?与教学笔记、教育随笔相比较,反思日记具有哪些特点?反思日记对于教师专业发展的作用体现在哪些方面?

我们在理论培训的基础上进行了集体研讨。有的教师认为,对于当前的幼儿教师来说,反思是必须要具备的能力,坚持记反思日记对于提高保教质量和教师专业水平具有很好的促进作用。有的教师提出,反思日记的理论说得很好,看起来也确有道理,但就是不知该如何将理论吸纳其中,有效促进教育理论和实践的转化,感觉写起来比较困难。有的教师认为,记反思日记,教师也要成为一个研究者,需要教师不断进行理论学习,汲取他人的经验和智慧,并通过自我批判的方式来改变自己的教学行为和教育观念。还有的教师提出,理论学习应该贯穿研究的始终,研究者应该针对反思日记进行小组讨论或集体研讨,分析存在的问题和改进的策略。

通过理论培训和集体研讨,大家增进了对反思日记的认识。从记反思日记的目的看,教师通过对反思过程和结果的描述,把理论与实践内在地联系起来,自主监控自身的教育行为,增进教育实践活动的理性自觉。从反思日记与教育随笔、教学笔记的比较看,它们都是教师对教育事件的记录与思考。不同之处在于,教育随笔和教育笔记一般要着力描写一个事件,不用太多的语言去阐述自己的思考,道理寓于事件之中;反思日记则强调教师不仅要清楚描述事件,而且还要对事件进行细致的反思。这种反思不是一般意义上的回顾,而是“返回去”寻找观念的根据,“跳出来”思考自己的行为和观念,它所承载的是教师的系统思考,是教师智慧的体现。从反思日记的类型看,按时间角度划分,可以分为教学前的反思、教学中的反思和教学后的反思,也可分为即时反思和延迟反思;从内容角度分,可以包括对幼儿发展的反思和教师专业发展的反思。

第二阶段:分析教师初记的反思日记,发现存在的问题。

第一阶段的研究结束后,教师开始每周记一篇反思日记,我们每两周开展一次对反思日记的评析活动。在每次评析活动中,随机抽出几篇反思日记,共同对反思日记进行分析,发现存在的问题。

经过三次对反思日记的评析活动,研究者系统归纳了当前教师反思日记中存在的问题。在记录反思问题方面,存在的问题有:反思问题只是记录幼儿的表现,没有指向教师自身;在描述反思问题时往往加入自己的主观臆断;反思问题的背景、过程与结果脱节,记述的内容比较空泛和零散;反思问题来源单一化,多集中于对个别幼儿特殊行为的描述和教师自认为成功的经验或经历,表现自己困惑和认识不足的问题较少;过于夸大反思问题对教师的影响,表述缺乏准确性和客观性等。在对问题的反思方面,存在的问题主要包括:反思多用一些套话和空话,缺少对问题具体和详细的分析;反思只关注“怎么教”等操作层面的问题,就事论事,缺少多层面、多视角的“立体反思”;反思多是教师对“成功做法”的理解,缺少质疑和自我批判;缺少对同一问题或类似问题的连续反思;生搬教育理论,缺少批判和自省以及结合实际的分析;反思只是表达自己的感想,缺少内省和深入的理性思考等。

在初步澄清存在的问题后,我们共同分析了存在问题的原因。有的教师认为,教师的问题意识不强,不知道哪些问题值得反思;有的教师感到写反思日记很困难,自己在实践中语言表达很顺畅,但用学术的语言进行表述时,却几乎无话可说;还有的教师认为,反思日记是公开化的表述,如果袒露自己的错误或缺点,让其他人知道感到可能会对自己不利。基于反思日记中存在的问题和对问题的分析,我们选取了一些比较好的反思日记,并对这些反思日记的优点进行了分析,以进一步帮助教师在发现别人优势的过程中,意识到自己的问题所在。在此基础上,参与教师继续写反思日记,以期在研究中逐渐克服存在的问题,不断进行观念和实践的改进。

第三阶段:再记反思日记,明确反思日记的基本结构。

经过前两个阶段的研究,教师对反思日记中存在的问题有了进一步的认识和理解,并在记反思日记时尽可能避免这些问题,提升了反思日记的质量。我们每两周开展一次反思日记的评析活动。评析活动的目的在于明确反思日记的基本结构,增进教师对反思日记内容的认识和理解。以下面一篇反思日记为例,我们分析了反思日记的基本结构。

今天吃完午饭后,我到寝室找点东西,见其他孩子都睡了,只有宣宣动来动去,嘴里还自言自语地说个不停,我便走过去轻声对她说:"宣宣,快闭上眼睛睡觉。"她先听话地闭上眼睛,可没一会儿就又睁开了,小脚丫还不停地往我身上碰,我让她把脚放好,她笑一笑,把脚缩了回去,可没一会儿,又把小脚丫伸了过来。就这样一次又一次,好像我在跟她闹着玩似的,不管我怎么严肃地对她,她却一点都不在意,笑眯眯地看着我。

为什么会这样呢? 宣宣是一个非常可爱的小女孩,在平时我对她的关注更多些,总是喜欢抱一抱她,和她说说话,用手摸一摸她,自由活动时,她与别的孩子争抢玩具时,我总是帮助她说服别的孩子,让她先玩。我想,我的这些做法可能直接导致了宣宣心理上的优越感,她认为她是特殊的,应该和其他孩子不同,所以,她认为今天她不睡觉是可以的,老师给她特殊照顾是应该的。这件事让我认识到,教师对孩子应该一视同仁,不应该偏袒某个孩子,使孩子在良好的生活常规中规范自己的行为,养成良好的习惯。

在评析活动中,有的教师认为,这篇反思日记的结构比较清晰,包括讲述反思的问题和对问题进行的反思。有的教师提出,这篇反思日记是关于幼儿生活中表现的反思,体现了教师对幼儿经验水平、个性特点的了解,也体现了教师对促进幼儿发展的策略的思考,但对策略的成效没有提及,应该在反思日记或进一步的反思中突出效果反思;还有的教师提出,教师在反思时首先以

"为什么会这样呢?"的问题开始,反思日记的结构清晰,说明只有基于问题,教师的反思才更具有针对性,不会偏离反思的主题。

经过三次研讨和分析,我们对反思日记的基本结构有了进一步的认识。概括而言,反思日记的基本结构主要包括两个方面:一是讲述反思的问题,二是对问题进行反思。反思的问题包括以下七个方面:教育环境和材料的提供,教育活动的计划和实施,教育活动中幼儿的表现,师幼互动的情况,幼儿在游戏和日常生活中的表现,先进的教育理论和观念,以及创设良好精神环境的情况。从反思的问题出发,教师可以从以下方面展开反思:①写反思问题的意义和价值。教师可以反思教育活动的主要长处和不足是什么,这次活动是否适合幼儿的需要,教育内容是否让所有幼儿都感兴趣或感到困难,以及反思问题促进了教师和幼儿哪些方面的发展等。②探寻存在问题的原因。教师可以基于以下三个问题进行原因分析:想到了,也做到了,反思为什么成功;想到了,没有做到,反思为什么失败或者未能实现目标;没有想到,但做到了,反思为什么会有出人意料的收获。③对教学效果进行反思。教师可以通过分析幼儿反馈、学习教育理论后引发的思考、征求他人意见等视角进行反思,找到自己的优势与不足,并明确今后改进与完善的方向。

第四阶段:利用反思日记进行交流,生成新的课程。

在边行动边研究的过程中,参与教师对如何明确反思的问题、如何对问题进行有针对性的反思有了更多体会和认识,于是我们开展了二次经验交流活动,通过经验交流分享了各自的体验和感悟。有的教师说,记反思日记让我对教师如何思考有了进一步的理解,教师的"思"不是就事论事从一个方面出发来思考,而是要从各方面关系入手,从纵向、横向的各个方面来考虑。还有的教师说,在写反思日记的过程中,我看到了课程的动态性,看到了教育生活的丰富和关联,看到了师幼共同建构教育生活的可能性,同时也提高了教育行为的自觉程度……

我们系统记录了教师的体验和感悟,并将教师对幼儿新的发现、对教育契机的把握、对幼儿突发问题的处理策略等作为典型事件加以分析,使之进一步系统化,成为教育实践理论。通过行动研究,教师在理论建构中生成新的课程内容，并赋予自己的实践以积极意义，使个人的教学思想和理论得到审视、发展和不断完善。这也为立足园本的教师培训模式提供了一种新的思路。

历时一个学期的行动研究结束了，但参与教师仍坚持继续写反思日记，并结合研究成果进行反思日记的交流与研讨，为促进专业成长而不断努力。

第一节 幼儿教师反思日记的特点和价值

教育家波斯纳曾指出："没有反思的经验是狭隘的经验，至多只能成为肤浅的知识。"为此他提出了教师成长的公式：经验+反思=成长。大凡优秀的教师都是经过实践—反思—总结这条途径成长的。[①] 反思对于教师具有重要的价值，是教师不断进行自我评价、促进教育教学更加完善的重要途径。

幼儿教师反思的方法有很多，主要有写反思日记、活动后反思、集体研讨反思、创建教学成长档案袋等，其中写反思日记是运用较普遍的一种方法。

一、幼儿教师反思日记的特点

"反思"与"反省"的含义相近，都是表示回顾、思考的心理活动。《现代汉语词典》中指出，反省指回想自己的思想行动，检查其中的错误。其实，我国古代就有许多关于反思的表述，诸如"反求诸己"、"扪心自问"、"吾日三省吾身"等名言，即是对反思的真实反映。

在西方，反思（reflection）一词的词根，源于拉丁文"reflectere"，有"回映（to bend back）"的意思，就像镜子反映实体的影像一样。人们赋予反思含义最多的还是其心理学的意义，如洛克就认为反思是心灵以自己的活动作为对象而反观自照，是人们的思维活动与心理活动。反思还是一种能力的表现。布莱克认为，反思是一种能力，是立足于自我之外，批判地考察自己行动及情意的能力。可见，反思是专业工作者应该具备的一种能力，幼儿教师作为专业工作者应该学会反思。

---

① 曾福秀. 对教学反思的反思[J]. 学前教育研究，2005(10)

最先将反思引入教学领域的当属杜威。杜威对反思问题作了系统论述，他在1933年发表的《我们怎样思维》一书中阐述了反省思维(reflective thinking)的问题。他认为，反省思维是："对任何信念或假设形式的知识，根据其依据的基础和进一步导出的结论，进行的主动的、持续的和周密的思考。"① 由此可见，反思是一种心理活动和思维活动，人们利用反思回顾遇到的问题，并在问题背景下进一步探究问题。如果说问题是一件礼物，那么反思就是开启"礼物"的钥匙。在反思中，人们可以重新品味遇到的问题并尝试给出解决的办法。同时，利用反思，人们也可以总结有效的经验，从而为以后工作的开展奠定基础。

幼儿教师反思是教师通过回顾自己在工作中的观念和行为，运用理论阐释、解决发生的问题，并能有效运用到今后实践中的过程。在这一过程中，反思的主体是教师，反思的内容包括一日活动中的各个方面，例如教师组织教育活动的过程、幼儿在教育活动中的表现以及教师集体的表现等。如果把教师反思的过程比作放电影的过程，那么教师在反思过程中就要像放电影一样，回顾自己所要反思的问题，包括问题的产生和发展。但是还要有反思点，即在一个反思过程中要有重点地解决一个问题，这就好比是放电影过程中的定格，教师要把自己的思维定格到所要反思的问题上，并把这一点逐步放大，从而能够看清这一问题。对这一反思点要不断咀嚼，就像不停地重复电影中最美的画面，直到自己能够解释清楚这个问题。

幼儿教师反思日记是教师以日记的形式记录身边发生的任何事件、抒发真情实感的一种反思方式。它的特点首先是面向教师自身进行写作，写作不拘一格，可以随时随地捕捉、记录，自由灵活，有感而发。其次，反思日记是对有教育意义的问题的一种系统思考，它承载的是教师深刻的思索，是教师教学生涯的反映，是教师智慧的体现。

反思日记与我们常见的教育随笔、教育笔记等有相似之处，它们的特点都是在写作格式上没有什么固定的限制，在写法上可以是教师日常工作中事件

① 约翰·杜威. 我们怎样思维·经验与教育[M]. 姜文闵译. 北京：人民教育出版社，1991:6

的记录与思考，也可以是对别人工作事件的记录及自己的想法。不同的是，教师写教育随笔和教育笔记，一般只要着力描写一个事件，不用太多的语言去发议论、做点评，把一件事情写清楚，文章的结尾有个简单的点题就可以了，道理寓于事件之中。反思日记则更强调教师对问题的反思，即教师不仅要写清楚反思的问题，更重要的是要对问题进行细致的反思。这表明反思不是一般意义上的回顾，而是要"返回去"寻找观念的根据，"跳出来"思考自己的行为和观念，因此，教师要有强烈的问题意识、研究意识和解决问题的意识。例如：

【反思日记】

户外活动中，菲菲在拍球，球拍几下就跑掉了。这时，昆昆见机就过去拿球，顺势将球"归为己有"，菲菲也不甘示弱，上前抢自己的球，而昆昆也不让人，结果球被昆昆抢过去了。菲菲跑到我身边，向我告状。我走到昆昆身边，问他："这球是谁的呀？""是菲菲的。"他回答。"那球为什么在你这呢？""刚才菲菲玩时掉在地下了，我就捡起来了！""那球应该是谁的呢？"我问。"我不知道，我很想玩。"昆昆低着头回答。"你想玩可以，但你抢其他小朋友的球对吗？你是一个有礼貌的孩子，应该怎样做呢？"昆昆说："我等菲菲玩完了，再向她借。"我说："好样的，小朋友之间要学会互相谦让。"昆昆向菲菲走去，把球还给了菲菲。

在幼儿园，幼儿之间争抢玩具的事件时有发生，这是为什么呢？我想一方面是幼儿的年龄特点决定的，爱模仿是3~4岁幼儿的年龄特点，在游戏中他们经常会出现像昆昆那样的情况，别人玩什么自己也想玩什么，看见别人有的，自己也想要。另一方面是因为现在的孩子都是独生子女，幼儿在遇到自己想要的东西时，往往不考虑别人的因素，而是从自己的角度，有着只要我得到就行的想法。基于以上原因，在以后的活动中，我应该多关注像昆昆这样的孩子，让他拿和同伴相同的玩具，引导他看同伴怎么玩，同时还应该鼓励幼儿与他人分享自己的东西，培养合群的性格。而且，当遇到幼儿争抢玩具时，我应该引导幼儿自己分析自己的行为是否正确，如果不正确，请幼儿自己想想如何改正。

在教师反思日记中，教师把如何处理幼儿争抢玩具这件事作为一个反思点，引导幼儿要学会互相谦让。教师首先描述了要反思的问题，然后分析了问题产生的原因,最后阐述了措施和对策。这篇反思日记体现了教师对问题的自我分析和理解,反映了教师良好的教育素质。由此可见,幼儿教师如果能坚持写反思日记,对于提高自己的反思意识和促进专业能力的发展将具有重要的价值。

二、教师反思与教师发展评价的关系

教师发展评价是一种以促进教师未来发展为目的,以教师的自我激励为动机的形成性评价。这种评价强调教师在评价中的主体地位和民主参与,重视教师的个体差异和评价的多元化。因此,教师发展评价强调教师的自我评价和反思,这有利于教师积极地发现问题并主动地加以提高,有助于消除评价者与被评价者之间的对立关系。教师反思与教师发展评价关系密切,教师自我反思不仅可以作为教师发展评价的工具,而且教师反思的内容与教师发展评价的内容具有一致性。

(一) 教师发展评价强调教师的自我评价和反思

教育部2001年颁发的《基础教育课程改革纲要(试行)》中指出:“建立促进教师不断提高的评价体系。强调教师对自己教学行为的分析与反思,建立以教师自评为主,校长、教师、学生、家长共同参与的评价制度,使教师从多种渠道获得信息,不断提高教学水平。”在教师发展评价中,强调教师的自我评价和反思,因为教师发展评价是一个复杂的过程,教师劳动具有任务的多样性、教学过程的复杂性、劳动的集体协作性、劳动手段的特殊性和灵活性、劳动成效的长期性和交流言行的示范性等特点,这就需要以质性评价为主,因此教师反思显得格外重要。

在《北京光明小学教师发展性评价方案(试用)》中,学校把反思作为评价的重要内容,其具体评价标准包括:能自觉、恰当地运用所需理论进行评课;加强课后反思,听课要有听课笔记,上课应有自评记录,按要求认真填写听课笔记和《教师发展性评价手册》;听课后要向上课教师主动反馈、及时交流,上课后要主动征求听课教师的意见,记录自我反思的结果;针对自定的教学目标、自我发展目标和学生课堂学习的行为及效果主动进行教学反思,修改原备课设计和教学方案。[①] 学校最终会根据《教师发展性评价手册》的记录和各种反馈意见,如教师的自评、同事的评价以及学科组长的评价等,对教师进行评价。

(二)教师自我反思是教师发展评价的一种方法

教师自我反思是指教师借助行动研究,不断探讨与解决教育活动和自身的问题,不断提升教育实践合理性的自我意识。它源于教师的自我角色愿望、责任感、事业心和教育实践,是推动教师专业成长的直接与现实的力量,也是教师实现自主发展的重要途径。发展性教师评价的最终目的就是促进教师的自主发展,突出教师在评价中的主体地位,强调教师的自我评价与反思。即引导教师通过自我反思与分析,制订合理的发展规划,并依据一定的评价标准,在主动获取外部评价信息的基础上,反思与评价自己的教育教学工作及学习活动的过程与结果。教师通过不断的自我反思、自我评价、自我激励、自我调控和自我完善,实现一个又一个近期发展目标,并逐步接近远期目标。

在教师发展评价过程中,教师通过反思制订个人专业发展计划,记录有关事件以及建立自我剖析档案,并与其他教师交流、分享与合作。教师反思不仅有利于收集到准确的评价信息,作出客观正确的判断,也有利于被评教师本人发现问题并主动地加以改进和提高,还有利于消除被评教师和评价者之间的对立情绪,使被评教师能自觉地接受和理解评价结论。

(三)教师反思的内容与教师发展评价的内容具有一致性

教师发展评价的内容主要包括两个方面,即对教师教学的评价和对教师素质的评价。教师反思的内容主要针对的是教师日常的教学行为,同时也包括教师对自身素质的认识和反省。因此,二者具有一致性。

教师发展评价中,对教师教学的评价与教师教学后自我反思的内容具有一致性。在对教师教学进行评价的过程中,评价者要掌握大量翔实的信息。这种信息除了教师的自我评价之外,还可以通过听课来获取。评价教学活动的指标包括教学目标,是否以促进幼儿的发展为根本宗旨;教学内容,是否科学合理;教学过程,幼儿是否主动参与;教师的教学能力,包括语言表达能力、

---

① 北京光明小学. 北京光明小学教师发展性评价方案(试用)[J]. 中小学管理, 2004(7)

课堂驾驭能力以及实践操作能力等。而教师教学后需要自我反思的内容，也是围绕以上几个方面来进行的。只有通过教学活动后的自我反思，教师才能找出不足，积累经验，为下一次成功的教学奠定基础。

教师发展评价中对教师素质的评价与教师认识和反省自我素质的内容也具有一致性。对教师素质的评价包括：教师是否具有崇高的职业道德，教师是否具有科学合理的知识结构，以及教师是否具有全面发展的能力结构。在教师职业生涯中，也需要就以上几个方面不断进行反思，在“肯定—否定—再肯定”的过程中实现专业的成长。

教师发展评价意义深远，它是一种形成性评价，也是一种交互式评价，这种评价能够激发教师自我反思、自我发展、自我实现的热情和需要。教师反思作为教师发展评价的一种方法，不仅拓展了教师发展评价的应用，教师反思的内容与教师发展评价的内容也具有一致性。因此，教师反思既可以作为教师发展评价的工具，也可以作为教师发展评价内容的来源。

第二节 幼儿教师撰写反思日记中存在的问题

在研究的初期，参与教师每周写作一篇反思日记，我们集中对他们写作的反思日记进行了细致的分析，发现教师在写作反思日记中主要存在三个方面的问题。

一、反思的问题不明确

教师记反思日记，首先应该有一个需要明确反思的问题。然而，有的教师写的反思日记就是每天发生事情的记录，或者是把一些大致相关的内容记录在一起，明显是凑足字数，没有提出要反思的问题，更谈不上对问题的反思。

【反思日记】

著名儿童教育家蒙台梭利曾说过：“儿童第一次伸出自己的小手代表自我要努力进入这个世界之中。”在一次洗手绢的活动中，我主要是让幼儿学会洗手绢和使用手绢。洗手绢在生活中是孩子们很喜欢做的事，因为它不仅仅是洗手绢，还可以从中玩水，玩手绢，玩香皂，玩自己的小手，体验快乐也是一种满足。

班上的孩子很喜欢听故事，而且专注倾听的能力也提高了，他们听得那样认真。然后我们做律动“洗手绢”，在活动中将生活中的经验转化成一种知识，帮助幼儿了解讲卫生的好处和讲卫生的方法，同时对幼儿也是一种学习，既学会了正确地使用和爱护手绢，也体会和学习了另一种知识——“律动”，通过重音、弱音节奏的练习，幼儿的倾听能力得到进一步的提升。

幼儿喜欢在操作中学习，在玩中学习，在兴趣中学习。我通过教学活动知道幼儿需要更科学合理地安排活动内容，在活动中体会快乐和知识。

这篇反思日记的问题在于该教师说了很多问题，开始摘引了蒙台梭利的话，然后提出幼儿通过洗手绢体验快乐，再谈到幼儿听故事，最后又说到幼儿喜欢在操作中学习等，每个事件都是轻描淡写，几笔而过，没有明确究竟要对哪个问题进行反思，所以整篇日记只是文字的堆积，而反思日记所承载的深刻反思则无从体现。研讨中，还有的教师认为，这篇反思日记的空话比较多，如“科学合理地安排活动内容”、“倾听能力得到进一步的提升”，对于怎样“科学合理”和如何“提升”等需要教师进行深刻反思的地方没有详细描述。因此，反思日记的问题不具有典型性，而且描述不具体，缺少对问题的有针对性的反思。

二、不能细致描述反思的问题

教师写作反思日记，需要对反思的问题进行细致的描述，即按照事件发生的顺序详细记录整个过程，以使反思能够有的放矢。然而，有些教师在描述反思的问题时，常常在描述事件的过程中带有一些自己即时的想法，事实描述和个人观点相混淆，使整个反思问题的阐述不清楚；还有的教师把与反思问题相关的事件都记录下来，反思点没有清晰地呈现出来，导致反思空话连篇，没有自己的真实理解。

【反思日记】

在十月份进行的“服装发布会”主题活动中，幼儿在我的引导下进行了积极主动的探究。记得在区角里我投放了各类有特色的民族服饰，幼儿没事就要去试穿几次，女孩们对此更是“情有独钟”。看到他们的兴趣如此浓厚，我便抓住时机展开活动，不失时机地投放了一些镜子让幼儿及时捕捉自己美丽的瞬间。当幼儿发现自己与别人不同时，我又及时创设了小舞台让他们充分展示自己的才能，树立自信心。

主题探究给幼儿带来了除知识以外的更多经验，如初步的统计、归类能力、丰富的表现能力等。在主题活动中，幼儿在不断变化的环境中充分地展示出他们的学习能力和创造能力，展示了他们的智慧和个性，也让我真正领会到幼儿学习的广阔天地。

教师作为环境的创设者，其主要任务是满足幼儿的爱好，从中获得可“教”的信息，在幼儿探究摸索时给予适当的引导，并结合环境调整或改变，将幼儿的兴趣从好奇引向研究。幼儿对周围环境有着强烈的探究愿望与好奇，让他们自主学习，既能满足他们探索、了解环境的愿望，又能在学习过程中帮助他们建构新的认知结构。在主题探究活动中，我认为应注意不断把握幼儿的已有经验，提出灵活的符合幼儿兴趣的目标，然后激发幼儿积极主动地参与到活动中，利用富有新意的环境、材料进行发现和探索。

这篇反思日记的问题体现在对反思的问题没有客观的细节描述，如主题探究给幼儿带来了哪些经验、具体表现形式是什么、教师怎样创设环境等，都没有具体的阐述。在这样的情况下，教师反思只能是囿于形式，说一些诸如“提出灵活的符合幼儿兴趣的目标”、“利用富有新意的环境、材料进行发现和探索”等空话，对于怎样“灵活”、怎样“富有新意”等需要教师进行深刻反思的地方缺少进一步的阐释。

三、缺少对问题的分析和理解

教师写作反思日记，反思是重要的部分，教师需要从问题出发，阐述个人的理性思索。但有些教师的反思日记往往只是记录问题，却没有对问题背后的原因和教育理念进行分析；还有的教师即使阐述了自己的反思，但反思的内容并没有从问题本身出发进行理解，反思只是有其名而无其实。

【反思日记】

今天，我带着幼儿到园区内游玩，看到天空有很多白云，我说：“小朋友们，你们看天上的白云都像什么?”亮亮说:“白云像小兔子。”田田说:“白云像小狗。”我再问:“白云还像什么?”欢欢说:“白云像小汽车。”乐乐说:“白云像一块大大的棉花糖。”幼儿对乐乐的回答报以热烈的掌声。接着他们争着说:“白云像一条巨龙。”“白云像长白山。”“白云像奥特曼。”经过我一点一滴的引导,幼儿的兴趣提高了,想象的内容更丰富了。

从那以后,我发现幼儿的视野发生了变化,心愿也发生了变化,观赏的意味更多了,新的知觉、新的心态形成了一种刺激,促使幼儿迫不及待地展开新的奇幻想象。

分析教师的这篇反思日记,我们可以看到这位教师并没有从问题本身出发进行反思。幼儿的几次回答到底有何差异?为什么幼儿会对乐乐的回答鼓掌?教师究竟应该如何引导?这样的引导反映了教师怎样的教育理念和儿童观?反思日记对这些问题都没有进行反思,而只是说了一句“从那以后……”,这显然不是教师反思应该表述的内容。

第三节 幼儿教师反思日记的写作策略

通过共同的分析研讨和专业引领,我们总结了幼儿教师撰写反思日记的主要写作策略。

一、找好反思点,明确要反思的问题

找好反思点是教师写好反思日记的前提。反思点是教师需要反思的问题,教师只有明确了反思点,产生了认识冲突并试图进行分析,才会进入深层反思。但让教师明确意识到反思点,往往不容易。有的教师认为:“每天发生的事情那么多,但细想想又觉得没什么,事情都是很常见的,感觉不值得写。”那么,怎样才能找好反思点呢?一般来说,教师可以从以下几个方面入手。

(一)从教育实践的“细微处”入手,找到反思点

教育实践是教师反思的根本源泉。教师应该多留意自己的教育实践和幼儿日常生活中的细节,在细微处寻找反思点进行反思。如在教育活动中幼儿

有创意的点子、教师的随机教育、吸引幼儿注意力的小方法、教师在教育活动过程中出现的小失误等，都可以成为教师反思的问题。教师如果能够及时抓住这些问题进行反思，就会使反思日记的内容更加丰富和具有实践意义。

【反思日记】

祺祺、敏敏、婷婷等几个孩子进入了娃娃家。祺祺和敏敏很快把娃娃家的玩具收拾了一番，马上就开始了分工。祺祺做妈妈，敏敏当爸爸，婷婷当保姆。祺祺左手抱着一个娃娃，拿着饼干，正在喂娃娃，敏敏说："我去上班了，不吃饭了。"祺祺说："小娃娃饿了，你等会儿，我给你做饭。"这时我看到敏敏抱着娃娃，祺祺学着妈妈的样子在做吃的。婷婷在一旁没什么事干，我就对她说："你是保姆，可以帮助祺祺和敏敏看孩子啊。"在我的提示下，婷婷开始看娃娃，她先是抱过娃娃，模仿敏敏的样子喂娃娃吃饼干，过了一会儿，她看到祺祺和敏敏在收拾家务，就放下娃娃，和他们一起收拾玩具。整个游戏的过程，婷婷要么是看祺祺和敏敏做什么，她就做什么，要么就是拿着玩具很茫然，而且到后来只是拿着玩具乱敲。

游戏过后，婷婷的表现引起了我的反思，婷婷是一个不爱说话但很听话的孩子，同时动手能力比较差，我应该怎样对她进行个别指导呢？我想可以从以下几个方面来尝试……

这篇反思日记的反思点来源于教师的教育实践，婷婷的表现让教师想到在娃娃家中，自己应该对婷婷给予个别的指导。"我应该怎样对她进行个别指导呢？"教师在后文中提出了自己的想法和实施策略。

（二）对照教育理念，发现教育实践中的成功或不足之处

教师在学习先进的教育理论、名师的实践经验，甚至通过各种途径获取一些信息时，都可以进行换位思考，把教育理论、教学经验等与自身实践相对照，见贤思齐，思考自身的教育观念、教育行为等哪些与先进理念和经验相符合，哪些方面还有差距，进而提出努力的方向和目标。例如，教师可以先列举《幼儿园教育指导纲要（试行）》中的具体要求，然后结合实例说明自己在教育实践中的教育行为和表现，并通过两相对照，发现自身教育实践中的成功或不足之处，以此为反思点阐述个人的反思。

【反思日记】

一次，孩子们喝完水后，要回座位上等待上课。树树是最快从水房出来的，可是他并没有坐回到小椅子上，而是在电话亭里摆弄着玩具。我在水房门口，提醒他："树树，回到小座位上，我们要欣赏英文歌曲了。"然而无济于事，树树好像没有听到一样，继续着他的游戏。这时，我想，何不换一种说教的方式，也许会可行呢。这次，我不是对着树树说，而是对着那些还没有喝完水的孩子说："小朋友们，看看树树，他马上就要回到自己的小座位上了，而且小椅子也摆得特别整齐，老师最喜欢这样的小朋友了。"我一边说一边看着树树，这时，他不仅迅速地回到了座位上，而且小椅子也摆得整整齐齐，还坐得很直呢。

对于那些屡次说教，但没有效果的孩子，我们只要换一种方式，用赏识的眼光去看待他们，给予他们期望，往往会收到比预期更好的效果。这使我想到了《幼儿园教育指导纲要(试行)》中强调的要"以关怀、接纳、尊重的态度与幼儿交往"……

这篇反思日记是教师对自身教学的成功之处进行了反思——教学的成功之处，即教师"换一种方式，用赏识的眼光去看待"，收到了良好的教育效果。抓住这一反思点，她想到了《幼儿园教育指导纲要(试行)》中的理念，并结合案例进行了反思。

(三) 在与他人的对话和交流中发现反思的问题

教师与幼儿、教师与教师、教师与专家、教师与幼儿家长等相互间的对话和交流，能给教师带来一些新的认识和思考。善于反思的教师可以从中捕捉一些新的教育信息，尤其是紧密结合教育实践进行的对话，会使教师自觉反思自己的教学行为，发现值得反思的问题。例如，在幼儿园的教师业务学习、备课、教学观摩、家长开放日等活动中，同事、专家、幼儿家长等人的观点和建议可以给予教师以启示和借鉴。这些观点经过教师的推敲，都可以成为写作反思日记的反思点。

【反思日记】

苏霍姆林斯基曾说过：你在任何时候也不要给学生打不及格的分数。请记住：成功的欢乐是一种巨大的精神力量，它可以促使学生好好学习。

这让我想起了我们班的小叶子。小叶子是一个沉默的女孩，在教育活动中她总是很安静，下了课也安安静静。一次，我让幼儿认读故事中的词语，她都没有认读正确。我没有说什么，只是用手轻轻地摸了摸她的头。过了几天，她认读得还是不好，只读出来一个。我对她说："别着急，老师相信你！"在以后的日子里，小叶子整个人变了样——快乐了许多，开朗了许多。教师节那天，桌上悄然出现了第一份礼物，说实话，我怎么也没想到是小叶子送的。捧着那小小的贺卡，我的心被触动了：这个孩子，一定是我说的那句鼓励的话，激励了她幼小的心灵！

人性中最可宝贵的是受到别人的尊重和赏识，对于成长中的孩子，我们应该给予他们爱的阳光，只有沐浴着阳光，他们才能健康成长。

这篇反思日记的反思点来源于教师对苏霍姆林斯基所说的话的感悟和理解。因此，教师可以对专家的话进行思考和理解，也可以把专家的话与自己的教学实践结合起来作为反思点，最后表述对教育观点和事件的理解。

二、对反思点的描述要做到客观具体

在明确反思点后，教师需要对反思点进行描述，描述应当尽量做到客观和具体。因为只有具体客观的描述才能为进一步的反思提供有效信息，并引发教师的深入思考，从而去探寻教育问题的意义和价值所在。

【反思日记】

在社会教育活动"说话有礼貌"中，我设计了一个活动情境：请幼儿打电话通知滑旱冰比赛，学习使用礼貌用语。活动中，孩子们表现出了很高的热情，争着要表演打电话。我请了乐乐、萌萌、朋朋三个幼儿组成一组到前面来表演，我先让乐乐通知其他两个孩子，只见乐乐拿过电话说："喂，喂，你明天上午到幼儿园集合。"乐乐的话说得很快，没有使用礼貌用语，通知的事情也没有说清楚。萌萌和朋朋都愣愣地站在那里。我又让萌萌去通知，萌萌拿起电话说："老师让我告诉你明天去比赛。"她说话慢慢的，也没有使用礼貌用语，内容也没有说清楚。朋朋的情况也没有什么改变。

这是为什么呢？我对打电话这个活动环节产生了质疑，幼儿的表现为什么会与我预想的效果大相径庭。这引起了我的反思……

在这篇反思日记中，教师把需要反思的问题——“请幼儿打电话通知滑旱冰比赛”进行了细致的描述，教师的描述真实记录了整个事件中幼儿的表现，在此基础上引发了教师对该问题的反思。

三、把握反思的维度，提出自己的理解

教师写作反思日记，不应只是局限于对反思问题的描述，还要对问题进行反思，反思的意义并不仅仅在于“思”，更在于“反”。“反”的一个意思在于“返回去”寻找观念的根据；另一个意思在于“跳出来”，思考自己的行为和观念，二者相互融合。一般来说，教师可以从以下三个方面进行反思。

（一）反思问题的意义和价值体现

教师选取的反思问题一般是亲身经历的教育实践，教师对教育实践中的成功和不足之处总会有比较深刻的认识，反思可以围绕这些认识而展开。具体而言，教师可以阐述该问题对自身专业发展、对促进幼儿发展等的意义和价值所在；还可以阐述教育实践中体现了哪些教育理念，这些理念对促进自身的专业成长具有什么样的作用等。下面这篇反思日记总结了反思问题的意义。

【反思日记】

早上我接班的时候，董董像往常一样被妈妈送进幼儿园，她向我问好后并没有进教室，而是眼睛看着妈妈，好像有什么话想说又说不出来。她的妈妈顿时反应过来。对我说：“高老师，董董说你们班的黑板擦坏了，这是我家小宝贝给您带的。”我头脑里飞快地想起了昨天上课时找不到黑板擦的事，看着董董，我欣慰地笑了，说：“谢谢董董。”我接过了黑板擦，董董高兴地走进了教室。

班级里经常有性格内向的孩子，由于不爱说话，所以老师和同伴也容易忽略她（他）。可正是这样一群孩子，他们小小的内心世界却是最细腻和最敏感的，很多时候他们会发现生活中一些很细小的事情，却总是因为个性中缺乏自信，从而不善于表达，其实他们也同样渴望得到老师的夸奖和同伴的喜爱。

这件事给我最大的启示是：我们应该多关心这些孩子，多和他们聊天，多给他们提供表达自己意愿和表现的机会，多让他们体验获取成功后的喜悦。

不闪光不等于没有亮点，其实，内秀也是一种美。

(二) 寻找问题发生的多种原因

在教师的反思日记中，教师可以用批判的眼光反观自身，对教育事件发生的原因进行不断的追问，在这种追问中获得反思的灵感。如这个事件是普遍的，还是特殊的？这个事件是经常出现的，还是偶然出现的？这个事件产生的原因(客观原因和主观原因)可能有哪些？这个事件怎样解决，根据是什么？这个事件还可以从哪些角度去研究，怎样清晰地表述？引导自己这样做的原因是什么？教师在这些追问中会逐渐澄明反思的思路，拓展反思的空间。

(三) 提出“再教设想”

教师的反思可以写出自己在教育实践中的得失体会，进而思索如果处理同样或同类的教育问题时，应该如何处理效果才能更好。如果及时把“再教设想”记录下来，教师在今后的教育过程中就能够扬长避短，不断提高自身的教育教学能力。例如下面的一篇反思日记，教师的反思就是针对教育实践中不尽如人意的地方提出了“再教设想”。

【反思日记】

今天的午点是吃香蕉，孩子们都吃得津津有味。有的孩子吃完了，就把香蕉皮放在盘子里。浩浩吃完香蕉，随手一扔，香蕉皮掉在了地上，他站起来去捡，一脚踩在了香蕉皮上，身子晃了一下。看到这一幕，我马上起身，想帮助浩浩捡起香蕉皮，浩浩说：“老师，香蕉皮没滑倒我。”只见他又去踩香蕉皮，好像要看香蕉皮会不会把他滑倒。我及时制止了他，把香蕉皮扔进了盘子里。

现在细想起来，觉得自己这样处理不妥，掉在地上的香蕉皮可能会成为浩浩探究的开始。他可能不明白为什么香蕉皮会把人滑倒，而且尝试了一下，并没有倒，他想再尝试一下，他的这种探究行为应该是值得肯定和鼓励的，我应该给他尝试的机会，让他体会到香蕉皮很滑，容易把人滑倒，要注意安全。当然，这样的尝试要在保障孩子安全的前提下才能进行。当我们发现孩子的某些行为时，不应该急于制止或代他来做，多站在孩子的角度去考虑问题，我们会发现更多的教育真谛。

“得之在俄顷，积之在平日。”教师写作反思日记应该坚持不懈，融会贯通，把值得反思的教育实践记录下来，并在思考的过程中不断提升自己的教育经验，促进自身的专业发展。同时,幼儿园管理者要以身作则,带头反思,勇于找出自己工作中的问题,通过组织教师交流,给予积极反思的教师以及时的鼓励,形成一种"乐于反思、时时反思"的组织氛围,让教师们在反思中共同成长。

附录:幼儿教师反思日记

【实例一】

教师:×××

时间:×年×月×日

"呜、呜、呜",当孩子们在水房洗手的时候,家明一边学着火车的叫声一边在弄湿了的地砖上故意打滑,当我注意到他时,我不禁捏了一把汗,他险些就要滑倒了!我不假思索,"家明,出来!"他像往常一样乖乖地听话了。由于我的声音大,旁边的孩子都望向了家明,有几个孩子也跃跃欲试地想去滑几下。我赶快把孩子们带回了教室,并对他们进行安全教育。

其实简单的说教并不能阻止孩子们玩的兴趣,相反其他孩子的无意注意也被引起了,都想尝试一下,因此应该淡化幼儿对不良行为的模仿,培养幼儿的良好习惯。于是,在下午餐前准备时,我对孩子们说:"今天我要选一个小榜样,看看谁能用正确的方法洗手,而且还不浪费水,就发给谁一个小榜样的勋章。"孩子们都很踊跃,看到家明认真洗手的样子,我请他来做小榜样。呵,真不错!他时不时地告诉小朋友不要玩水,还告诉他们把水弄到地上会很滑、很危险。从这以后,我发现家明不再趴在水池边打滑了,其他孩子也都做得很好。看来,榜样的力量真是不容忽视呀!

【实例二】

教师:×××

时间:×年×月×日

每天活动前的排队成了令我头疼的一个环节,因为孩子们都争着排第一个。当我发出"请小朋友到我这里来站队"的口令时,就像是点燃了引发混乱的导火线,有的孩子连椅子也顾不上放好,就拥到我身边来。你挤我,我挤你,经常会听到“老师,他挤我”的声音。我忍不住说:“站在哪里都一样,都是和老师做一样的活动!”但是孩子们都说:“老师,我想排第一。”我说:“那总不能每次都是同一个人排第一个,每个小朋友都有机会,好吗?”但孩子们还是往我身边挤。

想不到一个小小的“站队”有这么多麻烦,但是教师要站在孩子的角度上,用孩子的眼睛看这个“第一”。用什么方法让他们主动放弃这样诱人的位置而互相谦让排队呢?我想了几点:①可以看谁表现好,就让谁站第一个。②可以轮流站第一个。③遇到不讲理的孩子,可以用转移的方法,鼓励他帮助教师一起维持秩序。通过这几个方法的使用,我发现班里排队的秩序好了,而且孩子们排队的速度都比以前提高了。通过这件事,我认为教师要站到孩子的角度看问题,同时应该想办法调动孩子的积极性,引导孩子向正确的方向发展。

【实例三】

教师:×××

时间:×年×月×日

妮妮和晶雅是两个性格不同的孩子,妮妮做事麻利而有条理,而晶雅做事则总是慢吞吞的,因此我常常请能干的妮妮帮助晶雅做事情。今天又轮到晶雅做值日了,看到她发餐具慢吞吞的样子我就有些着急,于是对晶雅说:“不用你发了,让妮妮帮你吧!”晶雅低着头嘀咕了一句:“每次都不让我发完!”妮妮则在一旁说:“老师,晶雅会发好的!”我催促道:“晶雅发得那么慢,什么时候能发完呀!还是你帮她吧!”妮妮迟疑地点点头。

事后我回想这件事,意识到自己犯了一个不小的错误。平时我让能干的孩子帮助能力弱的孩子,却忽视了孩子自己的意愿,这样既剥夺了能力强的孩子自由玩耍的机会,也剥夺了能力弱的孩子锻炼的机会。《幼儿园教育指导纲要(试行)》强调要尊重孩子,不要强迫孩子,给他们愉快的自由活动的时间、空间,可我们在实际工作中做得怎样?如果我们真正尊重孩子,就不应剥夺属于他们的权利,让他们做自己该做的事情,这样孩子肯定会发展得很好,也会更快乐!

【实例四】

教师:×××

时间:×年×月×日

瑞瑞是我班一位漂亮的小女孩，聪明好学，老师、小朋友都很喜欢她，但她有一个坏习惯——吸吮手指，在午睡、上课、游戏时总会将自己食指放入嘴里。今天，孩子们刚刚起床，我就听到妞妞的告状声："老师，瑞瑞睡觉又吃手了！"瑞瑞用无辜的眼神看着我，仿佛在说："我不是故意的，它自己要跑到我嘴里的。"有时候，看见她在吃手，我提醒她，她就把手指拿出来，一会儿又偷偷地吸吮起来。我将吸吮手指会产生的后果用故事《小兔的手指》讲给她听，让她自己去故事里寻找为什么小兔子的手指与别人不一样。当瑞瑞从故事中找到答案后，很紧张地问我："老师，我会不会变成跟小兔一样呢?"我笑着告诉她，只要她从现在开始改掉吸吮手指的习惯，就一定不会变得和小兔一样的。

在帮助瑞瑞改掉坏习惯的过程中，我发现，用强制的方法会使孩子产生逆反心理，因此，我采用引导、鼓励的方法，使瑞瑞自己意识到吸吮手指的坏处，帮助她建立改掉吸吮手指习惯的信心。吸吮手指的习惯不是一两天能改掉的，所以需要很长时间的努力。我将用各种方法转移瑞瑞的注意力，同时加强监督，让瑞瑞逐渐养成良好的习惯。

【实例五】

教师：×××

时间：×年×月×日

在玩娃娃家游戏时，惠惠、晨宇等几个孩子抱着"杯子"、"勺子"等急急忙忙地往外走，说是要"搬家"。因为走得急，惠惠把娃娃家的围墙碰倒了，自己怀里的东西也撒了一地。我心里着急，就拉住惠惠训了起来："看你们，搬什么家呀！不许搬！"我让她们把东西送回原处，说："等会儿我再来看，看谁还搬家！"惠惠愣了半天，独自跑到角落里特安静地坐在那儿，直至区域活动结束，她才一声不响地走了出来。

孩子事后的情绪变化给了我深深的触动。幼儿是游戏的主人，应该让幼儿充分发挥自己的主观能动性，在活动中按自己的意愿和对生活的理解进行再现和创造。幼儿的游戏是她所熟悉的周围生活现象的再现，对于娃娃家游戏中出现"搬家"这一新的玩法，教师应给予尊重，并适当地进行指导，如"你们的新家在哪里呀?""想想办法，怎样才能搬得又快又好呢?"即使他们的活动影响了其他幼儿的活动，教师也应以积极耐心的态度加以引导："老师想到你们的家里做客好吗？等客人走了再搬到新家去吧！"这种平等的身份、游戏的口吻更容易使幼儿接受意见。

【实例六】

教师：×××

时间：×年×月×日

一次午餐时间，我像往常一样在教室里巡视，督促幼儿不做"漏嘴巴"。不一会儿，就听到乖巧的婷婷和调皮的霖霖为了桌子上的大米饭粒是谁掉的而争吵，接着看见霖霖把大米饭粒往婷婷身上粘，我很生气地对霖霖说："霖霖，你怎么往婷婷身上粘大米饭粒呀？"霖霖马上解释起来："这是婷婷掉下来的。"于是我回头问了问婷婷，她摇摇头说："不是我掉的。"两个人都不承认，我就问坐在旁边的孩子，他们都说没有看到。我看了看大米饭粒掉的地方，在霖霖的右手边、婷婷的左手边，加上霖霖刚才的表现，更让我觉得是他掉的，就以试探的口吻说："这肯定是你掉的，平时吃饭，你的桌子上一向比较脏，而且大米饭粒在你的右手边。"霖霖马上反驳："不是我掉的，是婷婷掉的，她把大米饭粒往我这边推的……"为了不影响其他孩子用餐，我打断了霖霖的辩解，将大米饭粒放在杂食盘里，平息了这场午餐小风波。

起床后，我又叫来霖霖和婷婷，想把事情调查清楚，原来真的是婷婷撒了谎，我马上向霖霖道歉："对不起，午餐的事情是老师错怪你了，你能原谅老师吗？"霖霖说："老师，我不怪你，以后我也会注意的。"

仔细想想，这件事是我做错了，是我戴上了有色眼镜，主观认定了孩子的错误，也没有给他解释的机会，偏见的话语刺伤了孩子的自尊心，让他觉得不公平，受到了莫大的委屈。别看霖霖平时挺调皮的，似乎什么都不在乎，但是他其实很在意别人的看法，因为每个孩子都有自尊心。而我为了大事化小，小事化无，用了一个自己认为很公平的方法解决，结果却没有处理好这件事情，我的心里感到非常不安。在以后的工作中，我应该尊重事实，不能凭主观认识就判定孩子的错误，要做到尊重每一个孩子。

第六章　幼儿教师发展评价——幼儿教师成长档案袋

幼儿教师成长档案袋评价，又称幼儿教师档案袋评价，是指收集幼儿教师在教育教学、教育科研、继续教育等方面的材料，以促进幼儿教师的专业发展为目的的一种教师评价方式。在行动研究过程中，我们通过几个阶段的不断研讨、行动、再研讨、再行动，探索了幼儿教师成长档案袋评价的过程与策略。

幼儿教师成长档案袋的行动研究过程

第一阶段：理论培训，明确教师成长档案袋评价的目的。

通过理论学习，了解教师成长档案袋评价的基本理念。明确幼儿教师成长档案袋需要收集教师在师德、教育教学、教育科研、继续教育等方面真实情况的材料，对幼儿教师的专业发展进行真实、客观、公正的评价。利用幼儿教师成长档案袋对教师的专业成长进行评价，最终目的是促进幼儿教师的专业化成长。通过研讨，课题组明确了“教师成长档案袋”与“教师人事档案袋”的区别。

第二阶段：尝试探索幼儿教师成长档案袋的形式与资料的收集策略。

这一阶段的研究内容主要是探索幼儿教师成长档案袋的呈现形式，研究幼儿教师如何收集档案袋资料，即幼儿教师成长档案袋内应放置哪些材料。在一个月的时间内，参与研究的几名幼儿教师根据自己的设想自行收集资料，创建自己的教师成长档案袋。通过共同研讨，我们进一步明确了幼儿教师成长档案袋是教师专业发展历程的体现，幼儿教师成长档案袋评价的主要功能在于通过教师自我成长的资料收集过程，在不断反思中促进教师的专业成长。关于幼儿教师成长档案袋的资料收集，我们认为不仅要包含体现幼儿教师专业发展中所获表扬、奖项等终结性的资料，更要包括体现幼儿教师在教育教学中成长过程的资料。同时，档案袋制作的主体是教师。

第三阶段：不断解决困惑，明确幼儿教师成长档案袋的创建过程。

参与研究的幼儿教师都建立了自己的成长档案袋，对幼儿教师成长档案袋评价的基本理念也有了深入的理解。但是在创建档案袋的过程中，大家也产生了不少困惑，如幼儿教师成长档案袋用什么形式呈现？是活页夹、日记本，还是资料袋？档案袋里应该包括哪些主要内容？分为哪些板块？为什么这样划分板块？

针对参与教师的困惑，我们就创建幼儿教师成长档案袋中的问题进行了多次有针对性的研讨，并在“实践—总结—再实践—再总结”的循环过程中，不断探索解决问题的策略。结合参与幼儿园的实际，本着尽量减少教师制作档案袋负担的原则，我们最后确定幼儿教师成长档案袋呈现的形式为塑料封皮、活页、带彩色夹页的办公笔记本，方便制作、排序和随时增添内容。档案袋收集的内容主要包括教师个人基本信息、个人成长及评价三个方面。个人成长方面又划分为“教学”、“学习”、“管理”和“成果展示”四个板块。同时，鼓励教师制作有特色的档案袋。

第四阶段：不断完善幼儿教师成长档案袋，发挥档案袋的评价功能。

在上一阶段研究与实践的基础上，我们进一步完善和丰富已创建的幼儿教师成长档案袋，并运用档案袋进行评价。在参与研究的幼儿园，我们将幼儿教师成长档案袋评价纳入每学期的幼儿园教师考评。作为一种发展性教师评价，幼儿教师成长档案袋评价坚持以教师自评为主，给教师充分展示自我的机会，同时辅以其他评价方式。为了更客观地发挥档案袋的评价功能，针对幼儿园的实际，我们制订了如下规则。

(1) 每学期期末召开一次档案袋交流会议。每位教师展示自己的档案袋，其他参加会议的人(主要是幼儿园管理者和其他幼儿教师)给出相应的评价与建议。展示的教师针对大家的意见，结合自身实际进行反思，总结经验与不足，并以文字的形式记录下来。

(2) 鼓励教师之间交换浏览各自的档案袋。每位教师的档案袋里都留有

"同事评价"一栏,浏览者可以在此栏留下自己的感受与建议。

(3) 主管教学的幼儿园园长每月浏览一次教师成长档案袋,至少对某一个内容给出评议意见和建议。

(4) 成立主要由参与研究的人员组成的评价小组,在每学期期末时,依据相关要求对幼儿教师成长档案袋做整体评价,评价结果将作为教师评优和教师考核的依据之一。

幼儿教师成长档案袋评价的研究过程还在进行中……

第一节 幼儿教师成长档案袋评价的含义与价值

20世纪90年代以来,教师档案袋作为一种努力克服传统评价弊端的评价方式,开始走进欧美等主要国家的中小学校,并逐渐成为全球教师评价策略的主流。在我国,随着教育改革的推进和深入,教师专业发展成为教育改革根本保障的理念逐渐深入人心。基于对幼儿教师专业成长的迫切要求和关注,幼儿教师成长档案袋在实践中得到不断应用和创新。

一、幼儿教师成长档案袋评价的含义

(一) 档案袋评价的含义

1. 档案袋的含义

档案袋(portfolio)是从国外引进的新事物,主要作为质性评价的方法和工具。从语义上分析,它有"代表作选辑"的意思。目前对档案袋没有统一定义,常见的代表性定义有以下几种。

美国评价学者格兰特·维根斯认为,档案袋是"是一个人代表性(典型性)作品的收集,正如该词词根所指(在艺术领域依然如此),作品样本适合一个特定的目的,为了检阅和展览辗转各地"[①]。美国西北评价联合会(Northwest Eval-

① 雷彦兴等. 档案袋评定的电子化构架及开发策略[J]. 电化教育研究, 2003(10)

uation Association)的教育工作者对档案袋所下的定义是:“档案袋是对学生作业的一种有目的地收集,这些作品要能够展示学生在一个或多个领域中付出的努力、取得的进步或成就。收集过程必须包括学生在内容选择、挑选准则的确定等方面的积极参与;档案袋中还要包括判断价值高低的准则和学生自我反思的证据。”[①] 温莎和艾勒夫森(Winsor & Ellefson,1995)针对教师档案袋作出了更加具体的解释:教师档案袋是一种过程和结果的融合,它既是反思、选择、合理化(rationalization)和评估的过程,同时也伴随着这些过程结果的产生。[②] 所以,教师档案袋其实是为了展示才能,由教师自己设计的工作过程和成果的集合,它突出强调教师在教学上的知识和技巧,同时也为教师提供自我反思、检验教学工作和评价教学效果的一种途径。

我国学者对档案袋下的定义是:“根据教育教学目标,有意识地将各种有关学生表现的作品及其他证据收集起来,通过合理的分析和解释,反映学生在学习与发展过程中的优势与不足,反映学生在达到目标过程中付出的努力与进步,并通过学生的反思与改进激励学生取得更高的成就。”[③] 由此可见,档案袋是一种实体和方法的集合体,它根据一定的使用目的,有意识地收集学生表现的作品和其他证据,通过合理的分析和解释,反映学生学习的成就、努力和进步,并通过反思促进学生的发展。

我国学者认为教师成长档案袋是:“收集教师专业成长中的学习成就,展示教师的进步表现、取得的专业成果、个人的培训提高,展现各主体的评价结果以及其他记录和资料的汇集。”她认为,从评价目的看,这是一种发展性评价,以促进教师专业发展为根本目的;从评价方式看,它是以质性评价为主的评价,是以激励教师主动参与、积极的自我反思、主动和谐发展为主的全新的评价方法。[④] 这种基于档案袋的评价方式在促进教师专业发展的评价改革中引起了广泛关注。

---

① 雷彦兴等. 档案袋评定的电子化构架及开发策略[J]. 电化教育研究，2003(10)

② 胡志坚. 个人资料档案袋：一种新的教师培训模式[J]. 教育探索，2004(1)

③ 徐芬，赵德成. 成长记录袋的基本原理与应用[M]. 西安:陕西师范大学出版社，2002:58-60

④ 郭庆娟. 中小学教师专业成长档案袋评价探析[J]. 现代教育科学，2005(1)

2. 档案袋评价的含义

档案袋评价(portfolio assessment)又称文件夹评价和学生成长记录袋,它兴起于20世纪80年代后期的美国,是为了取代传统的标准化考试(standard-izetest)而采用的体现学生学习实际水平的评价方法,被认为是一种真实的评价(authentic assessment)。虽然对档案袋评价的理论研究由来已久,但却始终没有形成一个关于档案袋评价的统一的、明确的定义。比尔·约翰逊认为这是由档案袋评价本身的性质决定的,因为档案袋评价有多种可能性,它通常跟特定的情境或使用这种方法的学校联系在一起,所以如果要求五个不同的教师给档案袋评价下定义,你很可能收到五个不同的答案——其中每一个都没有“错”。①

保罗(Paul)认为档案袋评价,是一种以学生为中心的重视学习过程的评价方法。在时间维度上,档案袋评价法包括对学生在一定阶段的学习过程和终极水平的评价。在空间维度上,档案袋评价法包括对学生各个方面的学习方法和水平的评价,并在师生构成的教学空间中,师生共同评价,共同修改教学计划,包括学生对自己的学习方法以及他们在解决问题和做出决定时所采用的方法的反思。②

档案袋评价的理论根源是杜威以学生为中心、教学民主化的教育思想。这一评价方法以始于20世纪80年代的评价改革理念为其思想基础,属于发展性评价,又称“卷宗评价”、“历程档案评价”、“公文包评价”、“学习成果档案评价”、“作品集项评价”以及“成长记录袋评价”等。目前在幼儿教师发展评价中用得比较多的是“档案袋评价”,它更能反映教师发展评价的全面性、科学性和发展性。

档案袋评价有广义和狭义之分。广义的档案袋评价是指以档案袋为依据,对评价对象进行的客观、综合的评价。因评价对象不同,可以分成教师档案袋、学生档案袋、学校档案袋等不同的档案袋系统。而狭义的档案袋评价则

---

① 比尔·约翰逊. 学生表现性评定手册:场地设计和前景指南[M]. 李雁冰译. 上海:华东师范大学出版社, 2001:30

② Paul George. What Is Portfolio Assessment Really and How Can I Use It in My Classroom? [DB/OL]. http://imageserver.ebscohost.com/WebDevImages/ehost/logoehost.gif.2008-7

专指学生档案袋。

档案袋和档案袋评价既有区别又有联系。[1]

表6-1 档案袋评价依据档案所做的决定

档案袋	档案袋评价
收集物(collection)	评价的方式(assessment)
为什么搜集证据	如何使用证据
为了典型性的技能	为了表示今后的水准
为了发展的领域	为了促进发展
为了表现能力	为了证明能力
为了检讨会	为了改善指导
为了报告	为了完善课程

(二) 教师档案袋评价的含义

关于教师档案袋的含义,国内外有众多不同的说法。最具代表性的是美国著名学者坎贝尔(Campbell)等(1997)编著的美国职前教师教育教材《如何开发专业档案袋:教师手册》,将其定义为:“教师档案袋不只是课程项目和作业的文件夹,也非教学事记剪贴簿。档案袋是一个有组织的、目标驱动的、个体在复杂的学习和教学活动中表现出来的作品集。档案袋不但是一个作品集,更是一个正在成长着的专业人员所拥有的大量知识、技能和性向的有形证据。并且,档案袋作品记录是自我选择的、反思性的……体现着个性特征和自主性。”此外,瑟宾和哈金斯(Cerbin & Hutchings,1994)认为,教师档案袋就是由教师收集的一系列代表他(她)的教学实践以及与学生的学习和发展相关的材料,包括工作样品以及对这些样品的反思性评论和解说。

尽管对教师档案袋的定义并没有统一的界定,但其内涵是一致的,都是一个教师具有代表性的工作的集合,是教师对自己工作进程的记录,是教师对自己的成就、风格、态度、价值观等全面的、高度个人化的描述。教师档案袋必不可少的两个组成因素是成长的材料和对材料的反思。

教师档案袋评价(evaluating teachers by teacher’s portfolio),又称教学档案袋

① 马玉宾. 档案袋评价教师适应性的质化研究——对小学综合实践活动教师的研究[D]. 长春:东北师范大学,2004

评价法(evaluating teachers by teaching portfolio)①,是利用教师档案袋对教师进行评价的一种方法,属于发展性教师评价。它是一种质性的评价方式,是教师根据自身教育教学发展以及教育教学目标和计划,通过有目的、有计划地选择和收集自己的教学资料,展示自己在一段时间内发展进步的历程,以有效促进自我在专业知识、能力、情感、态度以及价值观等诸方面协调发展的评价方式。

幼儿教师成长档案袋评价,是指通过收集幼儿教师专业学习和发展变化的材料,具体包括幼儿教师在师德、教育教学、教育科研、继续教育等方面真实情况的材料,从而对幼儿教师的专业发展进行真实、客观、公正的评价。

二、幼儿教师成长档案袋评价的特点与价值

不同于传统意义上的纸质"人事档案",幼儿教师成长档案袋评价是真实反映教师专业成长历程的凭证,是一种促进教师学习的有效工具,可以为教师之间的交流提供开放的平台。它既是一种重要的评价手段,也是教师开展自我反思的重要途径,能够有效地促进教师的自我激励。

(一)幼儿教师成长档案袋评价的特点

美国著名学者坎贝尔指出:"教师档案袋是一个有组织的、目标驱动的、个体在复杂的学习和教学活动中表现出来的作品集。档案袋不但是一个作品集,更是一个正在成长着的专业人员所拥有的大量知识、技能和性向的有形证据。"②可见幼儿教师成长档案袋评价主要具有以下几个特点。

1. 幼儿教师成长档案袋评价是一种成长记录

幼儿教师成长档案袋是教师专业成长的记录袋,它记录着教师在专业成长过程中的收获与困惑、感悟与感动、情绪与情感……一个教师成长档案袋就是一段教师成长历程的缩影。作为教师"工作和思想的博物馆",幼儿教师成长档案袋展示着他们的成果、经历和梦想,更真实地记录与反映了教师对"自我"的认识与评价。

---

① 王斌华. 教师评价:绩效管理与专业发展[M]. 上海:上海教育出版社, 2005:48-51

② Campbell, Cignetti, Melenyzer, Nettles and Wyman. How to Develop a Professional Portfolio: A Manual for Teachers [Z]. Boston: Allyn & Bacon, 2001:7

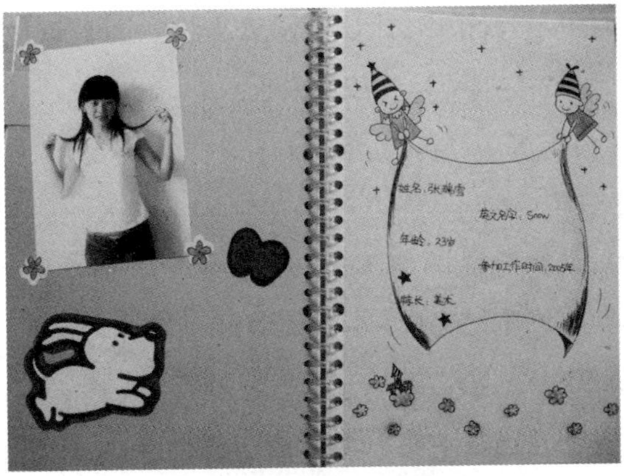

图6-1　自我介绍

图6-2　学习、工作简介

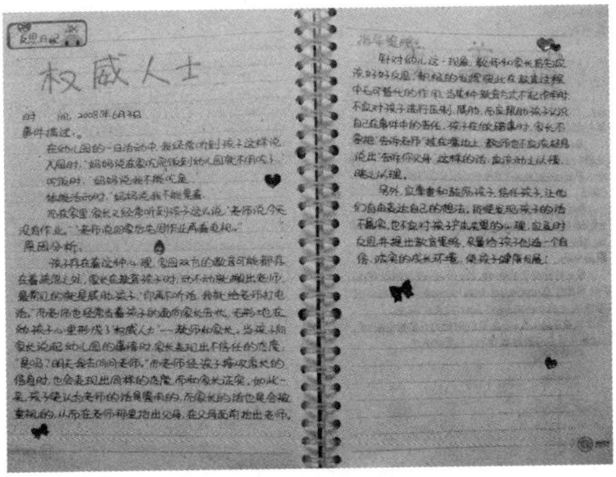

图6-3　我的反思日记

教师在图6-3的反思日记中,针对“权威人士”这一话题进行了思考和分析。

权威人士

时间:×年×月×日

【事件描述】

在幼儿园的一日生活中,我经常听到幼儿这样说——

入园时:“妈妈说在家吃完饭,到幼儿园就不用吃了……”

吃饭时:“妈妈说我不能吃鱼……”

体能活动时:“妈妈说我不能累着……”

而在家里,家长又常听到幼儿这么说:“老师说今天没有作业。”“老师说回家后先写作业再看电视。”

【原因分析】

幼儿存在着这种心理,家园双方的教育可能都存在疏忽之处,家长在教育孩子时,动不动就搬出老师,最常见的就是威胁孩子:“你再不听话,我就给老师打电话。”而老师也经常当着幼儿的面向家长告状,这就无形地在幼儿心里形成了“权威人士”——教师和家长。当幼儿向家长说起幼儿园的事情时,家长表现出不信任的态度:“是吗?明天我去问问老师。”而老师经孩子接收家长的信息时,也会表现出同样的态度,往往又去和家长证实。如此一来,幼儿便认为老师的话是管用的,而家长的话也是会被重视的,从而在老师那里抬出父母,在父母面前抬出老师。

【指导策略】

针对幼儿这一现象,教师和家长首先应好好反思,积极地发挥彼此在教育过程中无可替代的作用。当某种教育方式不起作用时,不应该对幼儿进行压制、威胁,而应帮助幼儿认识自己在事件中的责任;幼儿在做错事时,家长也不要把“告诉老师”挂在嘴边上,教师也不应该轻易说出“告诉你父母”这样的话,应该动之以情,晓之以理。

此外,应尊重和鼓励幼儿,信任幼儿,让他们自由表达自己的想法。即使发现幼儿的话不属实,也不应对幼儿产生失望的心理,应及时反思并采用相应的教育策略,尽量给幼儿创造一个自信、诚实的成长环境,促使幼儿健康发展!

教师成长档案袋常通过照片、文字以及手绘图案等形式，以及“自我简介”、“学习、工作经历”、“我的反思日记”等内容，记录每一位制作档案袋的教师在入职前后尤其是入职后专业成长的发展历程。其中专业知识、专业能力、专业信念等提高的点点滴滴，生动形象地呈现了教师的专业发展过程。

2. 幼儿教师成长档案袋评价是一种评价方式

幼儿教师成长档案袋记录着教师对幼儿教育目标和教学目标的理解、教师对自我教学的反思性评价、教师创新的教学设计案例、教育管理者和指导专家的建议与评价等。这一切构成了一个多元化的评价体系。

图6-4　我的教育箴言

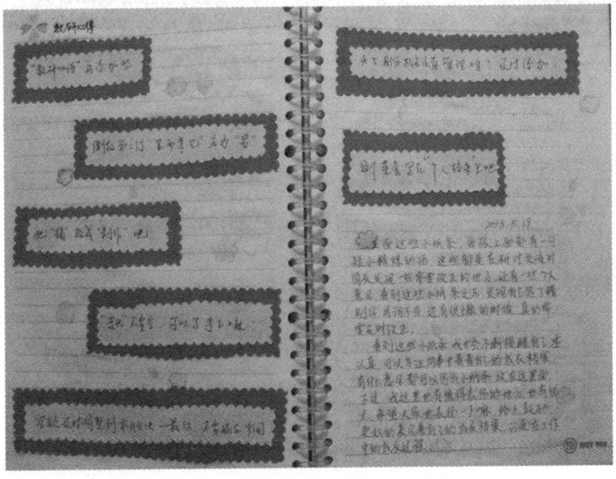

图6-5　同伴意见、建议以及自我反思

图6-5中幼儿教师成长档案袋的制作者看着大家的建议,不由感言:

上面这些小纸条,每张上都有一句短小精练的话,这些都是在研讨交流时园长、同事发现的一些需要改正的地方,还有一些个人意见。

看到这些小纸条,发现自己写了错别字、用词不当、还有很懒的时候,真的需要及时改正。

看到这些小纸条,我也会不断提醒自己要认真,可以多让同事看看自己的成长档案,有什么意见都可以写成小纸条放在这里面。不过,我这里也有值得表扬的地方,也有优点,希望大家也表扬一下,给点鼓励,从而更好地完善自己的成长档案,记录自己工作中的成长过程。

图6-6的教师成长档案袋中,设计了"家长留言"栏目。

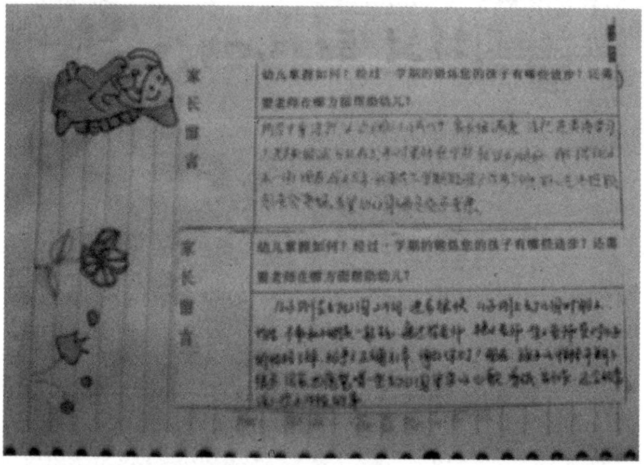

图6-6　家长回馈

教师在"家长留言"中说:"幼儿掌握如何? 经过一学期的锻炼,您的孩子有哪些进步? 需要老师在哪些方面帮助幼儿?"

一个家长在其中留言道:"儿子刚去幼儿园两个月,进步很快。儿子刚上幼儿园时胆小、怕生,不敢和小朋友一起玩,通过崔老师、艳艳老师、佳佳老师对儿子性格的了解,给予了正确的引导,谢谢你们! 现在孩子的性格开朗了很多,回家也愿意唱一些幼儿园里学的儿歌,进行剪纸、制作,还常常说些小朋友的事。"

"我的教育箴言"、"自我反思"等为教师回顾和检视自身专业发展、成长历程提供了参考依据和标准;同事以及园长等他人的鼓励和意见、建议,是激发和促进教师专业成长的动力和源泉;"家长回馈",则从另一侧面反映了教师的专业素养、专业态度以及专业技能……基于教师成长档案袋的自我评价,同事、管理者以及家长进行的评价等,构建了教师成长档案袋评价的多元评价体系,真正体现了教师评价的主体性、发展性、动态性、真实性以及多元性。

3. 幼儿教师成长档案袋评价是一种学习工具

幼儿教师成长档案袋评价是教师反思的"引擎"。幼儿教师成长档案袋的创建过程其实就是一个反思学习、表现学习的过程。换言之,幼儿教师成长档案袋评价的过程就是培养教师善于反思、勤于发现、乐于分享的学习习惯的过程。

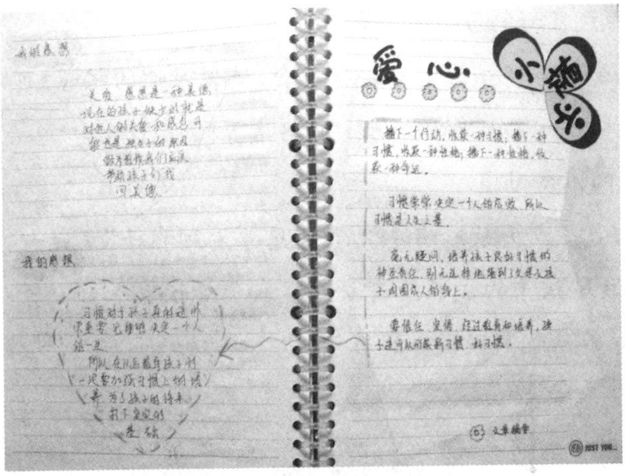

图6-7 "教育箴言"摘录

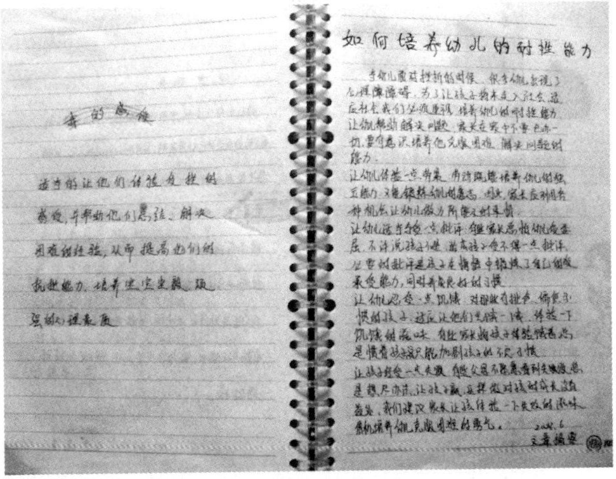

图6-8 有关"教育策略"的文章摘抄

图6-8中，针对“如何培养幼儿的耐挫能力”这一话题，教师摘抄了相关文章。

面对挫折的时候，很多幼儿会出现心理障碍。为了让幼儿将来走入社会、适应社会，我们必须重视培养幼儿的耐挫能力，让幼儿自主解决问题，家长在家中不要包办一切，而要有意识地培养他们克服困难、解决问题的能力。

让幼儿体验一点劳累。劳动既能培养幼儿的独立能力，又能锻炼幼儿的意志。因此，家长应利用各种机会让幼儿做力所能及的事情。

让幼儿适当地经受一点批评。有些家长总怕孩子受委屈，不许说孩子不是，造成孩子受不得一点批评。必要的批评使孩子在悔悟中锻炼了自己的承受能力，同时养成良好的习惯。

让幼儿忍受一点饥饿。对那些有挑食、偏食习惯的孩子，可以适当地让他们先饿一饿，体验一下饥饿的滋味。有些家长怕孩子饿着，总是惯着孩子，这只能助长孩子的不良习惯。

让孩子承受一点失败。有些父母不愿意看到孩子“失败”，总是想办法让孩子赢，这样做对孩子的成长没有益处。我们建议家长让孩子体验一下失败的滋味，借此培养他们克服困难的勇气。

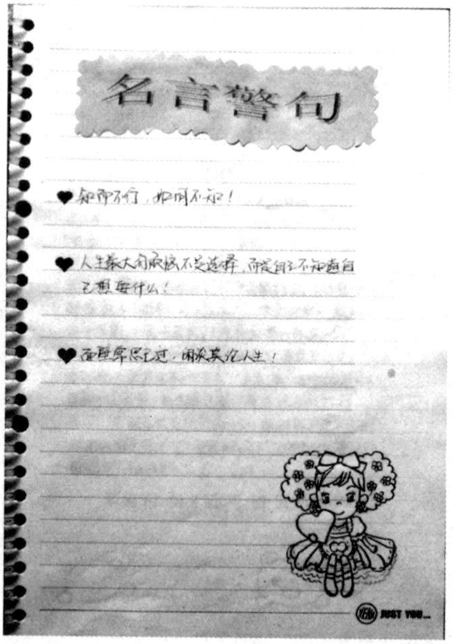

图6-9 “名言警句”摘录

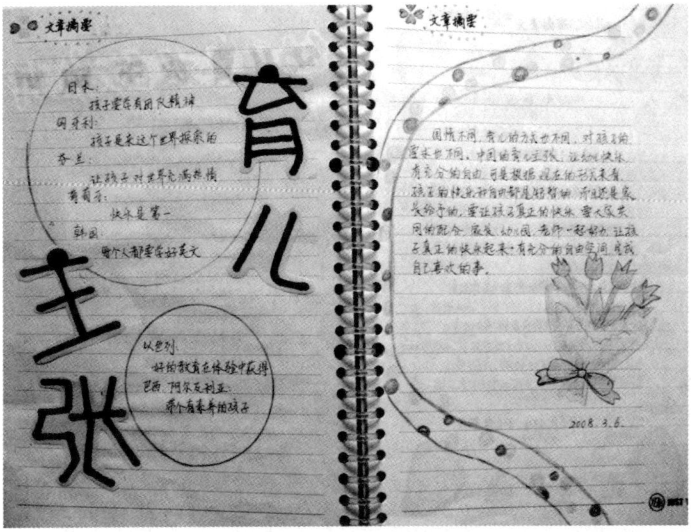

图6-10　“教育观念”摘录

图6-10中，教师摘录了世界各国的教育观念，提供了可资借鉴的“育儿主张”。

育儿主张

日本：孩子要有团队精神

匈牙利：孩子是来这个世界探索的

芬兰：让孩子对世界充满热情

葡萄牙：快乐是第一

韩国：每个人都要学好英文

以色列：好的教育在体验中获得

巴西、阿尔及利亚：带个有素养的孩子

国情不同，育儿的方式不同，对孩子的要求也不同。中国的“育儿主张”是让幼儿快乐，有充分的自由。可是根据现在的情况来看，孩子的快乐和自由都是短暂的，而且还是家长给予的。要让孩子真正的快乐，需要大家的共同配合，家长、幼儿园、老师一起努力，让孩子真正地快乐起来，有充分的自由空间做自己喜欢的事。

图6-11展示了教师的“周反思”。她写道：

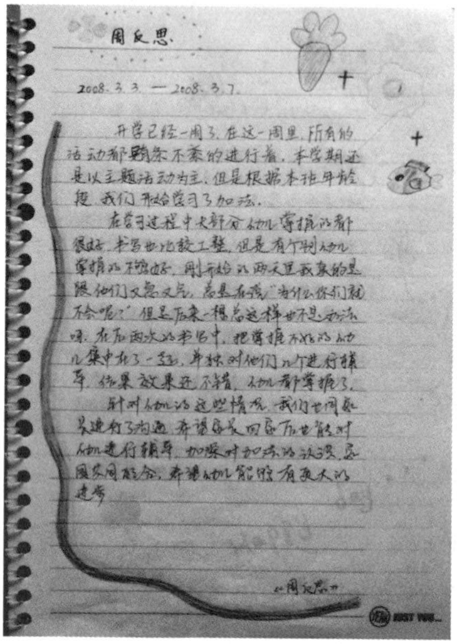

图6-11 周反思

开学已经一周了。在这一周里，所有的活动都有条不紊地进行着。本学期还是以主题活动为主，但是根据本班年龄段的特点，我们开始学习加法。

在学习过程中，大部分幼儿掌握得都很好，书写也比较工整，但是有个别幼儿掌握得不够好。刚开始的两天里，我真的是又急又气，总是在说：“为什么你们就不会呢？”但是后来一想，总这样也不是办法呀，于是在后来的两次书写中，我把掌握不好的幼儿集中在一起，单独对他们几个进行辅导，结果效果还不错，他们都掌握了。

针对幼儿的这些情况，我同家长也进行了沟通，并希望家长回家后及时对幼儿进行辅导，加深幼儿对加法的认识。家园共同配合，希望幼儿能够有更大的进步。

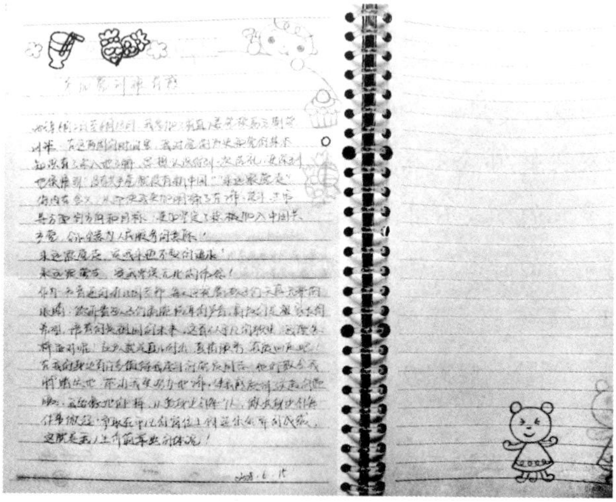

图6-12 培训记录和反思

教师在“培训记录和反思”（见图6-12）中，总结了自己参加党校培训班的体会。

我参加了省直委党校第五期培训班，在这两周的时间里，我对党的历史和党的基本知识有了深入的了解，思想认识得到一次洗礼，更深刻地领悟到“没有共产党就没有新中国”、“永远跟党走”的内在含义，从而更加明确了工作、学习、生活等方面的方向和目标，更加坚定了积极加入中国共产党、全心全意为人民服务的意愿。

永远跟党走，是我永恒不变的追求！

永远跟党走，是我坚定无比的信念！

作为一名普通的幼儿园教师，每天注视着孩子们天真无邪的眼睛，倾听着孩子们清脆悦耳的声音，肩负的是家长的希望，培育的是祖国的未来。这看似平凡的职业，我要怎样面对呢？应该就是真心付出、真情服务、真爱回应吧！

我身边有许多值得学习的党员同志，她们教会我脚踏实地，带动我更努力地工作，使我感受到了关爱的温暖，我要像她们一样，从爱身边的每一个人、做好身边的每一件事做起，争取在平凡的岗位上创造出优异的成绩。这就是我人生价值最好的体现！

教师成长档案袋还为教师的学习提供了收集、整理、记录以及反思的平台。教师不仅随时可以将自己看到的对专业成长有帮助的小文章、小语段进行摘抄和记录，而且还能对自己的教育教学实践进行记录和反思，通过“文章摘抄”、“周反思”以及“培训记录”等，为自身理论和实践性知识与经验的积累创造条件。而教师持续不断地对有关摘抄以及自己的教学行为进行反思，则是将内在的知识经验外化为实际行动的有效途径，也是教师隐性知识显性化的重要载体。

（二）幼儿教师成长档案袋评价的价值

幼儿教师成长档案袋评价作为一种新型的教师评价方法，对于促进幼儿教师的专业成长具有特殊的意义。

1. 有利于激发幼儿教师的内在潜能

当今教师已由被动的专业化转向积极的个人专业化（即教师专业发展）。杰克逊（P.W.Jackson）以批判教师被动专业化的口吻，预测教师被动专业化即将被尊重教师个人成长规律性，强调教师自身积极作用的教师主动专业化所替代。幼儿教师成长档案袋评价就给教师提供了这样一个天地。

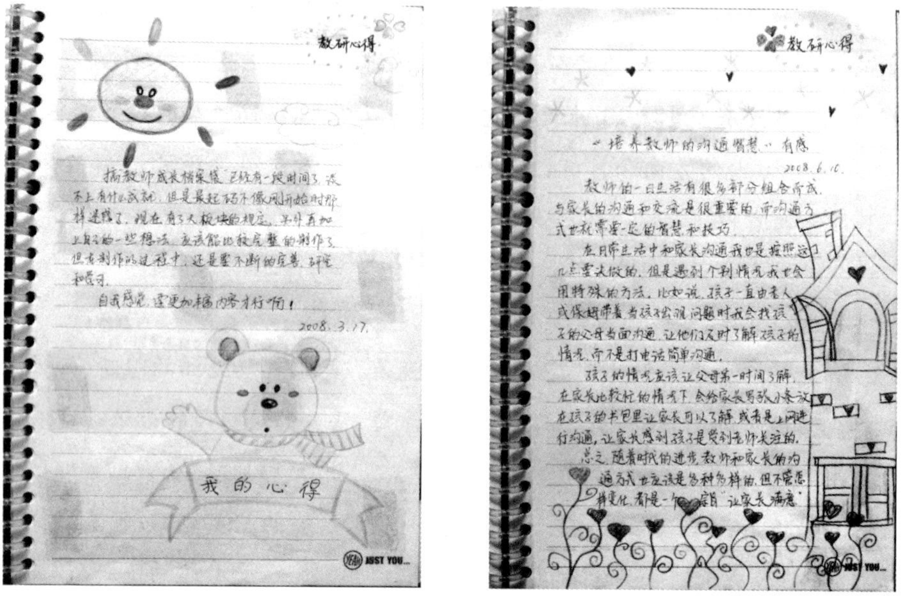

图6-13 教研心得

教师在制作档案袋时，及时记录了自己的“教研心得”(见图6-13)。

教研心得(一)

做“教师成长档案袋”已经有一段时间了，谈不上有什么成就，但是最起码不像刚开始那样迷惑了，现在有了大板块的规定，另外再加上自己的一些想法，应该能比较完整地制作了。但是在制作过程中，还是要不断地完善、研究和学习。

自我感觉要更加丰富内容才行！

教研心得(二)

——《培养教师的沟通智慧》有感

教师的一日生活由很多部分组合而成，与家长的沟通和交流是很重要的，而沟通方式就需要一定的智慧和技巧。

在日常生活中和家长沟通，我是按照这几点要诀做的，但是遇到个别情况我会用特殊的方法。比如说，孩子一直由老人或保姆带着，当孩子出现问题时我会找孩子的父母当面沟通，让他们及时了解孩子的情况，而不是打电话简单沟通。

孩子的情况应该让父母第一时间了解,在家长比较忙的情况下,我会给家长写张小纸条放在孩子的书包里,让家长可以了解或者是上网进行沟通,让家长感到孩子是受到老师关注的。

总之,随着时代的进步,教师和家长的沟通方式也应该是多种多样的,但不管怎样变化,都是一个宗旨——“让家长满意”。

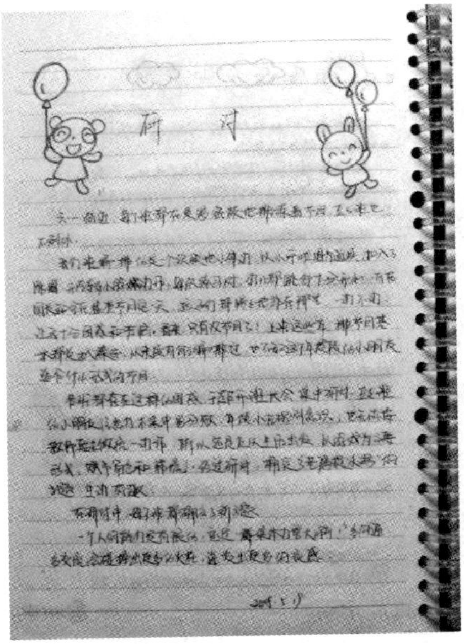

图6-14　教师研讨笔记

图6-14中,展示了教师的研讨笔记。

“六一”临近,每个班都在紧锣密鼓地排练着节目,豆豆班也不例外。

我们班编排的是一个欢快的小律动,以呼啦圈为道具,加入了跳圈、开汽车等小的动作。每次练习时,幼儿都跳得十分开心,可在园长和主任检查节目这一天,孩子们都愣愣地站在那里,一动不动,让我十分困惑和苦恼。看来,只有改节目了!上班这些年,排节目基本都是“扒碟子”,从来没有自己编排过,也不知道这个年龄段的幼儿适合什么形式的节目。

各班都存在这样的困惑,于是我召开班长会集中研讨,大家认为:豆豆班的幼儿注意力不集中、易分散,同时年龄小,无规则意识,也无法按教师要求做统一动作,所以还是应从生活出发,以游戏为主要形式,赋予相应的角色和情境。经过研讨,我确定了“老鹰捉小鸡”的主题。其他各班也都确定了新主题。

一个人的能力是有限的,还是群体的力量大啊!多沟通,多交流,会碰撞出更多的火花,迸发出更多的灵感。

幼儿教师成长档案袋是教师自己收集、整理、记录自身专业成长的资料夹,它的制作过程以及评价过程是教师重新审视自己专业成长的过程,也是教师积极建构专业自我、自我概念和自我形象的过程。通过观察、反思、记录、分析、比较、评价等,教师积极选择和整理最能体现自身发展的成长资料,在不断的自我评价以及他人评价中调整自己的认识，从而为下一步职业规划、专业规划以及人生规划创造条件。

教师成长档案袋中，汇集了教师成长过程中的一系列作品样本。它提供了教师进步的信息，展示了教师的成就。教师在回顾自己的工作历程、展示成就和体验成功的同时，会产生自豪感和自信心，从而明确今后努力的方向，并激发内在的潜能，促进自己的专业成长。

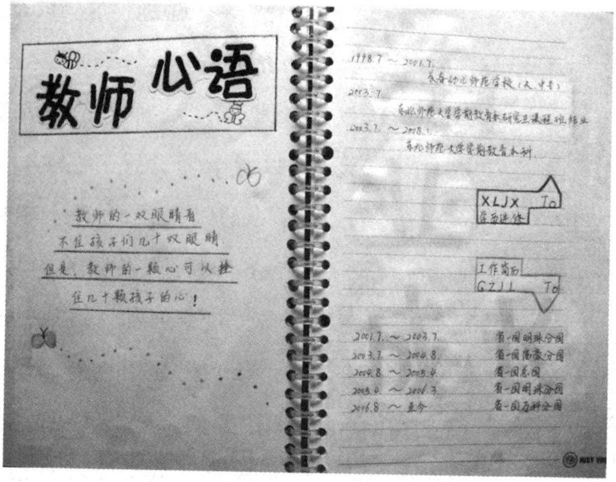

图6-15　教师心语和教育简历

图6-16　我的骄傲

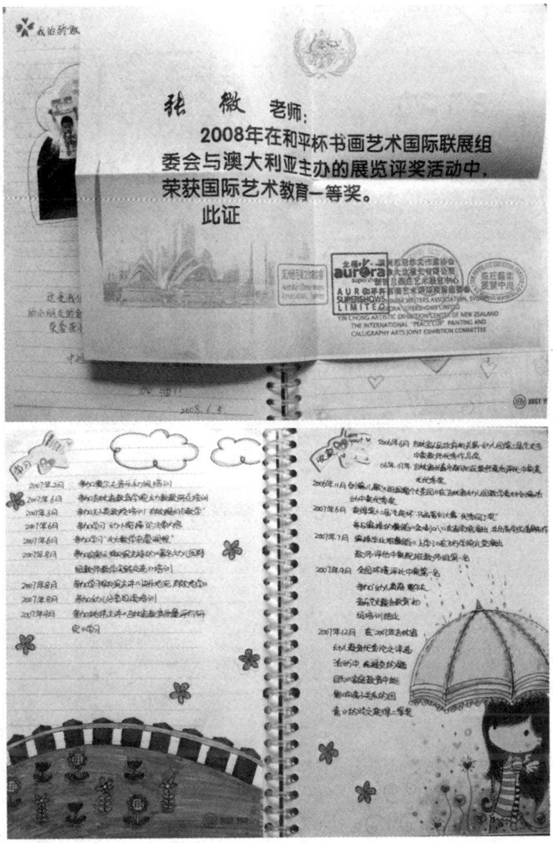

图6-17 学习与收获

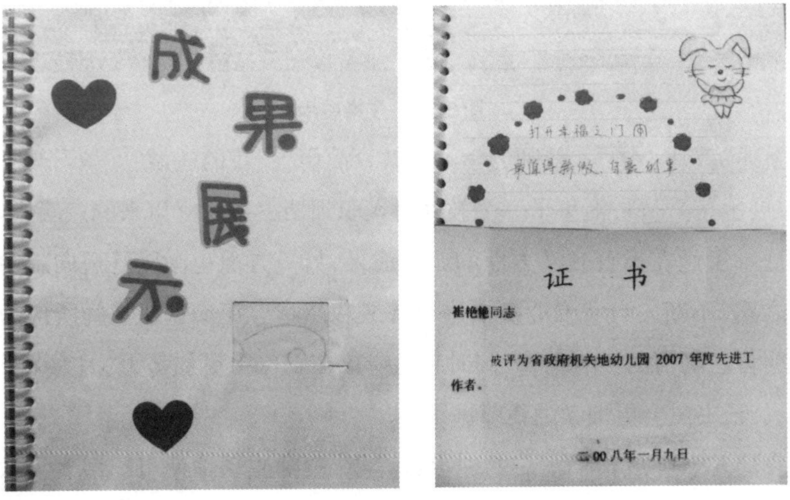

图6-18 成果展示

图6-19　精彩再现

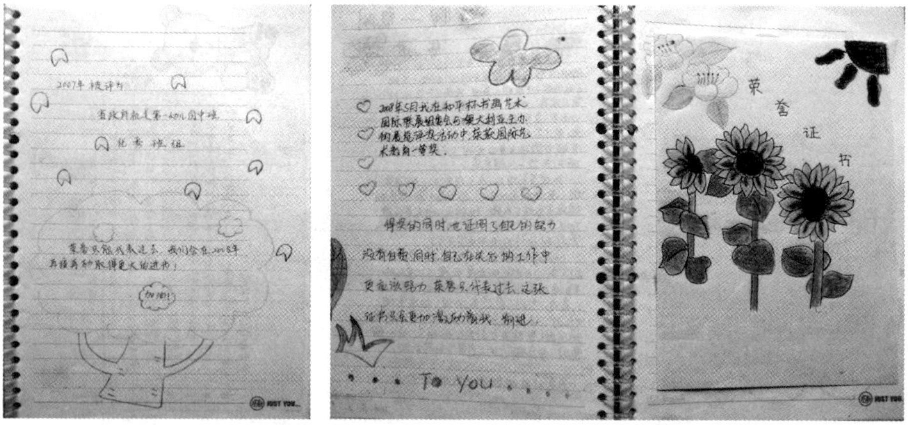

图6-20　成果展示

上述“教师心语”、“教师的学习和教育简历”、“我的骄傲”、“学习与收获”、“成果展示”等资料，汇集了一个教师自入职到档案袋建立以来的点滴成果，一方面展示了她在教育教学方面的专业成果，另一方面也激励她迈向新的专业发展之路，不断向自我专业发展进行挑战和超越。正如这位教师所说的：“得奖证明自己的努力没有白费，同时自己应该在工作中更加努力，因为荣誉只代表过去，证书只会更加激励我前进。”

在幼儿教师成长档案袋的建设过程中，教师主动地使自己潜意识状态的教育教学理念清晰化、系统化。不断经历这样的过程，可以促使教师不断思考自己的进步过程和方法。据有关科学研究表明，曾经经历过整理自己的经验、检视自己的作品和思考自己进步情况的教师，能够较快地提高自我反思的能力。自我反思能力的提高，有利于教师在预料自己教学行为后果的基础上作出明智决策和及时调整，有利于教师克服教育理论与实践脱节等问题，从而促进自己的专业成长。

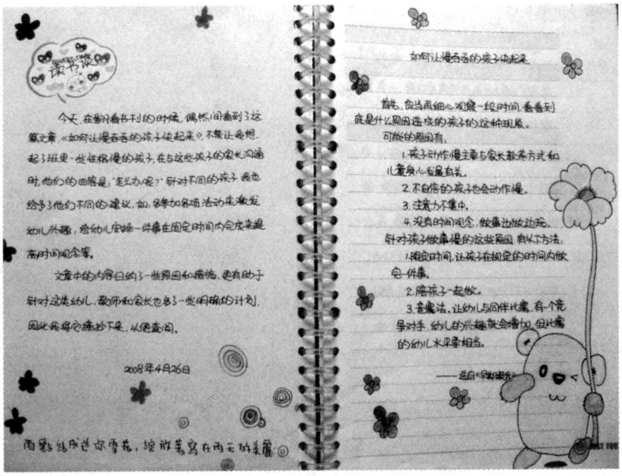

图6-21　工作日记(一)

图6-21的“工作日记(一)”以“读书谈”栏目介绍了一篇有价值的文章——《如何让慢吞吞的孩子快起来》。

今天，我翻看书刊的时候，偶然间看到了这篇文章《如何让慢吞吞的孩子快起来》，不禁让我想起了班里一些性格慢的孩子，在与这些孩子的家长沟通时，他们的回答是：“怎么办呢?”针对不同的孩子，我给予了他们不同的建议。如引导幼儿多参加各项活动，激发幼儿的兴趣；给幼儿安排一件事，让其在固定时间内完成以提高时间观念等。

文章中的内容归纳了一些原因和措施，更有助于针对这类幼儿进行教育，教师和家长也多了一些明确的计划，因此我将它摘抄下来，以便查阅。

如何让慢吞吞的孩子快起来

首先，应当再细心观察一段时间，看看到底是什么原因造成孩子的这种现象。

可能的原因有：

(1) 孩子动作慢主要与家长教养方式和儿童身心发展有关。

(2) 不自信的孩子也会动作慢。

(3) 注意力不集中。

(4) 没有时间观念,边做事边玩。

针对孩子做事慢的这些原因,有以下方法:

(1) 限定时间,让孩子在规定的时间内做完一件事。

(2) 陪孩子一起做。

(3) 竞赛法。让幼儿与同伴比赛,有一个竞争对手,幼儿的兴趣就会增加,但比赛的幼儿水平要相当。

(选自《早期教育》)

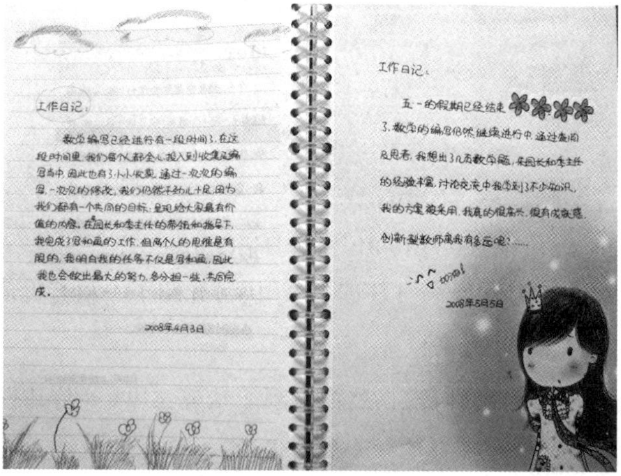

图6-22 工作日记(二)

图6-22的"工作日记(二)"则记录了教材编写的收获和感想。

编写数学教材已经一段时间了,在这段时间里,我们每个人都全心投入到收集及编写当中,因此也有了小小的收获。通过一次次的编写,一次次的修改,我们仍然干劲十足,因为我们都有一个共同的目标,那就是:呈现给大家最有价值的内容。在园长和季主任的带领和指导下,我完成了写和画的工作,但两个人的思维是有限的,我明白我的任务不仅是写和画,因此,我也会作出最大的努力,多分担一些,共同完成编写工作。

×年×月×日

五一的假期已经结束了，数学教材的编写仍在继续进行中。通过查阅及思考，我想出了几页数学题。朱园长和季主任经验丰富，在讨论、交流中我学到了不少知识。我的方案被采用，我真的很高兴，很有成就感，创新型教师离我有多远呢？……

×年×月×日

图6-23 工作日记(三)

图6-23的“工作日记(三)”是教师对幼儿创意泥作品的及时评价。

“创意泥”是我们幼儿园的一项特色，幼儿通过动手，可以锻炼小手的灵活性，创新能力也得到了发展。

每次的创意泥活动后，我们都会仔细欣赏每一位幼儿的作品：每一个作品都是最独特的，每一个作品里面都充满着想象，在他们稚拙的作品上，我找到了许多灵感。孩子们的想象力非常丰富，所以我把幼儿单纯的制作生活化，让幼儿学习自制一些笔筒、相框等。对于幼儿自己制作的作品，家长也非常珍惜，都说拿到家里用也很好看，原来只能欣赏的作品一下子变得更有价值了。

幼儿教师在制作档案袋以及开展评价的过程中，通过不断反思自己的教育教学实践，对幼儿的发展进行观察、记录以及评价等，可以相应地调整自己的教育教学理念、方式和策略等，从而促进自己的专业发展。

2. 促进教师之间的相互学习

每个年龄段的教师都有自己的优势：年长教师的敬业与奉献、中年教师的干练与经验、年轻教师的创新与无畏……这些教师都可以通过参阅和了解同事的成长档案袋感受到，并在感受的同时激发相互学习的愿望。幼儿教师成长档案袋就像一幅幅画卷，综合而全面地展示了一个教师的教学思想和教学能力。对每一个教师而言，其档案袋是非常个人化的，极具个性风格。教师之间的相互学习，能够帮助每个教师客观了解别人的长处，看到自身的不足，从而有意识地完善自我。同时，也有助于在教师群体中形成竞赛氛围，促进每个教师的专业成长。

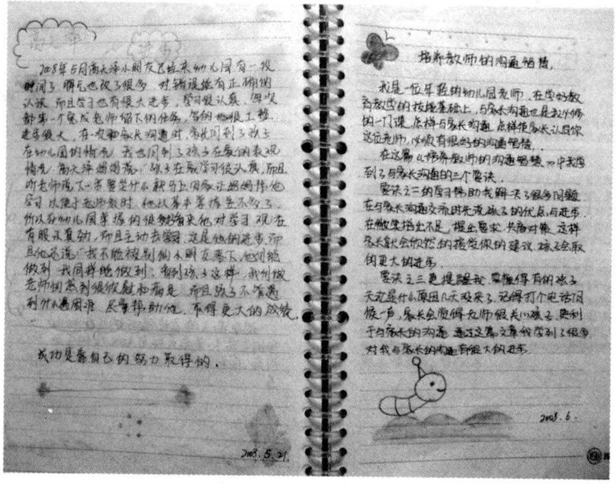

图6-24　沟通的体会

在图6-24“沟通的体会”中，制作者既讲述了幼儿的成长“进步”，又归纳了“培养教师的沟通智慧”的方法。

进　步

2008年5月，泽泽已经来幼儿园有一段时间了，脾气也改了很多，对错误能有正确的认识，而且学习也有很大进步，不仅学习很认真，而且每次都第一个完成老师留下的任务，写得也很工整，进步很大。在一次和家长沟通时，泽泽妈妈问到了孩子在幼儿园的情况，我也问到了孩子在家的表现情况。泽泽妈妈说：“孩子在家学习很认真，而且听老师说下一步要学什么，回家就让我帮他学习。”难怪老师教时，他也基本掌握得差不多了，所以他学得很好。看来泽泽对学习有股认真劲，愿意主动去学习，这是他的进步。泽泽还说：“我不能被别的小朋友落下，他们能做到，我同样能做到。”看到孩子这样，我们做老师的感到很欣慰和满足。因此，不管孩子遇到什么困难，我们都应当尽量帮助他，促使他取得更大的成绩。

成功是靠自己的努力取得的。

培养教师的沟通智慧

我是一位年轻的幼儿园老师，在学好教育教学技能的基础上，与家长沟通也是我的必修课。怎样与家长沟通，怎样使家长认同老师，我们必须具有很好的沟通智慧。

在这篇《培养教师的沟通智慧》中，我学到了与家长沟通的三个要诀。

要诀之二的学习帮助我解决了很多问题，如在与家长沟通交流时先说孩子的优点与进步，再微笑指出不足，并提出要求，共商对策，这样家长就会欣然接受建议，使孩子取得更大的进步。

要诀之三更提醒我懂得，无论是什么原因，如果孩子几天没来了，应记得打个电话问候一声，这样家长会觉得老师很关心孩子，更有利于家园沟通。

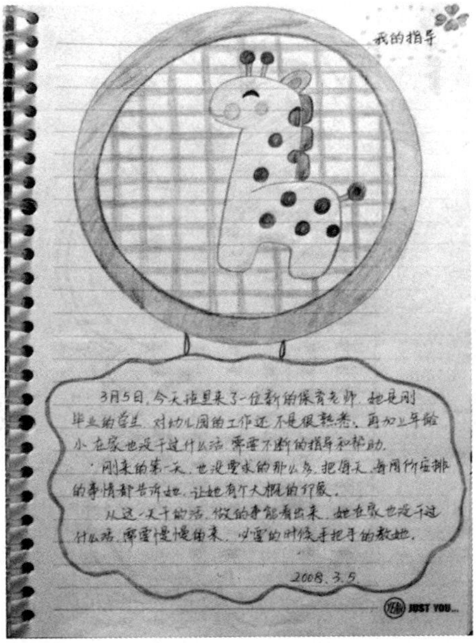

图6-25　我的指导

图6-26 小组研讨教师成长档案袋

图6-27 教师相互翻阅成长档案袋

每本教师成长档案都是教师个性的体现，也是其教育教学特性的张扬。幼儿教师成长档案袋的日志内容反映了教师的专业技能、专业关注点等，教师之间通过相互的交流、翻阅、评价等，有利于增进相互了解，看到他人长处，取长补短，从而加速自己的专业化发展。

3. 体现了多元评价的理念

传统的幼儿教师评价存在着诸多缺陷和消极影响。主要表现为：①评价标准过于量化，企图用单一的数字形式确定本来内涵丰富的“质”。②评价主体过于单一。评价成为管理者和专家的专利，明显缺乏包括教师自我以及和教师自我密切关联的群体的声音。③评价导向过于注重结果，而忽略了最终导致这个结果产生的丰富的过程。④评价维度过分集中于知识和技能，而缺乏关注教师对自身职业和对幼儿园的情感等方面的内驱力。[①]

作为一种发展性评价方法，幼儿教师成长档案袋评价坚持教师本人在内的多元参与和多样化评价方法相结合的原则。它包括教师自我评价、同事评价、幼儿评价、家长评价以及幼儿园综合评价，构成了一个多元化的评价体系，体现了教师、同事、家长、幼儿、幼儿园领导、幼教专家等多元主体参与的评价理念。

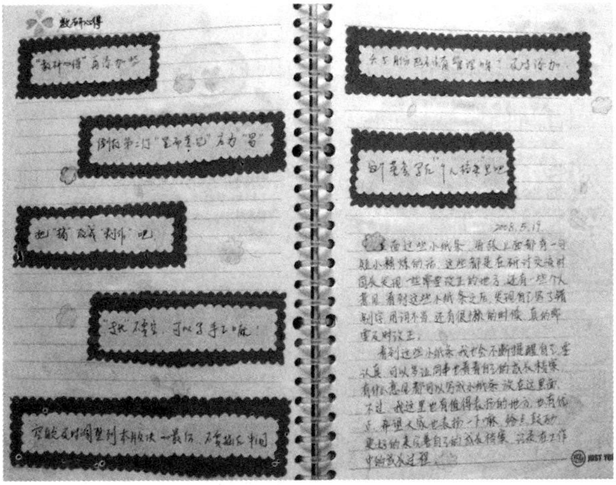

图6-28 多元评价

图6-28中，不同的小纸条上短短的几句话，都是同事、园长对教师专业成长的关注和关怀，字字句句既是真情体现，又是真诚的意见和建议。在幼儿教师成长档案袋评价中，没有一人定论的专断评判，没有数字量化的大比拼，有的是促进教师专业发展的终极目标和基于目标的文字鼓励等。

4. 为幼儿园的发展提供决策依据

作为教育改革的主体，幼儿教师是幼儿园教育教学改革的基础、前提和动力。幼儿园管理者应该为教师提供广阔的工作空间，充分发挥教师的创造才能。如通过对教师进行档案袋评价，了解本园教师队伍的优势与不足，进而为

① 胡庆芳. 教师成长档案袋发展的国际背景与实践操作[J]. 校长阅刊，2007(3)

幼儿园的发展提供决策依据,促进幼儿园的健康发展。幼儿园的健康发展,也会为教师的专业成长提供良好的环境。

幼儿教师成长档案袋收集的是教师专业学习、发展成就和进步历程的材料,真实地反映了教师个人专业成长的历程。对幼儿教师成长档案袋进行评价,有助于园长实现民主化管理。这是因为管理者通过幼儿教师成长档案袋的评价,能够全面地掌握教师的专业发展状况,更加客观公正地评价教师,从而既促进教师的个性化成长,又促进教师间公平公正的竞争,为教师的专业成长提供良好的环境。

5. 为教师的自我实现提供平台

《〈幼儿园教育指导纲要试行〉解读》中指出:“评价的过程是教师运用专业知识审视教育实践、研究、解决问题的过程,也是其自我成长的过程。”在传统的幼儿教师评价中,往往采取奖惩性的教师评价制度。这种评价制度已经暴露出评价主体单一,对教师教育过程的真实性重视不够,同时忽视对教师自我反思能力的培养等弊病。而幼儿教师成长档案袋评价则是引导教师通过自我反思的途径,实施多元化评价的比较好的方式,符合现代教育评价“关注过程”、“强调质性评价”以及“教学与评价整合”的改革趋势。

幼儿教师成长档案袋不只是教师作品的简单收集,它更是系统检查教师教与学的效果、与他人分享自己的观点、改进教育教学的一个过程。对教师来说,档案袋评价是反映自己的教学实践、进行自我反思和评价、确认职业发展需要的有效途径。它既能帮助教师对自己的教学和学习进行纵向、横向的比较,在发展自我价值中促使教学富有个性,形成个性化的教学模式,又有助于教师表达自己的感受、思想、理论观点和价值观等,充分体现教师的主体性。这种评定可以使教师成为知识的生产者,而不仅仅是知识的传授者。

6. 有利于促进教师的反思性教学

反思是幼儿教师成长档案袋评价的“灵魂”。档案袋评价促使教师反思教学,形成“教学—反思—教学”的良性循环。幼儿教师成长档案袋评价的理念与反思性教学理念相契合。近年来蓬勃兴起的反思性教学,指的是教学主体借助行动研究,不断探究与解决自身和教学目的以及教学工具等方面的问题,将“学会教学(learning how to teach)”与“学会学习(learning how to learn)”结合起来,努力提升教师教学实践的合理性,使教师成为专家型教师的过程。幼儿教师成长档案袋评价的一个重要功能就是促进教师的自我评价、自我反思。档案袋评价的过程促使教师在反思中不断发展自身的知识水平和教学技能,完善自己的教学理念,逐步迈向专家型教师之路。

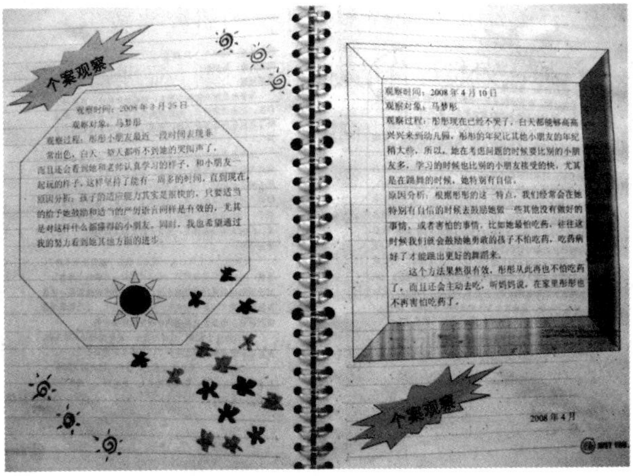

图6-29 个案观察

如图6-29中的“个案观察”,不仅为教师积累了观察和了解幼儿的实践经验,更重要的是通过观察记录等形式,教师深入地走进幼儿的心灵世界,了解幼儿的所思所想,不断地反思自己的教育行为,从而不断调整自己的教育策略。

第二节 幼儿教师成长档案袋评价的历史发展

当前,随着时代经济文化以及教育和心理学理论的发展,人们对教育的质量更加关注,对教师角色也提出了新的要求,因此需要用更科学的方法来公正、全面地评价教师的整体素质。当代教师不仅仅要做知识的传授者,还要成为反思性实践者,成为行动研究人员,成为一个具有真正主体性的“人”。这种对教师主体性的关怀是传统的教师评价制度和方法无法体现的;这种自我成长的反思意识,作为教师的新的评价标准,也是传统的评价方法所无法测评的。教师成长档案袋评价应运而生。

一、国外教师档案袋评价研究的发展

档案袋评价最早应用于学生评价，体现了“学习是个过程，学习评价也应有过程评价”的发展性评价思想。[①] 鉴于这样的评价理念，西方学者把将档案袋评价引入教师评价领域。教师档案袋评价的研究较多是在大学和中小学领域展开，相对来说，有关幼儿教师档案袋评价的研究比较少。

为了便于对教师档案袋评价的研究脉络进行梳理，我们将教师档案袋评价的研究大致分为三个阶段：起始阶段、兴起阶段和发展阶段。

（一）起始阶段

教师档案袋最早出现在加拿大。1980年，加拿大大学教师协会首先出版了有关教师档案袋的指南，指出教师档案袋是关于“一个教授主要的教学成就和长处的总结”[②]。由于教师档案袋开发的过程能够有效地避免传统的外在评价所带来的问题，不但能有效地将外在评价与教师自我评价结合起来，而且也能有效地将评价与教师的自我反思结合起来，因而加拿大大学教师协会将教师档案袋应用于对大学教师的评价。此时的教师档案袋被当做大学教师求职、聘任、晋升时必须提供的一种概括性的个人工作记录。教师档案袋评价逐渐成为大学教师评价的一种重要手段。

随着教师档案袋评价在实践中的广泛应用，相关的研究不断深入，教师档案袋的内涵也在不断扩展。它不仅被描述成“教师根据某些机构或学校开发的指南收集和编纂的个人记录”，而且越来越多地被看成是一种有结构的、反思自己的工具，是一种为寻求教学改善而呈现信息的方法，是一种教师改善教学的方法。由于教师档案袋评价方法对于促进教师专业发展的影响，因此教师档案袋得到了中小学教师的广泛认可。它不仅被当做教师评价的方法，而且被看成是教师反思、描述和记录其教育活动、目标和成就的有效方法，教师档案袋的开发也就成为教师专业发展的重要途径。

---

① 王少非．教学档案袋开发：教师专业发展的新途径[J]．当代教育科学，2005(2)

② 王少非．教学档案袋开发：教师专业发展的新途径[J]．当代教育科学，2005(2)

(二)兴起阶段

教师档案袋评价大规模运用于各类学校的教师评价,始于美国,这与美国20世纪80年代的教师评价改革运动有关。

20世纪80年代以来,美国颁布了几个影响教师评价改革的教育报告。1983年,美国通过了《国家处在危机中:教育改革势在必行》。其中在对美国教育改革的建议中专列教学建议,从七方面"试图改进师资培养工作或把教师变为更值得从事的和受人尊敬的职业"。1986年,卡内基教育与经济论坛的报告《准备就绪的国家:21世纪的教师》,建议建立美国国家教师专业标准委员会(National Board for Professional Teaching Standards)。1987年,美国国家教师专业标准委员会成立,并制定了优秀教师的认定标准。1996年,全美教学与未来委员会发表了《什么最重要:为美国未来而教》这一报告,该委员会经两年的研究后发现,中小学教育改革主要依赖于重建教师职业,"有爱心的、有能力的、合格的教师是教育改革中最重要的因素"①。

1987年,李·舒尔曼(Lee Shulman)写道:"我不再认为教师评价是一项或一组测验。我想象它是一个过程,能够不受时间限制地呈现教学过程,其中既有知识的书面测验,系统的成就文件,又有同行或督导人员的正式评定及评价中心和工作单位对教师教学表现的分析,这些东西通过不同的方式组合成一体,形成对教师教育能力的描述。"② 李·舒尔曼的描述,体现了教师档案袋评价的理念,为教师档案袋评价的广泛应用奠定了基础。

20世纪80年代末,美国斯坦福教师评价项目组的J.巴顿(James Barton)和A.柯林斯(Angelo Collins)第一次探索和尝试了在美国教师中使用档案袋进行评价的可能性。随着20世纪80年代末期美国高等教育协会对教师档案袋评价的推动以及皮特·塞尔丁等学者的专著和文章的陆续发表,教师档案袋在全美国范围内迅速普及。同时,美国国家教师专业标准委员会(NBPTS)和美国州

① 马海涛. 教学档案袋开发——教师专业发展和评价的新路径[J]. 教育实践与研究,2010(1)

② Bullock, A.A&Hawk, P.P. Developing a Teaching Portfolio: A Guide for Preservice And Practicing Teachers. Merrill Prentice Hall, 2001:7

际新教师评估和支持联合体(Interstate New Teacher Assessment and Support Consortium)这两个机构,它们的职责分别是对有经验的教师和初任教师核定教师资格,都把教师档案袋评价作为核定教师资格的主要方式之一。教师档案袋评价不再局限于大学领域,越来越多的中小学开始采用教师档案袋评价方法,并取得了良好的成效。

(三) 发展阶段

20世纪90年代以来,欧美等主要国家积累了许多具有借鉴价值的策略,把教学日志、成长史分析、行动研究、传记研究、叙事研究、课堂观察、教师专业发展的分层评价等方方面面的信息和材料集中归档,做成教师成长档案袋。

美国纽约的教学专家研究中心主任马丁-克尼普(Martin-Kniep)致力于教师成长档案袋的研究,美国有30多个学区的3000多名教师使用成长档案袋。[①]自此,教师档案袋评价作为一种教师评价工具,在美国及许多国家和地区得到广泛应用。

如今在美国,教师档案袋已日渐成为教师评价和专业发展的流行工具。因为它能适合多种情境,比如在大学教育项目中,可以促进职前教师的专业成长;在学区的层次上,作为奖励杰出教学实践的依据;在州政府的层面上,作为教师证书更新的依据;在国家的层面上,可以作为鉴定成功教师的依据。

我国《基础教育课程改革纲要(试行)》提倡在新课程背景下的教师评价应由管理性教师评价转变为发展性教师评价。发展性教师评价主张评价以促进教师的专业发展为目的,强调教师在评价中的主体地位,通过帮助教师进行反思和经验总结,为面向教师个人未来的专业发展方向提供反馈和咨询,倡导民主参与、自我反思和自我评价。基础教育课程改革中,我国教育界越来越重视发展性教师评价的理念。教师档案袋评价作为一种发展性教师评价方法,备受我国教育工作者的推崇。教师档案袋研究在我国正处于理论和实践的积极探索阶段。

---

① G.马丁-克里普. 捕捉实践的智慧——教师专业档案袋[M]. 北京:中国轻工业出版社, 2005:7

二、我国幼儿教师成长档案袋评价的研究现状及发展趋势

随着时代的发展以及相关教育和心理学理论的革新，人们对教育的质量更加关注，对教师的角色也提出了新的要求，幼儿教师评价逐渐开始关注教师发展，不仅要求教师成为知识的传授者，而且要求教师成为反思性实践者，成为行动研究人员，成为一个具有真正主体性的“人”。这种对教师主体性的关怀，是传统的教师评价制度和方法无法体现的。

《幼儿园教育指导纲要(试行)》颁布后，我国幼儿园越来越重视发展性教师评价。教师档案袋评价作为一种发展性教师评价方法，无论是从评价的内容、功能、评价的方式，还是评价的主体都与传统的评价有着较大的区别，因而被称为质性评价的典范之一。

在新课程全面推进的过程中，有关档案袋评价法在幼儿发展评价中的应用问题，已有较多的理论阐述和实践运用。但是，在新课程理念下如何更好地运用教师成长档案袋，对幼儿教师的教育教学进行更全面的评价，仍是尚待解决的难题。

从国内关于教师档案袋评价研究的整体看，这些研究主要是从课程评价的角度对中小学教师档案袋评价进行阐述，并从理论上对档案袋评价的理念进行了一定的研究。在国内幼儿园中，幼儿教师成长档案袋评价如何进行，幼儿教师成长档案袋评价的实践形态，以及幼儿教师成长档案袋评价对教师产生的影响等问题的研究则相对较少。

档案袋评价方法是舶来品，我国对幼儿教师成长档案袋评价的研究刚刚起步。虽然我们了解了很多关于幼儿教师成长档案袋评价的理论，这些理论揭示了实施幼儿教师成长档案袋评价的美好前景，但是它在我国的土壤里能否开花、结果，需要我们从我国的政治、经济、科技等文化背景出发，结合我国幼儿园的教育实际，对教师档案袋评价的类型、内容、评价标准的确定、如何有效地应用等诸多问题进行理论研究和实践探索。理论指导实践，实践提升理论，二者相辅相成。随着教师评价体系的进一步改革与完善，幼儿教师成长档案袋评价将逐渐被越来越多的幼教工作者接纳并采用。

第三节　幼儿教师成长档案袋评价的类型、特点及原则

幼儿教师评价从目的上分,有两种类型:一种是奖惩性教师评价,即以奖励和惩处为最终目的,通过对教师工作表现的评价,作出解聘、晋升、调动、降级、加薪、减薪、增加奖金等决定;一种是发展性教师评价。我国传统的教师评价注重的是评价的鉴定选择功能,利用评价来选聘和奖惩教师,而忽略了发挥评价所具有的激励、改进功能。现在,随着教育的变革与发展,发展性教师评价受到了越来越多的人的欢迎。

一、幼儿教师成长档案袋评价的类型

目前,国内外并没有明确划分幼儿教师成长档案袋评价的类型,依据前面教师档案袋评价的类型,结合我国幼儿园的实际状况,幼儿教师成长档案袋评价可分为三种类型:过程型幼儿教师成长档案袋、展示型幼儿教师成长档案袋和结果型幼儿教师成长档案袋。

(一)过程型幼儿教师成长档案袋

过程型幼儿教师成长档案袋强调幼儿教师专业成长发展的过程性、动态性和发展性,收集的材料是反映幼儿教师在一段时期内专业成长发展状况的各项材料。

幼儿教师制作的过程型教师成长档案袋,要能清晰地反映一段时期内教师在专业领域成长的轨迹和发生的变化。其内容不仅包括教师的个人基本信息、精品教案、发表的教科研文章复印件、参与课题的研究状况等,还包括教师的自我反思。因此,在过程型幼儿教师成长档案袋中,要收集教师教育教学反思的相关材料,如对幼儿的持续观察记录及反思、教师反思日记、教育随笔、轶事记录等。

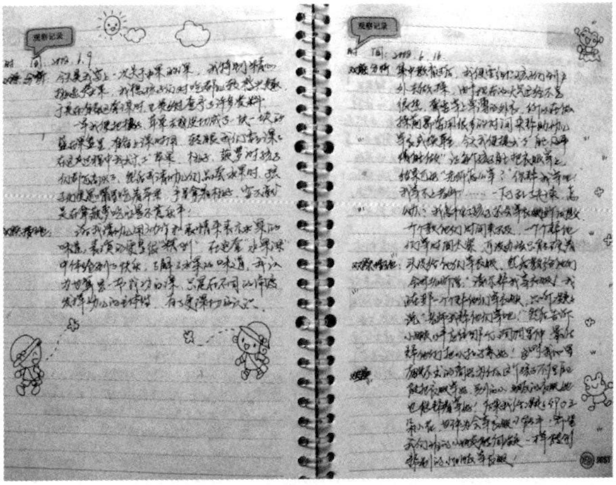

图6-30 教师的幼儿观察记录一

图6-30的档案袋页面记录了教师对幼儿的观察记录。

时间:×年×月×日

观察分析:今天我要上一次关于水果的课,我特别精心挑选了一些水果。我想孩子们对“吃”都比较感兴趣,于是在准备这堂课时,也查询了许多资料。

一大早我便把桃子、苹果去皮,切成一块一块,盛在果盘里,准备上课时用。活动中,我出示“苹果、桃子、菠萝”时,孩子们可高兴了。我请孩子们品尝水果,他们嘴里吃着苹果,手里拿着桃子,要不就争着品尝菠萝,吃得不亦乐乎。

教育措施:我请幼儿用动作和表情来表示水果的味道,他们表演得很“精彩”。

孩子们在这堂“水果课”中体验到了快乐,了解了水果的味道。我认为这算是一节成功的课。我对从不同角度发挥幼儿的主体性有了更深切的认识。

时间:×年×月×日

观察分析:集中教育过后,我组织孩子们到户外做操。由于天气不是很热,需要穿上单薄的外衣,所以在做操前需要用很多时间帮助幼儿穿衣换鞋。今天我便提出“自己的事情自己做”,让每个孩子自己穿衣服。结果可好:“老师,怎么穿?”“你帮我穿吧!”“我穿不上,老师!”……一下子乱了起来,怎么办?我忽视了幼儿不会穿衣服这个问题,一个个教他们时间来不及,一个个帮他们穿时间太紧,没办法只能硬着头皮给他们穿衣服。然后教他们学会对老师说:“请你帮我穿衣服！"我正在那一个个帮他们穿衣服时，只听凝凝说："老师，我帮他们穿吧！"然后告诉小朋友小手应往哪个洞洞里伸，最后帮他们把小扣子系好！这时我心里有说不出的高兴，这个孩子不但自己能把衣服穿好，别的小朋友的衣服她也能帮着穿好！后来我给凝凝印了三朵小花，称赞她为"穿衣服小能手"！希望我们班的孩子能向凝凝一样能够学会自己穿衣服，并积极地帮助别人！

图6-31的档案袋页面不仅提供了教师对幼儿的观察记录，还展示了教师撰写的反思日记。

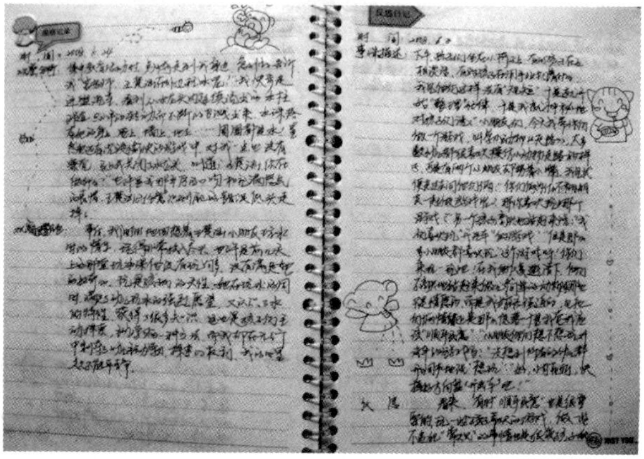

图6-31　教师的幼儿观察记录二

观察记录

时间：×年×月×日

观察分析：集中教育活动时，帅帅走到我身边，急急忙忙地告诉我："富老师，涵涵在外边玩水呢！"我快步走进盥洗室，看到从水龙头内不断流出的水柱已随小手的转动而不断地飞溅出来，水珠落在他的身上、脸上、墙上、地上…周围都是水。显然他还沉浸在愉快的游戏中，对我的到来一点也没察觉。我马上关闭了水龙头，叫道："涵涵，你在做什么？"也许是我那严厉的口吻和充满怒气的表情，让涵涵立刻意识到自己的错误，他低头走掉了。

教育措施：事后，我细细地回想着涵涵玩水的情况，他玩得非常投入尽兴，也许是前几天上的那堂玩水课他没有玩够，没有满足他的好奇心。玩是幼儿的天性，玩水满足了幼儿的强烈愿望，在玩水中不仅可以认识水的特性，也可以获得很多知识。这是孩子们主动探索、主动学习的一种方法，而我却在无形中剥夺了幼儿主动学习、探索的权利。我的心里久久不能平静。

反思日记

时间:×年×月×日

【事件描述】

下午,孩子们坐在小椅子上,有的孩子在互相谈话,有的孩子在用手比画着什么,我见他们这样没有"规矩",于是就开始"整理"纪律。我神秘地对孩子们说:"小朋友们,今天我带你们做一个游戏,叫学习动物'走路'。"大多数幼儿都很喜欢模仿小动物走路的样子,可是有两个幼儿却努着小嘴。我见状便走过去问他俩:"你们俩为什么不和小朋友一起做游戏呢?你喜欢玩哪个游戏?"其中的一个孩子高兴地站起来说:"我们喜欢玩开汽车的游戏。""但是那么多小朋友都喜欢玩这个游戏呀!你们来一起玩吧!"在我的反复邀请下,他们不高兴地站起来,不情愿地做了简单的动作,见他们俩情绪那么低落,我觉得应该"顺应民意"。"小朋友,你们想不想玩开汽车游戏?"没想到所有的幼儿都异口同声地说:"想玩!""好,小司机们,快握好方向盘'开汽车'吧!"

看来,有时"顺应民意"是很重要的。玩一些幼儿喜欢的游戏,做一些不违犯"常规"的事情,也是很受幼儿欢迎的。

过程型教师成长档案袋最主要的特点是资料收集的系统性、连贯性和过程性。每一份资料都是教师教育教学过程的再现,都是教师在专业信念、专业知识、专业技能、专业操守等方面发展的过程性体现。例如图6-30、6-31中的幼儿观察记录,连续而系统地记录了教师对幼儿观察的关注点的变化,从文字记录和表达方式中,可以看出这位教师不仅注意提高观察幼儿的能力,而且善于从中不断反思观察所得。

(二)展示型幼儿教师成长档案袋

展示型幼儿教师成长档案袋是教师个人最佳作品的汇集,目的是对教师在一定时期内的专业发展情况进行总结性评价。

展示型档案袋评价充分展示教师在某个领域或若干领域的最佳成就,可以用于评比等目的。以教学评比为例,要求教师建立展示型教学档案袋,收集最能体现其最佳教学成就的相关资料,并负责相关资料的组织整理。可以把最佳的活动设计、最能体现教学策略的影像资料放入幼儿教师成长档案袋，也可以把获奖证书放入幼儿教师成长档案袋。书面反思应说明选择资料的理由并予以介绍。

(三) 结果型幼儿教师成长档案袋

结果型幼儿教师成长档案袋主要收集教师在各领域内取得的，已具成效的一系列材料。具体来说，其内容主要包括以下几个方面：幼儿教师个人成长三年规划及阶段性目标、与专业发展有关的奖励证书复印件、发表的有关教科研文章复印件、反映个人教学水平(专业水平)的代表性作品、参与课题研究或讲座等活动的记录、教师专业学习活动记录、培训作业以及考试考核记录证明、评价表等。总之，结果型幼儿教师成长档案袋主要收集已形成的终结性的资料，它与过程型幼儿教师成长档案袋的目的正好相反。

过程型、结果型和展示型幼儿教师成长档案袋都是具有反思意义的现实信息的收集。三者的区别主要体现在以下三个方面：教师成长档案袋的目的(为什么)，教师成长档案袋内的资料(是什么)，教师成长档案袋资料的收集方法(怎么样)。档案袋内的资料及其收集方法主要取决于建设幼儿教师成长档案袋的目的。过程型幼儿教师成长档案袋主要表明教师的进步过程，结果型幼儿教师成长档案袋主要证明教师实现目标的程度，展示型幼儿教师成长档案袋则重在展示教师的最佳业绩，因此，档案袋内的资料及其收集方法必然是不同的。需要说明的是，在教育实践中，大多数档案袋不能归纳为一种类型，通常是两种或三种类型的有机结合。

二、幼儿教师成长档案袋评价的特点

档案袋评价是一种发展性评价，不但具有发展性教师评价的特点，而且也有其自身的特点。此外，由于幼儿园与中小学不同，因此，幼儿教师成长档案袋评价与中小学教师档案袋评价有着明显的区别。

(一) 幼儿教师成长档案袋评价资料收集的特点

1. 计划性

幼儿教师成长档案袋的创建过程，涵盖了一项任务从起始阶段到完成阶段的整个跨度，展示的是教师在一段时期内的专业发展状况，是对教师发展变化情况的连续考察。通过档案袋评价，可以较为全面地了解和评估教师在其专业领域的发展状况。因此，教师要有计划地收集资料，注重平时的积累。

幼儿教师成长档案袋内容丰富，教师在收集资料之前要做到心中有数，有选择、有目的地收集相关资料。比如，板块设计包括哪些内容，每个内容板块中应收集多少资料等，都需要教师全面细致地思考，绝不是突发、零碎、杂乱地呈现结果，或者临时抱佛脚，随意收集资料以应付检查。

2. 真实性

幼儿教师成长档案袋所收集的资料虽然有一些固定的板块，但是每个教师的发展起点不一样，其人生阅历、教育背景、个性特点都有差异，因此，每个教师可能有不同的发展速度，每个教师的潜力也不一样。所以，在幼儿教师成长档案袋中所收集的材料一定要客观真实，体现个性化的特点。

幼儿教师成长档案袋内收集的资料记录了教师在教育教学过程中的重要信息，不仅能再现教学活动的真实情境，还能显示出教师在教育教学中的优点和存在的不足。档案袋评价是一种真实性评价，因此教师只有根据自身的实际情况收集资料，提供真实的信息，才能全面反映教师的专业发展情况。所以要避免收集资料时弄虚作假，杜绝资料的随意性和片面性。

图6-32　真实性体现

照片、录音、录像等资料是情境性资料，具有真实性、现场感，而文字或其他作品等资料的收集也要遵循“从情境中来，从原貌中来，从真实中来”等原则；在文字表述上以记录叙述为主，描述性语言为辅。

3. 专业性

幼儿教师成长档案袋是教师的专业成长档案袋，档案袋中收集的资料不应是杂乱无章的，而应当有选择地加以收集。教师在积累资料时，最初可能会觉得茫然无头绪，因为可供收集的资料众多，必须自己选择和判断哪些材料应当收录到档案袋中。一般来说，档案袋中所收集的资料应当以教师在专业知识、专业技术、专业理念和专业素养等方面的发展和变化为中心。

刚开始制作档案袋时，教师们普遍表示，对于资料的选择很茫然。最初大家呈现的档案袋内容丰富多彩，却不具专业性。很多教师花费大量的时间和精力为档案袋设计花边图案，主要挑选色彩鲜艳的照片填充到档案袋中，使得档案袋看起来像是作品展示集，具有欣赏价值，却忽视了自身对教育教学活动的反思。

专业性不仅应体现在幼儿教师成长档案袋的板块内容上，还体现在小小的板块名称的设计上。如“成长历程”、“温馨服务”、“我的书房”、“教学研究”等，从多方面展示教师尤其是幼儿教师作为教育者、服务者、学习者以及研究者的角色定位，从细小之处体现专业特性。

4. 反思性

当前，国内外教育界都强调教师的反思能力，重视培养反思型的教师。教师只有不断地反思，总结经验教训，才能更好地了解自身的优点与不足之处，从而有针对性地采取策略，完善自身，并有效地指导教育教学实践。

幼儿教师成长档案袋的基本内容是教师收集的各方面资料，其中教师的自我反思、自我评价、自我教育等是档案袋的重要组成部分。实际上，反思是幼儿教师成长档案袋设计的关键。教师收集档案袋资料的过程，不是单纯地堆砌资料，而是结合自身实际加以反思的过程。比如，对一名幼儿的观察记录，教师不但要描述整个观察过程，还要分析幼儿行为产生的原因，并且在此基础上提出教育策略。幼儿教师成长档案袋的创建过程要求教师有针对性地选择、收集资料，这本身就是教师自我反思的过程。如图6-33所示。

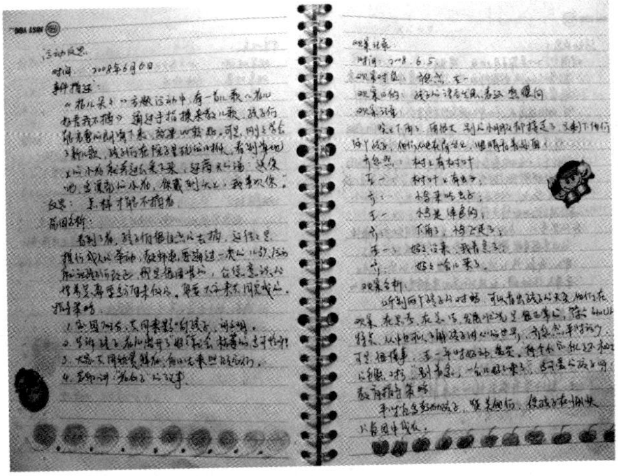

图6-33 活动反思及观察记录

活动反思

时间：×年×月×日

【事件描述】

“花儿朵朵”主题活动中，有一首儿歌《花儿好看我不摘》，可以通过手指操来学习歌，孩子们能完全朗诵下来，效果很好。可是，刚刚学会了新儿歌，孩子们在院子里玩的时候，看到草地上的小花就奔过去采下来，还高兴地说：“送你吧，多漂亮的小花，你戴到头上，我喜欢你。”

我的反思：怎样才能不摘花？

原因分析：看到了花，幼儿很自然地去摘，这往往是模仿成人的举动。教师想要通过一次儿歌活动就让幼儿改正，是很困难的。公德意识的培养需要多方面的引导，需要大家共同来完成。

指导策略：

(1) 家园配合，共同教育幼儿“讲文明”。

(2) 告诉幼儿花儿离开了“妈妈”就会枯萎的，多可怜呀！

(3) 大家共同欣赏鲜花后，请值日生来照顾它们。

(4) 教师讲《好孩子》的故事。

观察记录

时间:×年×月×日

观察对象:悠然、五一

观察目的:幼儿的语言发展,表达与想象。

观察记录:晚上下雨了,雨很大,其他幼儿都被接走了,只剩下悠然和五一两个孩子。他们趴在窗台上,眼睛看着外面。

悠然:树上有树叶。

五一:书上有虫子。

齐:小鸟来吃虫子。

五一:小鸟是绿色的。

齐:下雨了,小鸟飞走了。

五一:妈妈没来,我着急。

齐:妈妈一会儿来了。

观察分析:听到两个孩子的对话,可以看出孩子的天真,他们在观察、在思考、在总结,发展状况是很正常的,符合幼儿特点,从中也可以了解幼儿的内心世界。悠然平时话少,可是很懂事,五一平时好动、爱哭。两个小家伙还相互安慰对方:"别着急,妈妈一会儿来了!"多可爱的孩子呀!

教育措施:平时应多鼓励幼儿,赞美他们,使幼儿在愉快的氛围中成长。

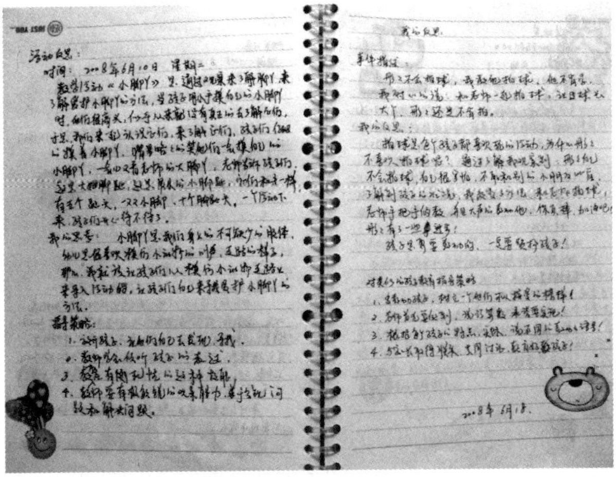

图6-34 活动后反思

图6-34的档案袋内容中,既有"活动后的反思",又有"我的反思",相得益彰。

活动后反思

时间:×年×月×日

【事件描述】

数学活动"小脚丫"是通过引导幼儿观察来了解小脚丫,知道爱护小脚丫的方法。当幼儿用小手摸自己的小脚丫时,他们很高兴,似乎从来就没有真正地去了解它们。于是,我们一起认识它们,了解它们。活动中,孩子们仔细地摸着小脚丫,嘴里"咯咯咯"地笑,他们一会儿摸摸自己的小脚丫,一会儿又看看老师的大脚丫。我告诉孩子们,这是大脚趾,这是最小的小脚趾,它们和手一样,有五个指头,因此一双小脚有十个脚指头。一个活动下来,孩子们非常开心。

我的反思:幼儿喜欢自己的小脚丫,也很喜欢模仿小动物的叫声、走路的样子。那么,我可以让幼儿从模仿小动物走路来导入活动,让幼儿自己寻找爱护小脚丫的方法。

指导策略:

(1)"放开"幼儿,让他们自己去发现、去寻找。

(2)教师学会倾听幼儿的表述。

(3)教师应有随机性技能。

(4)教师要有敏锐的观察能力,善于发现问题和解决问题。

我的反思

时间：×年×月×日

【事件描述】

彤彤不会拍球，我教他拍球，他不肯学。我耐心地说："和老师一起拍球，让皮球长大个。"彤彤还是不肯拍。

我的反思：拍球是每个孩子都喜欢的活动，为什么彤彤不喜欢拍球呢？通过观察我了解到彤彤自己不会拍球，心里很害怕，不能和别的幼儿一起玩。了解到孩子的状况，我改变了方法，让他和老师一起拍球。我手把手地教，并且大声地鼓励他："你真棒！加油！"彤彤有了一些进步！

幼儿是需要鼓励的，一定要赞扬幼儿！

对类似幼儿的教育指导策略：

(1) 多鼓励幼儿，树立一个他们可以接受的榜样。

(2) 教师首先要做到说话算数，兑现承诺。

(3) 根据每个幼儿的特点、实际，说不同的鼓励语言。

(4) 与家长取得联系，共同讨论，教育好幼儿。

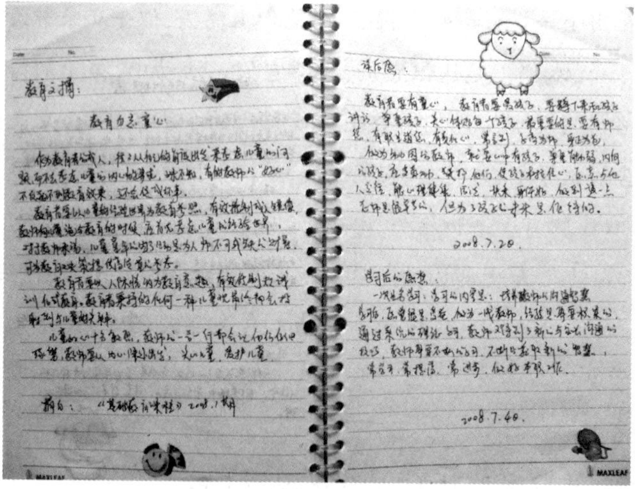

图6-35　教育文摘和读后感

图6-35中，详细记载了教师日常阅读的感想和体会。

教育文摘:教育勿忘童心

作为教育者的成人,往往从自己的角度出发来考虑儿童的问题,而不去考虑儿童的内心需求。殊不知,有时教师的“好心”不仅起不到教育的效果,还会促成坏事。

教育者要以儿童的经验世界为教育参照,有效抵制成人镜像。教师向儿童施与教育的时候,应首先考虑儿童的经验世界。对于教师来说,儿童童年的生活经历是为人师不可或缺的财富,可为教育决策提供高质量的参考。

教育者要以人际悦纳为教育意趣,有效抵制规诫、训化式教育。教育者秉持的任何一种儿童观最终都会投射到与儿童的关系中。

儿童的心十分敏感,教师的一言一行都会让他们仔细琢磨,教师要从内心深处出发,关爱儿童,爱护儿童。

(选自《基础教育课程》2008年第1期)

读后感

教育者要有童心,教育者要爱孩子,要蹲下来和孩子讲话,尊重孩子,关心、体贴每一个孩子。最重要的是要有师德,有职业道德,有责任心。常言道,义高为师,身正为道。作为幼儿园的教师,要心中有孩子;要尊重能力弱、内向的孩子,应多鼓励、赞扬他们,使孩子树立信心,愿意与他人交往,从而心理健康、活泼快乐。做到这一点,老师是很辛苦的,但为了孩子的未来是值得的。

反思是教师成长的重要法宝,因此在幼儿教师成长档案袋中处处可见教师反思的踪迹,如反思日记、“我的感言”、“读后感”以及“活动反思”等。反思促进了教师不断对自己、对幼儿的发展进行审视,不断进行自我检视,在不断比较中明晰自己的专业定位,激发自己将隐性的实践智慧形成文字并显性化地表现出来,从而不断提升教育实践和教育研究能力,促进自身的专业发展。

5. 动态性

幼儿教师成长档案袋中的资料收集是一个动态发展、不断填充完善的过程。

档案袋可采取活页夹的形式，其最大的优点是可以随时随地补充资料。教师针对不同板块收集资料，是一个动态的过程。以收集教师反思日记方面的资料为例，第一篇反思日记可以是对某个主题活动中一个环节的思考，第二篇反思日记可能是对这个主题活动的整体反思；或者，第一篇反思日记是关于一个主题活动中某问题的反思，第二篇反思日记是针对相关主题活动的分析与反思。总之，档案袋资料的收集是一个承接的、持续的过程。

6. 多样性

幼儿教师成长档案袋资料具有多样性特点，具体体现在档案袋资料的内容、形式以及呈现方式多种多样。

幼儿教师成长档案袋资料在内容与形式上，可以是作品、操作与演示活动、评定量表、连续性记录、轶事记录、测验以及成绩、精品教案、反思性文字、竞赛成绩、他人评论等。幼儿教师成长档案袋中的评价体系包括教师自评，同事评价，幼儿园管理者、家长以及幼儿的评价等，也体现了多样性特点。此外，在档案袋中，资料的呈现方式丰富多样，如文字材料、手稿、照片、图画、剪报、证书复印件、创意泥，以及录像、录音、报纸杂志等。

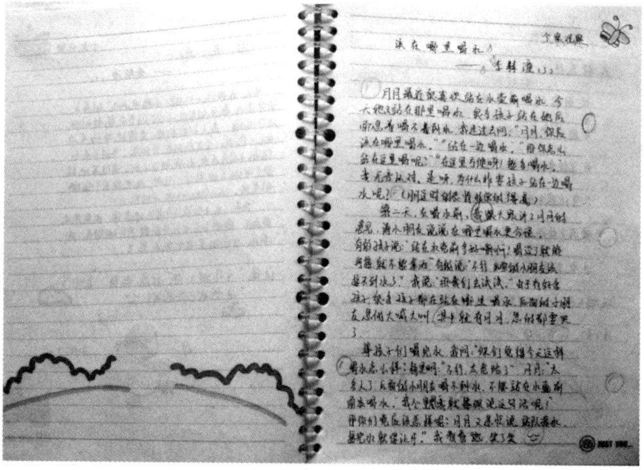

图6-36　文字记录的“个案观察”

图6-36是一则文字记录的“个案观察”。

该在哪里喝水

月月最近很喜欢站在水壶前喝水，今天她又站在那里喝水，很多孩子站在她后面急，却喝不到水。我走过去问："月月，你该站在哪里喝水？""站在一边喝水？""那你怎么站在这里喝水呢？""在这里方便呀！能多喝水！"我无言以对。（月月这时的表情非常得意。）

第二天，在喝水前，我跟大家讲了月月的意见，请大家说说在哪里喝水更合理。有的孩子说："站在水壶前多好啊！喝没了就能再接，又不会总洒。"有的孩子说："不行，后面的小朋友接不到水了。"我说："那我们去试试。"由于人很多，很多孩子都站在那里喝水，后面的孩子急得大喊大叫，其中就有月月，急得都要哭了。

等孩子们喝完水，我问："你们觉得今天这样喝水怎么样？"昊昊说："不行，太危险了！"月月说："人太多了，后面的小朋友都喝不到水，不能站在水壶前面喝水。"我心里想："我就等你说这句话呢！""那你们觉得应该怎样呢？"月月又急忙说："站队接水，接完水就让开。"我看看她，笑了。

图6-37　照片记录的"个案观察"

图6-37是以照片的形式进行"个案观察"。

个案观察：一场小闹剧

"啊……"彤彤跑过来，看着我大声地哭，我急忙问："怎么了，快别哭，慢慢说。""小乔使劲使劲使劲拽我头发。"我还没说话，小乔跑过来："她还咬我呢！"

彤彤说："是你先拽我头发的！"两人说着都大哭起来。听到、看到这一切，我明白是怎么回事了。

小乔很喜欢彤彤，愿意跟彤彤在一起做任何事情，但小乔总喜欢偷偷地摸彤彤。今天也一样。我跟彤彤说："我们原谅她吧，小乔很喜欢你，愿意和你做朋友，你看她总是把最好吃的给你，可见，她多喜欢你呀！今天她的手有些重了，她不是有意的。"我还没说完，两只小手就握在了一起。

小结论：教师要给幼儿多一点空间，教会幼儿如何交往。这样他们在成长过程中就会：①锻炼语言表达能力。②结交更多的朋友，增强自信心。

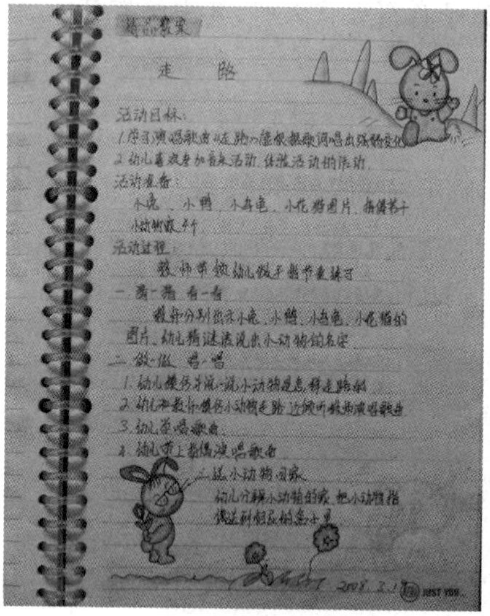

图6-38 精品教案

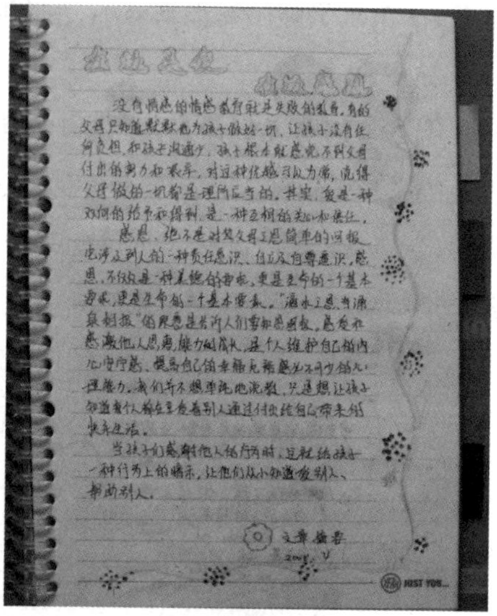

图6-39 文章摘要

图6-39中，"文章摘要"如下。

没有情感的情感教育是失败的教育，有的父母只知道默默地为孩子做好一切，让孩子没有任何负担，和孩子沟通少，孩子根本就感觉不到父母付出的努力和艰辛，对这种优越习以为常，觉得父母做的一切都是理所应当的。其实，爱是一种双向的给予和得到，是一种互相的关心和信任。

感恩，绝不是对父母之恩简单的回报，它涉及人的一种责任意识、自立及自尊意识。感恩不仅仅是一种美德的要求，更是生命的一个基本要素。"滴水之恩，当涌泉相报"的原意是告诉人们要知恩图报。感受和感激他人恩惠能力的成长，是个人维护自己的内心安宁感，提高自己的幸福充裕感必不可少的心理能力，我们并不想单纯的说教，只是想让孩子知道每个人都在享受着别人通过付出给自己带来的快乐生活。

当孩子们感谢他人的行为时，这就给他们一种行为上的暗示，让孩子从小知道爱别人、帮助别人。

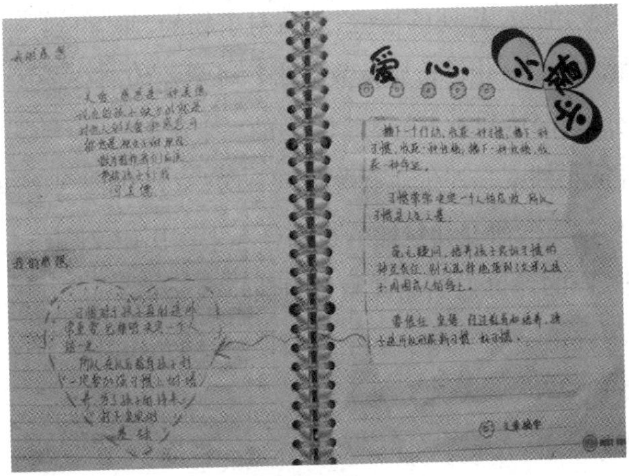

图6-40　我的感想

图6-41　研讨后的反思和感想

(二) 幼儿教师成长档案袋评价的特点

1. 融合了质性评价和量化评价

质性研究在当今教育界深受重视，质性评价在评价领域日益兴起。质性研究是以研究者本人作为研究工具，在自然情境下采用多种资料收集的方法对社会现象进行整体性探究，使用归纳法分析资料和形成理论，通过与研究对象互动对其行为和意义进行建构，从而获得解释性理解的一种活动。量的研究是一种对事物可量化的部分进行测量和分析，以检验研究者关于该事物某些理论假设的研究方法。而质性评价是通过研究者和被研究者之间的互动，对事物进行深入、细致、长期的体验，然后对事物的"质"得到一个比较全面的解释性理解和评定。量化评价则依靠对事物可量化的部分及其相关关系进行测量、计算和分析，以达到对事物的"本质"的一定认识。

幼儿教师成长档案袋评价对教师的教育教学过程和教学结果进行价值评判，可以有效地把质的研究和量的分析结合起来。比如，评价一个幼儿教师的专业发展水平，质的评价包括幼儿教师自我反思日记、幼儿观察记录、微格教学录像等，量的评价有观摩数学量化成绩评定、幼儿作品样本评分表、幼儿教师教学考核表等。

2. 诊断性评价、形成性评价和总结性评价有机结合

美国课程评价专家斯克瑞文于1967年提出形成性评价（formative evaluation）与总结性评价（summative evaluation）两种评价类型。后来，布卢姆的评价体系把诊断性评价（diagnostic evaluation）、形成性评价和总结性评价作为达成预定教育目标的序列手段。诊断性评价是为了使教学适合于学习者的需要和背景，而在一门课程和一个学习单元开始之前对学习者所具有的认知、情感和技能等方面的条件进行的评估。形成性评价是在课程编制或课程实施阶段所进行的评价，其主要目的在于收集课程编制或实施过程中各个局部的优缺点的资料，作为进一步修订或完善的依据。总结性评价则是在课程实施完成之后所进行的评价，其主要目的在于收集资料，对课程计划的成效作出整体判断，作为推广采用或不同课程计划之间比较的依据。

幼儿教师成长档案袋评价可以将三者有机结合，通过档案袋来评价教师的专业发展水平。在一个幼儿教师成长档案袋里，应当既有教师对幼儿在教育教学活动中的需求分析，也有对教师个人获得成果的充分展示，还有对教师专业发展过程的阶段性描述，以及幼儿教师对三者的评价、反思和外界的评价

与建议等。这样就可将诊断性评价、形成性评价和总结性评价有机结合起来。

3. 综合了教师自评、他人评价和专家评价

《〈幼儿园教育指导纲要(试行)〉解读》中,明确指出:"幼儿园教育工作评价实行以教师自评为主,园长以及有关管理人员、其他教师和家长等参与评价的制度。"幼儿教师成长档案袋评价体现了多元评价的理念。

建立幼儿教师成长档案袋,应用档案袋对幼儿教师进行评价,其目的是为了激励教师的积极性,提高其专业素质和教学水平。如果建立幼儿教师成长档案袋时只强调教师对教学活动材料的收集,忽视各方面的评价过程,这一活动就失去了激励教师的作用。

目前,幼儿园对教师评价的方法大多仍采用偏重管理和总结、带有主观性的传统绩效评价。绩效评价是对教师工作现实的或潜在的价值作出判断的活动,包括对教师教学工作过程与工作结果的评价,一般与评优和奖惩直接相关,是幼儿园年终奖惩、分配、岗位培训以及人事决策的主要依据。这种绩效评价往往存在各种问题。例如忽视对教师的创新精神和实践能力的评价,忽略对教师的个性发展和个体自身发展的纵向评价,忽略对教师的教育教学过程评价,从而影响了评价的全面性与客观性。

幼儿教师成长档案袋评价作为教师评价的一种形式,强调评价过程中主体间的相互选择、沟通和协商,加强了教师自评和同事间的互评,使评价成为教师、幼儿园管理者、评价专家、幼儿以及家长共同参与的交互活动。

三、幼儿教师成长档案袋评价的实施原则

一般来说,幼儿教师成长档案袋评价主要包括两个阶段,即材料收集阶段和运用档案袋进行评价的阶段。幼儿园在实施教师成长档案袋评价时,应当遵循以下原则。

(一) 动态性原则

动态性原则指幼儿教师成长档案袋评价不是静止的,而是一个不断发展与变化的过程,要用发展、变化的眼光看待教师的专业发展状况,不要停留在某一层面或者某一点上。美国心理学家波斯纳(G.J.Posner,1989)曾归纳出教

师成长公式:“经验+反思=成长”。幼儿教师成长档案袋评价不失为最经济、最有效的促进教师成长的策略。因为伴随着教师成长,档案袋中的内容始终是动态的,在这个过程中,教师始终在比较、反思着自己的教育教学行为。①

1. 将档案袋评价与教师的日常教育教学相结合

要将档案袋评价寓于教师的教育教学过程之中,注重教育教学过程的评价,注重在教育教学过程中收集各种评价信息,及时反馈,实现动态监控。这种评价不仅关注结果,更注重教师发展提高的过程,通过加强对教师专业发展过程的评价指导,促使教师不断完善、不断发展和不断提高。

2. 注重档案袋评价过程中评价双方的沟通与交流

要在评价者和被评价者之间建立一种平等、信任的对话世界,评价双方互相沟通、理解,让评价成为一种双方作为活生生的“人”的交流过程。幼儿园管理者要及时把评价意见反馈给教师,同事之间要经常沟通交流,从而不断地为教师个体的专业发展提供评价和建议。

(二) 激励性原则

激励性原则是指在幼儿教师成长档案袋评价中,应促使被评教师形成继续努力或进一步在今后的教育教学活动中改善自身不足、提高专业素质和教学能力的动机与期望。

幼儿园园长、保教主任既是评价、监督的角色,也要做支持者、指导者。园长和保教主任要制定定期检查的时间,提出阶段性任务。如第一次检查要求教师建立各个板块、完善第一板块教师基本情况的内容;第二次检查则要求各板块中至少有一篇内容(“成果”板块除外)。在检查教师完成任务的同时,更应当认真对待和珍惜教师的劳动成果。

社会学家和心理学家对个人的需求作过广泛的研究和分析,认为人不只是管理理论中的“经济人”,更是“社会人”。绝大多数教师不只是追求金钱收入,更追求受人尊重、自我实现等精神需要。在某种意义上,精神激励比物质激励更重要。

---

① 李淑芳. 成长档案袋:教师专业发展的“动力源”[J]. 生活教育, 2006(2)

在行动研究中，幼儿园园长和保教主任每个月检查一次教师成长档案袋。他们逐页翻阅，或针对一篇内容(幼儿观察记录、教育随笔或反思日记等)进行评议，或对档案袋本身的版面设计提供建议，或对教师专业发展方面的优缺点进行评议……并以小纸条的形式夹在相应的页面里。很多教师表示，看到园领导的小纸条，都觉得是一种鼓励，促使自己更努力地做好工作。

(三) 多元化评价原则

实施多元化评价，要从教师劳动的复杂性、创造性、教师个体的差异性、发展的多样性和动态性出发，多视角、多向度、多层面地认识问题，多角度、多渠道地收集信息，以达到促进教师专业发展的目的。实施多元化评价是落实发展性教师评价理念的有效策略。

从评价主体来说，幼儿教师成长档案袋评价应坚持包括教师本人在内的多元参与和多样化评价方法相结合的原则，以促进教师的专业成长为目的，体现教师、同事、家长、幼儿、领导、专家多主体参与的评价理念。具体包括教师的自我评价、同事评价、幼儿评价、家长评价以及幼儿园管理者的评价等，并采取渐进式和引导式的评价，促进教师进行多次阶段性的反思。

从评价内容和评价形式来说，幼儿教师成长档案袋评价必须结合教师的教育教学工作实际，注重体现过程与结果的结合。档案袋评价作为一种发展性评价方法，不能仅仅局限于教师的过去，还应展示教师的发展状态，体现评价的发展性。评价应体现角度多元的特点，重点反映教师在团队合作、师德修养、师幼关系、教学活动、课程开发、教学资源整合、进修学习、园本教研、幼儿观察记录等多方面的发展、变化。

(四) 差异性原则

作为教师评价的一种方法，幼儿教师成长档案袋评价应作为教师年度考核、职称评审、评优评先的重要条件和主要依据。由于教师自身素质不同，年龄、学历等存在差异，这又要求我们在对教师进行评价时，要充分考虑教师的个体差异。

幼儿教师成长档案袋评价应从整体上科学、系统地反映现代社会对教师素质的要求，特别是对教师专业成长过程的要求。同时，教师是动态多变的个体，教学各具特色，评价既要有利于教师认识自我，看到自己的成长过程，反思自己的成长过程，又要让他们充分发挥自身优势，建立自信，不断完善自我，超越自我。

幼儿教师成长档案袋评价的目的是促进每位教师的专业发展，评价应体现规范性和灵活性相结合的特点，发挥教师记录自己成长道路的积极性，更好地体现教师成长过程的个体差异性、成长方式的丰富性等特点。这样才能有利于教师结合自身实际进行反思，发现自身的不足，主动寻求改进的方法和途径，从而促进教师自身专业水平在原有基础上获得新的发展。

（五）可操作性原则

幼儿教师成长档案袋评价的开展要简单易行，既便于教师掌握与操作，又便于教师开展工作。档案袋评价的过程要与幼儿园各个时期的中心工作紧密结合。比如，最近主抓园本研训，就应在档案袋中多体现教师进行教研工作和专业学习、科研成果等方面的内容，从而有效地实现教师发展和幼儿园发展的一致性，达到教师和幼儿园的双赢。

幼儿教师成长档案袋评价不仅关注教师教学工作的结果，更关注教师的工作过程和专业发展过程。如强调教师教育教学的过程性资料，包括教师个性化的自我简介、优秀的教学设计、教学论文和教学案例、读书笔记和教学反思、工作计划及总结、指导幼儿获奖的作品及与幼儿心灵的对话、获得各种奖励及反映专业成长过程的相关资料等。要通过定期展示，让教师既与自己纵向比较，又与他人横向比较，不断促进自身的持续发展。评价标准与内容应体现以人为本的思想，着力促进教师全面而有个性的发展，激发教师的内在情感、意志、态度，使其随着教育价值观、社会人才观的不断发展而逐步完善。

第四节　幼儿教师成长档案袋评价的实施步骤与要求

幼儿教师评价作为幼儿园教育评价的重要组成部分，是对教师素质和教师在教育保育工作中的行为表现的评价。评价的目的是使原有的教师教育与保育活动得到更好的改进，取得更好的教育成效。教师评价工作的效果直接影响到幼儿园教育教学质量甚至是幼儿园管理质量的高低。

一、幼儿教师成长档案袋评价的实施步骤

幼儿教师成长档案袋评价贯穿于幼儿园日常教育教学过程中,因而在实施和评价上需要教师投入大量的时间和精力。一般来说,幼儿教师成长档案袋评价的实施主要有以下几个步骤。

(一) 明确幼儿教师成长档案袋评价的目的

幼儿教师成长档案袋评价是对教师专业化成长进行评价,其根本目的在于促进教师的专业化发展,既充分发挥档案袋评价的导向、激励、改进的功能,又要通过评价过程的反馈、调控作用,促进每个教师不断总结、改进自己的工作,从而调动广大教师的工作积极性、主动性和创造性,促进幼儿园管理者不断加强对教师队伍的管理和建设,最终达到全面提高幼儿园教学质量的目的。

表6-2 教师教学档案袋评价观念的转变过程①

淡 化	强 化
评价内容易测但不重要	评价内容难测但对专业发展有价值
评价分散的知识	对丰富的、结构良好的知识评价
为教师知道知识而评价	为教师理解专业知能而评价
只评价教师成绩	对教师成长和学习机会评价
终结性评价	教师参与的持续性评价
由外部测评专家评价	教师自我评价
笔纸标准化考试	真实性评价
单一评价	多元评价
对非情境化知识的评价	情境化内容

(二) 确定幼儿教师成长档案袋的形式

幼儿教师成长档案袋的形式,可以多种多样。如活页夹、笔记本、资料袋、活页本等。教师可以自主选择形式,创建自己的档案袋。在行动研究中,经过几种形式的比较,大家达成了共识——采用塑料封皮、活页、带彩色夹页的办

① 赵九松. 教师教学档案袋功能分析[J]. 广西教育学院学报, 2007(1)

公笔记本。塑料封皮美观、耐用，活页便于添加或调序，夹页便于翻阅不同板块。夹页的材料应是纸板的，这样有利于长期保存。此外，一些添加页可以是B5打印纸。

（三）确定幼儿教师成长档案袋的内容

幼儿教师成长档案袋的内容设置，应将常规性内容与当前幼儿教师队伍建设的重点工作结合起来，这样既能清晰地反映一段时期内幼儿教师在某一领域成长的轨迹和发生的变化，又能实现教师发展和幼儿园发展的和谐统一。结合幼儿园实际，幼儿教师成长档案袋收集的内容一般包括以下几个部分。

1．个人基本信息

个人基本信息与教师的专业成长有着密切关系，它不仅能够让人一目了然地了解教师的大致情况，也可以预测教师将来专业成长的发展趋势。为此，教师提供的个人基本信息必须包括：①个人照片（符合教师身份）。②教师姓名。③英文名字。④年龄。⑤参加工作时间。⑥学历进修情况。⑦工作简历。⑧教师心语。⑨以往获奖经历（条目式）。

图6-42　个人照片

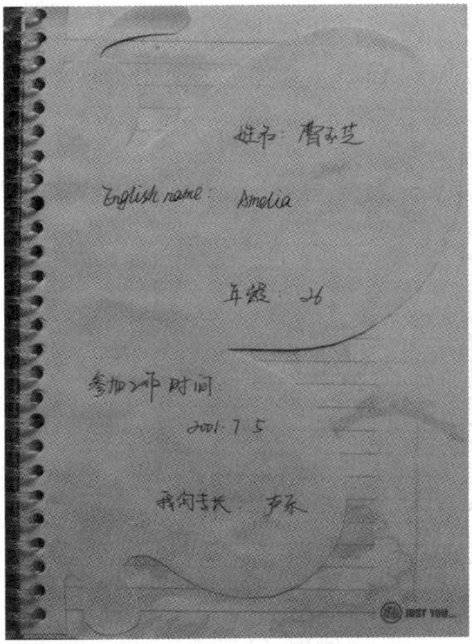

图6-43 教师中文姓名、英文名字、年龄、参加工作时间

图6-44 学历进修情况

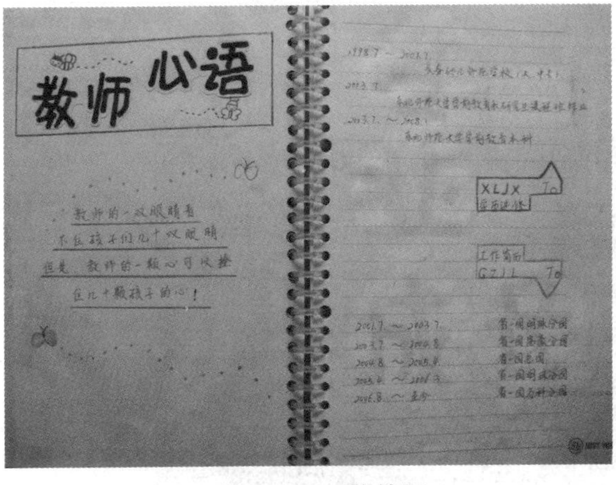

图6-45 工作简历

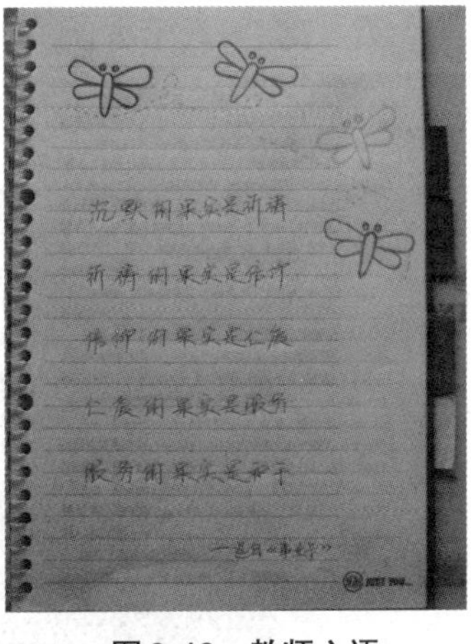

图6-46 教师心语

每位教师可自行设计、自主安排档案袋内容。由于每位教师设计的风格各不相同，档案袋既可以张扬个性，又可以展示风采。

图6-47　我的收获

2."个人成长系列"内容

在幼儿教师成长档案袋中,"个人成长系列"资料的收集包括四个方面:教学、学习、管理以及成果展示。具体内容如下。

第一部分:教学方面。

(1)精品活动设计与活动反思。

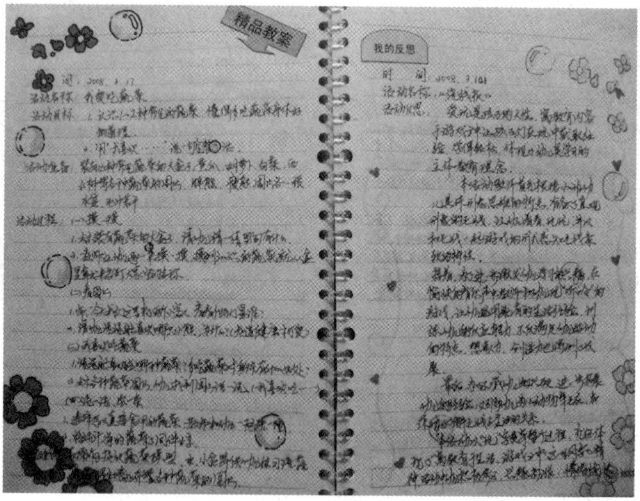

图6-48　精品活动设计与反思

精品教案

时间:×年×月×日

活动名称:

我爱吃蔬菜

活动目标:

1. 认识1~2种常见的蔬菜,懂得多吃蔬菜身体好的道理。

2. 用“我喜欢……”说一句完整的话。

活动准备:

装有几种常见蔬菜的大盒子,黄瓜、胡萝卜、白菜、西红柿等各种蔬菜的图片,胖熊、瘦熊图片各一张,水盆、毛巾若干。

活动过程:

(一)摸一摸

1. 出示装有蔬菜的大盒子,请幼儿猜一猜里面有什么。

2. 教师让幼儿逐次摸一摸,摸到认识的蔬菜就从盒里拿出来告诉大家它的名称。

(二)看图片

1. 教师:今天我们这里来了两个小客人,看看他们是谁?

2. 请幼儿说说自己喜欢哪只小熊,为什么?(知道健康才可爱)

(三)我喜欢吃蔬菜

1. 说说自己喜欢吃哪种蔬菜,多吃蔬菜对身体有什么好处。

2. 出示各种蔬菜图片,请幼儿找到图片后说一说,如“我喜欢吃……”。

(四)洗一洗、尝一尝

1. 选择可以直接食用的蔬菜,教师和幼儿一起洗一洗。

2. 展示洗干净的蔬菜,与同伴分享劳动的快乐。

活动延伸:

在操作区投放蔬菜模型、水、小盆等供幼儿练习洗蔬菜,在主题墙面布置各种蔬菜的图片。

我的反思

时间：×年×月×日

活动名称：

绕线板

活动反思：

爱玩是孩子的天性。寓教育内容于游戏之中，让幼儿在玩中获取经验，学得轻松，体现了幼儿是学习主体的教育理念。

教师首先根据小班幼儿思维具体形象的特点，准备了直观形象的毛线，让幼儿看看、玩玩，并以和毛线一起玩游戏的形式感知毛线柔软的特性。

接着，为了进一步激发幼儿的学习兴趣，教师和幼儿在愉快的音乐声中玩“听口令”游戏，引导幼儿运用已有的生活经验，训练幼儿的反应能力，不仅满足幼儿好动的特点，也促进其想象力、创造力的发展。

最后，为了不减幼儿的兴致，拓展幼儿的经验，教师又引导幼儿为小动物穿毛衣，使幼儿进一步了解毛线与生活的关系。

本活动以“玩”字贯穿整个过程，充分体现了《幼儿园教育指导纲要(试行)》的精神——“寓教育于生活、游戏之中”，活动中幼儿积极参与，兴趣高涨，情绪愉快。

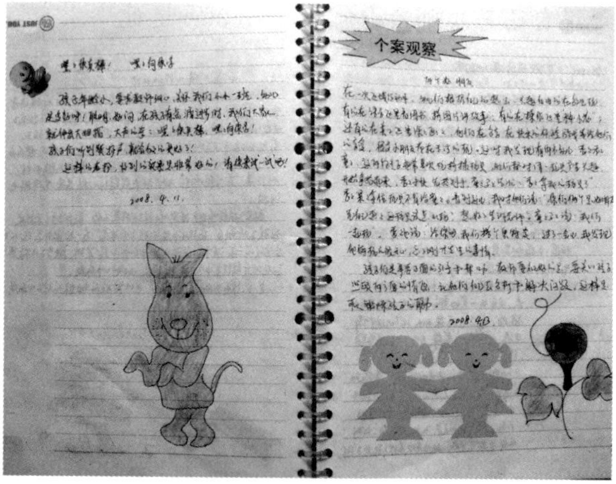

图6-48　活动反思与个案观察

嘿嘿你真棒！嘿嘿向你学！

孩子年龄小，要求教师细心、关怀。我们小小一班，孩子是多好呀！聪明、好学。在孩子有点进步时，我们大家就伸出大拇指，大声地夸："嘿嘿你真棒，嘿嘿向你学！"孩子们听到赞扬声，就会做得更好了！

这样的表扬，收到的效果非常好！请你来试一试吧！

个案观察：两个好朋友

在一次区域活动中，幼儿根据自己的想法、兴趣，自由地在分组玩。有的在语言区里看图书、拼图讲故事，有的在操作区里"种小花"，还有的在美工区里涂涂画画……他们在分享，在愉快地体验游戏的乐趣。很多幼儿都在专注地玩。这时我发现有两名幼儿：香香和童童。他俩都非常喜欢玩拼插玩具，都对同一玩具产生兴趣，开始争抢起来，香香手快，先抢到手，童童马上告状："香香拿我的玩具了。"香香紧紧拿住玩具不肯给童童。看到这里，我对他们说："你们两个人是好朋友，先自己想想这玩具该怎么玩？想好了告诉老师。"童童马上说："我们一起玩。"香香也说："给你吧，我们搭个奥特曼！"过了一会儿，我发现他们俩玩得很开心，忘了方才发生的事情。

幼儿需要正面的引导和帮助，教师要做好的是：关心幼儿，照顾两方面的情愿，让他们自己去分析和解决问题，这样可以锻炼幼儿的能力。

(2) 对1~2名幼儿的持续性观察日记。

图6-49　观察日记(一)

自信心

【观察过程】

在数学计算练习时，我正在巡回指导幼儿，大家写得都很认真。可是我发现，每次走到松宇身边时，他总是神情紧张地用橡皮擦把刚写的答案擦掉。经过几次观察，我发现他写的是对的，可为什么总是擦掉呢？于是我试探着问他："你不会写吗？"他低着头说："会！"我又问："那你写对了为什么还擦掉呢？"于是他开始认真地写。

【观察分析】

松宇是一个特别腼腆的男孩子，平时不爱说话，对此他妈妈也和我沟通过几次。孩子做事很小心，总是怕出错，我想是缺乏自信心。自信心对一个人的成长十分重要，自信的人总是向上的，所以我们应该多鼓励孩子，并提供更多表现自我的机会，帮助孩子积累、增强自信心。

兴　趣

【观察过程】

语言活动中，每个幼儿都积极踊跃地给大家讲故事，而松宇却很胆怯，不愿意讲。英语活动中，松宇朗读英文儿歌洪亮，主动到前面领读。

【观察分析】

松宇是一个缺乏自信的男孩子，因此对自己的弱项十分抵触，常常毫无兴趣。可是，他在英语方面很擅长，能够自信地站在众人面前，表现自己。这证明当孩子对某件事很自信、有把握能够做好时，他便会积极参与。如果能从多方面引起孩子的兴趣，慢慢建立起信心，他应该会进步很大。

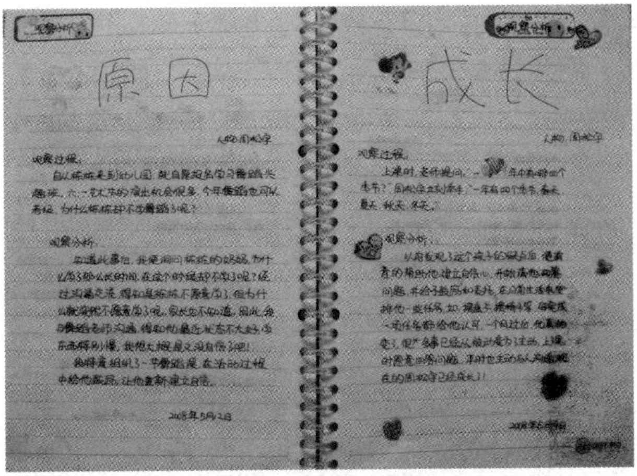

图6-49 观察日记(二)

观察分析:原因

【观察过程】

自从松宇来到幼儿园,就自愿报名学习舞蹈兴趣班,“六一”艺术节的演出机会很多,今年舞蹈也可以考级,为什么松宇却不学舞蹈了呢?

【观察分析】

知道此事后,我便询问松宇的妈妈,为什么学了那么长时间,在这个时候却说不学了呢?经过交流,得知是松宇不愿意学了,但为什么就突然不愿意学了呢,家长也不知道。因此,我与舞蹈老师沟通,得知他最近状态不太好,学东西特别慢,我想大概是又没自信了吧!

我特意组织了一节舞蹈课,在活动过程中给他鼓励,让他重新建立自信。

成　长

【观察过程】

上课时,我提问:“一年中有哪四个季节?”松宇立刻举手:“一年中有四个季节,春天、夏天、秋天、冬天。”

【观察分析】

发现了这个孩子的缺点后,我便有意识地帮助他建立自信心,开始请他回答问题,并给予鼓励和表扬;在日常生活中,安排他一些任务,如摆盘子、摆椅子等,每完成一项任务都给予认可。一个月过后,松宇真的变了,很多时候已从被动转为主动，上课时愿意回答问题，平时也主动与人沟通，现在的松宇已经成长了！

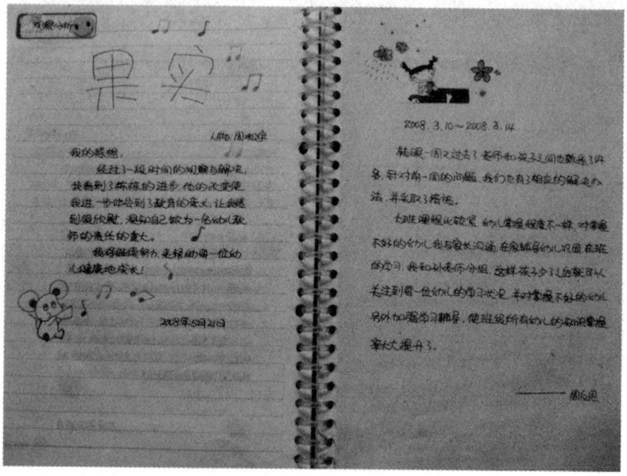

图6-49　观察日记(三)

果　实

【我的感想】

经过一段时间的观察与及时地解决问题，我看到了松宇的进步。他的改变使我进一步体会到了教育的意义，让我很欣慰，深知自己作为一名幼儿教师的责任重大。

我将继续努力，帮助每一位幼儿健康成长！

(3) 组织教育活动的音像资料(光碟、照片等)。

(4) 教育随笔、教育叙事等。

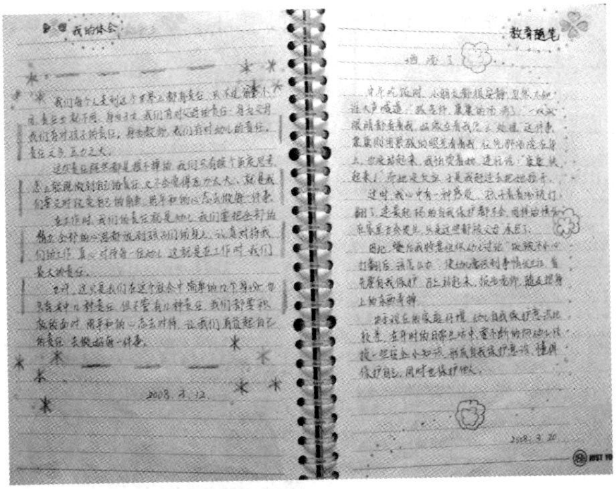

图6-50　教育随笔(一)

我的体会

我们每个人来到这个世界上都有责任，只不过角色不同，责任也就不同。身为子女，我们有对父母的责任；身为父母，我们有对孩子的责任；身为教师，我们有对幼儿的责任。责任之多，压力之大。

这些责任既然都是我们推不掉的，我们只有换个角度思考，怎么才能既履行自己的责任，又不会觉得压力太大？这就要及时改变自己的角色，用平和的心态去做每一件事。

在工作时，我们应对幼儿负责任。我们要把全部的精力和心思都放在幼儿身上，认真对待我们的工作，真心对待每一位幼儿。这就是从事幼儿教育工作时最大的责任。

教育随笔：汤洒了

中午吃饭时，孩子们都很安静，忽然不知谁大声喊道："张老师，康康的汤洒了！"一双双眼睛都看着我，好像在看我怎么"处理"这件事。康康则用紧张的眼光看着我，任凭那汤流在身上，也没站起来。我怕烫着她，连忙说："康康，快起来！"而她没反应，于是我赶快过去把她拉开。

这时，我心中有一种感受，孩子看着汤被打翻了，连最起码的自我保护都不会，同样的情况家里也会发生，只是这些都被父母"承包了"。

因此，餐后我特意组织幼儿讨论"饭被不小心打翻后，该怎么办"，使幼儿意识到事情发生后，首先要自我保护，可以马上站起来，报告老师，随即把身上的东西弄掉。

现在的家庭环境中，幼儿自我保护意识比较差，因此，在日常生活中，我们要不断地向幼儿传授一些安全小知识，帮助他们形成自我保护意识，懂得保护自己的方法。

教育随笔：我的幸福

晚上离园的时候，听到孩子们说："老师，再见！"我心里暖洋洋的，一天的劳累早已抛到九霄云外了，我微笑地看着他们，他们也高兴地看着我，一种幸福感油然而生。

早晨上班来到幼儿园，听到孩子们说："老师好！"看到他们开心的样子，顿时觉得这一天是幸福的，快乐的。

幼儿园里，"老师，你真漂亮！"得到孩子们的夸奖和鼓励，我感觉到自己真的变漂亮了，同时，孩子们的话也时刻提醒我，每天都要以崭新的面貌、饱满的精神迎接每一个孩子的到来。

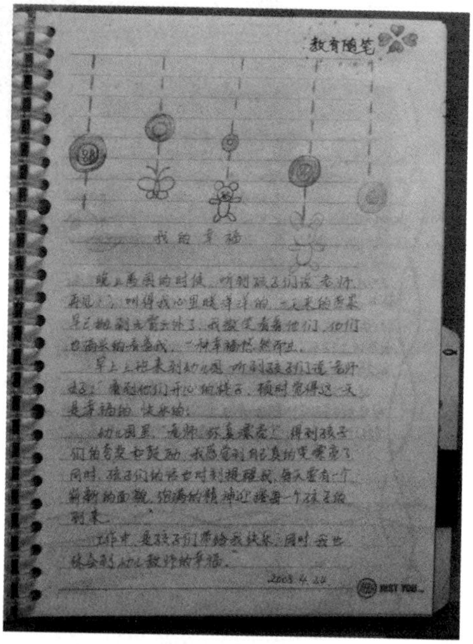

图6-50　教育随笔(二)

工作中，是孩子们带给我快乐，同时我也体会到了作为一名幼儿教师的幸福。

反思日记

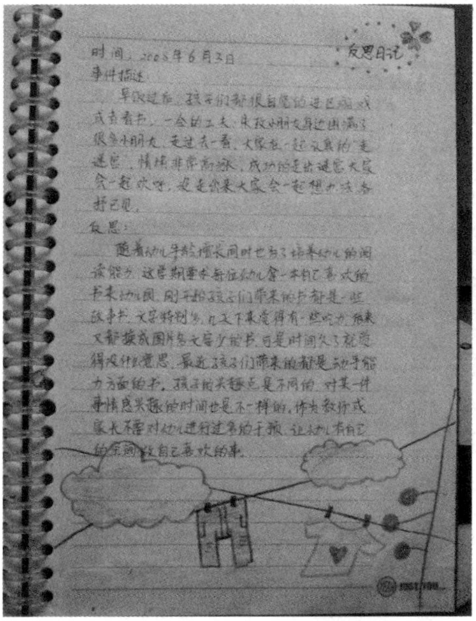

图6-50 教育随笔(三)

时间:×年×月×日

【事件描述】

早饭后,孩子们都很自觉地进区游戏或者看书。一会儿工夫,政政身边围满了很多孩子。走过去一看,大家在一起认真地“走迷宫”,情绪高涨。成功地走出迷宫,大家会一起欢呼;没走出来,大家会一起想办法,各抒己见。

我的反思:随着幼儿年龄增长,同时也为了培养幼儿的阅读能力,这学期要求每位幼儿拿一本自己喜欢的书来幼儿园。刚开始孩子们带来的书都是一些故事书,文字特别多,几天下来觉得有一些吃力。后来又都换成图片多文字少的书,可是时间久了就觉得没什么意思。最近孩子们带来的都是培养动手能力方面的书。幼儿的兴趣点是不同的,对某一件事情感兴趣的时间也是不一样的。作为教师或家长不要对幼儿进行过多的干预,从而让幼儿有自己的空间做自己喜欢的事。

(5)教育困惑和问题分析。

教师的主要角色是教育者,所以本部分的内容应该更丰富、更充实,能够展示个体的进步、教育水平和能力的提高,并体现幼儿的成长。

第二部分:学习方面。

(1) 阅读书籍有感(教育方面或对自身教育工作有启示)。

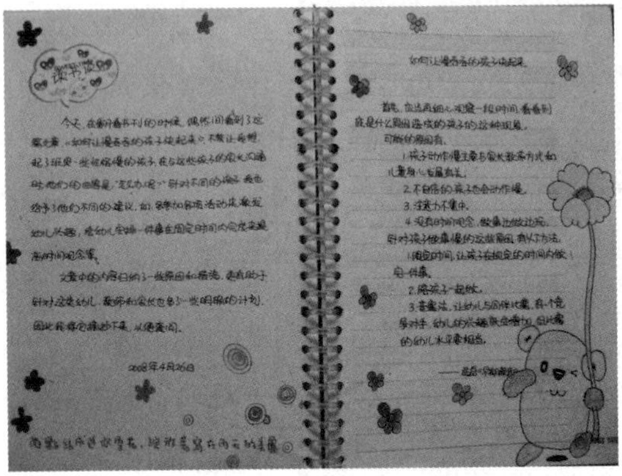

图6-51 读后感

图6-51中,教师在“读书谈”中有感而发:“今天,在翻看书刊的时候,偶然间看到了这篇文章——《如何让慢吞吞的孩子快起来》,不禁让我想起了班里一些性格慢的孩子,在与这些孩子的家长沟通时,他们的回答是:‘怎么办呢?’针对不同的孩子,我也给予了他们不同的建议,如多参加各项活动来激发幼儿兴趣,给幼儿安排一件事在固定时间内完成来提高时间观念等。文章中归纳了一些原因和措施,我将它摘抄下来,以便查阅。……”(文章内容详见第211-212页)

(2) 业务学习后的感想。

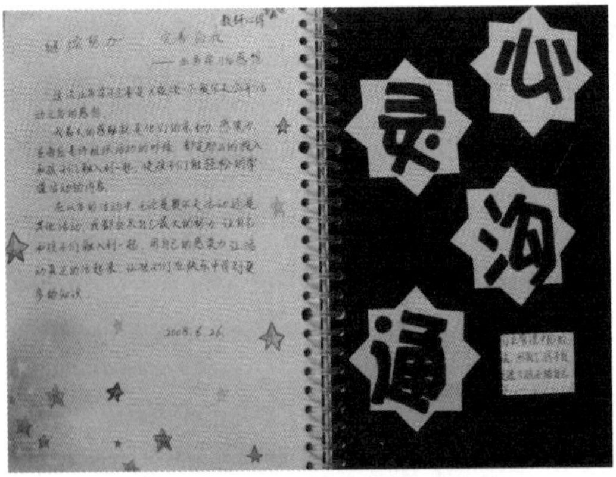

图6-52 学习感想(一)

继续努力　完善自我

——业务学习后感想

这次业务学习主要是大家谈一下奥尔夫公开活动之后的感想。我最大的感触就是他们的亲和力、感染力。每位老师组织活动的时候，都是那么投入，和孩子们融入到一起，使孩子们能轻松地掌握活动的内容。

在以后的活动中，无论是奥尔夫活动还是其他活动，我都会尽自己最大的努力，让自己和孩子们融入到一起，用自己的感染力让活动真正地“活”起来，让孩子们在快乐中学到更多的知识。

文章学习

时间：×年×月×日

地点：小一班

内容：培养教师的沟通智慧

一、家长工作要诀

1. 请家长在一起聊聊，或许能让哪个孩子的家长有所收获。

2. 与家长交流时先说孩子的优点与进步，再微笑着指出不足，并提出要求，共商对策。

3. 一个孩子两天没来，记得打电话问候一声。

二、案例研讨会

三、家长工作畅谈会

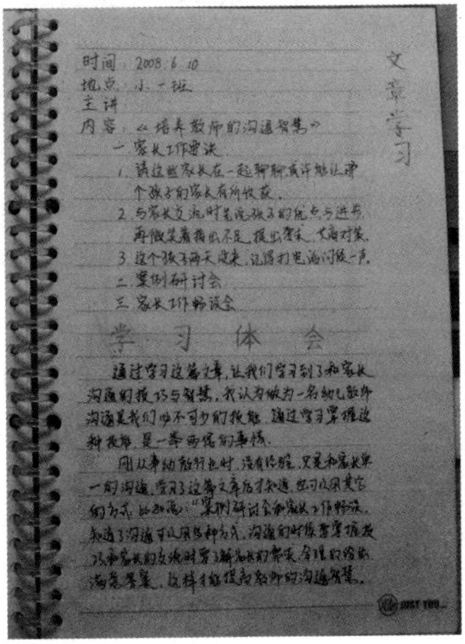

图6-52　学习感想(二)

【学习体会】

通过学习这篇文章，我学到了和家长沟通的技巧与智慧。我认为作为一名幼儿教师，沟通是我们必不可少的技能，通过学习来掌握这种技能，是一举两得的事情。

刚从事幼教行业时，没有经验，只是和家长单一的沟通。学习了这篇文章后才知道，可以用各种方式。比如说“案例研讨会”和“家长工作畅谈”。

知道了沟通可以用多种方式，沟通的时候还要掌握技巧，和家长交流时要了解家长的需求，合理地给出答案，这样才能体现教师的沟通智慧。

（3）参与进修或培训活动后的心得。如图6-53中，教师参与进修后，撰写了“我的感悟”和“学习幼儿评价指标体系有感”。

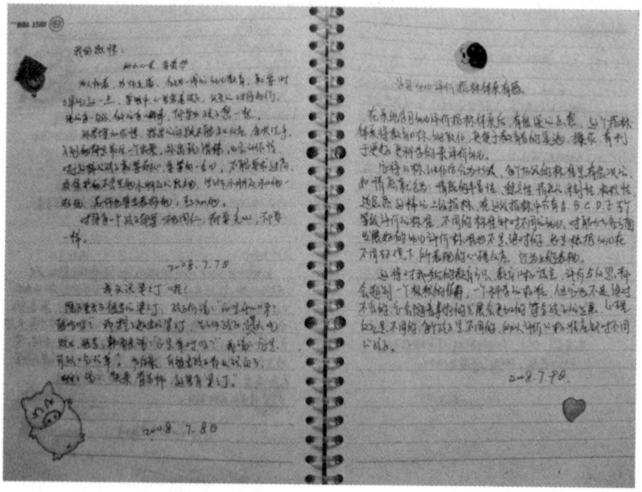

图6-53　进修心得

我的感悟：幼小心灵要看护

为人师表、为师之道，作为一线的幼儿教师，要时时牢记这一点，要眼中、心里装着幼儿，认真地对待他们。说的每一句话，做的每一件事，都要为幼儿想一想。

彦彦动作慢，提出的问题不能马上反应，每次洗手入列他都是最后一个出来，外出玩滑梯，也是动作慢。对于这样的幼儿就要耐心，要等他一会儿，不能要求过高，同时保护他不受同伴的轻视，告诉其他幼儿和他一起玩，老师也要多表扬他、鼓励他。

对待每一个幼儿都要关心，都要一视同仁。

学习幼儿评价指标体系有感

在系统学习幼儿评价指标体系后，我有很深的感想。这个指标体系将教育目标细化，更便于教育者实施、操作，有利于更好、更科学地评价幼儿。

幼儿评价指标体系将目标细化后分为等级，每个等级的标准是有层次的，如情感就分为：情感的丰富性、情感的稳定性、情感的深刻性和情感的积极性和道德感等等三级指标。在这一级指标中，分有A、B、C、D、E五个等级评价标准，不同的标准针对不同的幼儿。对能力等各方面发展好的幼儿，评价标准也不是绝对的。

这将对我今后确立教育目标、运用教育方法以及进行评价与反思起到积极的作用。但它也并非绝对不变，它会随着事物的发展而调整，从而更加符合幼儿的发展状况。每个幼儿是不同的，所以评价标准应针对不同的幼儿。

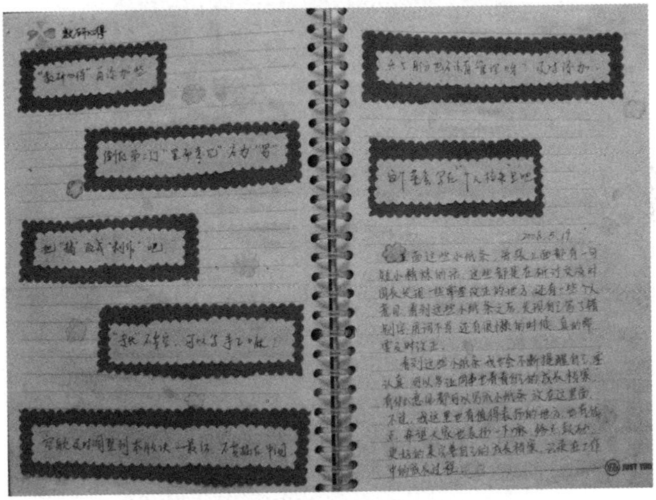

图6-54 教研心得

(4) 从同事、管理者或专家那里获得的经验与收获。

(5) 自己在工作中遇到的问题，以及别人给予的建议或看法(如“留言板”)等。

(6) 参与课题的名称、内容、成果及体会等。(如图6-55所示)

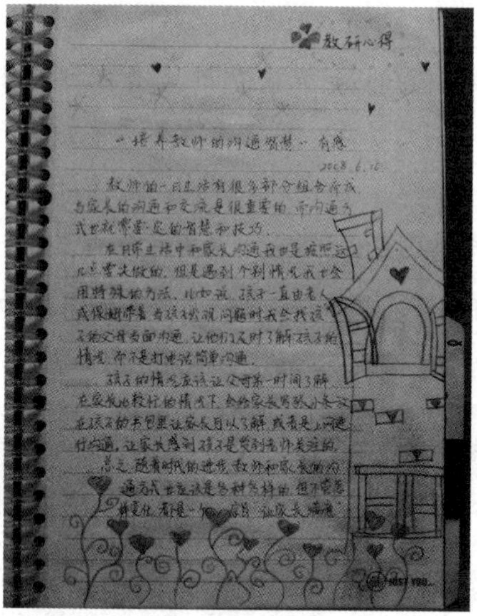

图6-55　教研体会

第三部分：管理方面（包括对班级、幼儿及家长工作等方面的管理与服务）。

（1）班级环境、区域设置的介绍与反思。

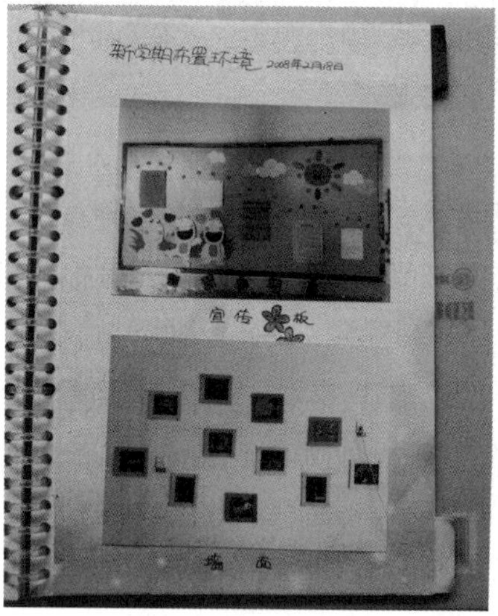

图6-56　新学期环境布置

(2) 对助教、保育教师和实习生的指导。

图6-57 我的指导

我的指导

3月5日。

今天班里来了一位新的保育老师，她是刚毕业的学生，对幼儿园的工作还不是很熟悉，再加上年龄小，在家也没干过什么活，因此需要不断地指导和帮助。

刚来的第一天，也没要求得那么多，我会把每天、每周安排的事情都告诉她，让她有个大概的印象。

从她这一天干的活、做的事能看出来，她在家没干过什么活，需要慢慢来，必要的时候手把手地教她。

(3) 班级教育特色的研究与实施。

(4) 阶段性工作的自我评价。

第四部分:成果展示。

(1) “作课”资料。

(2) 比赛资料。

图6-58　我的骄傲

(3) 有关证书。

(4) 发表的论文或著作的摘要。

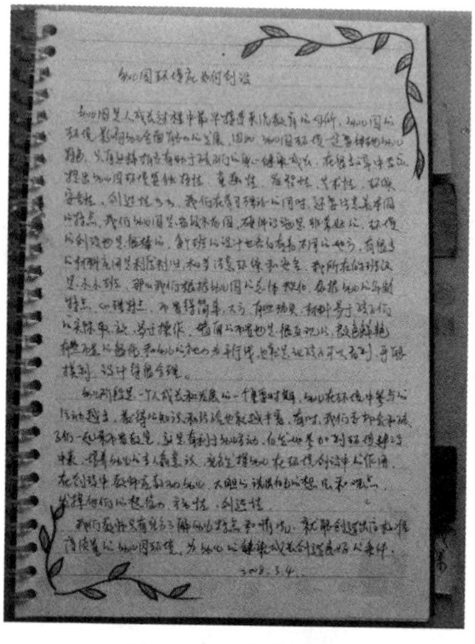

图6-59　论文摘要

如图6-59的论文摘要中,阐述了“幼儿园环境应如何创造”的问题。

幼儿园环境应如何创造

幼儿园是人一生成长过程中最早接受系统教育的场所,幼儿园的环境影响幼儿能力的全面发展。因此,幼儿园环境一定要体现幼儿特色,只有精心创设,才能有助于幼儿身心的健康成长。在很多文章中,专家提出幼儿园环境要具有独特性、童趣性、益智性、艺术性、环保安全性、创造性等。我们在学习理论的同时,也要注意本园特点。我们幼儿园是省级示范园，硬件设施非常好，环境的创设也很棒，每个班的设计各有特点。在很多材料的应用上，非常注意环保和安全。我所在的班级是小小班，我们根据幼儿园的总体规划，依据幼儿的年龄特点、心理特点，布置得简单、大方，玩具、材料易于孩子们的实际取、放和操作；墙面的布置也很直观，颜色鲜艳。

幼儿阶段是一个人成长和发展的重要时期，幼儿在环境中参与的活动越多，获得的知识和经验也就越丰富。有时，我会和孩子们一起布置教室，促使幼儿主动、自发地参与到环境建设中来，培养幼儿的主人翁意识，充分发挥幼儿在环境创设中的作用。在环境创设中，教师应鼓励幼儿大胆地说出自己的想法和观点，发挥他们的想象力、主动性、创造性。

只要教师充分了解幼儿的特点和情况，就能创造出高标准、高质量的幼儿园环境，为幼儿的健康成长创造良好的条件。

3. “评价系列”内容

根据《幼儿园教育指导纲要（试行）》的精神，幼儿园领导、全体教师、幼儿、家长以及上级主管部门都要参与到教育评价中来，成为评价的主体。因此，有关教师的阶段成长所进行的评价都要纳入幼儿教师成长档案袋。“评价系列”主要包括以下五方面内容。

（1）教师自我评价。

教师是档案袋质量和价值的最终仲裁者。教师自我评价是幼儿教师成长档案袋评价的重要组成部分。教师在收集、整理档案袋的过程中，不断反思自我，随时调整、充实档案袋内容，总结成绩，发扬优势，及时发现自身不足并予以弥补，通过多次阶段性反思，使档案袋日臻充实和完善。

（2）幼儿评价。

由于幼儿年龄小，不容易形成较为完整系统的评价。通常可以通过观察、随访、直观有趣的问卷调查以及谈话等形式了解幼儿的看法。幼儿评价体现了师幼共同成长的理念，有利于教师改进教育教学工作，并促使师幼共同成长。

（3）家长评价。

幼儿园可以通过问卷调查、座谈、家长会、家长参与园内活动等方式，让家长参与到对幼儿教师的评价当中。家长评价教师是社会参与幼儿园管理的重要方式之一,体现了教育改革的重要理念。

(4) 同事评价。

幼儿教师之间的评价可以通过教研组研讨的方式进行,并同教育教学活动紧密结合起来。这种评价主要是对教师的师德、教育教学、教育科研、专业学习等方面的内容进行指导督促,对档案袋内容的科学性、真实性、针对性、发展性提出建议和评价,对教师专业成长中的缺失和困惑提供帮助。教师之间的评价针对性比较强,有利于更好地促进教师的专业成长。

(5) 管理者评价。

幼儿园可以组织专门的评价小组对教师成长档案袋的各项内容进行审核,对档案袋的优点和不足进行简单而明确的文字描述,提出相应的建议并及时将评价结果反馈给教师本人,以利于教师今后的发展。

上述五种评价的结果可以用文字的形式进行记录,纳入幼儿教师成长档案袋之中,从而为最终形成公正客观的评价结果提供真实依据。

二、幼儿教师成长档案袋评价的实施要求

幼儿教师成长档案袋评价是一种真实性评价、表现性评价,它力求全面反映教师的教学情况,因而对于教师,尤其是第一次建立成长档案袋的教师来说,是一项辛苦的劳作,需要教师持之以恒地收集信息资料并不断反思。只有当教师对该程序较为熟悉,能够灵活操作时,方显其良好的效果。

(一) 创建幼儿教师成长档案袋应注意的问题

幼儿教师成长档案袋的创建是一个长期的过程,需要教师积极发挥主观能动性。

1. 明确目的,避免为完成任务而制作档案袋

幼儿教师成长档案袋是在教师成长和发展中自然生成的,应该是专业发展的需要,是一点一滴的积累,不能“临时抱佛脚”,搞突击。丰富的积累是教师反思和提高的基础,有积累,思想才有源泉。制作教师专业成长档案袋,就是引导教师在长期的工作和生活中,真正建立起积累意识,养成良好的积累习惯。

任何一种习惯的形成都不是一朝一夕的事。为了培养教师的积累习惯，幼儿园可以将当前、日常的教育教学工作逐方面纳入教师成长档案袋，从学期初的计划到过程材料的收集，再到学期末的总结，包括教师的理论学习、读书笔记、教育随笔、专题教学研讨案例、科研课题研究以及对幼儿的观察记录等。这些真实的记录就是教师日常工作的记录和再现，能够较为系统、生动地展现教师的所思、所言、所行，并有机地整合起来，使积累成为一种习惯，而不是负担。

2. 重内容，避免过分追求“奢华”的形式

幼儿教师成长档案袋并不是追求审美效果的艺术作品，加些插图、花边作为装饰，固然会使档案袋看起来让人赏心悦目，也能为自己营造一份美好的心情，但应适可而止。教师不应该在形式上下太大功夫，投入大量的精力、财力，无端地增加档案袋的成本（包括时间成本和物质成本），而淡化了它的真正目的。

3. 关注同事间的交流与互动

幼儿教师成长档案袋作为教师反思与合作的载体，其核心是档案袋的结构和内容。虽然档案袋开发的主体是教师本人，但是由于教师之间在思想、认识、文化背景等方面存在着差异，如在开始阶段幼儿园没有统一的规范，档案袋很可能会成为一个“杂务袋”，从而失去应有的作用与价值，久而久之，更会沦落成为一个“废物袋”。因此，为避免教师摸不着头绪，幼儿园应在档案袋开发之初进行统一要求，提供关于档案袋开发的指导，帮助教师尽快掌握创建档案袋的步骤。

同伴互助一直是教师专业发展中最实用的策略之一。幼儿教师成长档案袋展示了教师学习、工作的方方面面，反映了教师成长、进步的点点滴滴，这是最具示范性和说服力的教育资源，应充分利用。因此，经常组织教师研讨，大家在研讨时提出自己的困惑，并各抒己见，或者向专家请教……在这种研讨、交流的过程中，教师也可以了解别人的想法，学习别人的优点，从而更好地完善自身，促进自身的专业化发展。

（二）对教师进行档案袋评价时应注意的问题

由于幼儿教师成长档案袋评价在我国开展时间不长，我们应在实际工作

中深入研究和探索,结合幼儿园的实际,提高档案袋评价的效度和信度,使之日臻完善,真正起到促进教师专业成长的作用。在实施档案袋评价的过程中,需要注意以下几个问题。

1. 淡化评比,减少教师的工作压力

虽然在实际工作中,幼儿园管理者可以把幼儿教师成长档案袋评价制度作为对教师年度考核、优秀教师选拔、职称评审的考核内容之一,但是不能将其变成单纯的业务档案或资料袋。否则,可能引起教师之间的不良竞争,不利于教师之间的团结合作。

应当使教师成长档案袋成为描述教师专业成长的记录和凭证。幼儿园在利用成长档案袋作为载体评价教师时,应本着"以人为本"、"以发展为核心"的观念,把评价与教师的主动发展有机结合起来。通过对教师成长档案袋的评价,促使教师不断地进行总结和反思,帮助教师认识自我、发现自我,使每个教师都能从中获得激励、自信和动力,这样才能增进教师工作的成就感,最终达到促进教师专业成长的目的。

2. 对教师的评价要客观、公正

对不同层面的教师,评价的标准要有所区别,尽量做到公平、公正、公开,杜绝带有个人感情色彩的评价。评价时要多一些纵向比较,少一些横向比较。只有这样,才能满足不同层次教师的心理需求和树立他们的自信心,才能调动教师自己收集档案袋材料的积极性,并在幼儿园营造良好的比、学、赶、帮、超的氛围。

3. 档案袋评价不应成为教师的负担

档案袋评价受到的最大的挑战就是它的工作量问题。通常,教师感受到的工作量增加的压力来自档案袋收集和评价两个环节,这就意味着教师要付出更多的时间和精力。所以,必须使教师明确实施档案袋评价的目的是促进自身的专业成长,教师个人是档案袋评价的最大受益者。明确评价的目的,可以避免教师产生抵触情绪,从而以积极的态度配合档案袋评价工作的实施,防止档案袋评价成为教师的额外负担。

4. 幼儿园管理者的角色是“协助者”

幼儿园管理者在分析幼儿教师成长档案袋材料的基础上，应以“协助者”的角色帮助教师制定发展规划。要尊重教师的人格、需要、选择，经常与教师对话、协商，给教师充分的自主权，使发展规划真正成为教师自己职业生涯的奋斗目标，使教师逐渐由以往被动的“接受者”转变为主动寻求发展的“研究者”，成为自身专业发展的“主人”，从而促进教师整体专业水平的提高。

5. 教师必须接受专门的培训

教师是档案袋评价的主要实施者，如果教师缺乏必要的理论素养和实践能力，势必会直接影响到评价的效度与信度，间接影响以评价为基础的教育决策及其实施效果。培训应包括“前期培训”、“行动中的培训”和“总结培训”几个不同的阶段。“前期培训”帮助教师了解档案袋评价的内涵、意义及步骤等问题，“行动中的培训”解决档案袋评价实施中教师遇到的困惑，“总结培训”阶段帮助教师进一步反思、完善档案袋内容，这样才能保证档案袋评价的有效实施。对教师进行档案袋评价的培训，主要是让教师明确为什么实施档案袋评价，这样才能调动他们参与其中的积极性。

档案袋评价作为一种质性评价方式应用于幼儿教师评价，对于激发幼儿教师的工作热情、促进幼儿教师的专业化成长有重要作用。但是，幼儿教师成长档案袋评价的实效性和可操作性还不强。这不仅需要幼儿教育专家的潜心研究与调查，更需要一线的幼儿教师在今后的学习与实践中，不断摸索，不断发现，从而逐步加以改进与完善。

第七章　幼儿教师发展评价——教育博客

随着信息化的发展，博客(Blog)，作为继E-mail、BBS、ICQ之后出现的第四代网络交互媒体，以其操作简便、个性化、开放化、实时化的特点，整合网络的通信功能、资源功能及交流功能，日益影响社会各行各业。据中国互联网络信息中心(CNNIC)2008年7月24日发布的《第22次中国互联网络发展状况统计报告》显示，截至2008年6月底，我国博客用户达1.07亿人①。博客的广泛利用催生出新的博客群体——教师博客。教师博客是教育博客的一种，是教师在教育教学的职业生活中，利用互联网新兴的“零壁垒”技术所形成的体现教师职业特点的网络日志。教师博客不仅是教师知识建构、学习、反思以及交流的重要途径，而且是一种简便、实用、有效的数字化教师成长档案袋，具有评价功能。因此，教师对博客的利用不能仅“停留在交流层面”②，还要充分发挥其评价效能。

基于教育博客的教师发展评价行动研究过程

第一阶段：理论和技术培训，了解教育博客。

研究起始阶段，首先对参与本研究的教师进行问卷和访谈调查，掌握其对博客以及教育博客的了解和使用状况，并以调查数据等信息为依据，结合文献分析，有针对性地对教师进行有关博客以及教育博客理论和技术方面的培训。接着就博客以及教育博客的特点、为什么要做教育博客、怎样做教育博客

① 第22次中国互联网络发展状况统计报告[EB/OL]. http://it.sohu.com/s2008/cnnic22/

② 向小英，姜勇. 幼儿教师专业发展新路径：“博客”与教师成长[J]. 学前教育研究，2006(7-8)

等问题进行研讨。通过本阶段的培训和研讨，丰富教师对博客以及教育博客的认识。

第二阶段：确定教育博客网站，初步建立教育博客。

选择本研究的教育博客网站，并指导教师建立自己的教育博客页面。即分别登陆并考察不同的博客以及教育博客的网站，选择“优势网”(http://www.usors.com.cn)作为本研究的网络平台。参与教师分别在优势网上建立自己的教育博客，主要包括教师的教育博客和幼儿园班级教育博客两种。

第三阶段：丰富、完善教育博客，探寻教育博客的优化模式。

在行动研究过程中，我们就参与教师在制作教育博客过程中的感受、体会、困惑、问题等进行集中研讨。主要讨论了教育博客个人信息的设置，个人信息的隐私维护，以及教育博客分几大板块、每个板块写哪些内容、上传哪些内容等。

我们针对教师制作的教育博客页面的内容和形式，结合教师在制作过程中的感受和困惑，发表了自己的看法。大家感到教育博客是个性展示的空间，但是在感受到自由的同时，也为该写些什么、怎样写等困惑。研讨中，参与教师提出时间和精力也是主要问题。经过反复的研讨和实践，我们就教育博客网名设置的原则、教育博客内容板块的设置等问题达成一致。这在一定程度上减轻了教师的负担，也有助于不断丰富和完善教育博客的内容与形式。

第四阶段：探索基于教育博客、促进教师专业发展的评价体系。

教师在制作个人教育博客的同时，积极探索教育博客之间的交流互动，进一步发挥教育博客的功能和价值。同时，以教育博客为载体和依据，我们尝试进行教师自评、他评等教师专业发展体系的建构，从而发挥教育博客在促进个人知识管理、同伴间的交流互动等方面的积极作用。

教师“行走”在教育博客之中，逐渐体会和感受到了自己的成长和发展！

第一节　教育博客的含义

一、博客的界定

博客是伴随互联网的普及而悄然兴起的一种新型网络交流媒体。近年来,博客日益走进生活的各个领域,被形象地比喻为“信息时代的麦哲伦”、“网络中的信息雷达系统”、“不停息的网上旅程”[①]等。

博客是对“blog”、“blogger”和“Weblog”中文音译的词汇,产生于20世纪90年代的美国,是互联网发展到一定阶段的产物。1997年有人将“web”和“log”这两个单词合并为“Weblog”,引申为“以网页的形式作记录”,形容网页上的记事特点,如记录生活、心得、读书报告等。后来彼得·莫霍尔兹(Peter Merholz)于1999年把“Weblog”拆解成动词“We blog”,“We”含有群起行事的号召意味,于是“blog”成为e时代的新词。中国大陆普遍将“Blog”译为“博客”,在台湾一般音译为“部落格”,也有部分使用者根据其意翻译为“网志”等。博客与黑客、骇客[②]、闪客[③]等一系列网络新名词命名风格一脉相承,其含义指的是在网页上书写每日记事之意。一般而言,博客是一种表达个人思想,内容按照时间顺序排列,并且不断更新的发布方式。[④]

根据伊万·威廉姆斯(Evan Williams)的定义,网络上把博客界定为:①网页主体内容由不断更新的、个人性的众多“帖子”组成。②它们按时间顺序排列,

---

① 罗皓菱. 网络时代的麦哲伦——博客现象分析[J]. 文化研究, 2005(5)

② 骇客是“cracker”的音译,就是“破解者”的意思。这些人做的事情更多的是破解商业软件、恶意入侵别人的网站并造成损失。参见http://baike.baidu.com/view/18742.html。

③ 闪客是网络新文化一族。所谓“闪”就是指Flash(英文单词本意是指闪光、闪现),而“客”则是指从事某事的人,“闪客”就是指做Flash的人。所谓“闪客”,也指经常使用Flash的人。“闪客”这个词源起于“闪客帝国”个人网站。关于闪客,一位研究者这样描述:每当夜幕降临,他们选择了“闪光”,用一种叫Flash的软件,把隐藏在心里那些若隐若现的感觉做成动画,也许是段MTV,也许是段伤感的故事,也许仅仅是一个幽默。这些作品传播到网上,博得大家开怀一笑,或是赚取几滴眼泪。日复一日,乐此不疲。参见http://baike.baidu.com/view/6266.html。

④ 陈向东, 王兴辉, 高丹丹, 张际平. 博客文化与现代教育技术[J]. 电化教育研究, 2003(3)

而且是倒序方式，也就是最新的放在最上面，最旧的在最下面。③内容可以是各种主题、各种外观布局和写作风格，但是文章内容必须以"超链接"作为重要的表达方式。①

一般来说，比较完整的博客概念有三方面的含义：一是其内容主要为个人化表达；二是以日记体方式写作且频繁更新；三是充分利用链接，拓展文章内容、知识范围以及与其他博客的联系。"博客"作为名词，既指此类网站，又指制作此类网站的人；作为动词，则指制作此类网站的行为。②

二、博客的特性

作为一种新的网络交流方式，作为一种新的网络媒介和新的传播现象，博客区别于网络其他沟通途径如网络日记、BBS、个人网站等。

博客(Blog)是网络日志(Web Log)，不是网络日记(Web Diary)。日记侧重将每日发生的事、个人的经历记录下来，更强调个人性、隐私性。而博客不一定是每日的记录，它强调对有意义的事件的记载，是过程的记录。博客的交互功能更强调公共性，强调资源的互助和共享。

博客与BBS有区别。首先，从参与范围看，BBS是很多人在一起就一些共同的话题聊天，是自由交流的公共网络场所，其自由性、开放度以及发帖的随意性较博客更强。博客群组与BBS类似，也是一些有共同兴趣的人就共同的话题进行研讨，但是比BBS严肃，更专业。个人的博客则是个人思想和知识的积累与积淀，部分隐私不对外公布。其次，就日志组织形式而言，BBS是将帖子置顶并根据发帖时间顺序组织文章，并且只有管理者版主才有权限对各个帖子进行分类。博客则可以用主题、日期等各种分类方式进行组织排列。再次，就检索而言，BBS因发帖的随意性使得文章检索多是无用或重复信息，无法实现跨BBS的检索。而博客可以实现多个博客群组的检索。

博客与个人网站有区别。首先，在技术方面，个人网站需要较强的网络技术如计算机语言编程等；而博客基本是"零技术"的，只要掌握基本的计算机打字、

① 胡三华，王晓东. 博客在教育教学中的应用初探[J]. 远程教育杂志，2004(1)
② 蒋华龙. 刍议博客在教学中的应用[J]. 中国教育技术装备. 2004(7)

上网等操作。其次,在经济成本方面,个人网页需要租用、购买网络空间或者域名等。而博客则没有这些成本投入,基本是零成本。再次,个人网页比较关注技术和形式的美,而博客更注重内容,强调内容知识的积累、交流和共享。

博客具有即时性的特征。它经常更新,甚至每天不断地加进新的思想、新的观点、新的信息和新的内容等。博客是一种习惯,就像学生时代写日记一样,博客成为每天的"必修课",经常更新,不断积累,是其有别于其他个人文章、著作的关键。因为即时,所以新鲜;因为新鲜,所以独特。①

博客是个开放的平台,可以共享信息。博客精神的实质不仅是自娱自乐、自我展示以及自我表达,更是博客主人把自己最珍贵、最有价值的收获奉献出来,为他人提供帮助的共享精神。

下面这篇日志就是博主将自己收集到的教育家的名人名言进行梳理,并和更多的人分享。

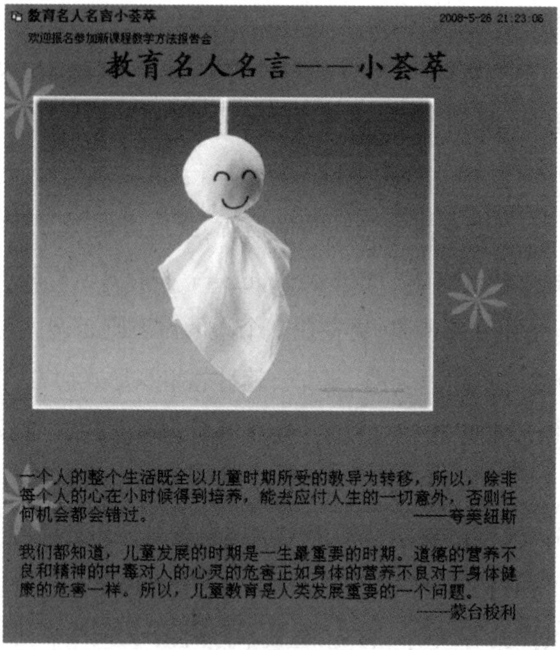

图7-1　教育名人名言

(http://www.usors.cn/blog/jinr059/MyEssayDetail.asp? id=44115)

① 李红艳. 复活网络精神[J]. 声屏世界, 2004(5)

博客的分享、交流精神决定了它是一种双向传播的载体。在博客页面上，每一位浏览的读者可以采用留言的方式，与博主就感兴趣的话题进行互动交流。一方面，交互性成为博客写作的一个动力，读者是支撑很多博主持续写作的一个原因；另一方面，读者的任何反馈，都可以激发博主更多的思想火花。

博客是彰显个性、展示自主的舞台。每个人都是唯一的、独特的，每一个博客也一样。博客为个人风采的完美展现提供了一个广阔的空间。博客与一般的广播、电视、报纸、网站最大的不同是，它只属于私人或者小部分私人人群。博客网页的主权属于博客个人。所以，有人说博客就像是一块自留地。充分展现个人性的行为、个人性的角度、个人性的思想，正是博客文体能够吸引博客本人和读者的力量源泉。一般而言，从博客域名的设置、博客页面版式的选择、设置一直到内容的撰写、发布以及其他资源的链接等，都是博主个人经历的记录，个人视角及个人思想的体现，以及个人精神的凝聚等。

图7-2　个人博客主页(http://www.usors.cn/blog/jinr059/)

图7-2中的博主域名以及博客页面的名称，选择《摇摇摇，摇到外婆桥！》等充满童年童谣意味的儿歌，意在彰显自己对童年、对儿童的向往。同时，下面一句"童年的梦想，少时的憧憬，伴随着碧水清波，聆听儿时的歌谣！"说明了博主个人的心境、建立博客的缘由等。此外，博主个人照片等资料的选择意在展示自己独特的个性，内容的选择更是重在表达个人思想，展示个人魅力。

三、教育博客的界定

博客的出现得到大量用户的支持与众多行业的参与,也为走在信息时代前沿的教师、学生、家长等提供了交流平台。博客与学校、教育相结合,教育博客应运而生。

教育博客是一种更专业化的博客,其组成人员主要以教育界的人士为主。如一线教师、各级教研员、教育行政部门的领导、各级教育专家,当然也包括学生、学生家长或社区教育工作者等。关于教育博客的界定,有人从教育的服务特性出发,认为教育博客是指利用博客这种网络应用形式开展教育活动,即将博客技术与教育的实际需要相结合,立足教与学的实际应用,是一种个性化的教育服务,具有三个因素:基于博客,交流互动,个性服务。[①] 有人从技术层面认为教育博客是一种博客式的个人网站,是各年级各学科教师或从事教育工作的人员利用互联网新型的"零壁垒"(基本没有障碍和困难)博客技术,以文字、多媒体(声音、影像)等方式,将自己日常中的生活感悟、教学心得、案例设计、课堂实录、课件、教育研究、教学经验等上传发表。它超越了传统时空局限(课堂范畴、讲课时间等),促进教师个人隐性知识显性化,并让全社会共享知识和思想,是记录教师与学生个人成长轨迹的平台。[②]

在本研究中,我们对教育博客含义的界定是:教育博客是教师通过撰写网络日志进行自我学习的,一种网络学习、交流和教学的方式。

四、教育博客的类型

教育博客因其主题内容、主体身份、组织形式等的不同而分为各种类型。例如个人教育博客和教育博客群,幼儿园教育博客、中小学教育博客以及高校教育博客,分科教育和主题式教育博客,教师博客和学生博客,以及班级博客和校园博客等。

依据教育博客参与主体和博客内容,教育博客可以分为以下几类。

---

① 王林发. 博客教育的基本含义、类型与特征探析[J]. 湛江师范学院学报. 2007(2)

② 杜艳绥. 浅谈教师博客[J]. 辽宁行政学院学报, 2006(7)

1. 教师博客

作为教育博客的一种，教师博客是各年级各学科的教师利用互联网等新兴的网络技术，以文字、媒体（声频、视频）等形式将日常的生活感受、教学心得、教案设计、课堂实录、课件等上传发表，让全社会可以共享知识和思想的平台。[①] 具有共同兴趣及需要的教师，利用网络传播的特性，通过网上互动、链接建立的新型联系、交流的空间群组，又称为教师博客群组，或者教师博客社区。比如以地域性为名称的“吉林省教师博客”（http://blog.jledu.gov.cn/）、“中山教师博客1363”、“海宁教师博客”等；以学科为名称的教师博客，如“中国英语教师博客网”、“小学数学教师博客网”等。一般国内的幼儿园教师博客附设在各教师博客网站分类下，或者幼儿教育网站下，较少以独立的博客网站成立群组。国外关于幼儿教师博客群组的网站比较多，比如幼儿教师博客“Preschool Teacher Blogs”。

2. 学生博客（儿童博客）

学生博客因其参与的主体是学生，因此博客内容大多围绕学生学习生活的感悟以及教学效果的反馈等。一方面是学生自身对学习生活等成长过程的记录和个性的再现，便于学生之间交流学习、生活等成长过程的心得体会；另一方面也便于教师和家长及时、了解学生的成长情况，为教师和家长的交流提供平台。

随着信息技术在学前教育领域的推广和普及，网络中涌现出很多基于幼儿发展的、记录幼儿成长以及展示幼儿个性的儿童博客，例如“宝贝博客”（http://www.61f.com/）。从儿童博客的制作者来看，主要是家长特别是母亲基于孩子在家等日常生活情境，记录和描述孩子的成长过程，目的是留下孩子成长的印迹，为孩子的童年生活留下美好回忆。如“儿童博客网”（http://www.61bay.com/growup/）开篇所言：“在孩子呱呱落地的那一天，用心的父母送上了一份特别的礼物：为孩子在网上注册了一个博客，用爱记录下他成长中的点点滴滴；孩子慢慢长大，7岁或者9岁，他开始自己写博客、书写更精彩的人生———这样的父母博客＋儿童博客，多年后回首，会是一份难得的纪念。”儿童博客的另一个主要制

---

① 参见教师博客中心（http://js.bokee.com/）。

作群体是幼儿教师，她们会有针对性地结合每个幼儿的发展特点，为幼儿记录在园的成长发展历程。

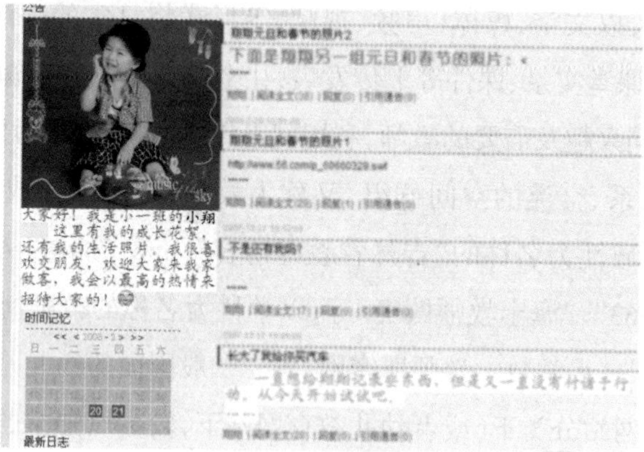

图7-3　幼儿博客

3. 班级博客

为了便于教育教学特别是班级管理的需要，一线教师纷纷组建自己的班级博客。班级博客是教育博客的一种。它是以一个班级为单位，任课教师和学生、家长共同参与，是学生与教师进行思想交流、资源共享和互助互进的平台。图7-4是一个幼儿园班级的博客，它包括“博客公告”、“博客之星”、“推荐”、“最新加入”、“热门日志”等栏目。

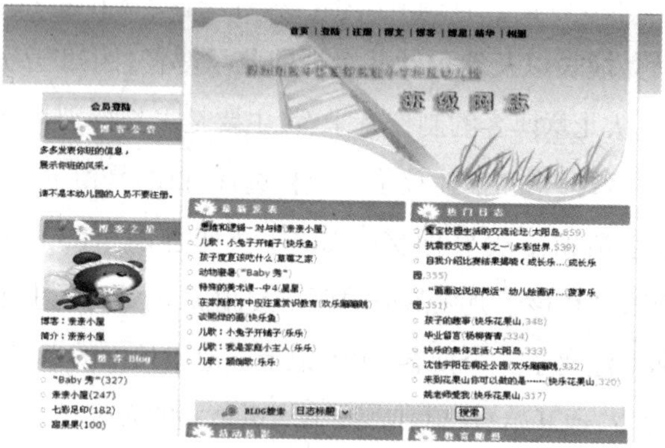

图7-4　幼儿园班级博客
(http://youblog.bdxx.net/index.html)

对于教师博客而言，班级博客同样也以互动交流为前提，是基于博客技术基础，以教师、家长、学生三者沟通交流为原则，以家庭、学校、社会为主导的一种网络应用模式。

4. 校园博客（学校、幼儿园博客）

随着教育博客的进一步发展，很多幼儿园、学校等也纷纷建立自己的教育博客。校园博客作为教育博客的一种，以学校或者幼儿园为单位，全体学生与教职工共同参与，反映学校或者幼儿园日常教育教学工作等基本情况，是教师之间、教师与管理者之间以及教师与学生之间、学生与学校管理者之间等共同交流的平台。

在一线教育者中，教育博客的应用越来越多，范围越来越广，更多的教育博客类型、教育博客的功能和价值以及教育博客的特点等有待深入具体的研究。

第二节　教育博客的价值

教育博客是教师通过网络日志的上传和发表，实现自我学习、自我发展的一种网络学习、交流和教学的方式。教育博客的最大功能是充当知识和信息的"过滤器"，教师在此过程中一方面积累知识，另一方面促进隐性知识显性化。[①]教育博客开拓了教育时空，突现了学习者的主体地位，革新了学习过程和教育模式[②]，对幼儿教师、幼儿和家长都有重要价值。

一、教育博客对幼儿教师发展的价值

对幼儿教师而言，教育博客的价值主要体现在以下几个方面。

首先，教育博客为幼儿教师提供了个性化的信息空间，是教师主动发展、终身学习的信息工具。教师具有自主控制权，他们可以自由决定博客的主题，

① 方兴东．博客论（1.0版）［EB/OL］．http://blog.sina.com.cn/s/blog-4956ffda010004r8.html

② 郑智斌，李淑欢．论教师博客的教改应用及其意义［J］．江西教育科研．2001（7）

自行编辑博客的内容,还可以对他人的教育博客内容或形式等发表评论。在制作教育博客的过程中,教师收集教育资源、管理知识资源、记录教学过程、反思教学实践、分享教学经验,在积累、共享、讨论、交流和反思中不断提升理论修养,提高教学实践能力。同时,制作教育博客的过程,包括撰写、存储、发布、讨论、归纳、交流、反思、总结等行为活动,是典型的建构性学习活动体验。作为信息技术的产物,教育博客可以伴随教师终身。

其次,教育博客为幼儿教师提供了在交流互动中发展的平台。博客以其回复、日志的网络链接等技术支持,超越了时间和空间的距离与障碍,极大地便利了志同道合的人通过博客日志相互交流和沟通。

教育博客犹如一份真实的教师成长档案袋,不仅客观真实地记录了教师在日常教育教学中积累的教学资源、教学感悟以及教学成果等资料,还为教师的专业发展提供了自我反思、自我评价以及同伴、领导评价的窗口和依据。教师可以对自己的教育行为及时进行反思,从而总结经验,发现问题,改进方法,让教育方式更科学,更民主,更能促进幼儿的发展。教育博客不仅可以随时记录个人的教育行为,还能够同大家一起对这种教育行为进行诊断;既有助于进行教育行为的自我检讨,从而促进自身教育能力的提高和发展,也可以为其他教师提供教育思维的原始资料……因此,这种公开的个性化的方式更显现出网络世界中共享、交流、协作和发展的优势。

再次,教育博客是教师方便的学习工具。在因特网检索资料时,要把各种网页资料保存在文件中或将常用网址添加在收藏夹里,这常常给再次查找带来诸多不便。而利用教育博客提供的简单操作,任何初学者既可以很快地将散落在各种网站上的资料汇总在一起并添加备注,又可以将各种资料(甚至超级链接)分类归档。这样,不仅方便了日后的查询,还能将其提供给他人分享。经过一定积累,教师可以在阅读自己博客的过程中不断反思、总结,从而得到更多的启示。这样的过程有助于养成终身受用的学习习惯。

博客是教师与教师之间互动学习的工具,有助于彼此之间的深入了解。作为个人的网上标志,博客或记载了特定教师的教育思想、教学要求、教研情况,或展示特定教师的教学进程、兴趣爱好、思想状况……通过订阅、查看这些博客，人们会从新的角度重新认识身边的教师，进一步加深教师之间的了解和信任。教师在博客中开放式的交流，既可以对其他教师有所启发，又可以得到其他教育人士的帮助，而且由于交流被及时记录，也便于日后的反思和评价。尤其是教师可以通过博客对教育教学中普遍存在的共性问题进行统一解答，从而节省时间、提高效率，这也有利于信息资源的重复利用。

一位教师在教育博客中写道：

教育博客是一个畅所欲言的平台，你可以将自己日常生活中观察到的，或总结的有效经验，发表在博客上，请志同道合的朋友分享、研究，从而找出最有价值的教育手段，运用、实施到日常生活中。用一句非常浅显易懂的话形容就是：三个臭皮匠，顶上一个诸葛亮。凡事皆如此，更何况是教育。

当今社会，是个灵活、百变的时代，为了培养出更优秀的人才，或者说是更具有生存能力的人，我们的教育手段也必须以不变应万变。因此，博客的诞生，大大地拓展了幼教工作者的交流空间。在这里，我们不但随时提升自我，更学会了反思，促进了自我责任意识的形成。

教育博客为每一位教育者提供了个人专业信息、资料记录、学习交流等平台。教育博客上的每一篇日志的撰写、每一个栏目的设置、每一幅照片的选择等，既是教师教学思想的结晶，又是每一位教师向他人展示个人心灵的窗口；教育博客既是个人化的体现，又是共同的专业理念的凝聚……因而在个性化和共同的专业交锋的过程中，教育博客提升的是对教育真理的认识，是对教育价值的感悟！

二、教育博客对幼儿发展的价值

博客为记录家庭、生活、消费、娱乐等个人活动提供了便利的网络平台。计算机文字输入法大大简化了个人的文字书写、记录工作，繁忙的现代人拥有了如此便利的记录工具，不仅提高了个人活动记录的效率，可以将博主的想法用文字、声音、图像等形式及时地体现在博客中，而且，博客技术提供的MP3、WAV等格式的声频以及FLASH、WMV等格式的视频等动态记录方式，丰富了静态的文字、图片记录，既能将过程性的资料记录下来，又能保持资料的原始性和真实性。

教育博客主要记录的是幼儿在园以及在家的行为表现,通过文字、图片和声音等多媒体原生态的记录,以及FLASH等多媒体的记录、表达,集中展示幼儿成长过程中有意义、有价值的教育事件,为教师以及家长运用教育教学策略以及实施评价提供依据,也为幼儿回首童年往事留下美好回忆。最终的目的和出发点都旨在促进幼儿的成长与发展。

在教育博客平台,尤其是通过书写教育日志,教师在日常细致观察幼儿的基础上,不断加深对幼儿行为以及心理等的反思。教师借此走进每个幼儿的童心世界,以平等的心态深入了解幼儿的想法,从而增进师幼之间的感情。

一位教师在博客中有感而发。

我工作七八年了,之前也观察过幼儿,但是还没像现在做教育博客这样,真正细致地观察过幼儿。通过做流水账式的记录,对幼儿个案进行追踪观察、分析、反思,原来我总以为期期有着好动、不喜欢和同伴分享等缺点,但在每天从早到晚仔细观察他在幼儿园的行为活动,并深入分析其产生的原因后,我发现期期也有很多优点。

有了教育博客的平台,对于令我很头疼的期期,我写过日志,向其他博客老师发帖咨询。我反思了对他的教育措施和方法,我认识到了善于欣赏孩子的重要性。现在一捕捉到他进步的闪光点,我就会及时抓住,并且及时对他进行当面表扬。现在我眼中的期期,是个聪明可爱的孩子。其实每个孩子都是这样,只是我们从来没有这样近距离地观察每一个孩子。

三、教育博客对家长的价值

教育博客是家长了解孩子、了解幼儿园的平台。教育博客的创设使家长能在第一时间及时了解孩子在园的进餐、午休、活动、学习等各方面的情况,不仅能了解孩子在园进行了哪些活动,还能通过教师的照片以及文字等纪录,及时了解孩子的活动和孩子的进步等,为家长针对孩子采取相应的教育措施和策略提供依据与参考。

教育博客,特别是班级博客的创建,极大地密切了教师和家长之间的沟通与交流，促进了家长工作的开展。教师可随时将园所和班级的通知发布到网上，便于家长特别是长时间见不到教师的家长及时了解园所、班级的动态。家长在博客中看到教师辛苦上传的幼儿日志和照片后，也会增进对教师日常工作以及教师个性的了解，在幼儿园需要家长配合时，就会热诚以待，全力以赴。

第三节 幼儿教师教育博客的特点

网络技术的进步，教师计算机技术水平的提高，使教师博客作为一种新兴的事物日益蓬勃地发展起来。随着教师博客特别是教师博客群组的建立和发展，幼儿园逐步兴起幼儿教师教育博客，并且在教育博客理论和实践的基础上不断深化。

教师博客的分类方法多种多样，以从事博客的人员划分，可以分为专家学者型、管理型、教学型等。[①] 专家型教师博客，主要是国内比较知名的教育专家、学者、研究员等创办经营的博客。管理型教师博客多为中小学校长和教育管理者，他们通过教育博客记录自己教育管理工作的一些做法、思考和研究，教学型教师博客，多为身处教育一线的教师，这类博客数量最多，也最具有代表性。由于这些博客的作者有丰富的教学经验，有很强的群众基础，同时贴近教学实践，使更多的教师有认同感，也有共同语言，为教师之间的交流提供了一个便捷的平台。

幼儿教师教育博客主要属于教学型教师博客，它为教师提供了丰富的学习资源，创设了良好的学习环境和交流平台，促进了教师、幼儿园、家长之间有关知识、思想的共享和交流。幼儿教师教育博客，作为博客在教育教学中的具体表现形式，与一般的“草根”博客相比，具有自身的特点。

---

① 王晔．教师博客研究——无锡市河埒中学的调查分析[D]．上海：华东师范大学，2005

一、专业性

如果说博客之所以在短时间内被人们所接受与喜爱，其中最主要的原因是博客具有很强的“草根性”，那么教师博客的特点是专业性。具有相同专业和文化背景的教师博客很容易彼此贴近、互相关注，形成学习共同体。例如，幼儿教师自然会关注与自己日常教育教学有关的幼儿教育专家、教师同行以及幼儿园等的博客，通过浏览他人的日志获取自己需要的知识信息，或借鉴他人的思想，促进自身的不断反思。

教师博客的专业性不仅表现在内容的专业上，还体现在博客页面版式的选择以及板块的设置等方面。幼儿教师由于其专业审美的需求，往往在形式上更倾向于稚拙可爱的博客页面版式，内容上更强调幼儿教育的专业特性。下面这篇幼儿教师博客日志中，具有美术特长的作者记录了一个幼儿个案行为的观察记录，并进行了分析，由此引发了另一位美术教师的关注和兴趣——通过博主发帖以及其他教师的回复，激发了双方甚至是更多对此感兴趣的教师的关注。（见图7-5）

给孩子自由想象的空间

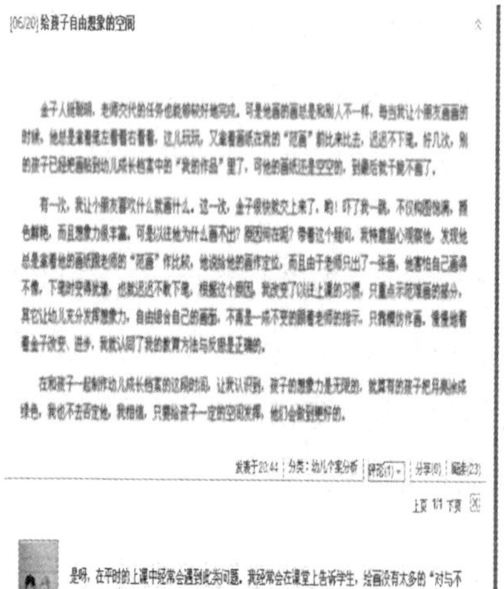
[06/20]给孩子自由想象的空间

金子人挺聪明，老师交代的任务也能够较好地完成。可是他画的画总是和别人不一样，每当我让小朋友画画的时候，他总是拿着笔左看看右看看，这儿玩玩，又拿着画纸在我的“范画”前比来比去，迟迟不下笔，好几次，别的孩子已经把画贴到幼儿成长档案中的“我的作品”里了，可他的画纸还是空空的，到最后就干脆不画了。

在和孩子一起制作幼儿成长档案的过程中，让我认识到，孩子的想象力是无限的，就算有的孩子把月亮涂成绿色，我也不去否定他，我相信，只要给孩子一定的空间发挥，他们会做到更好的。

发表于20:44 | 分类：幼儿个案分析 | 评论(1) | 分享(0) | 阅读(23)

上页 1/1 下页

是呀，在平时的上课中经常会遇到此类问题，我经常会在课堂上告诉学生，绘画没有太多的“对与不对”，而应是“敢于不敢”。

若斩 学习了。

图7-5　给孩子自由想象的空间

金子人挺聪明，老师交代的任务也能够较好地完成，可是他画的画总和别人不一样。每当我让小朋友画画的时候，他总是拿着笔左看看右看看，这儿玩玩，那儿摸摸，又拿着画纸在我的“范画”前比来比去，迟迟不下笔，好几次，别的孩子已经把画贴到幼儿成长档案袋中的“我的作品”里了，可他的画纸还是空空的，到最后干脆就不画了。

有一次，我让幼儿喜欢画什么就画什么，这一次，金子很快就交上来了。哟！吓我一跳，不仅构图饱满，颜色鲜艳，而且想象力很丰富。可是以往他为什么画不出来呢？原因何在呢？带着这个疑问，我特意留心观察他，发现他总是拿着他的画纸跟老师的“范画”作比较，他说给他的画作定位，而且由于老师只出了一张画，他害怕自己画得不像，下笔时变得犹豫，就迟迟不敢下笔。了解了原因，我改变了以往上课的习惯，只重点示范难画的部分，其他让幼儿充分发挥想象力，自由组合自己的画面，不再是一成不变地跟着老师的指示，只靠模仿作画。慢慢地，金子改变了，进步了，我知道我的教育方法与反思是正确的。

在和孩子一起制作幼儿成长档案袋的这段时间，我认识到，孩子的想象力是无限的，就算有的孩子把月亮涂成绿色，我也不去否定他。我相信，只要给孩子一定的空间发挥，他们会做得更好的。

发表于20:44　分类:幼儿个案分析

若妡:是呀，在平时的上课中经常会遇到此类问题，我经常会在课堂上告诉学生，绘画没有太多的“对与不对”，而应该是“敢与不敢”。

二、反思性

一般的“草根”博客主要以网络日志(写日记)的形式写作，往往记录的是一些心情日记和生活琐事，因此大部分日志像流水账，缺乏专业内涵。教育博客总是与教学和学习联系在一起，教师对自己的教育行为及时进行反思，从中总结经验，发现问题，改进方法。

因此，教育博客作为教育反思的一种方式，教师不仅可以随时记录教育行为，还能够将自己的观察与想法与大家分享，一起对教育行为进行诊断。教师在博客中的每个观点和心得等内容公开之后，大家可以七嘴八舌地议论，面对来自不同空间的各种观点，博主可以参照讨论进行思考，从而既为别人提供思维的前提和材料，也帮助自己反思教育行为，提高自身的教育技术水平。这种公开的反思方式显现出网络世界共享、交流、协作和发展的优势。随着知识内容的不断积累，评价的信息越来越多，这会促使教师对自己的观点和他人的评价进行客观分析，回溯自己的教育实践，自觉地反思自己的成长过程。图7-6是一名幼儿教师对自己教育实践的反思。

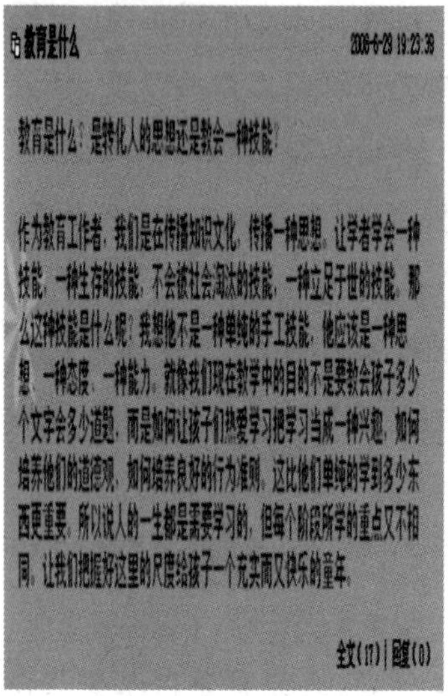

教育是什么　2006-6-29 19:23:39

教育是什么？是转化人的思想还是教会一种技能？

作为教育工作者，我们是在传播知识文化，传播一种思想，让学者学会一种技能，一种生存的技能，不会被社会淘汰的技能，一种立足于世的技能，那么这种技能是什么呢？我想他不是一种单纯的手工技能，他应该是一种思想、一种态度、一种能力，就像我们现在教学中的目的不是要教会孩子多少个文字会多少道题，而是如何让孩子们热爱学习把学习当成一种兴趣，如何培养他们的道德观，如何培养良好的行为准则，这比他们单纯的学到多少东西更重要，所以说人的一生都是需要学习的，但每个阶段所学的重点又不相同，让我们把握好这里的尺度给孩子一个充实而又快乐的童年。

全文(17) | 回复(0)

图7-6　教育反思

教育是什么

教育是什么？是转化人的思想还是教会一种技能？

作为教育工作者，我们是在传播知识文化，传播一种思想，让学习者学会一种技能，一种生存的技能。这是不会被社会淘汰的技能，一种立足于世的技能。那么这种技能是什么呢？我想它不是一种单纯的手工技能，它应该是一种思想、一种态度、一种能力。就像我们现在教学中的目的不是要教会孩子多少个文字、会多少道题，而是如何让孩子们热爱学习，把学习当成一种兴趣，培养他们的道德观，培养良好的行为准则。这比他们单纯学到多少东西更重要。所以说人的一生都是需要学习的，但是每个阶段学习的重点又不相同。让我们把握好尺度，给孩子一个充实而快乐的童年。

（参见http://www.usors.cn/blog/maggie/MyEssayDetail.asp？id=48142）

教师的教育博客记录了教师专业成长的点点滴滴，记录了教师在反思中的成长。其目的性非常强，即为幼儿教育和幼儿发展服务，提高幼儿教师的教育教学质量，促进幼儿最大限度的发展。幼儿教师博客不仅为幼儿的学习发展提供教育的支持和帮助，更重要的是教师在“经营”博客的过程中，可以不断丰富自己的知识体系，丰富自己的教育智慧。

三、个性化

幼儿教师的教育博客是教师的个性表达。它以展现教师个体的知识、思想、观念、感受为主体，反映教师个人的兴趣爱好与知识结构。博客中的文章，无论是原创还是转载，都体现了教师个人的特点和知识背景；其栏目的内容分类、模板的设计选用、友情链接等，也都由博主个人决定，充分体现了个性化特色。

(一) 个性化的个人资料简介

如个性化的照片、个性化的教育格言、教育箴言等。图7-7是一名幼儿教师在博客个人资料版面中写的教育箴言。她说:“用爱的微笑面对孩子,用爱的心情倾听孩子,用爱的目光发现孩子,用爱的渴望调动孩子,用爱的细节感染孩子,用爱的语言鼓励孩子,用爱的力量约束孩子,用爱的胸怀包容孩子,把我一生的爱都献给孩子!”真挚的话语、动情的表达,体现了一名幼儿教师对教育真谛的诠释,对“爱”的深刻理解。(见 http://www.usors.cn/blog/jinduoduo)

图7-7　金多多老师教育博客中的个人资料版面

(二) 个性化页面及个性的域名地址

博客网站为博主提供了多种博客页面的选择,教育博客也为教师自己的“教育空间”提供了多样的模板。其中,优势网教育博客为教师提供了两种比较经典的博客页面。如图7-8、7-9是不同教师设计的博客页面。

图7-8　教师教育博客模板一(http://www.usors.cn/blog/zhangwei7981/)

图7-9　教师教育博客模板二(http://www.usors.cn/blog/xingy123/)

此外，网易、新浪以及“新思考”等很多网站都设有博客网站的链接，并且提供了丰富多样的博客模式。

教师博客的域名和个性名字的展示等也可以体现教师的个性。比如图7-10中“秋水伊人”的个性签名：“在博客中展示自己；在教研中提升自己；在讨论中升华自己；在相册中找寻自己；在写作中领悟自己；在人生中学做自己。”彰显了教师的主体性，体现了教师的自主意识。

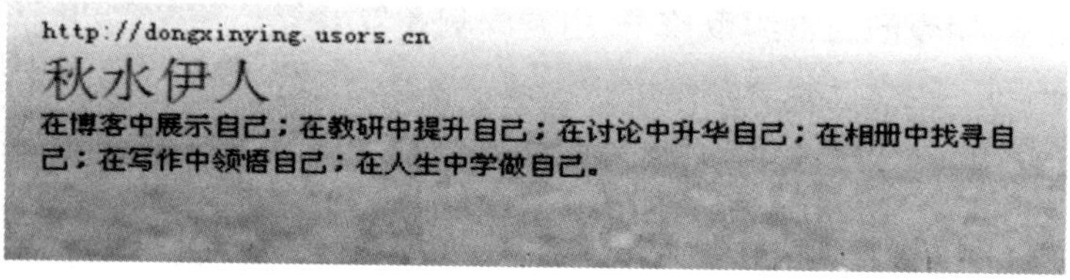

图7-10 个性签名（http://www.usors.cn/blog/dongxinying）

（三）个性化的内容

教师的博客好似教师的“自留地”，如果说模板体现教师审美情趣的话，那么博客的内容才真正体现教师的个性和才气。制作者通过或激情、或细腻等感性和理性相交织的文字记录、精心挑选的图片、音乐背景以及其他视频的播放等，展示不同的教育个性。如图7-11是一名教师在博客中写的个性格言。

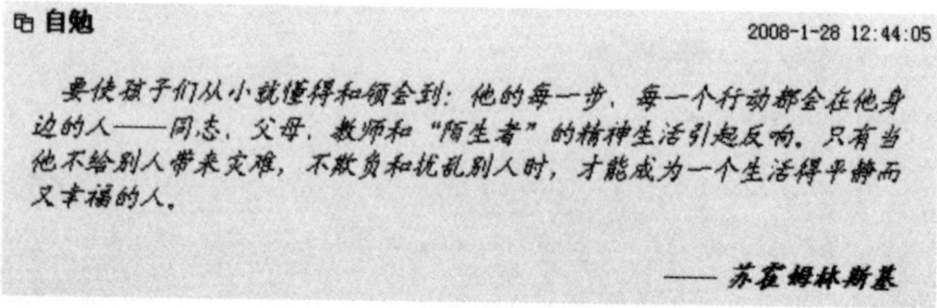

图7-11 个性格言（http://www.usors.cn/blog/xingy123/MyEssayDetail.asp? id=28900）

第四节 幼儿教师博客的制作原则

博客是教师评价、反思的工具，这是由博客的知识积累性特点所决定的。博客的内容以时间的倒叙为顺序，以内容的主题为类别进行组织管理。这种形式与电子档案袋的要求正好吻合，使博客可以成为教师学习和专业发展的形成性评价工具，也是教师自我学习和发展的、有效的反思工具。教师将个人的学习成果、学习心得等经常性、有组织地放在个人教育博客中，当积累到一定时间，就可以回顾自己的学习和专业发展的历程，对教育教学等情况进行自我反思和评价。

博客的制作与经营不是短期见效的，也不是促进教师专业发展的“速效救心丸”。教师博客的制作应遵循以下三个原则。

一、及时更新，贵在反思

博客的魅力在于“新”，它总能在第一时间呈现第一手信息。教师在制作教育博客时，也应该重视内容的及时更新，这样才能保证博客的吸引力，更好地保持和提高教师、管理者、家长以及幼儿等利用博客的热情，达到预期的效果。

一位教师在制作教育博客时认为：

在制作教育博客的过程中，刚开始特别惊奇其他老师每天的发帖量，我就在想是什么能促使老师们在繁忙的工作之余，每天写博到凌晨。当我亲自经历了建立博客、经营博客的过程，现在才逐渐明白教师博客每天都会有好友上传自己亲身经历的、看到的、听到的、了解到的最新的事情、最新的感受、最新的体悟等。刚开始是自己迫不及待地想了解更多的教师博客好友关于幼儿教育的最新想法，浏览的教师博客多了，自己心里也萌发了想写的想法，于是一有时间就把自己的教育困惑、感受等也及时发布到自己的教育博客上，现在每天都盼望其他老师能给我回帖。

在制作教育博客的过程中，他人的资料信息固然重要，但更需要教师亲自记录自己的教学案例、教学计划、教学感受等。只有自己亲身经历了，并将其形成文字，才能将自己隐性的实践知识显性化，提升成为实践智慧和经验。所以，我们鼓励教师在自己的博客空间里进行原创写作，充分发挥教师的话语权力，讲述自己的教学故事，记录自己关键的教学事件，留下自己在教育教学过程中成长的、点点滴滴的心得体会。

教育博客日志中，常有教学案例的记录、活动计划、幼儿的活动照片等，这些都是对教师成长的“原生态”记录。同时，教育博客不仅是个人教育教学活动、教育教学经历的展示平台，更重要的是教师自身教学反思与成长的平台。教师每天都会面临许多教育现象，每天都要解决许多教育问题，而其中总会有很多体验和感悟，也不乏蕴含教育哲理的行为和思考。每天及时把它记录下来，是教师系统地进行教育教学反思和总结的重要依据。教育博客的日志不仅仅是罗列教育教学生活的清单，而是通过聚焦这些事件，让教师更多地了解自己的教育教学思想和教学行为。当教师将日常教育内容用文字记录下来时，就恢复了对日常生活的理性思考，去除了在日常教育中的激情与冲动，从而对日常教育有了更为真实与理性的认识。通过在博客上撰写教育日志，教师可以定期回顾和反思日常的教育教学情景，在不断地反思、回顾中，提高自身对教学事件、教育问题等的洞察能力与分析能力。只述不思，永远只是低水平重复；而忽视了深入的、可挖掘的教育内涵，也不利于教师走向更高的教育层次。

二、真诚地参与和回复

幼儿教师的教育博客，以虚拟性的特征消除了专家和普通教师、教师和管理者、教师和家长之间的“无形的隔膜”。通过教育博客，教师能敞开心扉，在教育空间内充分展示自我，而其他博客“过客”，无论是园长、校长、主任还是家长、其他教师，都能通过博客日志的内容，在品读文字间走进博主的个性世界。

真正让博客发挥作用，应该对他人的博客给予真诚的评价和反馈。教师或管理者、专家等应该经常浏览其他教师的教育博客，并及时进行评价或回复，将个人评价与集体评价相结合；教师之间也应该对浏览博客的任何回复作出积极反馈，如在每一次浏览过他人的日志或者博客页面后，不吝笔墨，给自己感兴趣的日志回复一两句，鼓励博主坚持将教育博客进行到底，同时也促进自己和已知或未知的同行朋友的交流。这种交流能够创造丰富真实的幼儿教师专业共同体的学习和发展热情。

如一位教师对另一位教师博友的回复：

看到你的上篇文章，一直为你担心，真怕你热情的付出受到伤害。看到你的这篇文章，我很欣慰，紧张的心也放松了许多。几年的经验告诉我，经营生活不会是一帆风顺，只要我们坚持，只要我们用心，只要我们具备敏锐的思考能力，透彻的洞察能力，结果就不会失败。

“心有多大，舞台就有多大。”哪怕只有一个观众，我们也要为她跳好最后一支舞。给自己一个机会吧，来增加人生的经验；给自己一个理由吧，来增加历练的过程！

我相信，只要耐心等候，我们一定会成功。

建立教育博客简单、快捷，但经营博客却需要花费时间去读、去思、去整理、去写作，更需要他人的支持。在研讨中，参与的教师谈到制作教育博客的困惑和感受。例如：

我每次登录到自己的教师博客上，首先关注的是有没有别的老师给我的帖子留言，因为我总是希望自己的帖子能引起别人的关注，也希望能交一些志趣相投的朋友，但是大部分只是看到自己日志的浏览数在不断增加，很少有朋友留言。我有些失望。我认为教师博客重要的精神在于分享交流，而没有互动和交流的博客，其价值和功能也就无从体现。我也在思考为什么其他人不愿留言。

在博客世界，有的教师仅仅停留于浏览他人的日志，希望更多地从别人那里获得信息，而不是积极参与和回复。其中的原因是多方面的，有的教师没有认识到教师博客的宗旨在于与大家共享，分享自己在教育教学中的心得体会，在交流与互动中共同提高；有的教师每次想和博主交流回复时，总是担心表达不当会影响自己在他人心中的形象等；此外，时间和精力问题也往往是制约教师及时参与的因素之一。特别是对幼儿教师而言，其工作性质需要教师在工作时间内全身心地关怀和照顾幼儿。在保教并重的幼儿园日常工作中，教师要时刻“眼中有孩子”，白天工作时间内基本没有自己的休息时间。所以教师制作教育博客基本都是晚上回家或者利用休息时间制作。这些影响因素是教师在博客制作过程中只“分”不“享”的主要原因。

博客的精神在于交流和共享，经营博客的博主应具有分享精神，善于无私地付出和贡献。如果每个教师在浏览过日志后，想一想如果自己是博主最希望得到什么，并给予真诚的关注与参与，慢慢就会养成回复他人以及与他人互助分享的习惯。

三、尊重自己和他人

教师博客为教师的学习、交流和专业发展提供了虚拟的成长空间。这种虚拟性为教师的发展提供了跨越空间、时间以及现实身份等方面的便利，但随着教育博客的兴起及其广泛运用，也产生了网络道德、网络版权以及网络安全等问题。

网络世界中，虽然虚拟的空间为网民提供了很多自由，但也存在很多网络安全问题。尤其是博客，在注册用户账号、记录自己的教育教学经历时，不可避免地会涉及个人姓名、班级孩子姓名等个人信息，需要教师引起注意，在填写时慎重考虑，警惕过多暴露个人信息。尤其是在日志和照片中张扬个性、表达个人情感时，更要考虑到网络安全问题。

在经营博客的过程中，在记录个人教育感想和思考的同时，应该谨慎对待自己以及他人的隐私问题，学会尊重自己、尊重他人。博客的开放性话语不是对教育生活和现实世界的抱怨和控诉，而是需要用宽容的心，客观冷静地记录自己在专业发展中的点点滴滴，理性地分析他人的观点。此外，博客中转载很常见，教师应注意尊重原创者的著作权，在转载时注明原作者和出处。

第五节　幼儿教师博客的内容与结构

教师博客的板块设置是教育博客制作中的重要环节，也是博客资料收集以及分类的重要环节。在众多教师博客涌现和蓬勃发展的过程中，使用者和管理者开始自发地建立自己的分类体系，以便读者阅读和准确定位自己所需的资源。整体而言，博客上有各种类型的日志，要对其进行准确的分类很难，如有的博客群仅从内容分就有28类，有的则只有8类，各类别差异很大。就目前的分类体系来看，如果按内容分类标准来找相关信息，找到文章的相关度很小；如果按学科分类的话，通过学科分类体系，找到所需文章的相关度比较大。从知识管理的角度来说，博客结构标准应该是多元的，但是多元中还是能总结、提炼出同一性元素。

优势网教师博客平台除了有网站统一的"我的资源库",自动划分"我的课件"、"我的教案"、"我的课题"、"我的作业"、"我的教学论文"、"我的教研组"外,还为教师个人文档等资料归类提供了"个人专栏"的文件管理设置,如不仅有"我的全部文档"归类,还有自由设置栏目名称的权利。

在行动研究过程中,综合分析参与教师所做教育博客的板块结构,有关教师博客的内容,可以根据教师在教育教学中的角色以及发布日志的类型进行划分。

一、幼儿教师作为教育者的博客内容

幼儿教师作为教育者,其博客的内容主要包括活动设计、活动资源、幼儿观察记录等部分。

(一)活动设计

教师通常将自己设计、实施的比较优秀的"活动设计",精心选择后上传到自己的教育博客上。教师的活动设计一般涉及健康、语言、社会、科学、艺术等五大领域,也可能是教师针对某个领域的活动设计进行资料的积累。如图7-12是一名幼儿教师在博客上写的一篇教育活动设计方案(见 http://www.usors.cn/blog/jinduoduo/MyEssayDetail.asp? id=33900)。

对比不同时期的活动设计,可以系统、全面地了解教师在不同领域设计活动的基本能力,反映教师对于特定领域教学以及对特定领域幼儿发展情况的理解和把握。

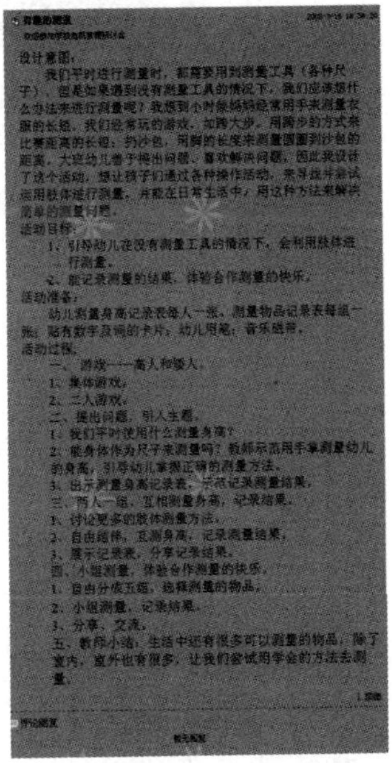
设计意图:
我们平时进行测量时,都需要用到测量工具(各种尺子),但是如果遇到没有测量工具的情况下,我们应该想什么办法来进行测量呢?我想到小时候妈妈经常用手来测量衣服的长短,我们经常玩的游戏,如跨大步,用跨步的方式来比赛距离的长短;扔沙包,用脚的长度来测量圈圈到沙包的距离。大班幼儿善于提出问题,喜欢解决问题,因此我设计了这个活动,想让孩子们通过各种操作活动,来寻找并尝试运用肢体进行测量,并能在日常生活中,用这种方法来解决简单的测量问题。
活动目标:
1、引导幼儿在没有测量工具的情况下,会利用肢体进行测量。
2、能记录测量的结果,体验合作测量的快乐。
活动准备:
幼儿测量身高记录表每人一张,测量物品记录表每组一张;贴有数字及词的卡片;幼儿用笔;音乐磁带。
活动过程:
一、游戏——高人和矮人。
1、集体游戏。
2、二人游戏。
二、提出问题,引入主题。
1、我们平时使用什么测量身高?
2、能身体作为尺子来测量吗?教师示范用手掌测量幼儿的身高,引导幼儿掌握正确的测量方法。
3、出示测量身高记录表,示范记录测量结果。
三、两人一组,互相测量身高,记录结果。
1、讨论更多的肢体测量方法。
2、自由结伴,互测身高,记录测量结果。
3、展示记录表,分享记录结果。
四、小组测量,体验合作测量的快乐。
1、自由分成五组,选择测量的物品。
2、小组测量,记录结果。
3、分享、交流。
五、教师小结:生活中还有很多可以测量的物品,除了室内,室外也有很多,让我们尝试用学会的方法去测量。

图7-12 教案设计"有趣的测量"

(二)活动资源

活动资源是教师在教育教学过程前期进行的资料准备。教师在开展教育活动前需要熟悉、了解教育教学的内容,并根据本班幼儿在不同领域方面的发展情况,有针对性地选择教学资源,以保证活动的正常进行,甚至是高效率、高质量地进行。如图7-13是一名教师在博客上提供的关于端午节的各种资料。

图7-13 教育活动资源

(http://www.usors.cn/blog/jinr059/MyEssayDetail.asp? id=45371)

通过对“端午由来”等资料的收集整理，教师积累了开展端午节活动的相关知识资源。此外，精心挑选的有关端午节图片，也为开展相应的教育教学活动提供了充足的材料。

(三) 幼儿观察记录

教师可以在博客中展示有关幼儿的观察记录。

【观察记录一】

“我不爱吃菠菜”

观察对象：元元

观察时间：6月10日

班级：大三班

观察过程：中午吃饭时，元元对我皱着眉头说：“老师，我不要吃这些菜！”我走过去一看，她已经把其他的饭和菜都吃完了，唯独剩下一些菠菜在盘子里没动过。我就对她说：“哦，这是菠菜，大力水手很爱吃呢！”她听了后用勺子舀了点放在嘴里，可是一副很不情愿的样子，我又说：“菠菜，我也很喜欢吃的，营养可好啦,吃了还更健康、漂亮呢!"说完,我拿起她的勺子舀了一口放到她的嘴巴里,没想到,她这次大口大口地咀嚼起来。在我笑眯眯的目光陪伴下,她比较利索地把菠菜吃完了,还得意地扬起碗对我说:"老师,你看,我全吃完了!"我高兴地表扬说:"元元真棒,你向大力水手学习吃菠菜,肯定会更健康、更漂亮的!"

分析:当元元因挑食而向我提出不要吃菠菜时,我采取了迂回作战、引导暗示的策略。我通过卡通人物和老师都喜欢吃菠菜的引导,让元元明白吃菠菜对身体健康有好处的道理,也利用小女孩爱漂亮的心理进行教育诱导。

反思:《幼儿园教育指导纲要(试行)》指出,"关注幼儿在活动中的表现与反应,敏感地察觉他们的需要,及时以适当的方式应答,形成合作探究式的师生互动"。教师要善于通过幼儿的言行,洞察幼儿的心理,判断幼儿的行为,从而进行有的放矢的教育引导。

【观察记录二】

帮助幼儿改正挑食及浪费食物的行为

观察对象:亮亮

观察时间:12月24日

观察目的:及时帮助幼儿改正挑食及浪费食物的行为。

观察过程:今天在吃午饭的时候,小朋友们吃得都非常好,看来今天的饭菜很合他们的胃口。孩子们都大口大口地吃着,我一回头却看见亮亮手里拿着勺子,眼睛看着饭菜,并不像其他小朋友那样大口大口地吃着。我提示了一下小朋友要好好吃饭,吃饭时不要想其他的事情。这才见她勉强吃了几口,但是每口都非常小。她看见我正好在看她,很不情愿地又加多了一些饭菜放进嘴里。小朋友们都吃完了,只剩下亮亮了。这时她也着急了,加快了速度,终于最后一口吃完了。只见她嘴里塞得满满的,趁我不注意,迅速端起盘子就向盥洗室走去。我跟着到了盥洗室,才发现她向垃圾桶走去,把嘴里那一大口饭菜吐了出去。原来她急于去盥洗室是为了吐掉饭菜。

观察分析:通过了解,亮亮平时吃饭习惯就不好,汤类、牛奶类的东西很不爱吃。要是遇到自己喜欢吃的、容易吃的,她吃得就比较好,但是遇到不喜欢吃的就非常费劲了。有时她把饭菜放进嘴里,也含着不去嚼。今天她之所以会把最后一些饭菜全放进嘴里然后找机会吐掉,原因有两个。

(1) 她并不喜欢今天的饭菜,出于无奈她不得不全吃掉,但放进嘴后又吃不下去,没办法只好吐掉。

(2) 她看到其他小朋友都吃完饭了,自己有些着急,所以想到了这个比较快的解决方法。

教育措施:

(1) 面对幼儿这种行为和想法,我及时给予引导和帮助。亮亮从盥洗室走出来后,我就把她叫到了身边,亲切地表扬她:"亮亮今天吃得很好啊,比昨天还快了呢! 以后吃饭要一天比一天好啊。"她疑惑地看着我,我接着又说:"尤其是最后一口好大哦,可是你是怎么那么快地咽下去的呢?"她胆怯地看着我,我摸着她的头鼓励她说:"只要你对我说实话,老师是不会批评你的。"她这才慢吞吞地说:"我……没吃下去,我……我……把它吐了。"我摸着她的头说:"你是不是嘴里放太多咽不下去啊?"她用力地点点头。我对她说:"那我们下次少吃点,把饭咽下去,好不好呢? 农民伯伯种粮食很辛苦,我们不应该浪费啊!"她似乎明白地点点头。

(2) 在下午的集体活动中,我和幼儿又及时地复习了古诗《悯农》,让他们自己解说这首诗的意思,使他们明白节约粮食的重要性。

(3) 我及时和亮亮的父母进行了沟通。让家长在家里强化幼儿节约、不浪费的意识,督促幼儿在家用餐时不玩耍、进餐时不受其他因素干扰等。

(参见 http://www.usors.cn/blog/maggie/MyEssayDetail.asp? id=46376)

幼儿观察记录是教师在教学活动或者日常生活中了解幼儿的一种有效方法。在与幼儿的直接接触中发现和观察幼儿的行为,更能全面地反思幼儿行为发生的原因,并从幼儿日常表现以及与家长的沟通中找到有效信息。观察记录为教师打开幼儿的心灵之窗提供了机会和途径,通过分析幼儿行为的原因,教师和家长可以相应地调整教育教学方法,从而更有效地促进幼儿的发展。

(二) 幼儿教师作为学习者的博客内容

在当前的信息社会中,终身学习已经不再只是口号,而是每个社会人应具有的时代品质。幼儿教师因其职业和身份的重要性,更需要终身学习。幼儿教师作为学习者,其博客的内容板块主要包括教研笔记、读书笔记和教育困惑等。

1. 教研、培训等学习笔记

幼儿教师在学习、研讨和培训等活动中,笔记成为记录自己的学习内容、反映学习感悟的良好途径。有感而发,为教师自身和教师之间的学习提供了理论支持以及实践帮助。如图 7-14 是一名教师参加培训后在博客写下的心得、感悟。

感由心发

今天下午接受了一个关于幼儿早期阅读入门的培训。在没有接受培训之前,我一直认为早期阅读是一个很枯燥乏味的东西,在和幼儿做活动的时候也只能用一些简单的游戏。但通过今天的培训,我重新认识了早期阅读,它不仅是一个很有意思的"游戏",而且对幼儿今后的发展也会起到很大的作用。

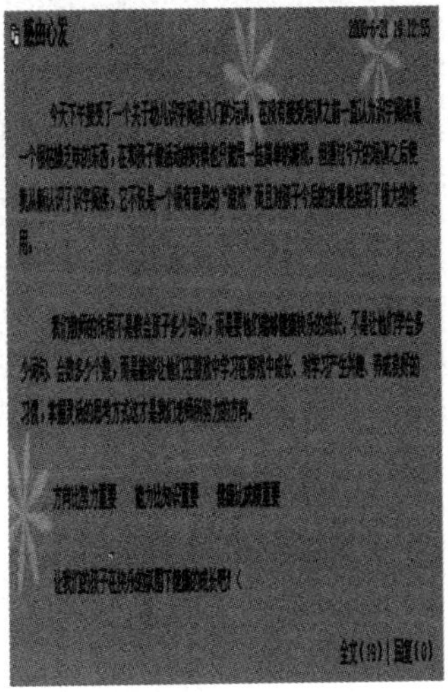

图 7-14 感由心发

教师的作用不是教会幼儿多少知识,而是促进他们健康快乐地成长。不是让他们学会多少词句、会数多少数,而是让他们在游戏中学习,在游戏中成长,对学习产生兴趣,养成良好的习惯,掌握灵活的思考方式,这才是教师所努力的方向。

方向比努力重要,能力比知识重要,健康比成绩重要!

让我们的孩子在快乐的气氛下健康地成长吧!

教师博客不仅为作为学习者的教师提供了一个积累和记录自身学习经历、学习感悟的空间,更重要的是其开放性和共享性为教师之间相互学习、交流提供了便利。

2. 读书笔记

幼儿教师的学习往往是为需所学。因此，当教师对某方面感兴趣或者十分需要时，其自主学习的动机特别强。在博客中，教师可以通过广泛读书、浏览网页等途径写作读后感，从而充实自己，丰富知识，也可以与他人一起分享自己的学习感悟。如图7-15是一名教师学习《幼儿园教育指导纲要(试行)》后在博客上写的笔记。

教育中的因人施教

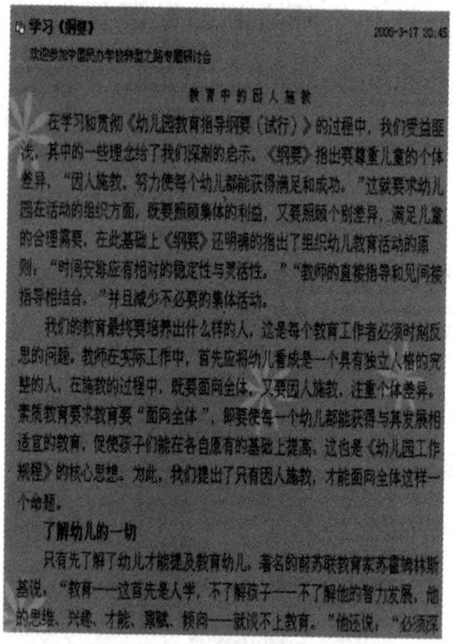
学习《纲要》 2006-9-17 20:45

欢迎参加中国民办学校转型之路专题研讨会

教育中的因人施教

在学习和贯彻《幼儿园教育指导纲要（试行）》的过程中，我们受益匪浅，其中的一些理念给了我们深刻的启示。《纲要》指出要尊重儿童的个体差异，"因人施教，努力使每个幼儿都能获得满足和成功。"这就要求幼儿园在活动的组织方面，既要照顾集体的利益，又要照顾个别差异，满足儿童的合理需要。在此基础上《纲要》还明确的指出了组织幼儿教育活动的原则："时间安排应有相对的稳定性与灵活性。""教师的直接指导和见间接指导相结合。"并且减少不必要的集体活动。

我们的教育最终要培养出什么样的人，这是每个教育工作者必须时刻反思的问题。教师在实际工作中，首先应将幼儿看成是一个具有独立人格的完整的人，在施教的过程中，既要面向全体，又要因人施教，注重个体差异。素质教育要求教育要"面向全体"，即要使每一个幼儿都能获得与其发展相适宜的教育，促使孩子们能在各自原有的基础上提高。这也是《幼儿园工作规程》的核心思想。为此，我们提出了只有因人施教，才能面向全体这样一个命题。

了解幼儿的一切

只有先了解了幼儿才能提及教育幼儿。著名的前苏联教育家苏霍姆林斯基说："教育——这首先是人学，不了解孩子——不了解他的智力发展，他的思维、兴趣、才能、禀赋、倾向——就谈不上教育。"他还说："必须深

图7-15　学习心得

在学习和贯彻《幼儿园教育指导纲要(试行)》的过程中，我们受益匪浅，其中的一些理念给了我们深刻的启示。《幼儿园教育指导纲要(试行)》指出要尊重儿童的个体差异，"因人施教，努力使每一个幼儿都能获得满足和成功"。这就要求幼儿园在活动的组织方面，既要照顾集体的利益，又要照顾个别差异，满足儿童的合理需要。在此基础上，《幼儿园教育指导纲要(试行)》还明确指出了组织幼儿教育活动的原则："时间安排应有相对的稳定性和灵活性。""教师直接指导的活动和间接指导的活动相结合。"并且减少不必要的集体活动。

我们的教育最终要培养出什么样的人，这是每个教育工作者必须时刻反思的问题。教师在实际的教育中，首先应将幼儿看成是一个具有独立人格的完整的人，在施教的过程中，既要面向全体，又要因人施教，注重个体差异。素质教育要求教育既要"面向全体"，又要使每一个幼儿都能获得与其发展相适应的教育，促使幼儿在原有的基础上不断提高。这也是《幼儿园工作规程》的核心思想。为此，我们提出了只有因人施教，才能面向全体这样一个命题。

了解幼儿的一切(节选)

只有先了解幼儿，才能提及教育幼儿。著名苏联教育家苏霍姆林斯基说："教育——这首先是人学，不了解孩子——不了解他的智力发展，他的思维、兴

趣、才能、禀赋、倾向——就谈不上教育。”

（参见 http://www.usors.cn/blog/chenzhenjie/MyEssayDetail.asp? id=34044）

3. 教育困惑

幼儿教育领域是实践性非常强的领域，幼儿教师不可避免地要不断面对理论和实践相矛盾或解决不了的问题。遇到教育困惑时，比较传统的方法是自己看书，通过书找答案，或是向身边有经验的同行请教，但是对于困惑的解答往往速度慢，效率低。网络特别是教育博客为教育主体提供了答题解难、学习研讨的广阔空间。很多看到教师博客的热心人，都可能提出自己的观点，其中可能就有教师比较满意的回答。

如何面对孩子的打人行为

【案例描述】

一天晨间活动时，两个男孩子打了起来，我忙跑过去问他们是怎么回事，一个男孩说：“这个蹦蹦球是我先拿到的，他来抢我不给，他就打我，还狠狠地踢我。”我看向另一个男孩子，问他为何打人，他却对我理直气壮地说：“谁让他不给我玩的，不给我，我就打他。我爸说的，谁欺负我时叫我不要怕，要比他凶，要打得他趴下。”看他那么振振有词，我当时呆住了。

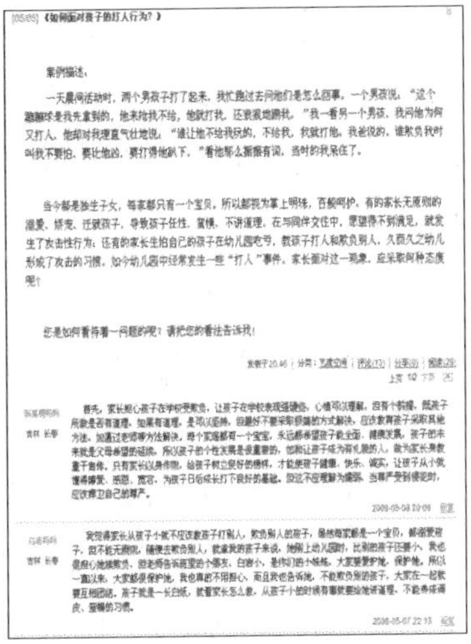

图7-16 “我”的教育困惑

当今每家都是独生子女，每家只有一个宝贝。所以都被视为掌上明珠，百般呵护。有的家长无原则地溺爱、娇宠、迁就孩子，导致孩子任性、蛮横、不讲道理，在与同伴交往中，愿望得不到满足，就实施攻击性行为；还有的家长怕自己的孩子在幼儿园吃亏，就教孩子打人和欺负别人，久而久之幼儿形成了喜欢攻击别人的习惯，以致如今幼儿园中常发生一些“打人”事件。家长面对这一现象，应采取何种态度呢？

您是如何看待这一问题的呢？请把您的看法告诉我！

（参见 http://tangtang820421.blog.163.com/blog/static/97835075200891389123O9/）

一位教师用自己的切身体会表达了对教育博客作用的由衷感谢:“问题、困惑对于教师而言,就是成长的契机和基点。每一次在自己的教育空间内写下自己的困惑后,都会有很多认识的以及更多不认识的同行朋友给我帮助和支持。虽然有时候不一定回答了我的困惑,但是仅仅一个‘加油啊!’就足以安抚我困惑的心。我很感谢这么多朋友的关心和支持!”

(三) 幼儿教师作为研究者的博客内容

现代社会,“教师成为研究者”不再是遥不可及的愿景,国内外教师专业发展的重要理念在教育实践中得到了广泛应用。幼儿教师作为研究者,其博客内容的板块主要有以下几个方面。

1. 教育反思

教育反思是提升教师专业成长的有效途径,包括教师在教育活动前的预设思考、教师在教育活动过程中的思考以及教师在活动后的反思等。教师反思的内容涉及教育教学活动的方方面面,以教师反思自身的教育教学行为、观念等为主。下面是一位中班的教师在组织一次“有趣的三角形”活动后写的反思。

活动反思

(1) 本次活动以数学教育生活化为主导思想,以生活中的自然物品作为材料,引起幼儿参与活动的兴趣,让幼儿充分体验到活动的乐趣。

(2) 活动过程中,整个活动层次清楚。从第一环节引起幼儿参与活动的兴趣,到第二环节引导幼儿看教师准备的有关三角形的物品,到第三环节在操作中认识三角形,再到第四环节在愉快的游戏气氛中巩固对三角形的认识,层层推进,基本达到了预期的目的和效果。

(3) 目标定位基本准确。教学目标的确定符合《幼儿园教育指导纲要(试行)》的要求和中班教学的目标;符合本班幼儿的现有知识经验,体现了知识、情感态度和能力培养的三维目标。

(4) 围绕教学目标和教学内容,采用生动、直观、灵活的教学手段。以集体活动、分组活动和个别指导相结合的教学形式,体现中班幼儿的学习特点;以游戏形式组织活动,让幼儿在玩中学,有效达成本节教学活动目标。

(5) 教学结构的安排符合中班幼儿的年龄特点。活动开始调动幼儿学习的积极性;基本部分突出重点、难点,给幼儿充分的动手操作、感知、体验的时间;接着通过"摸一摸"、"数一数"、"说一说"等环节,充分调动幼儿的各种感官,形象地感知三角形的特征。

(6) 在活动延伸部分,提出"寻找生活中的三角形",把数学与生活实际联系起来,体现了教学内容要贴近幼儿生活的思想。

(7) 在教具准备上,教师使用的长方形和正方形卡纸与幼儿进行对比所用的卡纸在颜色上有所不同,增加了幼儿进行区分对比的难度。

(8) 在第四环节游戏("看谁举得对")中,活动一开始缺少教师的示范,以此来加深幼儿对三角形的认识。

(9) 由于经验不足,在活动开展中所使用的指导语上有所欠缺,有使用成人语言和口语的情况。

(参见http://www.usors.cn/blog/jinr059/MyEssayDetail.asp? id=28649)

如果说活动设计等记录了教师在教育技能上的发展历程,那么教师反思则是教师专业发展历程的展示,也是教师走向专业成熟的有效途径。

2. 课题研究

幼儿教育的迅速发展促进了幼儿教育研究的繁荣,随之而来的是幼儿教师参与课题研究的机会不断增加,并且参与的积极性也很高。课题探究已日渐成为幼儿教师专业生活的重要组成部分,也是幼儿教师作为研究者的重要体现。

3. 教育论文

教育论文是教师教育研究成果的凝结,在很大程度上体现了幼儿教师的研究者角色。教育博客为教师的研究提供了话语机会。幼儿教师的教育论文可以是未发表的,因为在博客尤其是教师博客经营的过程中,发表展示不是目的,重要的是交流,以此激发教师研究的意识,不断提高幼儿教师的科研素养和能力。如图7-17中,教师针对幼儿英语教学问题撰写了教育论文。

谈如何在英语教学中促进幼儿社会性的发展　2007-12-31 16:28

欢迎参加中国民办学校转型之路专题研讨会

幼儿社会教育是以发展幼儿的社会性为目标，以增进幼儿的社会认知、激发幼儿的社会情感、引导幼儿的社会行为为主要内容的教育。社会教育是幼儿全面发展的重要组成部分。在英语教学中，幼儿社会性的发展显得尤为重要。那么，如何在英语教学中促进幼儿社会性的发展呢？通过实践，我的体会是：

语言是交流的工具，语言沟通是一切的基石。在快速变迁的国际社会中，作为一个中国人，只有普通话和英语都流畅才能成为真正的世界公民，才能在世界舞台上扮演举足轻重的作用。而幼儿期正是语言发展的关键期。幼儿习得英语的关键就在于口语的表达，学会与人用第二语言交流，进而增强学习英语的兴趣，促进其社会性的发展。

教师在英语教学中要注重培养幼儿的自信心，让其敢于大胆的开口说英语、与人交流，敢于用英语表达自己的想法。另外，还要为幼儿创设良好的语言环境，这样的环境可以激发幼儿说英语的欲望，让其在这种环境中想说英语，想与别人交流。为达到幼儿社会性发展的目标，我总结了以下经验：

图7-17　教育论文

如何在英语教学中促进幼儿社会性的发展

幼儿社会性教育是以发展幼儿的社会性为目标，以增进幼儿的社会认知、激发幼儿的社会情感、引导幼儿的社会行为为主要内容的教育。社会教育是幼儿全面发展的重要组成部分。在英语教学中，幼儿社会性的发展显得尤为重要。那么，如何在英语教学中促进幼儿社会性的发展呢？通过实践，我的体会是：

语言是交流的工具，语言沟通是一切交往的基石。在快速变迁的国际社会中，作为一个中国人，只有普通话和英语都流畅才能成为真正的世界公民，才能在世界舞台上扮演举足轻重的作用。而幼儿期正是语言发展的关键期。幼儿习得英语的关键就在于口语的表达，学会与人用第二语言交流，进而增强学习英语的兴趣，促进其社会性的发展。

教师在英语教学中要注重培养幼儿的自信心，让其敢于大胆开口说英语、与人交流，敢于用英语表达自己的想法。此外，还要为幼儿创设良好的语言环境，这样的环境可以激发幼儿说英语的欲望，让其在这种环境中想说英语，想与别人交流。为达到幼儿社会性发展的目的，我总结了以下经验……

（参见http://www.usors.cn/blog/lishuai/MyEssayDetail.asp?id=36625）

教师的每一篇教育论文都凝聚着其研究的兴趣，体现了其研究的意识和研究的关注点。在品读教师发表的每篇论文中，我们能深深地感受到教师研究的具体历程。

（四）幼儿教师作为管理者的博客内容

幼儿教师除了承担教育重任、不断学习和研究外，作为每个班级的负责人，还肩负管理的职责和重任。作为管理者，教师要对班级的相关事物、活动等进行统筹安排（如图7-18中的“重要通知”），并协调相关班组人员等。

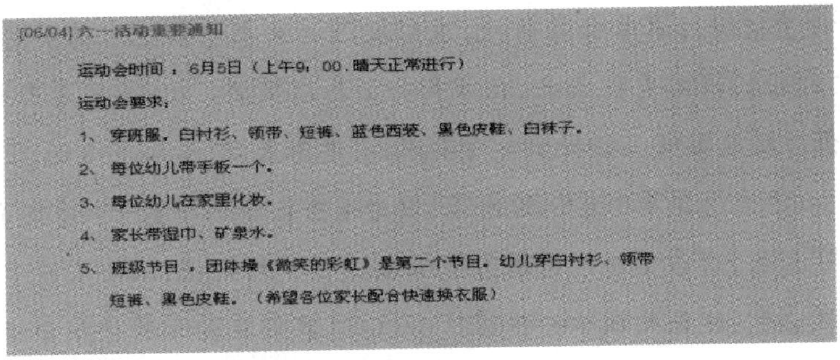
[06/04] 六一活动重要通知

运动会时间：6月5日（上午9：00，晴天正常进行）

运动会要求：

1、穿班服，白衬衫、领带、短裤、蓝色西装、黑色皮鞋、白袜子。

2、每位幼儿带手板一个。

3、每位幼儿在家里化妆。

4、家长带湿巾、矿泉水。

5、班级节目：团体操《微笑的彩虹》是第二个节目。幼儿穿白衬衫、领带短裤、黑色皮鞋。（希望各位家长配合快速换衣服）

图7-18 重要通知

（五）幼儿教师作为服务者的博客内容

这一内容主要针对家长而言。因为现代教育日益作为一种服务而存在，幼儿园教育乃至幼儿教师工作的重要目的和任务是为了更好地服务幼儿、服务家长。而教师博客为服务家长提供了便捷的平台和渠道，便于家长了解孩子在园的行为表现，增进家园互动。主要板块可以是“家长工作”、“家园互动”、“家园共育”等。

我们应该怎样开展家长工作（节选）

家园共育是幼儿健康成长的基础，是幼儿园工作的重要环节。孩子能够茁壮成长，也是教师和家长的共同愿望。尽管如此，由于教师和家长之间教育观念、思考角度不同，常常会引发一些矛盾和冲突，作为班级教师，时常会接到家长们的投诉。如何解决家长的批评和抱怨，是教师工作的重要内容。在工作中，我们把解决问题的方式建立在理解和沟通的基础上，取得了较好的效果。

一、未雨绸缪，防患未然

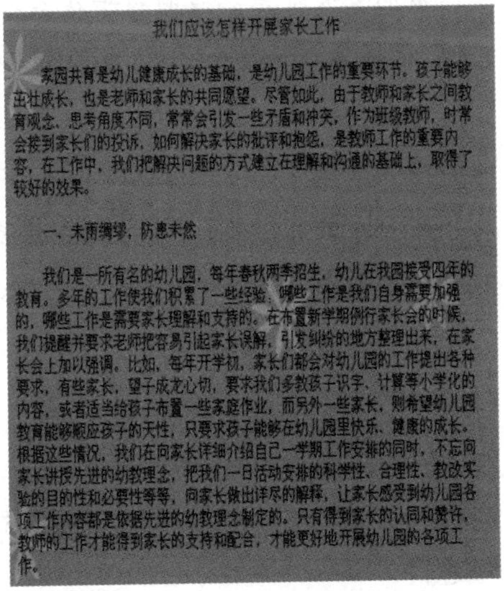
我们应该怎样开展家长工作

家园共育是幼儿健康成长的基础，是幼儿园工作的重要环节。孩子能够茁壮成长，也是老师和家长的共同愿望。尽管如此，由于教师和家长之间教育观念、思考角度不同，常常会引发一些矛盾和冲突，作为班级教师，时常会接到家长们的投诉，如何解决家长的批评和抱怨，是教师工作的重要内容，在工作中，我们把解决问题的方式建立在理解和沟通的基础上，取得了较好的效果。

一、未雨绸缪，防患未然

我们是一所有名的幼儿园，每年春秋两季招生，幼儿在我园接受四年的教育。多年的工作使我们积累了一些经验，哪些工作是我们自身需要加强的，哪些工作是需要家长理解和支持的。在布置新学期例行家长会的时候，我们提醒并要求老师把容易引起家长误解，引发纠纷的地方整理出来，在家长会上加以强调。比如，每年开学初，家长们都会对幼儿园的工作提出各种要求，有些家长，望子成龙心切，要求我们多教孩子识字、计算等小学化的内容，或者适当给孩子布置一些家庭作业，而另外一些家长，则希望幼儿园教育能够顺应孩子的天性，只要求孩子能够在幼儿园里快乐、健康的成长。根据这些情况，我们在向家长详细介绍自己一学期工作安排的同时，不忘向家长讲授先进的幼教理念，把我们一日活动安排的科学性、合理性、教改实验的目的性和必要性等等，向家长做出详尽的解释，让家长感受到幼儿园各项工作内容都是依据先进的幼教理念制定的。只有得到家长的认同和赞许，教师的工作才能得到家长的支持和配合，才能更好地开展幼儿园的各项工作。

图7-19 我们应该怎样开展家长工作

我们是一所有名的幼儿园，每年春秋两季招生，幼儿在我园接受四年的教育。多年的工作使我们积累了一些经验，哪些工作是我们自身需要加强的，哪些工作是需要家长理解和支持的。

在布置新学期例行家长会的时候，我们提醒并要求老师把容易引起家长误解、引发纠纷的地方整理出来，在家长会上加以强调。比如，每年开学初，家长们都会对幼儿园的工作提出各种要求，有些家长，望子成龙心切，要求我们多教孩子识字、计算等小学化的内容，或者适当给孩子布置一些家庭作业；而另外一些家长，则希望幼儿园教育能够顺应孩子的天性，只要求孩子能够在幼儿园里快乐、健康的成长。根据这些情况，我们在向家长详细介绍一学期安排的同时，不忘向家长讲授先进的幼教理念，把我们一日生活安排的科学性、合理性、教改实验的目的性和必要性等，向家长做出详尽的解释，让家长感受到幼儿园各项工作内容都是依据先进的幼教理念制定的。只有得到家长的认同和赞许，教师的工作才能得到家长的支持和配合，才能更好地开展幼儿园的各项工作。

教师博客为教师和家长的互动交流提供了支持，不仅在专业上为家长知识和理论观念等方面提供指导，而且在具体情境中还为家长的教育提供实践智慧。如有的教师针对家长的困惑，在博客中，为家长提出教育建议。

有的家长提出："我的孩子在学习方面不用我们操心，可有的时候孩子很任性，你越不让他做什么，他越要做，还常提出一些无礼的要求，我该如何教育他？如何对待孩子的任性？"

很多家长在自己的困惑中也提到了类似的问题。

家长在教育孩子时，往往过分关注他们的衣食住行及智力教育，却忽视了孩子的心理素质培养。我们应当如何正确、冷静地对待幼儿的任性行为呢？

幼儿提出不合理的、过分的要求时，家长应注意采取正面教育的方式，给孩子把道理讲清楚：这样做不对，为什么不对，怎样做才是对的，帮助其提高分辨是非的能力。幼儿的是非观念是在学习处理各种具体事情的过程中逐渐形成的。在这一过程中，家长可以采取转移、冷处理、适当惩罚等方法巧妙化解难题。

1. 正确引导

让幼儿看一些故事、连环画之类的书，让幼儿分辨谁是好孩子，谁是坏孩子，提高幼儿明辨是非的能力。如幼儿画册上有两幅画，一幅是小男孩怀里抱着许多玩具,还要妈妈买变形金刚;另一幅是小男孩说家里有玩具不要妈妈再买了。

2. 约法三章

在家长已掌握孩子任性行为的规律后,可以用事先“约法三章”的办法来预防孩子的任性。如每次带孩子上街,孩子经过小商店总会哭闹着要买好吃的,应在上街之前就跟孩子说好:“今天上街经过小店,如果不要好吃的,就带你出去。”

3. 冷处理

…………

此外,教师作为人,尤其是社会人,还有很多自己的生活空间、兴趣爱好等。随着教师职业的专业化以及社会竞争力的增强,教师的职业压力也很大。教育博客为教师提供了一个自由释放的空间,以其虚拟性为教师提供了书写日常生活的“田地”,以其便捷的链接为教师了解新闻等各方面信息提供了快速通道。最重要的是为教师提供了抒发自己心情的一个小天地。这部分内容比较琐碎,板块名称可以是“我的兴趣爱好”、“心情驿站”以及“生活感悟”、“心灵花园”等。

第六节 幼儿园班级教育博客

幼儿园班级是幼儿园保教活动的基本单位。幼儿园基本任务的实现,不仅需要完成任务必需的人、财、物等资源,还要将资源落实到保教工作的基层结构——班级组织。在信息迅速普及的时代,如何整合信息技术进行幼儿园班级管理,如何高效地组织班级管理,提高班级管理的科学性、互动性,增强家长工作的服务性等,这些问题非常值得研究。在课题的行动研究过程中,我们立足于国内外幼儿园班级教育博客既往研究基础,结合参与研究的幼儿园实际,对幼儿园班级教育博客建立的可行性、建立班级教育博客的步骤和策略,以及需要注意的问题等进行了深入的探讨。

一、幼儿园班级教育博客的特点

班级教育博客是以班级为单位,任课教师和学生共同参与,集学生与学生、教师与学生之间思想交流、资源共享和互助互进的平台。它由传统的校友录或同学录演变而来。传统的校友录或同学录模式陈旧、墨守成规，无法满足学生的需要和满足。班级博客为学生建构起一个全球化、数字化，以学生自主学习、自主管理，人人平等、人人参与的、"零"技术障碍的班集体建设平台。①

将博客应用到班级中，原因很多。最主要的原因是博客易编辑、思想和资源易分享。班级教育博客以其简易的操作、强大的功能、良好的界面使班级数字化管理的普及成为可能。申请班级博客的空间比较简单，建立周期短，不需复杂网站的开发技术，任何一个教师或学生都可以自己动手建立。

幼儿园班级教育博客作为教育博客的一种，首先具有博客的及时、共享、互动、展示个性等特性，其次具备教育博客的教育性、专业性、持续性以及反思性。此外，作为幼儿园班级博客，它也有自己的特色。

(一) 动态开放性

自由、共享、开放是博客的核心精神，博客上聚集了每个人或零碎或系统的思考，任何一个博客都可以链接自己或者他人的信息，从而能够最大限度地调动大家参与的积极性和热情。班级博客绝不仅仅是一种单向的发布系统，还有着极重要的交流功能。它更看重参与过程而不是结果。瑞吉欧教育理论定义的教育信息环境是"一个可以支持社会互动、探索与学习的容器"，其关键在于"师生之间、家长之间和社区其他人之间的每日互动"。班级博客打破了时空限制、身份限制，打破了话语霸权，给班级相关的每一个成员以充分的、平等的话语权，实现了教师、幼儿、其他教师、幼儿家长之间真正无拘无束、自由自在的对话与交流。就在这种分享与互动、碰撞与交流中，教师个体的思维变得灵动，愈加焕发出生命活力和创造力，并转而成为教师成长不竭的动力源泉，促进教师专业素养的不断提高。②

班级博客为教师、家长之间的交往互动提供了新的渠道，家长可以从中了

① 张佩玲，鲍亨永. 班级博客：信息化时代学校德育的新途径[J]. 黑龙江科技信息，2007(16)

② 戴若迅，饶红群. 班级博客——班级开放式管理的"百事通". 教育技术导刊，2006(11)

解幼儿在园的情况、了解教师的教育思想，可以发表自己的见解，还可以表达自己的心声等，从而为新型的家园互动提供了良好环境。家长和幼儿通过班级博客中的“日志留言”对班级教师敞开心扉，在了解幼儿园与班级最新活动与相关问题的基础上，可以直接促进家园联系。教师和家长在博客中的交往是开放的，而且这种交往被及时记录下来，日后还可以进行反思和评价，这不仅有利于幼儿成长，也有利于教师发展。[①]

(二) 实现个性化的班级教育管理

如果说班级的数字化管理是网络应用于班级管理的必然趋势，那么班级博客的主要特点就是实现班级的个性化管理。班级博客以其简易的操作、强大的功能、良好的界面使班级个性化管理的普及成为可能。幼儿园班级博客为班级管理和交流互动提供了个人的信息化空间。如家长可以在班级博客为幼儿创办个人空间；可以自行决定个人博客主题，自行编辑博客内容，可以对别人的博客发表评论；还可以对幼儿发展进行规划、实施和调整等，从而充分调动家长参与的积极性，并激发家长的创造性。

二、幼儿园班级教育博客的内容

虽然班级教育博客由于不同教育阶段、不同班级情况以及不同班级教师的风格等有所不同，但是根据班级教育博客的特点，幼儿园班级教育博客的内容可以分为以下几个方面。

(一) 班级通知类

板块的名称可以是“班级公告”、“致爸爸妈妈的信”等。内容涉及致爸爸妈妈的信、班级活动通知、缴费通知以及教育活动材料准备的通知等。如图7-20就是教师在班级博客中写给家长的信。

---

① 齐伟．探索Blog在教育中的应用[J]．信息技术教育，2004(2)

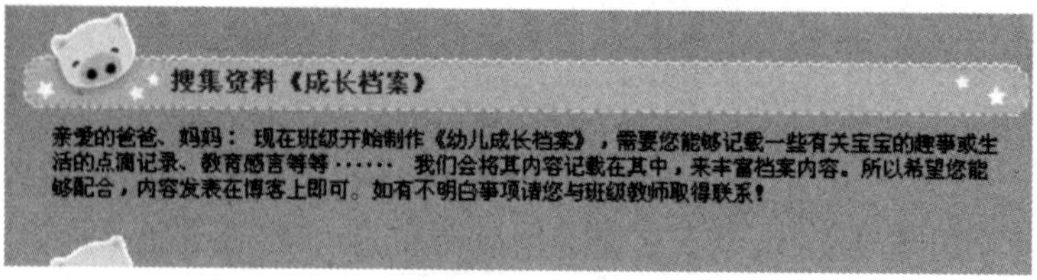

图7-20　班级通知

（二）宝贝趣事类

板块名称可以由家长和教师自定，如“家庭妙语”、“童言智语”、“生活花絮”等。内容主要涉及教师记录幼儿在园行为表现的趣事，家长记录幼儿在家的活动趣事，通过轶事记录增进家长和教师对幼儿的了解，便于家长和教师针对幼儿的发展情况及时调整教育策略。

（三）经验分享

板块名称可以是“家园互助”、“家长委员会”、“家长经验园”等，内容涉及家长对子女的教育观念、教育态度以及教育方法等。这种经验分享的平台不仅为家长解决了教育子女的问题，更重要的是促进了家长之间的沟通和交流。如图7-21的“经验分享”博客内容。

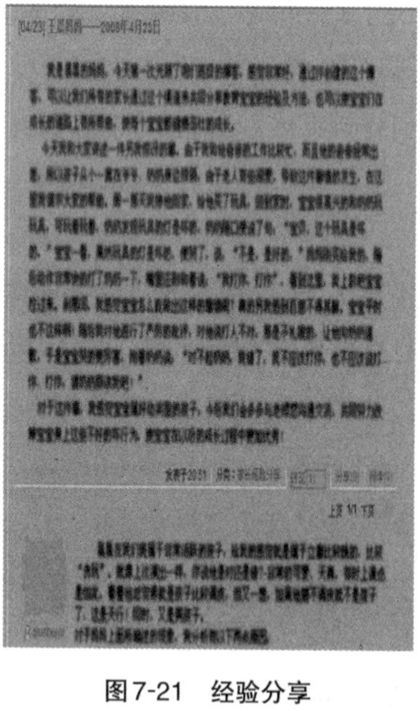

图7-21　经验分享

经验分享（节选）

今天第一次光顾了咱们的班级博客，感觉非常好！你创建的这个博客，可以让我们所有的家长通过这个渠道来共同分享教育宝宝的经验及方法，也可以使宝宝在成长的道路上有所帮助，使每个宝宝都能健康茁壮地成长。

今天我和大家讲述一件令我惊讶的事。由于我和他爸爸的工作比较忙，而且他的爸爸经常出差，所以孩子一直在爷爷、奶奶身边照顾，由于老人有些溺爱，导致这件事情的发生，在这里我请求大家的帮助。周一那天我接他回家，给他买了玩具。回到家后，宝宝很高兴地和奶奶玩玩具，可玩着玩着，奶奶发现玩具的灯是坏的，奶奶随口便说了句："宝贝，这个玩具是坏的。"宝宝一看，果然玩具的灯是坏的，便哭了，说："不是，是好的，妈妈刚给我买的。"随后动作非常快地打了奶奶一下，嘴里还说："我打你，打你！"看到这里，我上前把宝宝拉过来。刹那间，我感觉宝宝怎么能做这样的事情呢？真令我百思不得其解。宝宝平时也不这样啊？随后我对他进行了严厉的批评，对他说打人不对，是不礼貌的，让他向奶奶道歉。于是宝宝哭得更厉害了，抱着奶奶说："对不起，奶奶，我错了，我不该打你，也不应该说打你、打你，请奶奶原谅我吧！"

对于这件事，我感觉宝宝属好动类型的孩子，今后我们会多多与老师沟通交流，共同帮助宝宝改掉身上这些不好的行为，使宝宝在以后的成长过程中更加优秀！

晨晨在我们班属于非常活跃的孩子，给我的感觉就是属于立事比较晚的，比较"贪玩"。就像上次演出一样，你说他是对还是错？非常的可爱、天真，有时上课也是如此，看着他总觉得就是孩子比较调皮，但又一想，如果他要不调皮就不是孩子，这是天性！同时，又是男孩子。

对于妈妈上面所描述的现象，我分析有以下两点原因：

…………

（参见http://qiushuiyiren800418.blog.163.com/blog/#m=0&t=2&c=2008-4）

（四）家长必读

这一板块主要是教师针对家长的教育观念、教育方式、教育内容等提供的意见和建议。如图7-22的"小贴士"，针对家长"偷懒的猫"提出问题，教师耐心地给出了解答。

家长如何面对任性的孩子

《家长如何面对任性的孩子》

偷懒的猫：　　6-23 20:59

嗨，郁闷啊！我家的儿子已经5周岁了，就是吃饭还是让我伤透脑筋。不肯自己吃，还得喂，喂就喂吧，只要能吃下一碗就行。但是他花在每一餐饭的时间都要在1小时，甚至更多。鼓励、引诱、威胁、惩罚都试了，还是没有用。暑假快到了，为此，我很担心我的耐性经受不起考验！

我侄子原来也有同样的状况，不肯自己吃饭，让他妈妈喂。有一次我们家聚餐，我只是把盘子放在他前面，询问他喜欢吃什么，把他喜欢的菜夹到碗里，并告诉他想吃什么够不到可以让我帮他夹，时不时和他进行个"看谁吃得快"的比赛，对于他不爱吃的食物，我也不去强求他吃，只是无意识的说"这个绿绿的菠菜，我最爱吃了，能长得高高的……"我常告诉家长，你要学会给你的孩子挖个坑，让他自己跳下去。

孩子不肯吃饭有很多的可能：挑食、难受、心情不好……很对原因都有可能造成孩子不吃饭，遇到这样的状况，我们需要询问孩子"怎么了？为什么？"不是只有孩子才喜欢问为什么，你的一个为什么，引起了孩子的思考，让他自己说一说不想吃饭的理由，我们在和孩子一起针对原因想办法，解决不想吃饭的问题。

但如果你的孩子常常需要别人去喂，吃饭时间长，我只能说他并没有养成一个良好的进餐习惯，其实这种习惯需要大人的培养，而不是把责任推给孩子。我只能给你一些建议，比一定对每个孩子都适用。

(1) 准备一个孩子自己的卡通的碗筷。

(2) 家里的进餐时间要固定。（如：晚上6：30吃完晚饭后不要准备其它的食物。）

(3) 不要养成孩子依赖的心理。（如果他不吃饭，总是有人去喂他，在他心里就会产生：不吃饭有人会为我的习惯。）

(4) 控制进餐的时间。（在一定的时间内，如果孩子吃不完或不吃，可以直接把饭端走。）

(5) 不要把孩子当成你的负担。

只是一些建议，你的孩子你最了解，我们常说：没有最好的，只有最适合的。希望你能找到适合的方法。

图7-22　小贴士

偷懒的猫：嗨，郁闷啊！我家的儿子已经5周岁了，就是吃饭还是让我伤透脑筋。不肯自己吃，还得喂，喂就喂吧，只要能吃下一碗就行。但是他花在每一餐饭的时间都有1小时，甚至更多。鼓励、引诱、威胁、惩罚都试了，还是没有用。暑假快到了，为此，我很担心我的耐心经受不起考验！

我侄子原来也有这样的状况，不肯自己吃饭，让他妈妈喂。有一次我们家聚餐，我只是把盘子放在他前面，询问他喜欢吃什么，把他喜欢吃的菜夹到碗里，并告诉他想吃什么够不到可以让我帮他夹，时不时和他进行"看谁吃得快"的比赛。对于他不爱吃的食物，我也不去强求他吃，只是无意识地说："这个绿绿的菠菜，我最爱吃了，能长得高高的……"我常告诉家长，你要学会给你的孩子挖个坑，让他自己跳下去。

孩子不肯吃饭有很多可能：挑食、难受、心情不好……很多原因都有可能造成孩子不吃饭。遇到这样的状况，我们需要询问孩子："怎么了？为什么？"不是只有孩子才喜欢问为什么，你的一个为什么，引起了孩子的思考，让他自己说一说不吃饭的理由，我们再和孩子一起针对原因想办法，解决不想吃饭的理由。

但如果你的孩子常常需要别人喂，吃饭时间长，我只能说他并没有养成一个良好的进餐习惯，其实这种习惯需要大人的培养，而不是把责任推给孩子，我只能给你一些建议，不一定对每个孩子都适用。

(1) 准备一个孩子自己的卡通碗筷。

(2) 家里的进餐时间要固定。(如晚上6:30，吃完晚饭后不要准备其他食物。)

(3) 不要养成孩子的依赖心理。(如果他不吃饭，总是有人去喂他，在他心里就会产生不吃饭有人会喂我的想法。)

(4) 控制进餐的时间。

(5) 不要把孩子当成你的负担。

你的孩子你最了解！我们常说:没有最好的方法,只有最适合的方法。希望你能找到教育孩子的好方法。

(参见 http://tangtang820421.blog.163.com/)

(五) 宝宝今日学

这一板块主要为家长提供了解幼儿在园活动、学习情况的平台。

(六) 家园天地

这一板块主要是教师和家长就幼儿在园及在家的行为表现等进行对话、交流和沟通等。

【教师与家长的对话】

老师　20:36:42

现在整个家长都互动起来了,欢迎你的加入！我现在最着急就是你家祖儿！但是你知道吗？参与活动祖儿可是相当积极,今天我们参加青苹果乐园电视台录制节目活动,结果祖儿一点儿也不怯场,上去连动作带表情,可好了！也就是今天上午九点钟的事情。

妈妈　20:39:47

嗯,现在对于祖儿的事情我也特别重视,也很着急,我这几天和保姆谈了很多。以前别的阿姨带的时候也没出现过这样的现象。比如不愿意上幼儿园什么的,她让孩子太依赖她了,我和她说了。这段时间我会更多地和孩子接触,而且我俩也商量过,多给孩子独处的时间,培养她什么事情都自己去做。不知道这样能不能好一点,先实验一周看看。

老师　20:52:10

好的,我也不知道究竟哪里出现了问题？是我们的原因还是你们的原因,但是你知道吗？一个阿姨真的能够起很大的作用,就说呜呜吧！他从小就是徐姥姥看到大,可是徐姥姥因为岁数大的关系走了,现在他妈妈给他换了很多阿姨他都不喜欢,以前他妈妈都不用管孩子,但是现在孩子根本不愿意离开妈妈！就连睡觉都跟妈妈睡！作为一个阿姨,“度”的掌握真的很重要,不能完全顺从,也不能不理会孩子,所以要求很高。我们先试一个星期看看！

妈妈　20:53:13

嗯,上个星期我自己送的孩子,没让阿姨跟着。你觉得孩子有变化吗?

老师　20:57:35

你说是不是因为阿姨总换的原因呢?

比如说我记得刚开始换阿姨时,你记不记得我有一次打电话问你是不是阿姨要走了？那是祖儿情绪最波动的时候,从早晨到晚上就是重复一句话“我不让阿姨走!”孩子真的很可怜。后来我才知道,原来他不上幼儿园是你们吓唬她!

妈妈　21:00:54

嗯,这有很大原因,但是有时候我们也没办法。前一个阿姨我觉得这个“度”掌握得很好,那段时间孩子比较开心,而且明显懂事很多。这个阿姨太惯着她了,什么事情都听她的。我再和阿姨多沟通。

老师　祖儿平时和小朋友接触多吗？愿意和小朋友一起玩吗?

妈妈　21:10:39

馨莹老师我下了,感谢你为大家做了这么多,这么关心祖儿！有什么情况给我打电话。早点休息吧!

妈妈　21:11:02

啊！明天我再上!

（参见 http://qiushuiyiren800418.blog.163.com/blog/#m=0&t=2&c=2008-4）

第七节　教育博客的评价功能

教育博客是一个自我反思评价与外部评价相结合的评价工具。“Weblog 是一种很好的学习评价与反思工具,既可以看作电子档案袋的一种形式,也可以看作用于记录学习日志的反思工具。”[①] 学校教育中的博客应用,可以作为记录

① 王普军. 构建多元评价　引导全面发展[J]. 语文教学通讯, 2004(4)

学生学习过程以及教师发展的电子档案袋。博客对学习者个体的认知促进作用已经越来越明显，不过人们并未就此满足，而是更加积极探索它可能对整个教育体系所产生的影响，尤其是教育中很关键的评价方法可能因此而改变。如电子档案袋观念，也许是对于每个学习者和教育者都最有价值的一种个人能力评价方法。①

教育博客是过程评价工具。它可以作为记录教师与幼儿学习与教学发展过程的电子档案袋，有助于实施过程性评价，从而促进学习者或教育者进行自主学习和发展。在教育博客这个大型的电子档案袋中，很多知识和学习过程都自然地按照时间进行结构化组织，博主的写作过程就是学习的过程。在博客的文章中，不仅反映了作者的创作结果，还有作者的创作过程、作者的反思以及作者创作的灵感，这些都是教师专业发展评价的依据。

通过对每个电子档案袋的考察，我们可以从中比较清晰地看到博主的学习与发展历程、丰富多彩的生活以及创造性的收获。这是对传统评价方式的一种改进。因为传统的评价方式只能看到最终的结果性东西，对过程不能进行检查与评测。

在专业工作者与实践工作者的交互作用、相互学习的行动研究过程中，我们初步探索了发挥幼儿教师教育博客评价功能的策略。

一、组建幼儿教师博客群，实现教师自主专业发展的动态化评价

建立幼儿教师博客群，不仅能拓展教学教研活动的时间和空间，丰富教师个人及教师群体的学习与教学资源，提升教师群体的反思能力，还能在博客群组的交互活动中增进教师之间的相互了解和交流，通过“相互抚慰加深专业情感”，建立比较稳定的伙伴学习关系。参与教师博客群组学习与评价的交流讨论及互动反思的过程，是有效发挥教师数字化档案评价的重要因素。教师对博客日志进行理性思考、质疑、评价的过程，也是教师之间在学习与评价共同体的教师博客中不断研究、改造、细化评价行为的自我完善过程。

---

① 潘菊素等．构建多元化学习评价体系的探讨[J]．中国大学教学，2004(6)

1. 创建有核心理念和特色的博客群

富有时代性、前瞻性、符合教师青春和童稚等特点的幼儿教师博客群，不仅使群内教师强烈地感受到共同的兴趣与志向，还能吸引其他幼儿教师阅读、参与、检索及查询。从分析本群组幼儿教师的特色出发，我们为自己的博客群起了富有特色的域名，如“阳光Teacher博客群”、“携手成长，共同快乐”、“托起明天的希望”等；书写富有感染力的博客群个性签名，如“童年的梦想，少时的憧憬，伴随着碧水清波，一同快乐分享！”“关注幼儿就是关注我们自己，就是关注未来！”此外，群组中运用网络超级链接、RSS、TAG、Trackback等技术，可以方便快捷地检索、浏览其他教师的博客信息。

2. 在博客群中提出能引起广泛讨论的话题

迈他菲勒特网站(Metafilter.com)的创始人马特·豪伊(Mart Haughet)曾说：“有一个特定的话题，意味着你可以更容易地解释你的博客思想，并且很快集结志趣相投的人，为你的群组贡献他们的思想和内容。”例如，一位刚走出校门的教师，总感觉自身理论与实践有距离，她在博客群组的讨论区提出了“怎样算是爱孩子”的话题，她写道：“爱的繁体字为‘愛’，从解字的角度来看，‘愛’需要用‘心’。幼儿教师发自肺腑的对孩子用心的爱是什么？对孩子的爱是温柔的话语，真诚的关爱，不断的表扬，还是给孩子现实生活的磨炼，让其经受很多挫折？如何才算是真正的‘爱’孩子？欢迎大家讨论。”这一话题在博客群组中刚发布，便引起了热烈讨论，大家纷纷提出自己的想法：“我认为孩子不能只对其表扬鼓励，作为幼儿教师要帮助孩子形成正确判断行为对错的能力，他欺负小朋友是不当行为也鼓励表扬么？”“我太赞成楼上的话了！我也是一名幼儿教师，在跟孩子们接触的同时，一定要了解每个孩子的性格，这样才能更好地与他们沟通，在教导孩子的时候也就事半功倍。不能把别人教导孩子的方法强加在自己面对的孩子身上。”……共同感兴趣的话题使每个参与的教师都对“爱孩子”的行为进行反思，并对自己和他人的行为作出衡量与评价。

3. 在博客群组中形成教师之间平等、自由的对话关系

对话关系是发挥博客群组学习和评价共同体功能的必要条件。教师博主之间的对话关系可以使每位教师都成为讨论和交流的主体——每位教师都是

信息的发布者、信息的分享者。正如博客研究者布拉德·丽贝卡(Blood Rebacca)所言:“博客群最强大的两种力量来自他们过滤和散布信息的能力。”平等的对话可以增进各博客群组成员多方面的了解,“增强评价对象对评价的认同并最大程度的受益”,同时“深度对话也能生成最具建设性的、最有价值的见解”。

在交流互动的博客回复中,每一位幼儿教师都受益匪浅。一位幼儿教师曾感慨地写道:“每打开一个教师博客,字里行间都渗透着他们的教学成长历程,也立体地呈现了一位位教师鲜活的教育生活以及日常生活的状态。博客群,增进了我对‘战友们’的了解,为我们搭建了交流的平台,提供了自我展示的空间,开辟了大家相互促进、相互学习的捷径。教师博客的平台为我们分享教育教学、生活世界的感受提供了空间,在彼此倾听和交流过程中,也是对自我心灵的呵护和自我世界的重现。”幼儿教师在经营教师博客、参与教师博客群组学习与评价的交流讨论及互动反思的过程中,重新审视自己,从而激发自主发展的意识和动力。这一切正如保罗·弗莱雷(Paulo Freire)所言:“没有对话,就没有了交流;没有了交流,也就没有了真正的教育。”

二、制订教师博客评价标准,发挥教育博客的激励作用

发展性幼儿教师评价是在承认和尊重教师个体差异的前提下,立足于使每位教师都能在原有水平上得到发展的教师评价。每位幼儿教师都有不同于他人的人格特征,具有不同的发展优势领域,在专业发展过程中有不同的发展特点。所以,制订教师博客评价标准要充分考虑教师的个体差异,体现层次性。

在幼儿教师制作教育博客两个月之后,为制订合理可行的教师博客评价标准,我们对24名幼儿教师的制作过程进行了观察分析及博客日志的文本分析。在分析中,我们发现教师制作教育博客的水平存在很大的差异。有的教师对博客技术和操作非常熟悉,乐于制作教育博客,博客日志的更新率高,平均每周更新2次及以上,博客日志呈现形式多样,平均每人能利用4种形式撰写、发布日志;有的教师对博客技术和操作非常感兴趣,日志更新平均每周1次,博客日志的呈现形式平均每人利用3种;有的教师初步掌握博客技术,博客日志更新率比较低,平均每2周1次;还有的教师博客日志的内容与自身教育

实践联系最紧密，家长和同行浏览量比较多等。通过以上分析，我们初拟了《幼儿教师博客评价标准》，经过与教师的讨论以及问卷调查，最后确定了教育博客的评价标准，主要包括博客的内容和博客的利用两个一级指标。博客内容包括及时性、丰富性、个性化、原创性四个二级指标，博客的利用包括个人教学利用、家长利用和同行利用三个二级指标。根据教师制作博客的实际情况分析，每个指标包括四级分等评语标准。

表7-1　幼儿教师教育博客评价标准

一级指标	二级指标	评价标准			
		A	B	C	D
博客内容	及时性	事发当天发布博客日志	隔天发布博客日志	事发一周发布博客日志	事发两周以上发布日志
	丰富性	博客日志资料呈现形式4种以上，分类涉及学习、教学、科研、管理、个人生活5项以上内容	博客日志资料呈现形式有3种，日志分类涉及学习、教学、研究及个人生活4项内容	博客日志资料呈现形式有2种，博客分类涉及学习、教学、个人生活3项内容	博客日志呈现形式单一，主要是文字；类型单一，涉及教学和学习2类及以下
	个性化	充分、适当地展现个人特点和个性化教育风格	较好地展现了个人特点和个性化教育策略	基本展现个人特点，有个性化的教育认识和思考	个人特点不突出，较少个性化的教育思考
	原创性	博客日志原创性内容80%以上	博客日志原创内容50%～80%	博客日志原创内容30%～50%以上	博客日志原创内容30%以下
博客的利用	个人教学利用	充分地利用博客资源充实教学教研	能较好地利用博客资源充实教学教研	基本能利用博客资源充实教学教研	很少利用博客资源充实教学教研

续表

一级指标	二级指标	评价标准			
		A	B	C	D
博客的利用	家长的利用	家长浏览、留言回帖，平均每周3次以上	家长浏览、留言回帖，平均每周1～3次	家长浏览、留言回帖，平均每月1～3次	家长浏览、留言回帖，平均每月1次
	同行的利用	同行浏览、留言回帖平均每周3次以上，或博客日志被分享、转载平均每周1篇以上。	同行浏览、留言回帖平均每周1～3次，或博客日志被分享、转载平均每2周1篇	同行浏览、留言回帖平均每月1～4次，或博客日志被分享、转载平均每月1篇	同行浏览、留言回帖平均每月1次，或博客日志被分享、转载平均每2月1篇

备注：A～D分别代表幼儿教师制作教育博客很好、较好、居中、尚需努力等四个不同的等级。

在利用教育博客评价标准进行评价的过程中，我们发现，不同专业发展阶段的教师在制作教育博客的水平上存在差异。刚入职1～2年的年轻教师，由于参加电脑网络技术教育培训多，接触网络和博客的时间长、机会多，接受新事物较快，对制作教育博客比较感兴趣，博客呈现形式多样，但博客内容与自身教学相关性比较小；工作10年及以上的，有经验的老教师对博客技术以及基本计算机操作技术掌握不太熟练，博客日志数量少，但博客内容的反思性和个性化特点比较突出；将博客技术和自身专业发展结合得最好的是介于新教师与10年以上老教师之间的教师。为保障以教师博客为载体的发展性幼儿教师评价能合理有效地开展，评价指标体系和评定标准需要不断修正，从而逐渐提高其评价信度和效度。

三、深入挖掘幼儿教师博客的微内容，为教师专业发展提供翔实的评价信息

微内容（Micro Content）最早由雅各布·尼尔森（Jakob Nielsen）提出，主要相对于人们在传统媒介中所熟悉的大制作、重要内容。在教育博客中，微内容是指幼儿教师以文档、图片、声音或视频文件等形式存储和呈现出来的，自己感兴趣的信息、教学反思、活动设计、研究感悟、培训体会、学习体悟、对幼儿的观

察记录以及自己的阶段性总结、职业发展规划等内容。幼儿教师博客的微内容展示了教师专业发展的过程和教育教学能力不断提升的发展轨迹，也包含着教师个人的实践性知识和智慧。微内容不仅为幼儿园管理者、家长等定期了解教师专业发展的阶段性情况提供了翔实的资料信息，还是教师了解自我、进行反思的有效依据。

从知识管理的角度看，博客提供的资源"按照知识框架可以分为四个不同的等级：数据、信息、知识与智慧"。要深入挖掘幼儿教师博客的微内容，首先，应密切关注教师博客主页上的各项统计数据，获取博客的数据信息。例如主页的今日访问量、总访量、注册时间、最近更新时间、最后登录时间、日志类型及时间分类数、日志的阅读量、分享数、评论数、照片分类数量、博友数量、心情历程数、当前魅力值、当前同城排名等。有些博客网站有专门的访问统计、博客主页在博客服务网站中的排名、某篇日志在推荐文章中的排名以及其他博客的链接等。这些都是以数字为载体体现博客主页信息的"个人人气指数"，即受欢迎程度，是家长以及同行等对教师博客及文章的"无记名投票"。

其次，仔细收集、整理教师博客上的文字性资料。网络域名、个性签名以及心路历程均是教师个体教育信念、教育观念的再现。例如博客名"碧海蓝天"，展现教师个人广阔的胸怀，宁静的心态；个性签名"糖果城堡"——"走进孩子的世界，走出教育的误区，用我们的双手，托起孩子，让他们展翅高飞！"字字体现教师为幼儿的健康成长所作的努力；"心路历程"中，"生命的沉重，迫使我们生出努力的翅膀"，体现教师自身对生命的思考、不断努力的信念等。博客日志的每一个字都富含教师与幼儿、与家长、与自己心灵的对话。比如"糖糖老师"在博客（http://tangtang820421.blog.163.com/blog/static/97835075200892065516165/）上发布帖子"你很特别"。

亲爱的家长朋友：

中国孩子经常对自己说的话是什么？"我真笨！"这是家长给孩子的评价。"这么简单的题都不会，笨死了！"其实我们的孩子很聪明，他们有着各自的特点及优点，你不能要求你的孩子和别人一样，他们在我们眼中都是最特别、最独一无二的。作为一名老师，我眼中的孩子们都是最特别的，我希望他们快乐地成长，热爱他们身边的一切！你眼中的孩子又是怎样的呢？请和大家一起分享下自己孩子的优点吧。

在教师真挚地希望家长回忆并记录自己孩子优点的文字背后，渗透着糖糖老师对孩子无私的关爱及其与家长浓浓的情谊。很多家长纷纷跟帖，有的家长留言道："很感谢老师您的这一篇'你很特别'，值得我们反思的很多，我从来没觉得我儿子笨，只是很多时候会为他的发展赶不上我们对他的期望而着急，我觉得我是得再好好观察思考孩子的优点有哪些了。"家长们在浏览以及回复教师博客中，也不断敞开自己的心扉，与教师坦诚交流。

第三，获取教师专业发展的多媒体信息，如博客模板、音乐、自我介绍照片、相册、FLASH动画、视频等。教育博客版面的选择以及背景音乐的设置，从一个侧面体现了教师的教育风格、教育的审美情趣，教育博客的网络链接亦是教师学习和关注的教育信息的再现。每个教育博客的页面上都附有读者的即时评论功能，便于博主了解访客对文章的评价及建议。日志读者回复的文字性评论是"他人"对教师博客及博客日志等的真实想法、意见及建议。此外，还需要建立常规，以一个月、一学期等为单位，由专人负责收集、整理、分析教师博客的微内容，为发展性幼儿教师评价提供翔实可靠的评价信息。

在教师博客中，在那些文字以及非文字博客微内容的背后，蕴藏着每位幼儿教师的专业情意、专业技能、专业知识的发展历程。作为数字化档案袋的教育博客，为教师的专业成长提供了展示、交流和评价的平台。在制作与运用教育博客的过程中，还有很多问题值得我们深入研究：如何解决幼儿教师制作博客的时间和精力的问题，幼儿教师运用计算机网络技术能力的问题，以及教师博客评价标准的信度和效度问题……任重道远。

附录一：关于幼儿教师制作教育博客的随笔

我眼中的博客

博客的出现，标志着以"信息共享"为特征的第一代门户之后，追求"思想共享"为特征的第二代门户正在浮现，互联网开始真正凸现无穷的知识价值。

如果说,黑客代表了互联网技术野蛮的张力,博客则代表了对重建互联网秩序的向往。在结构中建设,在离散中合作,在学习中开放,已成为博客对世界的关怀方式。博客文体、博客行为和博客思想,将是互联网时代重要的文化现象。它将重新定义互联网的界限,改变我们生存的背景。

通过资料的查找,我知道了“博客”(Blog或Weblog)一词源于“Web Log(网络日志)”的缩写,是一种十分简易的傻瓜式个人信息发布方式。任何人都可以像免费电子邮件的注册、写作和发送一样,完成个人网页的创建、发布和更新。如果把论坛(BBS)比喻为开放的广场,那么博客就是个人的开放空间。可以充分利用超文本链接、网络互动、动态更新的特点,在“不停息的网上航行”中,精选并链接全球互联网中最有价值的信息、知识与资源;也可以将个人的工作过程、生活故事、思想历程、闪现的灵感等及时记录和发布,发挥主体无限的表达力;更可以以文会友,结识和汇聚朋友,进行深度交流和沟通……

现在的教育博客把这些优点集中在一起。我们的博客有主题、有内容,通过渗透其中的教育思想、教育理念,可以更好地沟通日常教育经验,更好地提高自身的素质。让我们一起努力将教育博客发扬光大!

(王晓娟)

行走在教育博客中

开博几天了,每天进来都是不一样的心情。每次都想把最好的东西展现给大家,让大家一起分享我的每一天成长。可毕竟经验有限,不知道怎样来传递这种思想,所以只能一步步地探索,一步步地寻求自己成长的方式。在这种探索中,我会加快自己的步伐,及时反馈自己的思想,总结自己的经验,并展示其中的不足与成功。这里是一个思想平等的舞台,是一个思想交流的舞台,是一个经验交换的舞台,通过我们的努力,每个人都会有进一步的提升。

教育不是一个人两个人的事,它是我们大家共同的追求。教育不是一年两年的事,它是我们倾注毕生精力的追求。教育不单是某个个体的事,它是涵盖我们整个民族的事业。我将努力把它做好!

(穆　霖)

博客？博客！——感受教育博客的快乐

博客？早就有耳闻，也上过别人的博客，仿佛就是抛出话题，然后大家随意浏览、"灌水"的地儿！看后的感想——挺好！

有幸能够参加吉林省社会科学基金项目"吉林省幼儿园教育质量评价研究"这一课题，促使我也建立了自己的博客。进程是——收到网址、注册、停滞。

过了一段时间，记忆中已经模糊了这件事。忽然有个朋友说："你看人家曹老师，还有自己的博客呢！"自豪感油然而生！

对！我还有自己的博客呢！上去看看！嗬！看到了许多熟悉的名字，赶紧打开一一看过：真实的感言、获得的成绩、论文作品——虽然是初始化阶段，内容不多，但还是收获颇丰！

博客，增进了我对"战友们"的了解，为我们搭建了交流的平台，提供了自我展示的空间，开辟了大家相互促进、相互学习的捷径。

我也要赶快把我的博客丰富起来，赋予它生命和内涵，与同伴们在博客世界里共同遨游！

现在我要说："博客！挺好！"

（曹玉芝）

博客——学习的平台

从网络和一些杂志上了解到，其实博客的中文意思就是"网络日志"，它是"一种表达个人思想、网络链接、内容，按照时间顺序排列，并且不断更新的出版方式"。它是一种新的生活方式和新的工作方式，更是一种新的学习方式。

现在的博客很多，有着不同的内容和体系。而里面的内容都是根据分类进行添加的，形式也是五花八门，有个人构想、日记、照片、诗歌、散文等。大多数博客都是个人思想、情感的抒发，也有一些是关于某个特定主题或共同利益领域的集体创作。

随着时代的变化，博客的运用越来越广，主要是因为它沟通简单快捷，沟通平台宽广，适用于团队之间的互动。它对于教师来说已经成为一种新的沟通方式。

从我接触博客而言，刚开始觉得是一种负担，但是时间长了，我感到在这个学习平台中，学到了一些在平时工作中学不到的知识，而且我也感觉到在博客中，每个人都是知己，每个人都是朋友，大家会用最真诚的心来对待这里的每一个人，没有一点的虚假。

教育是要不断创新和发展的，我会在这个平台里，跟大家共同分享我的教育心得，同时也请大家多多支持我们这些刚刚进入博客的新手，请多多指教！

（张　徽）

去看大海，感受海阔天空

世界上最宏大的是海，最有耐心的也是海。人们在海上航行的时候，大海唱着古老的歌儿，许多人听不懂这些歌儿，不过对于听到这种歌声的人来说，感觉是不相同的。因为大海对每一个迎面相逢的人，用的都是各种特殊的语言。加入博客的行列，我就像来到了向往的大海。在这里我吸取名师的精华，与他人分享自己的点滴经验，就像一名水手来到了一片新的海洋。兴奋、快乐！希望与更多的人分享！

（邢　郁）

我的博客对你说

"博客"这个词，对于每一个人来说一点都不陌生，可是如果真的问你它是什么，亲爱的朋友，你能回答上来吗？是不是有些吃力呢？其实不知者无罪，我也是参与后才有了一定的认识并喜欢上它的。

首先，我们参与的教育博客是一个畅所欲言的平台，你可以将自己日常生活中观察到的，或总结的有效经验，发表在博客上，请志同道合的朋友分享、研究，从而找出最有价值的教育手段，并运用、实施到日常生活中。用一句非常浅显易懂的话形容就是：三个臭皮匠顶上一个诸葛亮。凡事皆如此，更何况教育。

当今社会，是个灵活、百变的时代，为了培养出更优秀的人才，或者说是更具有生存能力的人,我们的教育手段也必须要以不变应万变。因此,博客的诞生,大大促进了幼教工作者的交流。在这里,我们不但随时提升自我,也学会了反思,形成了强烈的责任意识。

希望在教育博客里,我们的思想能迸发出最耀眼的火花,我们的畅所欲言能为幼教事业的发展,为祖国未来的茁壮成长,贡献出一份力量!

(王 蕾)

博客——思想的家园

我想把这里当做自己的精神空间,当我发现这里到处是灰尘和蛛网的时候,对自己思想的懒惰感觉愧疚,欢迎大家经常光顾,让这里不再冷清,也希望在与大家的沟通交流中不断提升自我。

(海 兰)

附录二:幼儿教师教育博客样本

1. 金老师的教育博客

博客域名:http://jinr059.usors.cn

个性签名:摇摇摇,摇到外婆桥!童年的梦想,少时的憧憬,伴随着碧水清波,聆听儿时的歌谣!

博客首页:http://www.usors.cn/blog/jinro59

博客板块:教育教学、家园工作、分享空间、活动计划、活动教案、海外教育、教育随想、华文链接、教育叙事案例等。

图7-23　金老师博客首页

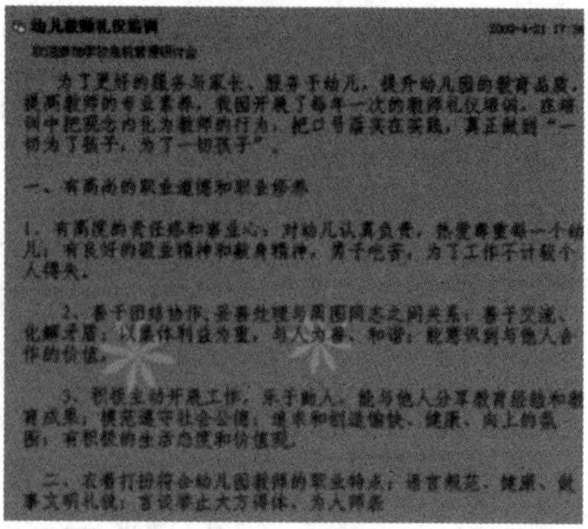

图7-24　教育教学(1)

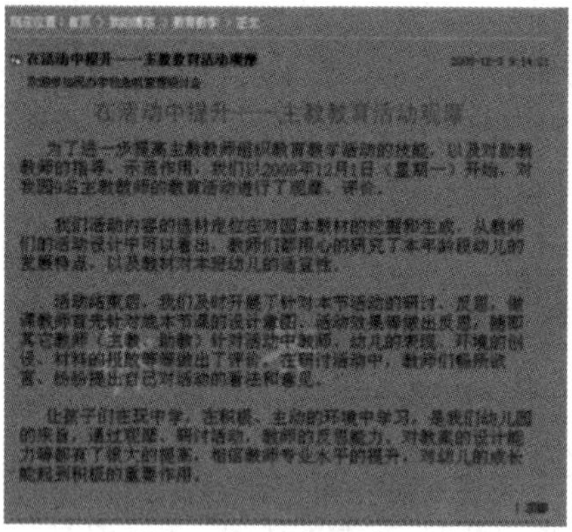

图7-24　教育教学(2)

图7-25　家园工作

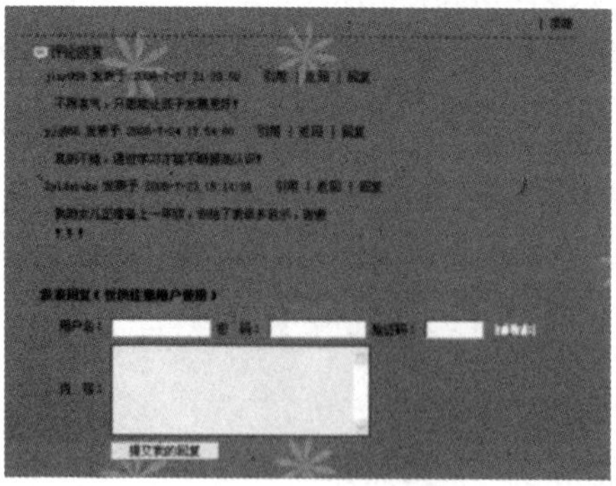

图7-26　家园工作的回复

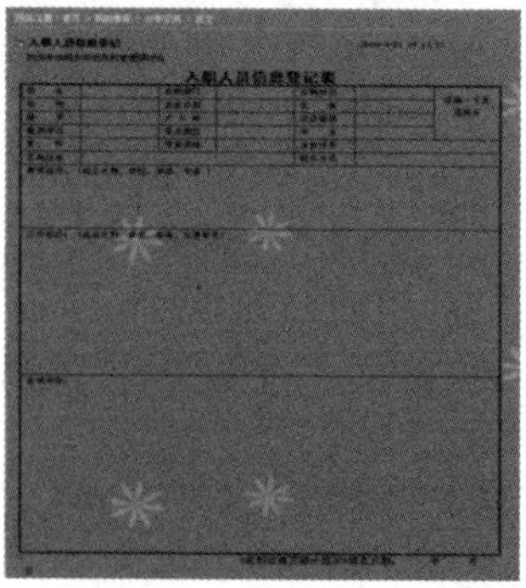

图7-27　分享空间(1)

图7-28 分享空间(2)

图7-29 分享空间(3)

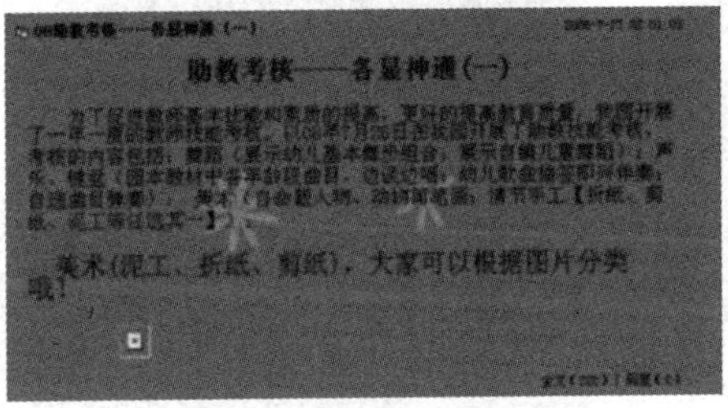

图7-30 分享空间(4)

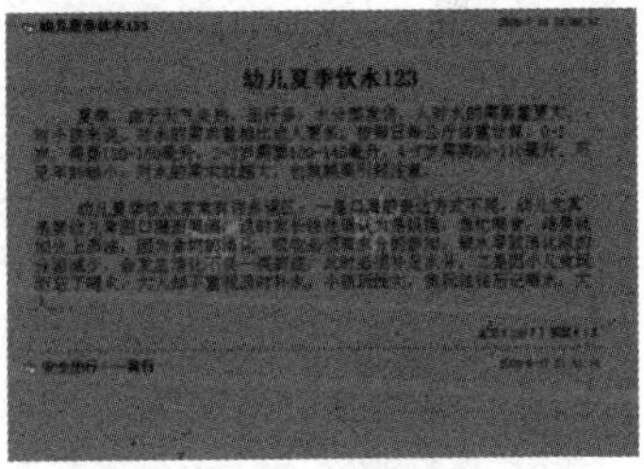

图7-31 分享空间(5)

图7-32 分享空间(6)

图7-33 分享空间(7)

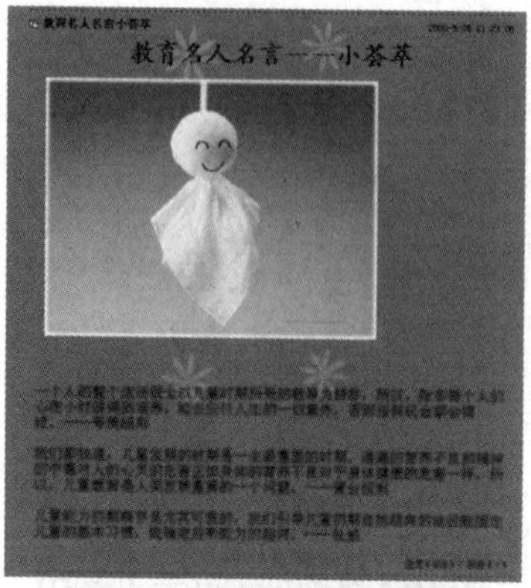

图7-34　分享空间(8)

图7-35　分享空间(9)

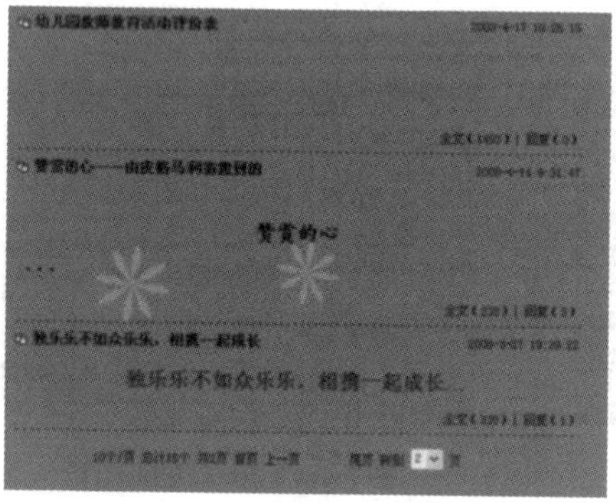

图7-36　分享空间(10)

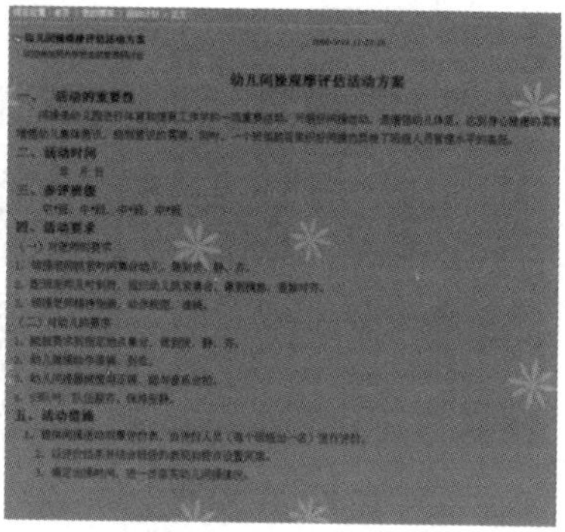

图7-37　活动计划

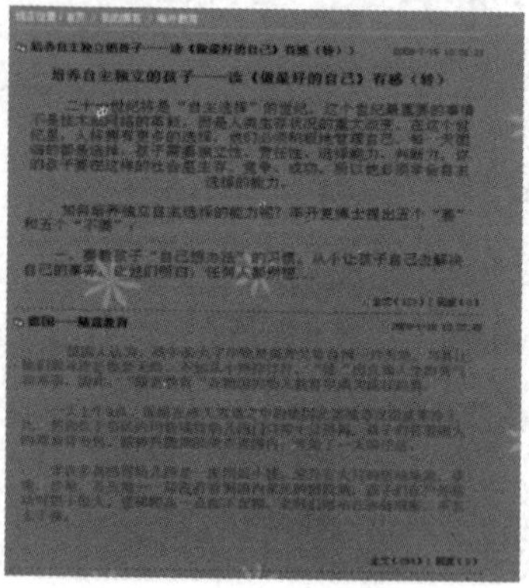

图7-38　海外教育

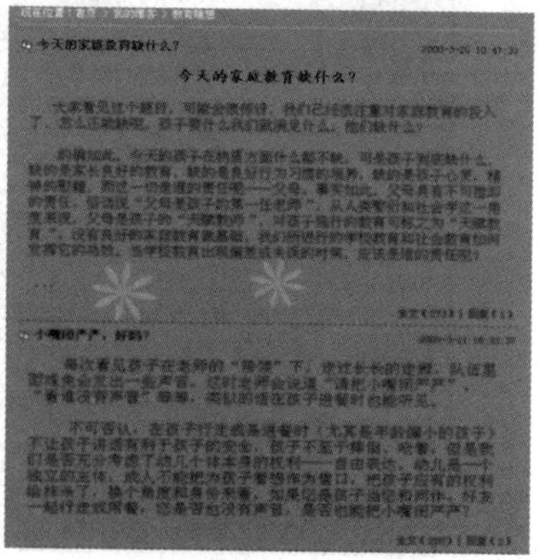

图7-39　教育随想

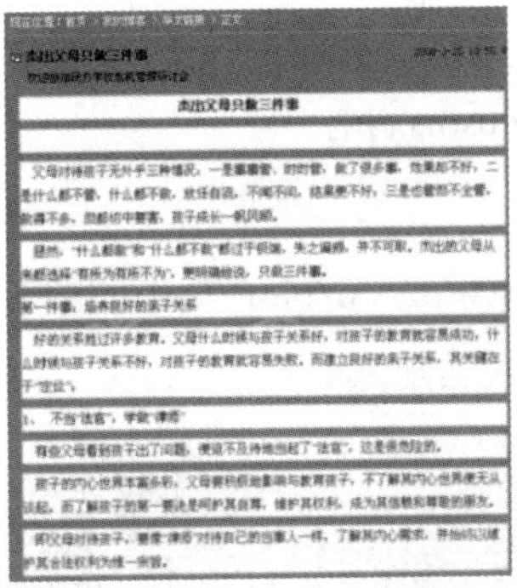

图7-40　华文链接

2. 张老师的教育博客

域名：http：//zhangwei7981.usors.cn

博客首页：http：//www.usors.cn/blog/zhangwei7981/

博客板块：论文、教育叙事案例。

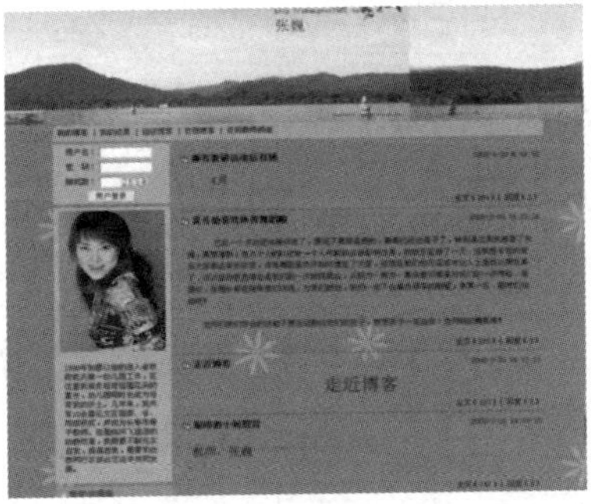

图7-41　张老师的博客首页

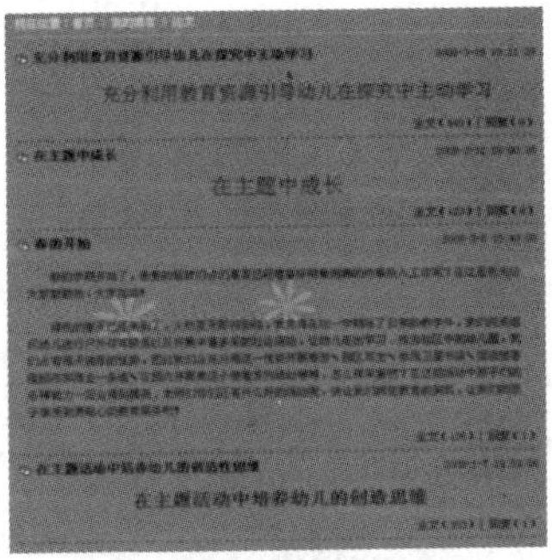

图7-42　论文板块

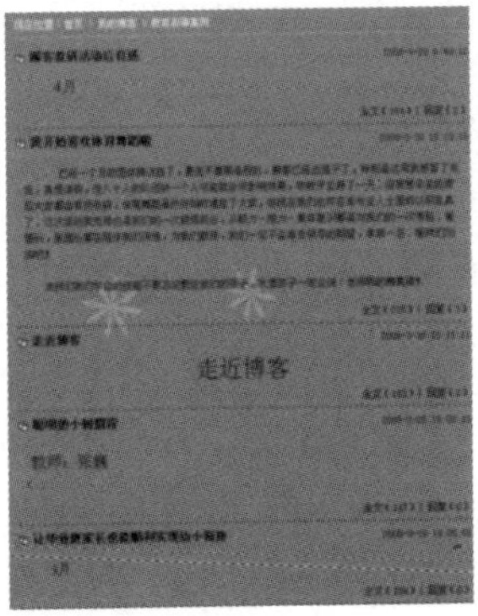

图7-43　教育叙事案例(1)

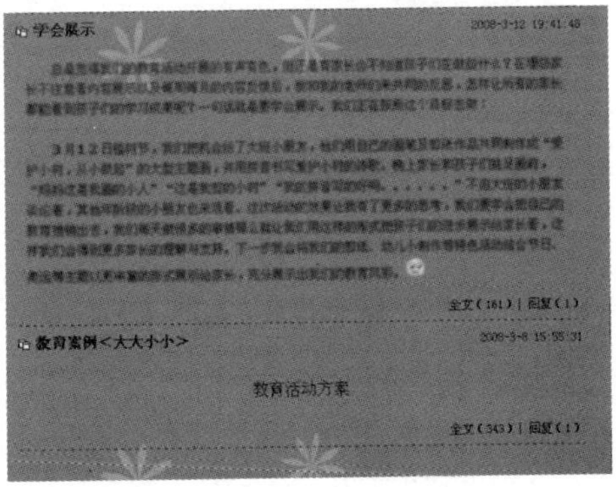

图7-44　教育叙事案例(2)

3. 海兰老师的教育博客

域名:http://hailan359.usors.cn

个性签名:碧海蓝天

博客首页:http://www.usors.cn/blog/hailan359/

博客板块:教育叙事、点点反思。

图7-45 海兰老师的博客首页

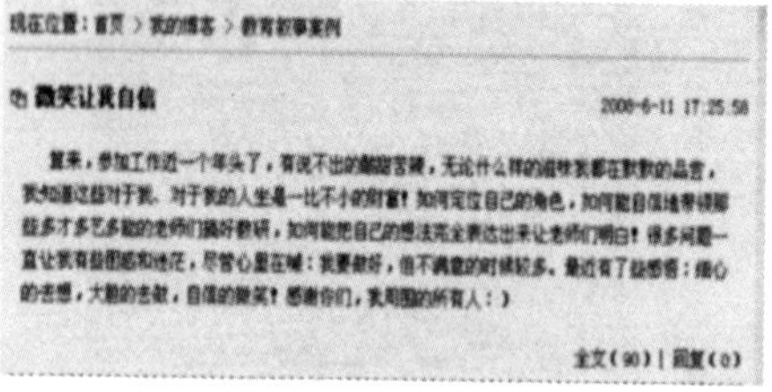

图7-46 教育叙事(1)

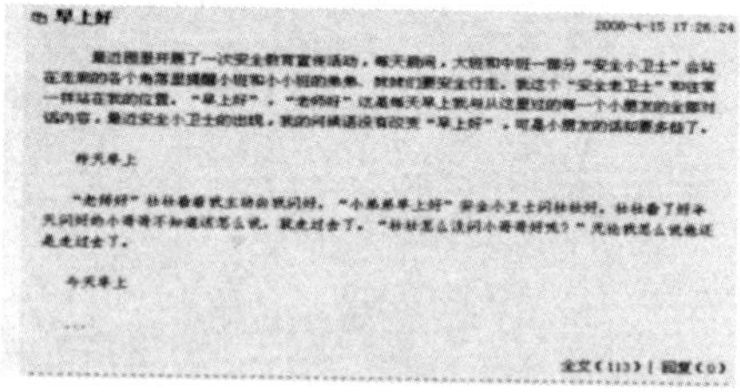

图7-47 教育叙事(2)

第八章　幼儿园教育质量评价

教育质量是教育的生命线。《教育——财富蕴藏其中》一书强调："教育在社会发展和个人发展中起基础性作用"，"教育是社会的核心，是提高社会生活质量的基本手段"。这表明了一种崭新的教育质量观。2000年，达喀尔举办的世界教育论坛会议将全民教育的质量问题列入教育发展的日程。2005年，联合国教科文组织发布的《全民教育全球监控报告2005：质量诫命》中指出："质量是教育的核心，它影响学生学习的内容、学习的效果以及他们能从教育中得到的益处。"幼儿园教育质量评价的研究在当前幼儿教育的理论与实践研究中占有重要地位。

第一节　幼儿园教育质量评价概述

研究证明，教育质量与儿童的发展水平及其后来的学业成就和个人的成长往往呈正相关。一个长期跟踪研究的结果表明，曾受过良好学前机构教育的儿童，在27岁时与控制组儿童相比，有更多的人完成高中或大学教育，有更多的人拥有一份稳定的工作和一个家庭，经济上自立的能力更强，而相应接受政府救济的人的比例和犯罪率明显降低。[①]我国相关研究表明，托幼机构的质量对乡村学前儿童的认知和社会性发展有着重要的影响作用，对城市学前儿童的社会性发展也有重要的影响。[②]

---

① Scarr.S.Eisenberg.M.&Deater-Deckard，k. Measurement of Quality in Child Care Center. Early Childhood Research Quarterly，1994(9)：131-151

② 周欣. 托幼机构教育质量的内涵及其对儿童发展的影响. 学前教育研究，2003(7-8)

20世纪90年代以来，随着市场经济体制的建立和学前教育改革的不断深化，特别是社会对学前教育的需求不断增加，国家提倡多种力量兴办学前教育，幼儿园数量大幅提升，幼儿园教育模式更加多样化，学前教育质量受到社会各方面的关注，形成学前教育质量保障体系也越来越成为迫切需要解决的问题。随着社会的发展，知识经济、终身教育等观念深入人心，人们对于教育质量的关注程度也随之加深，教育工作者开始认真思考应当为幼儿提供什么样的教育、什么样的教育才是高质量的教育等问题。

一、幼儿园教育质量评价的含义

(一) 教育质量的含义

我国国家标准将质量界定为：质量是产品、过程或服务满足规定或潜在要求（或需求）的特征和特性总和。[①]国际标准化组织ISO把“质量”定义为：实体满足明确或隐含需要的能力的特性之总和。[②]

从国内外对“质量”的研究中可见，当前国际上对“质量”的理解有以下共识：①质量是实体的客观属性，是价值中立的，可以用客观的方法来了解和认识它。②质量是实体的价值属性。即实体是否满足主体需要的特性。③质量是实体客观特性和主体需要的统一体。[③]因此，可以说，质量是实体满足主体某种需要的特性的总和。

教育质量虽然一直是各国教育政策制定者关注的问题，但对教育质量的解释却各有差异。教育质量的概念受地区差异、时代特征和主观意识的制约，处在不断发展的变化之中。

印度人力资源发展部部长Arjun Singh认为：教育质量一直是各国教育政策制定者主要关注的问题之一。有质量的教育的含义在世界不同地区应允许有不同的解释。但是，无论背景怎样变化，至少有一种含义是不会改变的，那就是：当教育赋予学生应对现实生活中多种挑战的力量时，才可以被称之为“有

① 刘慧罗．质量管理学[M]．西安：西北工业大学出版社，1992:2
② 龚益鸣．质量管理学[M]．上海：复旦大学出版社，2000:30
③ 刘霞．托幼机构教育质量评价概念辨析[J]．学前教育研究，2004(5)

质量的”。[①]联合国教科文组织总干事松浦晃一郎认为：有质量的教育的争论，是一场关于教育的相关性的争论。它与变化着的条件以及教育的需要相关。通过正确处理这些相关性，年轻人可以学会应对不确定性，可以面对精神上和现实情境中的流动性，促进可持续发展，感受现存文化、价值观和生活方式的丰富性。[②]

《教育大辞典》对教育质量的解释是：“教育水平高低和效果优劣的程度”，“最终体现在培养对象的质量上。衡量的标准是教育目的和各级各类学校的培养目标。前者规定受培养者的一般质量要求，亦是教育的根本质量要求；后者规定受培养者的具体质量要求，是衡量人才是否合格的质量规格”[③]。《教育评价辞典》认为教育质量是“学生的学业成就水平和学生所在学校所获得的知识、技能及态度为其离开学校以后适应社会的程度”[④]。根据1994年国际标准ISO8402中有关质量定义的理解，教育质量是“教育满足受教育者发展需要并实现特定社会目的的能力和属性”[⑤]。

(二) 教育质量评价的含义

评价即判断事物的价值，是主体按一定的标准对客体的价值进行判断的过程。“价值”是指客体的存在、作用及它们的变化对于一定主体需要及其发展的某种适合、接近或一致。“价值”这一哲学范畴，表达了人类生活中一种普遍的主客体关系，即客体的存在、属性和变化同主体之间的关系。对这种关系的不同认识或评价便构成人们的价值观。

幼儿园教育质量评价是指依据一定的评价标准，对幼儿园教育实践活动满足幼儿身心健康发展需要的程度所进行的价值判断。首先，幼儿园教育质量评价的本质在于“价值判断”。其次，明确幼儿园教育质量评价的对象是幼儿园教

---

① International Bureau of Education. Quality Education for All Young People: Reflection and Contributions Emerging from the 47th International Conference on Education of UNESCO[R]. Geneva, 2004:8-11

② 同上。

③ 顾明远．教育大辞典[Z]．上海：上海教育出版社，1998:798

④ 陶西平．教育评价辞典[Z]．北京：北京师范大学出版社，1998:23

⑤ 赵剑民．素质教育视野中的教育质量[J]．教育探索，2004(5)

育实践活动。第三,幼儿园教育质量评价必须依据一定的评价标准进行。幼儿园教育质量评价就是社会、家庭、幼儿园和幼儿对幼儿园教育实践有无价值、有什么价值、有多大价值的判断过程。

二、幼儿园教育质量评价研究的主要内容

(一)关于评价目的的研究

为什么要评价,这是开展托幼机构教育质量评价之前必须要明确的问题。评价目的决定了评价性质和评价作用,进而影响评价标准体系的制定和组织实施。《幼儿园教育指导纲要(试行)》明确提出评价是"促进每一个幼儿发展,提高教育质量的必要手段",强调评价的过程也是教师"自我成长的重要途径"。这些要求清晰地凸现了当今托幼机构教育质量评价的发展性目的。即促进每一个幼儿的发展、教师的反思性成长和教育质量的提高。托幼机构教育质量评价的目的应侧重在实现评价的形成性目的。具体来讲,一方面通过评价提供的信息,使托幼机构了解本机构教育实践活动存在的优势和问题所在,进一步发扬优点,弥补不足,促进托幼机构教育的改革和质量的提高;另一方面,促使托幼机构对照一定的评价标准不断进行自我评价,反省本机构的教育活动,使教育工作者不断调整教育观念和教育行为,以努力提高托幼机构的教育质量。①因此,托幼机构教育质量评价的目的应定位在托幼机构的发展,定位在为托幼机构提供技术支持与策略帮助,成为为托幼机构提供建设性建议与帮助的"公益"行为,这样的评价才是具有建设性的,才有可能促使托幼机构的教育质量得到新的提升。②

从当前的研究看,研究者对评价目的的研究,一方面是建立在对传统托幼机构教育质量评价理论和实践反思基础上提出的新思考,另一方面是基于对当前国家颁布的《幼儿园工作规程》和《幼儿园教育指导纲要(试行)》等政策法规的理解而提出的体现时代性的理念。近年来,幼教工作者开始认同要通过

---

① 刘霞. 托幼机构教育质量评价概念辨析[J]. 学前教育研究,2004(5)

② 刘丽湘. 当前我国幼儿园教育质量评价工作的误区及调整策略[J]. 学前教育研究,2006(7-8)

评价创设适宜每个幼儿的教育、评价，要为教育的可持续发展服务的观念，托幼机构教育质量评价研究越来越强调通过评价来诊断、改进教育过程，提高教育质量，促进教师和幼儿的成长。需要强调的是，这些新观念还有待于进一步落实到具体的评价行为。

二、关于评价标准的研究

建构科学合理的评价标准是托幼机构教育质量评价取得成功的核心和关键。当前，我国关于托幼机构教育质量评价标准的研究，一方面体现在研究者对国外评价量表进行的介绍、比较和分析，另一方面体现在研究者评析当前我国托幼机构的分类定级验收标准，建构科学合理的托幼机构教育质量评价标准的研究。

在对国外托幼机构教育质量评价量表的研究中，国外的两个评价量表，即美国的全美幼儿教育协会（NAEYC）关于高质量幼教机构的评价量表和Harms/Clifford托幼机构环境评价量表，由于操作性强、评价内容结构合理得到了研究者的关注和好评，对我国托幼机构教育质量评价影响颇深。刘焱教授对这两个评价量表进行了介绍和评述。她认为，全美幼儿教育协会关于高质量幼教机构评价量表具有如下特点：注重幼儿在学习过程中的主动性；教师的作用在于支持扩展与引导幼儿的学习；不主张过多的直接教学，反对小学化的用纸、笔进行的学业技能训练。而Harms/Clifford托幼机构环境评价量表的特点体现为可操作性强；简便易行，容易使用；评价内容结构合理；有利于幼儿园教师自我评价。[①]对Harms/Clifford托幼机构环境评价量表（修订版）进行的分析表明，量表在吸收与创新的基础上具备了一些新的特点：以班级为单位，注重对过程变量尤其是教师行为的评价；以托幼机构满足幼儿、家长和教师需要的程度为评价的核心；渗透了全纳教育、文化多元等思想。我们对英国、澳大利亚、美国、新西兰和我国香港、台湾地区托幼机构过程性教育质量的评定标准进行了比较和分析，认为以上地区的评定标准基本上都涉及了五个方面：教师—儿童

① 刘焱．试论托幼机构教育质量评价的几个问题[J]．学前教育研究，1998(3)

的互动、课程、学习的物质环境、健康和安全、与家长的合作。这五个方面标准的内在联系所产生的整体效应是托幼机构过程性教育质量的重要保证。[①]这些比较研究使我们对国外托幼机构教育质量评价的标准有了比较全面的认识,有助于引领和深入探讨我国托幼机构教育质量评价标准的制定和研究。

我国托幼机构分类定级验收工作自20世纪80年代末开展以来,园所管理工作更为规范化,托幼机构教育质量得到了提高,为推动我国幼儿教育事业的发展作出了积极的贡献。我国托幼机构分类定级验收工作所使用的评价标准由以下四类标准构成:从业人员素质标准、工作人员的职责标准、硬件设施和效率标准、效果标准。由于评价标准必然从属于一定的目标导向,所以在由不同的人或团体所制定的托幼机构教育质量评价标准中,对以上四类评价标准的运用程度是不同的。研究者对我国的托幼机构教育质量评价标准进行了分析,提出了存在的主要问题:①标准过于抽象笼统,可操作性差,评价项目实际上是简单套用《幼儿园工作规程》中的教育原则,造成在实际评价过程中的歧义现象,形成“公说公有理,婆说婆有理”的结果,影响评价工作的信度和效度以及客观公正性。②评价指标所覆盖的范围主要囿于微观和中观层面,绝大多数的评价标准是以幼儿园内部工作(如环境创设、教师队伍、领导班子等)和幼儿个体的发展与表现(如幼儿发展水平、在美术以及角色游戏等活动中的表现等)为对象。而对于宏观的评价,如托幼机构教育改革的科学性、理论水平、管理人员和组织机构设置的合理性等方面的内容几乎没有考虑。③重视对静态因素的评价,对教育活动的评价所占比例较少,对评价对象的发展状态、发展潜力和发展趋势关注较少,等等。

基于以上问题,研究者提出建构科学合理的托幼机构教育质量评价标准要做到如下几点:首先,总体上要遵循方向性、完备性、独立性、可测性和简易性的原则。其次,要明确影响托幼机构教育质量的因素及其相互关系,要把以教师行为为核心的班级教育活动作为托幼机构教育质量评价的中心内容,托幼机构教育质量评价指标体系应以教育过程评价为核心进行建构。第三,标

① 周欣. 四国和我国港台地区幼托机构过程性教育质量标准的分析和比较[J]. 早期教育, 2003(2)

准制定者要确立正确的教育价值观，并确定评价各种因素的质量标准，这种质量标准是制定者教育价值观的直接反映。第四，评价指标应进一步“情境化”，评价标准的明确具体、“情境化”将有助于评价更有效，更接近真实的水平。另外，标准制定者了解科学的统计方法、分布多元也是建构科学合理的托幼机构教育质量评价标准需要考虑的因素。

综上所述，我国托幼机构教育质量评价的标准体系正在逐步地调整和完善，尤其是《幼儿园教育指导纲要（试行）》颁布后，不少省、市已经或正在修订、完善验收标准与示范园标准，评价标准的科学性和合理性均有所提高。但从现行的多个省、市托幼机构教育质量评价标准看，国际上一些通行的指标并没有完全纳入托幼机构教育质量评价体系，而且有些省、市的评价标准虽然经过了重新修订，但在评价实践中仍暴露出诸多问题和不足。为此，各地区根据自己的发展情况，尝试建立体现时代性和先进性的教育质量评价标准体系，并不断在实践中检验和进一步完善，仍是我国托幼机构教育质量评价研究应当优先思考的问题。

三、关于评价组织实施的研究

托幼机构教育质量评价工作的组织实施就是按照一定的目的和计划，依据评价标准去实地考察、收集信息、分析资料、形成判断、指导行动的过程。在评价工作的实施过程中，一般采取“自评—初评—复评”结合的三级评价模式。托幼机构自评是实施评价的第一个环节，然后是地、县教育部门的初评，最后是省教育行政部门复评。当前我国托幼机构教育质量评价在组织实施的过程中存在以下几个方面的问题：首先，评价主体主要由政府行政人员担任，评价主体一元化，评价价值标准单一；其次，评价存在重总结性目的、轻形成性目的的倾向；第三，托幼机构自评更多的是为初评和复评服务，流于表面，自评的作用没有得到充分发挥等。相应的调整策略体现在以下方面：评价主体应由单一的行政评价转向由幼教专家、幼儿园园长、教师、保育员、家长以及幼儿本人等多元主体评价，各方评价主体在评价过程中要共同协商、互相影响；综合运用量化与质性评价相结合的办法，描绘出托幼机构教育质量发展的曲线；在评价过程中，重视自评与他评相结合；根据同一指标，采用观察幼儿、会见教师、验核托幼机构资料等不同结果相互验证的方法，对评价结果进行信度与效度方面的监控等。

综上所述，研究者分别从评价主体的认定、评价方法的选择、评价结果的监控等方面对如何实施托幼机构教育质量评价进行了探讨，提出了相应的改进策略，这些研究对于评价工作的有效开展提出了必要的指导。但也应当看到，托幼机构教育质量评价工作组织实施并非是机械的模仿，而是需要评价者在借鉴已有研究的基础上，对实施策略和方法进行反复的验证和推断，发现评价实施过程中会遇到的问题，并进一步加以改进和提高。如在评价实施中，我们强调评价主体由幼儿园管理人员、同行教师、幼儿、家长以及教师本人共同参与评价。但在评价实践中却会面临诸多问题，如各方面的评价者在总评价中占什么地位、发挥什么作用？怎样保证（各方面的评价者）评价的信度？评价主体的多元性必然带来评价主体间的相互作用，评价者容易受各种心理效应的干扰，使评价结果产生偏差，如何进行评价者的心理调控？等等。这些问题应当在进一步的研究和探讨中加以解决。

第二节　国内外幼儿园教育质量评价

一、国外幼儿园教育质量评价体系

幼儿园教育质量评价是促进幼儿园提高教育质量的重要手段之一。近几年来，开展教育质量评价，建立幼儿园教育质量评价体系，已成为当代各国幼儿教育发展的一个重要趋势。

（一）欧盟：欧洲教育质量指标

教育质量是欧盟教育的核心问题。1998年，为了对教育质量进行监控，布拉格欧洲教育部长会议提议开发一定的教育指标，以帮助各国进行学校标准评价。

2000年，在布加勒斯特教育部长年会上，专家组提交了《欧洲学校教育质量报告——16项质量指标》。该指标内容包括四方面、16个要素：一是教育成就指标。主要是指学生必须掌握的7种知识技能——数学、科学、外语、阅读和书写能力、信息技术、学会学习和公民教育。二是毕业和升学，涉及3项指标——中小学辍学率、高中毕业率、高等教育入学率。三是资源结构，主要是对学校外部条件的监控，涉及4项指标——教师培训、学前教育入学率、生均计算机使用人数、生均教育经费数额。四是学校教育的评估，主要是指学校管理方面的指标，涉及2项指标——学校教育评估和家长参与程度。[①]教育质量评价指标基本上覆盖从教育输入到产出的全过程，近来尤其关注学校内部的课程教学、学生的学业成绩、学生的就业和生存能力以及教育对社会经济发展的影响。[②]

2001年，在此基础上，专家组继续拓展该工作，于第二年6月递交了《欧洲终身学习质量指标报告——五项质量指标》，并在2003年开发了29项指标。“欧洲教育质量指标”报告，对各国的教育质量评价工作有着重要的参考意义。

（二）美国：高质量托幼机构认证标准

20世纪60年代，随着知识时代的到来，社会竞争激烈，加之对托幼机构需求的日益增强，美国托幼机构问题突出。1984年，由全美幼儿教育协会颁布了以发展适宜性教育为核心的幼儿教育质量评价标准——高质量托幼机构认证标准（简称“认证标准”）。1991年全美幼儿教育协会又对该标准进行了修订。[③]

高质量托幼机构认证标准认为，教师要引导幼儿的学习，不提倡过多的直接教学。认证标准注重幼儿的学习主动性，教师的任务是创设适宜的学习环境，引导与促进幼儿与环境相互的积极作用。[④]

认证标准分为两大部分：一是评价的政策及过程，二是高质量托幼机构的评价标准及评价指标。认证标准包含十个方面的内容，每一方面都包括目的、理论依据以及具体的评价指标。[⑤]这十项内容包括：师幼互动、课程、与家长的交流、教师资格及发展、管理、人员配置、物质环境、健康和安全、营养和膳食以

---

① 刘巧利．欧盟学校教育质量指标述评[A]．外国教育政策与制度改革史研究——纪念《教育史研究》创刊二十周年论文集（十七）[C]．2009

② 《上海教育质量评价体系研究》课题组，唐晓杰，刘耀明．上海教育质量评价体系研究[J]．教育发展研究，2007(4)

③ 王山有．各国托幼机构质量评价措施概述[J]．幼儿教学研究，2007(5)

④ 刘焱．试论托幼机构教育质量评价的几个问题[J]．学前教育研究，1998(3)

⑤ 邱白莉．中美高质量托幼机构评价标准之比较[J]．早期教育，2005(12)

及评价十个方面。

(三) 英国:教育标准办公室

英国地方当局既负责提供托幼服务,又负责规范与管理托幼服务,形成了政府单方面掌控的局面。但由于缺乏监督机制,不利于英国学前教育的发展。为了提高教育服务的质量,英国政府在1999年8月成立了独立于教育与技能部的非部级单位——教育标准办公室(OFSTED),其主要目的是通过有效的监督管理,为幼儿提供更好的教育和保育。①

(四) 德国:《儿童日托机构的教育质量:国家标准集》

20世纪60年代末,德国开始重视托幼机构质量问题。1999年,联邦家庭、老人和妇女等共同发起了一项规模庞大的研究行动——全国儿童日托机构系统质量推动研究。本次研究课题包括五个部分:前两个部分针对的分别是照顾3岁以下和3~6岁儿童的日托机构的工作质量,第三部分针对的是小学生下午托管机构的工作质量,第四部分针对的是以"情境"思想为基础的儿童日托机构的工作质量,第五部分主要研究儿童日托机构主办者的工作质量。②本次课题的研究成果是《儿童日托机构的教育质量:国家标准集》(简称《标准集》)。《标准集》从儿童发展的立场上看待优质教育的内涵,同时也关注那些直接或间接促进幼儿发展的托幼机构的物理环境、人际环境和制度环境条件及相关工作,并使之成为具体的标准体系。整个《标准集》共有1364个质量标准条目,涵盖了托幼机构工作质量的方方面面,获得了广泛的认可。③

二、国内幼儿园教育质量评价体系

借鉴IEA中国学前项目和英、美学前教育评价的研究成果,中央教育科学研究所学前教育研究室编制的《幼儿园教育质量评价手册》对幼儿园教育质量评估体系创建了如下框架。(如图8-1所示)

---

① 王山有. 各国托幼机构质量评价措施概述[J]. 幼儿教学研究,2007(5)

② 郭良菁. 德国研制《儿童日托机构的教育质量:国家标准集》的启示——兼论我国制订质量评价标准体系的若干问题[J]. 学前教育研究,2004(9)

③ 同上。

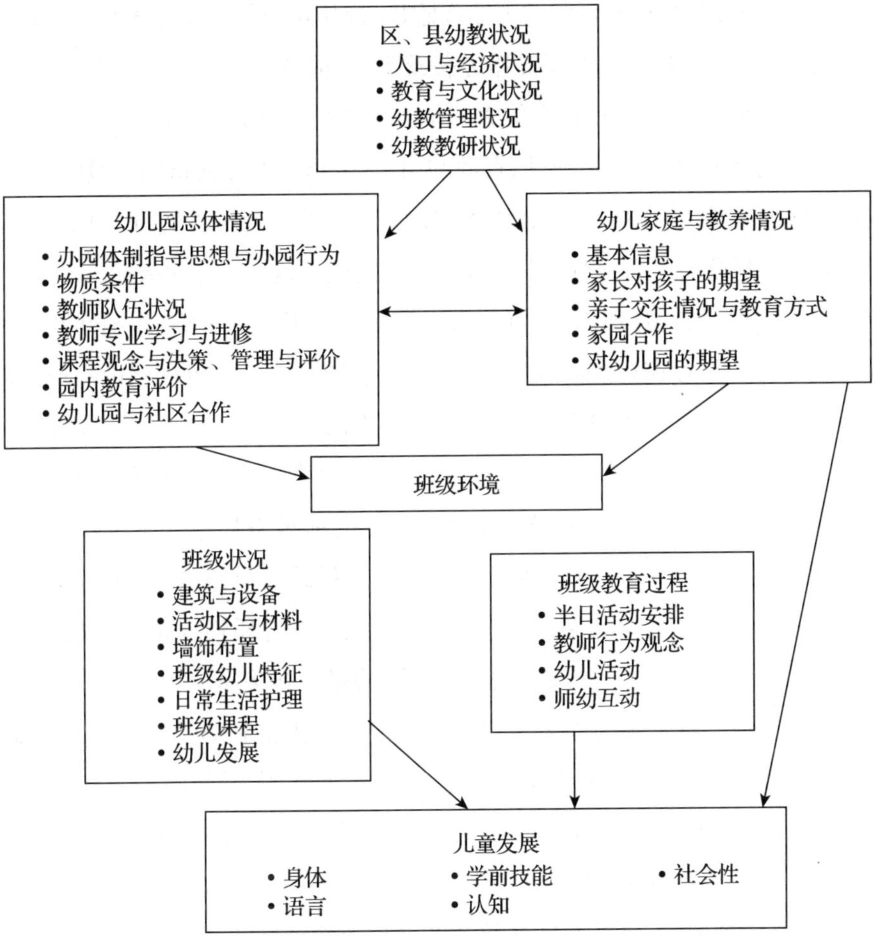

图8-1 质量评价框架①

近年来的研究表明，幼儿园课程、师幼比例、师幼互动、班级规模、教师素质、幼儿园环境等因素对幼儿园教育质量有重要影响，也是评价幼儿园教育质量的重要参考指标。

上海教育质量评价指标体系框架由教育成就、学生素质、课程与教学、教师质量、教育质量监控等五大模块的指标构成，其中教育成就和学生素质主要反映教育的结果和产出，课程与教学以及教师质量主要反映教育过程和教育

① 中央教育科学研究所学前教育研究室．幼儿园教育质量评价手册[M]．北京：教育科学出版社，2009:3-4

输入的核心要素,教育质量监控则体现监督与保障机制。[①]评价体系包括教育成就:表现在0~3岁婴幼儿指导服务普及率、学前教育毛入学率。学生素质:包含人格素质、学业成绩、核心能力三个方面指标。课程与教学:包括课程结构、课程内容的开放性与多元性、资源利用、学生指导四方面指标。教师质量:包括教师专业能力、教师学术能力、教师培训与在职发展三个方面指标。教育质量监控包括政府层面、学校层面、社会层面的质量监控三方面指标。

由于思想观念、管理体制、资源投入等多方面因素的影响,我国幼儿园教育质量评价工作存在许多问题,没有形成关于幼儿园教育质量评价的理论框架和实践模式。主要表现在:①评价基础理论研究有待提高。②幼儿园教育质量评价体制不健全,存在过分夸大幼儿的绝对发展水平的现象,并以此作为衡量教师和幼儿园水平的唯一标准。③幼儿园教育质量评价工作主要由各地政府行政部门承担,评价人员主要由政府行政人员组成,评价主体过于单一。④在评价方式上重量化评价,缺乏量化评价与质性评价的有机结合。⑤幼儿园分级分类验收标准的内容、结构有待进一步完善。由于我国幼儿园分类分级验收标准的制定主要来自于管理工作的需要和幼儿园发展的需要,对于何谓幼儿园教育质量、教育行为是否适宜等问题,并没有明确深入的探索。这造成了我国幼儿园教育质量评价工作中存在一些特殊问题。[②]

如在教育活动中评价所占比例较少(10%~16%),仅仅关注物质条件、人员条件、园所管理等,缺乏对幼儿教师教学行为特别是幼儿学习行为的评定;重视对静态因素的评价,忽视对动态因素的评价。再如重视硬件设施,师资学历等静态因素的评价,忽视对教师的教学过程的评价;评价内容偏离幼儿发展目标等。此外,在幼儿发展方面,还是从认知方面考查为多,对情感态度目标的考查具有局限性。[③]

---

① 《上海教育质量评价体系研究》课题组,唐晓杰,刘耀明.上海教育质量评价体系研究[J].教育发展研究,2007(4)

② 刘焱.试论托幼机构教育质量评价的几个问题[J].学前教育研究,1998(3)

③ 刘丽湘.当前我国幼儿园教育质量评价工作的误区及调整策略[J].学前教育研究,2006(7-8)

第三节　幼儿园教育质量保障体系

一、幼儿园质量保障体系概述

教育质量保障体系是在一定教育质量观念和价值取向引导下，依据质量标准和流程，从内部和外部对相关教育因素加以控制、审核、评估，以保障教育质量的一套理论和实践体系。教育质量保障体系分为外部保障体系和内部保障体系。外部保障体系是指领导、组织、实施、协调教育质量鉴定活动与监督学校内部质量保障活动的组织机构，内部保障体系是由学校或幼儿园为提高教育质量，配合外部保障活动而建立的组织与程序系统。

（一）教育质量保障体系的发展历程

教育质量保障体系的建立与发展多集中于高等教育领域。自20世纪80年代以来，高等教育质量保障问题受到了很大关注，许多国家和地区都加入了高等教育质量保障活动，并建立起教学质量保障机构。在英、美等发达国家，教育质量保障的起源可以追溯至100多年前。英国、法国、荷兰等开启质量保障活动是在1984～1987年间，中国正式启动保障活动是在1990年《普通高等学校教育评估暂行规定》之后。

美国是世界上高等教育最发达的国家。美国高等教育的质量评价体系，主要包含学生评教、联邦政府、州政府、社会四个因素构成。其高等教育体制是完全的市场体制，高校间竞争激烈，从多方面采取措施，以保证教育的质量。[①]一些国际知名大学招收的教师都是最优秀的教师，同时大学为师生创设了最优良的环境，在这种条件下，招收的学生也是最优秀的。美国大学实行的是通才教育，其课程涉及面广，通识课程比例高，方便学生选择课程，且有很大的选择空间，因而学生在学习中的主动性很高。19世纪后期，美国建立了6个地区性的学校鉴定协会，它们是自愿组成的、非政府非营利性的团体，覆盖从

---

① 冯骉．启示与借鉴：美国高等教育质量评价体系及其实践[J]．无锡教育学院学报，2005(1)

幼儿园到大学的整个教育，通过对高等教育认证和评估，以保证和促进教育质量的发展。今天，美国已形成系统完整的评估制度，并趋于法制化、社会化。到目前为止，得到美国教育部认可的除六个地区评估机构外，还包括近60个学科的70余个专业评估机构。①

英国高等教育质量保障体系以20世纪初大学拨款委员会(UGC)的建立为标志，发展至今共经历了萌芽阶段、建立初期、完善阶段、成熟阶段、最新发展阶段五个时期。它是一个从分散逐步走向统一，由注重内部质量保证到注重外部质量保证，最终再回到内部质量保证的过程。②

我国最早的教育质量保障制度始于隋朝的科举制。从近代开始，我国相应建立了教育测评和教育会考制度。在国际高等教育质量保障研究热潮的影响下，我国高等教育质量保障研究与实践得到了很大的发展。1995年，陈玉琨教授在国内首次提出了“建立教育质量保障体系，加快我国教育改革步伐”的建议，高等教育质量保障研究逐渐成为国内高等教育研究的热点。③

在我国高等教育质量保障中，随着单一的政府主管部门的集权化控制管理走向以政府评估为主导，以高校质量管理和监控为主体，以市场竞争为辅助手段并由社会机构参与评估的新格局已形成。④高等教育质量保障体系初步确立。

(二) 教育质量保障体系的概念界定

1. 质量保障体系的含义

质量保障体系可以从以下几个方面来理解：首先，质量保障体系是制定质量方针和质量目标的相关要素的集合。其次，质量保障体系将有关质量的技术、管理、人员和资源等因素都综合在一起，形成一个有机的整体。第三，构成质量保障体系的各个过程以及每一个过程所开展的活动都可以看作其要素。

---

① 刘尧. 西方高等教育质量观及评估综述[J]. 开放教育研究，2006(1)

② 吴巧荣. 近十年来我国对英国高等教育质量保证研究综述[J]. 北京宣武红旗业余大学学报，2009(3)

③ 李怀宇. 我国高等教育质量保障研究：现状、问题与新趋势[J]. 高教发展与评估，2006(5)

④ 樊明成. 我国高等教育质量保障体系中存在的要素问题[J]. 江西教育科研，2005(8)

第四，质量保障体系是建立在质量保障活动和保障机构基础之上的相互联系、相互制约的整体。[①]

2. 教育质量保障体系的含义

高等教育质量保障体系是建立在高等教育质量保障活动和机构基础上的，由有关事物相互联系、相互制约而构成的整体。一般分为外部保障和内部保障两个体系。外部保障是全国性或区域性的专门机构，包括高等教育界与界外专家。这些机构主要任务是领导、组织、实施、协调与监督高等教育机构质量保障活动。高等教育内部保障体系主要负责内部的质量保障活动。[②]

通过文献研究发现，尚无对教育质量保障体系含义的明确界定。有学者认为，对教育质量保障体系内涵的理解可以归纳为：教育质量保障体系是在一定教育质量观念和价值取向引导下，依据质量标准和流程，教育机构从内部和外部对相关教学因素加以控制、审核、评估，以保障教育质量的一套理论和实践体系。[③]

我们认为教育质量保障是相关主体（主要是指政府、社会、教育机构），通过运用质量管理、质量监督、质量控制、质量审计、质量认证和质量评估等手段，所进行的教育质量的持续的促进活动。因此，教育质量保障体系是在前一概念的基础上，与教育质量保障有关的基本要素相互联系、相互制约而构成的整体。

（三）教育质量保障的模式

根据政府、中介组织和高校三种因素在质量保障体系管理中的力量对比状况，高等教育质量保障模式大致有三种类型：大陆模式、美国模式和英国模式。[④]

---

① 杨凤英，姜小毅. 构建我国成人高等教育教学质量保证体系初探[J]. 河北大学学报（哲学社会科学版），2000(2)

② 张培. 可持续发展背景下辽宁高等教育质量保障体系研究[D]. 大连：大连理工大学，2007

③ 陈玉琨. 教育评价学[M]. 北京：人民教育出版社，1999:216-218

④ 王淑娟. 世界高教质量保障三大模式及未来趋势[N]. 科学时报，2004-11-9

1. 大陆模式——政府部门主导

这一模式以政府严格控制教育的评估为特征，主要存在于欧洲和亚洲国家，如荷兰、法国、德国、泰国、中国、越南等。这种模式的基本特征就是从教育系统外部开始，外部评审工作组在整个评估过程中始终扮演主要角色。[①]这种模式的质量保障是由政府从高等教育系统外部推行的，带有明显的政府意志。例如，荷兰属于校外评估型，校外质量评估体系由荷兰大学协会、高等职业教育学院协会、高等教育视导团、荷兰高等教育鉴定委员会组成。

2. 美国模式——中介组织认证

这一模式主要通过非政府组织的认证、排名和博士点评价等活动来保障高等教育质量。高等教育认证委员会负责对认证组织进行认可。认证组织主要有院校认证和专业认证两种。没有官方的专门评估机构，政府不直接参与评估活动，但要以得到政府的认可为前提。

3. 英国模式——大学自我管理

这一模式的特点是大学享有较大的自治权，政府的干预较少。主要存在于英国、澳大利亚、新西兰、马来西亚、文莱、新加坡等国家。大学自己负责教学质量，并组织学术专家进行评价。以英国为例，英国高等教育的质量保障体系最突出的特点是，各高校均设有学校内部的教育质量保障机制，并接受来自学校外部的质量审查，以确保专业和学位的质量。[②]

（四）澳大利亚幼儿教育质量保障体系简介

教育质量保障体系的建立有深刻的历史内涵，但究其在幼儿园领域的体系构建，澳大利亚的幼儿教育保障体系的经验值得我们学习与借鉴。

1944年，联邦政府在澳大利亚首都直辖区建立了学前教育系统，关注学前教育质量，进行师资培训。对学前教育质量的大规模研究始于19世纪80年代，至此澳大利亚各州和地区都已制定了一些相关的评价标准。1993年，澳大利亚成立了国家幼儿教育认证委员会(NCAC)，负责幼儿教育工作，具体任务

---

① 张静. 比较视野中的我国高等教育质量保障体系研究[D]. 西安:西安电子科技大学，2007

② 陈加荣. 高校内部教育质量保障体系构建的研究[D]. 扬州:扬州大学，2006

是:建立儿童养育标准,进行标准测量;制定服务认证程序;改革发展计划以促进质量保障系统;总结保障系统的运行情况,定期向社会公布相关信息等。①2001年和2003年,分别建立了家庭入托教育机构的质量保障系统(FDCQA)和校外钟点时间幼儿教育质量保障体系(OSHCQA)。2005年,NCAC引进"ISO 9001:2000质量管理系统"认证,并与国际进行密切联系与合作。②

二、我国当前幼儿园质量保障体系存在的问题分析

相对于高等教育质量保障体系,我国幼儿园质量保障体系研究仍不深入,其理论基础还很薄弱,对质量保障主体、内容、标准和手段的研究还很单一,缺少系统性和科学性。总体表现在幼儿园教育质量保障体系还未很好地建构起来,尚未形成自身特色的理论体系;质量保障体系多为理论上的探讨,实证研究较少等。

(一)教育质量评价机制不健全,质量保障研究不成熟

我国对幼儿园教育质量保障体系的理论研究起步晚,理论基础薄弱。相对于高等教育质量保障体系而言,研究成果较少。在中国期刊全文数据库中,以"幼儿园教育质量保障体系"为题的文献,国内仅有一篇《澳大利亚幼儿教育质量保障体系的发展、内容与特征》最为符合检索条件。对幼儿园教育质量保障体系的研究可以说尚未起步,研究队伍相对薄弱,更多研究者从事幼儿园教育评价、评估等方向的研究,对质量评价体系的构建缺乏关注。

(二)政府对幼儿园教育质量保障的重视程度不够

幼儿教育虽然是教育体系中一个不可或缺的部分,但是政府对幼儿教育的重视程度还不够。一方面,幼儿园教育质量保障体系缺乏政府宏观政策的指导。表现在:缺少具有国家性质的学前教育法律法规;办园体制、投入体制缺乏社会公共服务体系保障;幼儿教育行政管理力度不够;社会各界办园的条

---

① National Childcare Accreditation Council. History of the National Childcare Accreditation Council. http: //www.ncac.gov.au/about_ncac/ncac_history

② 崔爱林. 澳大利亚幼儿教育质量保障体系的发展、内容与特征[J]. 学前教育研究,2008(7)

件和行为缺乏规范与制度保障等。[①]另一方面，政府财政投入不足也是幼儿园教育质量保障体系薄弱的重要原因。经费投入是衡量教学工作的"试金石"。在许多发达国家，甚至一些发展中国家，政府全部承担了学前教育的费用。对比之余，长期以来我国是一个教育经费严重不足的国家，教育经费只占世界教育经费总量的1%，却被用于占世界20%的教育对象；而在这些公共教育经费中，只有1.3%左右才被用于幼儿教育。幼儿教育的经费占全国教育经费的比例非常低。幼儿园年生均经费仅200余元，这些有限经费的70%又用于少数的示范园，而农村及城镇普通幼儿园长期享受不到政府的幼儿教育经费资助。[②]在这种状况下，政府的责任被弱化，十分不利于学前教育事业的可持续发展。

三、形成幼儿园教育质量多元保障主体的策略

借鉴高等教育质量保障体系的基本要素，幼儿园教育质量保障的基本要素可以初步分为三部分：质量保障标准、质量保障主体和质量保障过程。首先，幼儿园教育质量保障体系应该包含不同的质量标准。不同地区、层次、类型的幼儿园应该避免用同一标准衡量教育质量。其次，保障主体是多方面的。从幼儿园、政府机构、家庭、幼儿自身等不同角度会产生不同的教育质量观念，因此要避免单一的保障主体。第三，质量保障体系应该贯穿质量保障的全过程。教育的输入、过程、产出都应该密切联系教育质量，关注各个细节。

在幼儿园教育质量保障体系的构建过程中，明确多元质量保障主体是核心。

(一) 国外教育质量多元保障主体的设立

参考高等教育质量保障体系的相关研究，我们可以看到，20世纪90年代以前，一些发达国家的政府把建立教育质量保障体系作为管理大学的主要手段，认为只有政府部门才是质量保障的"主角"。另一方面，大学以自治为缘由只进行学校内部评估，并不涉及校外评估。[③]由此看来，当时教育质量保障主体仅仅是政府和大学两方面。20世纪90年代以后，随着高等教育大众化的实现，

① 洪秀敏，庞丽娟．学前教育事业发展的制度保障与政府责任[J]．学前教育研究，2009(1)
② 郭巧丽．幼儿教育发展中的政府财政投入问题研究[D]．长春：东北师范大学，2009
③ 雷庆．发达国家高等教育质量保障体系的发展趋势[J]．现代大学教育，2003(2)

社会等各方机构团体对高等教育的关注度和需求度不断增加,人们开始认识到评价不单单是学校和政府的职责。社会各界开始纷纷参与到大学教育评估之中。由此可见,保障主体的多元化已经成为各国建构教育质量保障体系的趋势。以下简要阐述一些发达国家高等教育质量多元保障主体的建构策略,对我国幼儿园教育质量保障体系的建构有重要的参考价值。

1. 美国

美国对教育质量进行鉴定的机构有两种,分别是院校鉴定机构和专业鉴定机构。院校鉴定机构下设7个全国性机构和8个地区性机构,主要负责对学校的整体质量进行评价。专业鉴定机构下设39个全国性的专业性认证机构,主要负责特定专业的认证。这些机构的成员来自民间社会,具有独立的背景和较高的专业素养,对艺术、商业、工业工程技术、医学、法律等几乎所有的专业领域进行鉴定。[①]而在此基础上,高等教育鉴定委员会(CHEA)负责审查和管理以上各认证机构,起到监督、沟通、协调、统一的作用。

2. 英国

英国高等教育质量保障体系的多元主体包含学校、政府、独立的中介评估机构、专业的认证机构和新闻媒体等,这几方保障主体共同构成一个有机的统一体,对高校进行全面的质量监督和管理。这种多元性还表现在评估人员方面,既包含国内的专家学者,也包含国外权威人士,范围不仅涉及自身研究领域,还涉及其他领域。[②]内部保障主要依靠校内的质量保障人员和校外督察员进行保障。外部保障工作主要通过高等教育质量保障署(QAA)评估、政府政策、社会监督等多方共同进行。

3. 荷兰

荷兰质量保障体系包括三个层次:内部保障、外部保障和政府评估。从三个质量保障层次可以看出荷兰教育质量保障主体主要由高等院校、社会团体机构和政府部门三大方面共同形成。同时,由于荷兰存在两种不同的教育机

---

① 徐东. 高等教育大众化阶段西方国家高等教育质量评价体系的比较研究——以美、日、英、德为例[J]. 国家教育行政学院学报, 2008(3)

② 杜晓坤. 英国高等教育质量保障体系及其启示[J]. 高教论坛, 2008(4)

构——大学式高等教育和非大学式高等教育，因此质量保障模式也体现出两种不同的模式。荷兰的教育质量保障主体更是显示出其多元性：大学高等教育模式的外部质量保障，由荷兰大学的独立议会或高等职业教育协会来组织。非大学高等教育模式的保障，主要进行三种评价调查——院校自评、视察委员会的调查、教育监察会的调查。基于此三方面的工作，保障主体主要涉及荷兰职业高等教育协会和教育监察部门。①

（二）形成多元质量保障主体的策略

幼儿园教育质量保障主要包括质量保障标准、质量保障主体、质量保障过程等基本要素。在幼儿园教育质量保障体系的建构过程中，明确质量保障主体的职责是核心。只有形成多元主体的保障体系，才能确保幼儿园教育质量的高标准，才能确保教育中的每一个环节都体现教育质量的要求。我国学前教育事业的发展急需建立一个政府、社会、认证机构、幼儿园有机联系，政府宏观管理、幼儿园自我保证、中介评估服务、家庭社会监督的，相互协调、互为补充的全方位的质量保障体系。

1. 明确政府作为保障主体的职能

从历史上看，中国的传统教育体制是一种官师合一、政教合一的体制，从战国时期的稷下学宫，到清朝时期的洋务教育，再到后期的派遣留学生，无一不体现出政府的优势和力度。在现代社会，政府担负着建设社会主义文化的重要职责，促进学前教育事业的改革与发展。建立幼儿园教育质量保障体系，不仅需要政府的支持与指导，更是国家意志在发展学前教育方面的具体体现。

政府作为幼儿园教育质量保障的主体，应该加强宏观调控和监督管理。通过政策的控制引导、行政性奖惩手段、综合信息反馈、预警机制的建立等方面工作，严把幼儿园办园的教育质量关。同时，转变政府职能，建立一个合理、公平、权威的教育质量评估机制。

政府建构外部保障体系的具体职能包括以下两个方面。

① 张燕，郭峰. 欧洲国家高等教育质量保障体系的比较分析[J]. 世界教育信息，2007(7)

(1) 制定相关立法规定，给予法律保障。

规章制度是管理活动的重要依据和准则，建立完善的规章制度是保障教学活动和管理工作正常运行的必不可少的环节。首先，政府制定幼儿园教育质量标准，从宏观上给予其指导、统筹、协调，有效监督和管理幼儿园教育质量保障工作。其次，政府制定幼儿园教育质量保障的有关法令法规和政策条例，建立一个完善、公正、权威的幼儿园教育质量保障体系，使教育质量保障活动走上规范化、法制化的轨道。

(2) 政府宏观指导，给予方向指引。

首先，政府应当引导建立一种中介性质的，具有一定学术权威的、相对独立的中介评估组织，定期组织中介评估机构对幼儿园的办园水平进行评估检查，采取积极有效的措施对各类幼儿园教育质量认证、评价、审核，并定期公布这类机构的名单。并根据中介机构质量评估的结果提供信息反馈服务，从而不断促进幼儿园的教育质量的提高。

其次，政府通过财政拨款、资助等经济途径，直接或间接对幼儿园进行财政补贴，加大财政投入力度。我国的《义务教育法》和《高等教育法》都明确规定了政府财政投入的责任，从贯彻落实科学发展观的角度看，政府对社会公益事业进行财政投入，是政府理所当然的责任和义务，是建设公共服务型政府的重要体现。因此，在学前教育立法中，也应该明确规定政府对学前教育的财政投入责任。以长春市为例，政府对长春市学前教育的财政政策包括：针对市县级以上财政性幼儿教育经费要保障公办幼儿园正常运转，保证教职工工资按时足额发放，保证示范性幼儿园建设和教师培训等业务活动正常进行，积极发展农村和贫困地区的幼儿教育事业。幼儿教育经费要做到专款专用，任何部门不得截留、挤占和挪用。乡镇人民政府的财政预算也要安排发展幼儿教育的经费。幼儿园的公用事业费（煤、水、电、供热、房租等费用）按照中小学的标准收缴。新建、改建、扩建幼儿园享受中小学有关费用减免政策。[①]可以看出，政府在幼儿教育资金投入方面给予了一定的规定，但在具体资金分配上例如

① 长春市人民政府办公厅. 关于幼儿教育改革与发展的实施意见[EB/OL]. http: //221.8.13.155: 8080/wcss/cczf/info/2004-10-15/176/3093.html

究竟如何分配、怎样分配却没有明确表示。有鉴于此，在学前教育立法中，首要确立学前教育的成本由政府和家庭分担的原则："政府承担的比例应不低于总成本的三分之一。""确立政府为低收入家庭适当增加补贴比例的责任（或者规定学前教育投入应占教育经费总额的比例）。"[①]

第三，政府要执行幼儿园教育质量奖惩制度。政府要公布幼儿园的质量评价情况，对幼儿园在评价、认证等活动中的不达标项目或违规行为进行处理，并负责授权幼儿园教育质量认证结果，发放资格证书。

近年来，为规范办园行为促进保教工作，教育行政部门对幼儿园进行分级分类验收工作，将设备条件定为级，将保教质量定为类。一些幼儿园被评定为二级一类，说明该园教职工在欠良好的环境下通过自身努力，将教育和管理工作做到了最好，达到了较高的教育质量。同时，一些园所被评为一级二类，则表明这类园所拥有优良的办园条件，但是在教育质量上却不完善。如1995年，长春市教委加强了对全市幼儿园分类定级工作的管理。市教委修订了《长春市幼儿园分类定级标准》，制定了《长春市个体幼儿园分类标准》和《长春市幼教工作者职业道德规范》，市教委强化督导、检查的措施，各级幼儿园积极开展升类晋级活动，使长春市保教水平有了很大提高。勇士部队幼儿园、市实验幼儿园、省政府一园、省政府三园、市政府二园升为省级示范性幼儿园。[②]

第四，政府要建立信息网络系统，保证工作公开、透明。在信息化时代，网络宣传受到越来越多幼儿园的重视和应用，它架起了幼儿园和社会、家庭交互共通的桥梁。公开的信息网络可以为学前教育工作者和家长提供信息化的服务，加强信息沟通，共享教育资源。利用网络资源还可以开展网上信息交流、专题研讨和园所风采展示等活动，增进幼儿园交流与学习，从总体上推进幼儿园教育质量的整体提高。以大连市沙河口区学前教育网络建设与管理工作为例，2005年6月，大连市第一个由政府主办的学前教育网站——沙河口区学前教育网开通。运行三年间，遵循"积极发展、加强管理、为我所用"的原则，沙区学前教育网站真正发挥网络的宣传作用，促进了区域学前教育的稳步发展。

---

① 李忠忱．通过立法明确学前教育的政府财政投入责任[N]．人民政协报，2009-06-03

② 戴久来．幼儿教育[Z]．长春年鉴，1998

学前教育网建站三年来，深受全区托幼家长的喜爱，总点击量达到105000多次。伴随着网络信息化建设工作的深入推进，沙河口区教育局出台了《沙河口区学前教育网络管理使用暂行规定》，使网络管理更趋规范。[①]

2. 明确中介机构作为保障主体的职能

中介机构是教育质量外部保障的重要主体，它以中介性和权威性承担政府或社会委托的监督、检查、评估的职责。美国的教育保障体系中，其教育质量专业认证机构是非官方机构，这种非官方性质使他们容易获得高校的接受，容易吸引职业界人士的参与，也容易公正地履行评估认证的职责。在国外，实施教育专业认证的机构也多是以行业为背景、以行业专家为核心的行业协会或由行业协会发展而来的专业认证机构。行业协会为背景的专业认证，一方面保证了专业认证的专业性和权威性，另一方面专业发展与行业发展紧密结合起来，实现双赢。

中介机构作为评估主体，对幼儿园教育质量进行认证是中介机构的重要职能。国外具体的认证程序主要包括四个阶段：第一阶段是注册，幼教机构要给认证部门提交全部所需资料。第二阶段是自我研究和促进，幼教机构进行自我评价，填写自我研究报告表，形成发展计划。第三阶段是访问确认，认证机构选派访问人员，到幼教机构实地观察和记录。第四阶段是调整与指导，认证机构派指导员到幼教机构进行指导，写出具体的调整和改进计划。

目前我国还未建立幼儿教育质量中介评价机构，教育质量的评价主要依托专业研究部门和行政管理部门。我们可以参考国外教育质量保障体系的构建经验，初步建立幼儿园的专业认证制度。幼儿园要定期接受审查，只有符合要求者才能获得认证资格，质量评价工作要体现专业认证的专业性和权威性。另外，中介机构依据科学的教育质量观念，可以为幼儿园质量保障工作提供有权威价值的信息和依据。

中介机构在教育质量评价中的作用主要体现在以下四个方面。

(1) 提供具有权威价值的信息和参考依据。

---

① 沙区教育局学前科. 构筑网络新平台，积极推进学前教育信息化建设[EB/OL]. http://www.babydl.com/ReadNews.asp?NewsID=5783

中介机构作为评估主体，其先进科学的教育质量观念能为对幼儿园质量保障工作提供有权威价值的信息和依据。传统的幼儿教育观念已经不完全适合现今幼儿的发展要求，不同的时期应该有不同的质量主题和质量标准。一方面要坚持多元的质量观，不能笼统地提高教育质量，而是要区别不同层次、不同类型提出不同的质量标准。另一方面要用发展的质量观衡量教育质量，不能仅仅关注省、市重点示范幼儿园，忽略其他幼儿园。中介机构要不断树立多元、发展的教育质量观念，因为“质量观本身就是变化的、发展的，不能固守僵化的发展观”[①]。

(2) 对幼儿园教育质量进行认证。

首先，制定明确的认证内容。澳大利亚幼儿教育质量保障体系中，涉及国家幼儿教育认证委员会颁发的实践指南。实践指南为幼儿教育机构提供具体指导，其中提出了幼儿教育机构所应遵循的主要领域。在2006年又提出了七大领域——教师与儿童以及同伴之间的关系、与家庭的合作友谊关系、计划和评价制度、儿童的经验和学习、对儿童的保护和安全、健康与营养、支持和管理的措施。[②]具体的认证程序主要包括四大步骤。第一步，注册。幼教机构要给认证部门提交全部资料，注册成功后18个月内提交自我研究报告。第二步，自我研究和促进。幼教机构进行自我评价，填写自我研究报告表，形成发展计划。每隔两年半要给NCAC提交一份自我研究报告。第三步，访问确认。NCAC选择和培训访问人员，到幼教机构观察实践和记录文件。第四步，调整与指导。NCAC派遣指导员到幼教机构进行指导，写出具体的调整和指导计划，用于指导托幼机构质量工作。[③]其次，在每个领域具体原则的基础上，根据幼儿园实践进行评价。通过近年来的研究表明，幼儿园课程、师幼比例、师幼互动、班级规模、教师素质、幼儿园环境等因素对幼儿园教育质量有重要影响，也是评价幼儿园教育质量的重要参考指标。

---

① 张应强. 高等教育质量观与高等教育大众化进程[J]. 江苏高教, 2001(5)

② 崔爱林. 澳大利亚幼儿教育质量保障体系的发展、内容与特征[J]. 学前教育研究, 2008(7)

③ 崔爱林. 澳大利亚幼儿教育质量保障体系的发展、内容与特征[J]. 学前教育研究, 2008(7)

3. 明确社会作为保障主体的职能

幼儿园的服务能否满足社会和家庭的需求，应受到各个方面的社会力量如专业机构、社会团体、家长等对其质量进行外部评价监督。作为教育质量外部保障的主体，公众舆论监督发挥着不可忽视的作用。

公众舆论监督主要包括新闻媒体监督和家长监督。新闻媒体通过广播、报刊、电视、网络等媒介，把社会对幼儿园教育领域的热点现象和存在的问题拿到公共平台上，供公众发表意见，敦促幼儿园及相关部门采取相应措施，及时解决问题。

作为幼儿监护人的家长，有权利对幼儿园教育质量进行监督。家长可以通过了解幼儿园的教育活动内容、参与幼儿园的教育活动，或在家长开放日入园观察了解幼儿园的教育情况，监督幼儿园的园务工作、办园条件的改善、教学活动质量等。家长监督可增强幼儿园工作的透明度，真正发挥社会对教育的监督作用。

4. 明确幼儿园作为保障主体的职能

幼儿园教育质量保障体系的建立不应该单纯地依靠政府、中介机构、公众舆论等外部保障体系，而应该使内、外部保障主体相互合作、协调，共同促进幼儿园教育质量保障体系的形成。幼儿园作为内部保障的主体，受教育质量保障体系的影响最为直接和深远，因此，幼儿园是教育质量保障体系中的重要主体。

幼儿园的内部保障系统主要依靠幼儿园的管理工作。质量来自于管理，质量的高低取决于管理的优劣程度。对幼儿园的管理主要分为园所管理和教育行政两方面。[①]幼儿园一方面要建立高效、通畅的管理运行机制，从而加强对质量的管理监控；另一方面要建立有效的质量管理制度，对教育工作进行全方位的、制度化的管理。

幼儿园应该进行如下具体工作。

(1) 建立园所管理系统，妥善进行内部管理。

园所管理主要包括对“人”和“物”的管理。对“人”的管理是对幼儿园全体教师的管理。管理者必须进行明确分工，各司其职，明确各岗位工作职责，充分

---

① 闫水金，张燕. 学前教育行政与管理[M]. 长春：东北师范大学出版社，2002:6-7

调动全体教职工积极参与质量保障工作，并发挥管理者、教师、幼儿三方面保障主体的积极性和主动性。幼儿园园长对教育质量有主要责任，教师是教育质量的重要保证。管理要体现以人为本的理念，在教育过程中要充分尊重幼儿的身心发展规律和兴趣特点，使每个幼儿都能在原有基础上获得发展。对物的管理主要包含对幼儿园教学基础设施、教学环境、工作环境、信息、资金等的管理。

(2) 建立完善的内部质量评价机制。

幼儿园要建立一套系统性、科学性、可操作性的评价机制，制定质量评价程序和操作规程。首先，幼儿园要制定明确的自身质量评价标准。幼儿园教育质量评价标准通常包含四类——效果标准、效率标准、职责标准、素质标准。效果标准是从工作效果的角度确定的标准，用以考察托幼机构教育工作的效果。效率标准是以投入和产出的比例为依据，评价幼儿园工作业绩的标准。职责标准是从评价对象所用来承担的责任和完成的任务情况进行评价，是影响幼儿园教育质量的关键因素。素质标准是从承担各种职责或完成各种任务应具备的条件角度提出的标准。

第二，幼儿园要科学、全面地确定幼儿园质量评价内容。从质量标准出发，幼儿园进行自我评价的内容主要包括：一是幼儿发展评价，即个体幼儿全面发展情况、全体幼儿的全面发展情况；二是幼儿园工作评价，即工作人员评价、管理工作评价、保教质量评价、园所与家庭社区关系的评价。

第三，对幼儿园内部教育质量评价应注意的问题给予几点重视。重视自我评价与外部评价相结合，对待外部中介机构的评价和政府的指导，幼儿园要在充分发挥主观能动性的基础上，给予广泛的重视和参与，对外界的反馈要积极参考借鉴；重视将静态评价与动态评价相结合，既要重视评价结果，也要重视评价过程，强调努力程度及其所产生的效益；重视将形成性评价与终结性评价相结合。形成性评价是对教学活动过程进行评价，终结性评价是对教学活动结果进行的评价，二者共同促进幼儿教育质量的不断发展。

(3) 加强幼儿园的自我监督工作，完善督导制度。

通过对教学过程的检测与督导，建立教学督导机制和教学质量的反馈、处理机制。以成都市武侯区为例，2010年3月10日，该区启动了针对全区所有幼儿园的综合督导评估工作。此次对全区幼儿园实施三年一轮的督导评估是参照《国家中长期教育改革和发展规划纲要(2010–2020年)》(公开征求意见稿)关于"建立幼儿园准入制度和幼儿园督导评估制度"的精神,其目的是为了学前教育更好地适应"世界现代田园城市"的战略要求,加快推进区域学前教育现代化的进程①,对规范幼儿园办园行为,提升幼儿园教育质量产生了巨大的影响。

幼儿园的督导评估是一项长期的、复杂的系统工程,因此必须建立一支素质较高、相对稳定的督导评估队伍。"督导评估工作由各级政府教育督导室组织,协调教育行政部门的有关处(科、股)室及教研、科研部门共同进行。""督导评估结束后,各级教育督导室要写出督导评估报告,一方面向学校(园)和所在地政府及其教育行政部门反馈,一方面报上级教育督导部门、同级人民政府及其教育行政部门,并将督导评估结果予以通报。"②与此同时,幼儿园要坚持保教结合,质量保障一方面要体现幼儿园的自身特色,同时也要充分满足社会不同阶层和不同家长的需求,体现幼儿园教育的适应性;另一方面,要使督导制度内化为幼儿园的内部管理机制。

综观多方面的保障工作,建构幼儿园教育质量保障体系,取决于每一过程中各保障主体的相互协调,无论哪个环节出了问题都会影响到最终的教育质量。质量保障活动不能孤立地单靠抓教学或教学检查,而应根据国家的法令法规,通过政府、中介机构及家庭社区对教育过程和教育质量进行全面综合评估,规范其教育行为,为幼儿园教育质量的提高提供机制上的保障。因此,应将政府、社会、认证机构、幼儿园有机地联系起来,形成一个以政府宏观管理、园所自我保证、中介评估服务、家庭社区监督的相互协调、互为补充的全方位的质量保障体系。

---

① 成都市教育局办公室. 建立幼儿园准入制度和幼儿园督导评估制度[EB/OL]. http://www.whjyw.com/Info/2010/3/11/5155eedfb0164f8c877d662a16cec6b8.shtml

② 教育部办公厅. 关于转发《山东省普通中小学幼儿园督导评估工作制度》的通知[EB/OL]. http://www.people.com.cn/item/flfgk/gwyfg/1998/206002199814.html

参考文献

一、著作

1. 刘慧罗. 质量管理学[M]. 西安:西北工业大学出版社,1992

2. 刘巧利. 欧盟学校教育质量指标述评[A]. 外国教育政策与制度改革史研究——纪念《教育史研究》创刊二十周年论文集(十七)[C]. 2009

3. 龚益鸣. 质量管理学[M]. 上海:复旦大学出版社,2000

4. 张公绪. 现代质量管理学[M]. 北京:中国财政经济出版社,1995

5. 陶西平. 教育评价辞典[Z]. 北京:北京师范大学出版社,1998

6. 陈玉琨. 教育评价学[M]. 北京:人民教育出版社,1999

7. 戴久来. 幼儿教育[Z]. 长春年鉴,1998

8. 中央教育科学研究所学前教育研究室. 幼儿园教育质量评价手册[M]. 北京:教育科学出版社,2009

9. 闫水金,张燕. 学前教育行政与管理[M]. 长春:东北师范大学出版社,2003

二、论文

1.《上海教育质量评价体系研究》课题组,唐晓杰,刘耀明. 上海教育质量评价体系研究[J]. 教育发展研究,2007(4)

2. 王文妍,刘燕. 构建科学的教育评价体系——基于国际学生评价项目的思考[J]. 世界教育信息,2004(12)

3. 刘霞. 托幼机构教育质量评价概念辨析[J]. 学前教育研究,2004(5)

4. 王山有. 各国托幼机构质量评价措施概述[J]. 幼儿教学研究,2007(5)

5. 刘焱. 试论托幼机构教育质量评价的几个问题[J]. 学前教育研究，1998(3)

6. 邱白莉. 中美高质量托幼机构评价标准之比较[J]. 早期教育，2005(12)

7. 郭良菁. 德国研制《儿童日托机构的教育质量:国家标准集》的启示——兼论我国制订质量评价标准体系的若干问题[J]. 学前教育研究，2004(9)

8. 刘丽湘. 当前我国幼儿园教育质量评价工作的误区及调整策略[J]. 学前教育研究，2006(7-8)

9. 王俭. 当前我国教育评价理论研究存在的问题与实践误区的价值取向分析[J]. 教师教育研究，2008(6)

10. 王冀生. 和谐评估[J]. 高教发展与评估，2006(2)

11. 冯骉. 启示与借鉴:美国高等教育质量评价体系及其实践[J]. 无锡教育学院学报，2005(1)

12. 刘尧. 西方高等教育质量观及评估综述[J]. 开放教育研究，2006(1)

13. 吴巧荣. 近十年来我国对英国高等教育质量保证研究综述[J]. 北京宣武红旗业余大学学报，2009(3)

14. 李怀宇. 我国高等教育质量保障研究:现状、问题与新趋势[J]. 高教发展与评估，2006(5)

15. 樊明成. 我国高等教育质量保障体系中存在的要素问题[J]. 江西教育科研，2005(8)

16. 杨凤英，姜小毅. 构建我国成人高等教育教学质量保证体系初探[J]. 河北大学学报(哲学社会科学版)，2000(2)

17. 王淑娟. 世界高教质量保障三大模式及未来趋势[J]. 科学时报，2004-11-9

18. 崔爱林. 澳大利亚幼儿教育质量保障体系的发展、内容与特征[J]. 学前教育研究，2008(7)

19. 洪秀敏，庞丽娟. 学前教育事业发展的制度保障与政府责任[J]. 学前教育研究，2009(1)

20. 雷庆. 发达国家高等教育质量保障体系的发展趋势[J]. 现代大学教育,2003(2)

21. 徐东. 高等教育大众化阶段西方国家高等教育质量评价体系的比较研究——以美、日、英、德为例[J]. 国家教育行政学院学报,2008(3)

22. 杜晓坤. 英国高等教育质量保障体系及其启示[J]. 高教论坛,2008(4)

23. 张燕,郭峰. 欧洲国家高等教育质量保障体系的比较分析[J]. 世界教育信息,2007(7)

24. 李忠忱. 通过立法明确学前教育的政府财政投入责任[N]. 人民政协报,2009-06-03

25. 刘胜洪,张颖,廖起彬. 美国高等教育质量保障体系的构建及其启示[J]. 考试周刊,2007(2)

26. 张应强. 高等教育质量观与高等教育大众化进程[J]. 江苏高教,2001(5)

三、网络资料

1. 基础教育课程. 美国"国家教育进步评价体系"的介绍[EB/OL]. http://www.cbec.cn/wenkuguanli/guokanjiansuo/2009%C4%EA8%C6%DA/2010/0204/1052.html

2. 教育部基础教育质量监测中心. 专题:美国国家教育进步评价(NAEP)[EB/OL]. http://www.eachina.org.cn/viewthread.shtml? tid=165

3. National Childcare Accreditation Council. History of the National Childcare Accreditation Council. http://www.ncac.gov.au/about_ncac/ncac_history

4. 长春市人民政府办公厅. 关于幼儿教育改革与发展的实施意见[EB/OL]. http://221.8.13.155:8080/wcss/cczf/info/2004-10-15/176/3093.html

5. 教育部办公厅. 关于转发《山东省普通中小学幼儿园督导评估工作制度》的通知[EB/OL]. http://www.people.com.cn/item/flfgk/gwyfg/1998/206002199814.html

6. 沙区教育局学前科. 构筑网络新平台,积极推进学前教育信息化建设

[EB/OL]. http://www.babydl.com/ReadNews.asp? NewsID=5783

7. 幼儿园学期家长满意度调查问卷[EB/OL]. http://www2.age06.com/Age06.Web/Detail.aspx?CategoryID=0BB18AB9-B85D-433F-84EA-2557F6D63FB2&InfoGuid=790A3851-7490-430F-9830-18C2DE133176

8. 成都市教育局办公室. 建立幼儿园准入制度和幼儿园督导评估制度[EB/OL]. http://www.whjyw.com/Info/2010/3/11/5155eedfb0164f8c877d662a16cec6b8.shtml

四、学位论文

1. 张培. 可持续发展背景下辽宁高等教育质量保障体系研究[D]. 大连:大连理工大学,2007

2. 张静. 比较视野中的我国高等教育质量保障体系研究[D]. 西安:西安电子科技大学,2007

3. 陈加荣. 高校内部教育质量保障体系构建的研究[D]. 扬州:扬州大学,2006

4. 郭巧丽. 幼儿教育发展中的政府财政投入问题研究[D]. 长春:东北师范大学,2009